双一流学科建设系列教材

行政法案例研习

（第二辑）

赵 宏 主编

中国政法大学出版社

2020·北京

图书在版编目（ＣＩＰ）数据

行政法案例研习. 第二辑/赵宏主编. —北京:中国政法大学出版社,2020.8

ISBN　978-7-5620-8135-7

Ⅰ.①行…　　Ⅱ.①赵…　　Ⅲ.①行政法－案例－中国－高等学校－教材　Ⅳ.①D922.105

中国版本图书馆CIP数据核字(2020)第125991号

书　名	行政法案例研习 • 第二辑 XINGZHENGFA ANLI YANXI DIERJI
出版者	中国政法大学出版社
地　址	北京市海淀区西土城路 25 号
邮　箱	fadapress@163.com
网　址	http://www.cuplpress.com（网络实名：中国政法大学出版社）
电　话	010-58908466（第七编辑部）010-58908334（邮购部）
承　印	保定市中画美凯印刷有限公司
开　本	720mm×960mm　1/16
印　张	20.5
字　数	320 千字
版　次	2020 年 8 月第 1 版
印　次	2020 年 8 月第 1 次印刷
定　价	75.00 元

编写说明

因学科内容繁杂、概念抽象和教学课时限制,行政法成为中外法学院公认的难学难教课程。针对行政法教学问题,我国行政法学者进行了有益尝试,其中一项重要举措就是开展案例教学。案例教学将行政法原理、规范和实践予以有机结合,学生在了解行政实践和司法实务的同时,也更加注重法律规范的援引、解释和应用,论证说理能力同时获得锻炼和提升。

中国政法大学法学院行政法研究所长期致力于行政法教学方法的改良,近年来每年均召开"法治人才培养与行政法教学方法"等主题研讨会,诚邀学界各位老师齐聚一堂共同探讨行政法学的教学方法。在近年的多次研讨会中,与会专家均论及案例研习在行政法教学中的重要价值,并就案例教学方法进行系统归纳与理论总结。上述研讨成果同样促发了编者对行政法案例教学的反思。

当前市场上已有诸多行政法案例分析教材和评述作品,这些书籍为本科生及研究生行政法案例教学提供了基础和指引,但从编排和写作方式上看,都有一定的提升空间。首先,许多行政法案例教程在进行案件分析时,只是简单截取案件基本事实和核心观点,并未完整展示法院裁判的论证过程,学生也因此缺乏代入感,对行政法原理及其实际应用的理解也就无法深入;其次,有些教程在评述案件时,并未对涉及理论和核心学理展开系统阐释和比较梳理,这也导致行政法案例教程与行政法学教材脱节;最后,有些案例教程所选取的案件已显陈旧,不仅未顾及行政法律规范的更新,也未能体现本学科理论与实践的最新发展。

中国政法大学法学院行政法研究所一直承担着中国政法大学行政法教学科研的基本任务，鉴于案例教学的需要和精品案例教材的匮乏，行政法研究所自2018年起组织老师撰写全新的案例分析教程，迄今已出版了第一辑且在业界引起广泛好评。本书为系列案例教程的第二辑。与第一辑相同，本书所选取的案例同样经过细致讨论，均具有很强的代表性。

关于本书写作与体例安排，现做如下说明：

（1）案例来源。本书选择的案例主要是来自于最高人民法院公布的指导性案例、最高人民法院公报案例、最高人民法院行政审判庭编写的《中国行政审判指导案例》（第1卷）、《中国行政审判案例》（第2、3、4卷）等以及各大法律数据库中的已生效裁判，由此既确保了案件来源的典型可靠，也便于读者自己查找案件和分析案由。

（2）分析体例。本书创新地采用全景模式来呈现案件事实、裁判要旨和理论要点。每个案例的撰写均包括以下七个部分：案例名称、关键词、基本案情、裁判要旨、裁判理由与论证、涉及的重要理论问题、后续影响及借鉴意义。在案件事实陈述方面，要求各位撰稿人采用法院已查明的事实，避免冗长论述。在裁判理由与论证部分，则要求撰稿人细致分析法院裁判的论证过程，便于学生对此过程进行整体性理解；对裁判关键论述的引用则通过直接援引的方式，确保分析的严谨性。在重要理论问题的论述方面，要求撰稿人从理论渊源、裁判背景和关联裁判上进行系统论述，由此也使案例分析具有理论深度，每个案例的整体分析均在15 000字左右。

（3）适用对象。本书既适合作为本科生及研究生的案例教学和研究参考书目，也适合包括司法部门在内的实务部门的实践需要。

本书的编写分工如下：

1. 张冬阳：全实等诉北京市海淀区人民政府履行法定职责案；

2. 薛悟娟：杜晓鸣等四人与鞍山市铁东区文化体育局二审行政裁定案（张冬阳校）；

3. 刘淑璇：王明德诉乐山市人力资源和社会保障局工伤认定案（马允校）；

4. 韩利楠：戴世华与济南市公安消防支队行政消防审批案（罗智敏校）；

5. 胡斌：张道文、陶仁等诉四川省简阳市人民政府侵犯客运人力三轮车经营权案；

6. 陈刻勤：郴州饭垄堆矿业有限公司与中华人民共和国国土资源部等国土资源行政复议决定再审案（成协中校）；

7. 胡斌：萍乡市亚鹏房地产开发有限公司诉萍乡市国土资源局不履行行政协议案；

8. 史倩倩：潍坊讯驰置业发展有限公司与安丘市人民政府行政协议无效案（成协中校）；

9. 丘兆杰：梁桂华诉那坡县政府与那怀屯林业行政登记案（张力校）；

10. 王宾：平果华商清洁能源有限公司等与田阳新山新能燃气有限责任公司诉田阳县人民政府行政许可纠纷案（马允校）；

11. 温薇：天津市虎威化工涂料有限公司诉天津市北辰区环境保护局环境管理罚款处罚案（赵宏校）；

12. 李懿：刘洪艳诉北京市海淀区人民政府、北京市海淀区城市综合行政执法监察局限期拆除决定案（蔡乐渭校）；

13. 王杰：许水云诉金华市婺城区人民政府房屋行政强制及行政赔偿案（张力校）；

14. 王培霖：鲁潍（福建）盐业进出口有限公司苏州分公司诉江苏省苏州市盐务管理局盐业行政处罚案（蔡乐渭校）；

15. 张学府：张刚与湖北省武汉市武昌区人民政府再审行政裁定案（罗智敏校）；

16. 熊尉宁：王某诉北京市丰台区人民政府、北京市人民政府要求履行村务公布监督职权及行政复议案（赵宏校）。

感谢上述撰稿人和校对人耐心细致的工作，感谢中国政法大学出版社张琮军先生的大力支持和牛洁颖编辑的辛苦付出。

作为丛书的一册，第二辑延续了上一辑的写作体例，又在分析阐释上做了更多创新和探索。但限于编者的水平和视野，书中分析也可能存在谬误与问题，在此也欢迎读者不吝提出宝贵批评和建议。

编者

2020 年 7 月 10 日

目 录

◆ 行 政 法 ◆

◆ **行政诉讼法** ◆

行政法

一 行政行为

案例一　金实等诉北京市海淀区人民政府履行法定职责案

张冬阳*

【案例名称】

金实等诉北京市海淀区人民政府履行法定职责案［最高人民法院（2016）最高法行申 2856 号行政裁定书］

【关键词】

行政行为　具体行政行为　假象行政行为　有效权利救济

【基本案情】

金实、张玉生向原审法院起诉称：2015 年 11 月 12 日，二人以邮寄的方式向海淀区人民政府（以下简称海淀区政府）提出履责申请，请求撤销海政办发［2010］90 号文，并将处理结果书面告知申请人。2016 年 1 月 25 日，海淀区政府向其二人送达《关于金实、张玉生履行职责申请书的回复》，称海政办发［2010］90 号文制发过程合乎公文制作和运转流程，不予撤销。二人认为海淀区政府不予撤销该文件明显属于拒不履行法定职责，请求判决确认海淀区政府对其不履行法定职责行为违法，并请求判决海淀区政府依法履行

＊　作者简介：张冬阳，中国政法大学法学院行政法研究所讲师。

其二人请求的"依法撤销海政办发〔2010〕90号文"的法定职责。

北京市第四中级人民法院一审认为：提起的诉讼应属于人民法院受案范围。本案中，对海淀区政府应否履行原告申请职责的审查，需要对行政规范性文件合法性进行直接审查，故原告要求海淀区政府履行职责的内容不属于行政诉讼受案范围，原告提起本案诉讼不符合起诉条件，依法应予驳回。据此作出（2016）京04行初145号行政裁定，驳回金实、张玉生的起诉。

金实、张玉生不服一审裁定，提起上诉。北京市高级人民法院二审认为，上诉人诉请海淀区政府"依法履行撤销海政办发〔2010〕90号文"的职责，该请求事项系要求被上诉人履行对其制定的文件进行自我监督并撤销的职责，不属于人民法院行政诉讼受案范围，一审法院裁定驳回上诉人的起诉并无不当。据此裁定驳回上诉，维持原裁定。

金实、张玉生向最高人民法院提出再审申请，请求撤销原一、二审裁定，并判令对再审申请人提起的诉讼重新作出处理。其申请再审主要事实和理由的依据主要是《中华人民共和国行政诉讼法》（以下简称《行政诉讼法》）第2条和第47条。

《行政诉讼法》第2条规定：

"公民、法人或者其他组织认为行政机关和行政机关工作人员的行政行为侵犯其合法权益，有权依照本法向人民法院提起诉讼。

前款所称行政行为，包括法律、法规、规章授权的组织作出的行政行为。"

《行政诉讼法》第47条规定：

"公民、法人或者其他组织申请行政机关履行保护其人身权、财产权等合法权益的法定职责，行政机关在接到申请之日起两个月内不履行的，公民、法人或者其他组织可以向人民法院提起诉讼。法律、法规对行政机关履行职责的期限另有规定的，从其规定。

公民、法人或者其他组织在紧急情况下请求行政机关履行保护其人身权、财产权等合法权益的法定职责，行政机关不履行的，提起诉讼不受前款规定期限的限制。"

【裁判要旨】

2014 年修改的《行政诉讼法》将原来的"具体行政行为"概念统一替换为"行政行为"。但不能认为"具体行政行为"的概念就从此寿终正寝。事实上，除去涉及行政不作为、行政事实行为、双方行政行为的场合，在撤销之诉中，"行政行为"的概念仍然应当理解为原来意义上的"具体行政行为"。其确切的含义应当是指：行政机关针对具体事件、单方面作出的、具有外部效果的、行政法上的处理行为。那些决定作出之前的准备行为和阶段行为、那些不具有外部效果的纯内部行为、那些不是针对具体事件的普遍的调整行为，仍然属于不可诉的行为。[1]

【裁判理由与论证】

最高人民法院经过再审，不仅确认了一审和二审法院的裁判，亦认为其再审申请不符合《行政诉讼法》第 91 条再审事由，裁定驳回再审申请。

在该裁定中，最高人民法院对再审申请人所援引的法律依据和主张的再审理由进行一一回应，即抽象行政行为不属于行政诉讼的受案范围和不可以《行政诉讼法》第 47 条为依据要求受理该案。

一、抽象行政行为不属于行政诉讼的受案范围

最高人民法院首先回顾了法律修改，即 2014 年修改的《行政诉讼法》将原来的"具体行政行为"概念统一替换为"行政行为"，并在第 2 条第 1 款将行政诉讼受案范围的总括性规定调整为："公民、法人或者其他组织认为行政机关和行政机关工作人员的行政行为侵犯其合法权益，有权依照本法向人民法院提起诉讼。"对于立法者的这一变动，最高人民法院认为："作出这一修改的目的，是使行政不作为、行政事实行为、双方行政行为等能够纳入受案范围，而原来所使用的'具体行政行为'的概念显然因为欠缺包容性和开放性而给受理这些案件制造了障碍。"

不过，最高人民法院并不认为"具体行政行为"概念已经不再具有意义，

---

[1] 裁判要旨是笔者从裁判文书中提取的。

裁判中明确指出："但不能认为，'具体行政行为'的概念就从此寿终正寝。事实上，除去涉及行政不作为、行政事实行为、双方行政行为的场合，在撤销之诉中，'行政行为'的概念仍然应当理解为原来意义上的'具体行政行为'。"撤销之诉中的具体行政行为在修改后的《行政诉讼法》语境下，"其确切的含义应当是指：行政机关针对具体事件、单方面作出的、具有外部效果的、行政法上的处理行为。那些决定作出之前的准备行为和阶段行为、那些不具有外部效果的纯内部行为、那些不是针对具体事件的普遍的调整行为，仍然属于不可诉的行为"。

"抽象行政行为也是如此，尽管一般认为，修改前的行政诉讼法将具体行政行为规定为提起行政诉讼的起诉权标准，立法本意是为了排除与之对应的抽象行政行为，但废除'具体行政行为'的概念，也不意味着抽象行政行为就此纳入了行政诉讼的受案范围。按照《行政诉讼法》第13条第2项的规定，直接针对'行政法规、规章或者行政机关制定、发布的具有普遍约束力的决定、命令'等抽象行政行为的起诉，仍然被排除在受案范围之外。"而《行政诉讼法》第53条明确规定，如果公民、法人或者其他组织认为（具体）行政行为所依据的国务院部门和地方人民政府及其部门制定的规范性文件不合法，只能在对（具体）行政行为提起诉讼时，才可以一并请求对该规范性文件进行审查。结合本案，最高人民法院认为，再审申请人的诉讼请求是责令再审被申请人依法履行其请求的"依法撤销海政办发［2010］90号文"的法定职责，虽然不是直接针对一个规范性文件而提起的撤销之诉，"但对于这种履行职责之诉而言，原告也只能是请求法院判令被告作出一个具体的、特定的行政行为，而不能请求法院判令被告作出一个抽象的、一般的行政行为。要求法院判令被告撤销一个规范性文件，与要求法院自己撤销一个规范性文件，在性质上和效果上并无二致。因为即使只是判令被告自己撤销规范性文件，也无可避免地要求法院对该被要求撤销的规范性文件的合法性直接进行审查。"原告的诉讼请求显然违背《行政诉讼法》第53条关于规范性文件的审查只能附带进行的规定。

二、《行政诉讼法》第47条作为受理起诉的依据

再审申请人还以《行政诉讼法》第47条为依据，主张人民法院应当依法

受理本案。最高人民法院认为，第 47 条规定的只是可以提起履行职责之诉的适当期间，而非履行职责之诉的起诉条件。"通常认为，提起一个履行职责之诉，需要具备如下前提：存在一项权利；该权利属于原告；行政机关对于履行职责申请的拒绝导致权利侵害的可能性。"结合本案，最高人民法院认为再审申请人请求撤销的规范性文件并不直接对其权利义务产生影响，相应地，行政机关对于其撤销请求的拒绝也并无导致权利侵害的可能性。"假如某一行政机关依据该规范性文件作出对再审申请人不利的行政行为，再审申请人完全有权利和机会针对该不利的行政行为提起诉讼，并还可以一并请求对该规范性文件进行审查。因此，在有更便捷的途径达到目的的情况下，再审申请人提起本案诉讼亦缺乏法律保护必要。"

综上，最高人民法院认为一审法院和二审法院驳回申请人的起诉和上诉做法并无不当。再审申请人的申请不符合《行政诉讼法》第 91 条所规定的再审事由，故裁定驳回再审申请。

【涉及的重要理论问题】

法律适用者在认定公民或者行政机关的行为时，通常并不以其自我指称为依据，而是以所要判断行为的真实内涵为标准。行政法亦是如此，尤其是在行政行为的认定上。根据《行政诉讼法》第 2 条，争议行为是否为行政行为构成法院是否受理起诉的基本条件之一。2016 年，最高人民法院在"金实等诉北京市海淀区人民政府履行法定职责案"中指出，"在撤销之诉中，'行政行为'概念仍然应当理解为原来意义上的'具体行政行为'""其确切的含义应当是指：行政机关针对具体事件、单方面做出的、具有外部效果的、行政法上的处理行为""那些决定做出之前的准备行为和阶段行为、那些不具有外部效果的纯内部行为、那些不是针对具体事件的普遍的调整行为，仍然属于不可诉的行为。"由于与权利救济紧密相连，行政法学的一项重要任务就是对行政活动进行类型化，区分可诉的行政行为和其他行政活动。[1]

司法实践中还要辨别的是那些有着行政行为外观的行政活动。以"中国

---

[1] 刘飞、谭达宗："内部行为的外部化及其判断标准"，载《行政法学研究》2017 年第 2 期。

轻工业原材料总公司与海关总署行政纠纷案"[1]为例，西安海关经过初步侦查发现该公司涉嫌走私犯罪，扣押涉案车辆后对其立案侦查。由于车辆数目多不宜长期保存，在报请海关总署批准后决定变卖。随后，西安海关依照《中华人民共和国海关法》（2000 年修正）[以下简称《海关法》（2000 年修正）]第 92 条第 1 款的规定以海关名义向该公司送达《先行变卖通知书》。该公司不服该通知书的告知内容，向海关总署申请行政复议，要求撤销先行变卖的行政违法行为，海关总署认为先行变卖是刑事执法行为，不属于行政复议审查范围，同时以告知内容和适用法律依据存在错误为由撤销了该通知书，由此引发诉讼。北京市第二中级人民法院在该案判决中认为，海关在刑事侦查阶段尚未结束且在扣押车辆已由公安机关以刑事案件侦查措施处理完毕的情况下，又以自己的名义及行政行为的方式再行处理，这不能改变海关走私侦查分局先行变卖属于刑事侦查行为的事实，刑事侦查行为不属于行政诉讼的审查范围。法院遂判决驳回原告诉讼请求，维持海关总署行政复议决定。司法实务和理论上有争议的是，对于那些有着行政行为外观的措施，公民应当如何寻求救济，该措施的效力又如何。[2]

一、假象行政行为的界定

对于实体上不构成行政行为但有着行政行为外观的活动，我国学者很早就有论述，叶必丰教授将"不具备行政行为的成立要件，但具有行政行为的某些类似特征的非行政行为"称为"假行政行为"，主要包括下列四种情形：不具备行政权能的行为；没有运用行政权的行为；不存在行政法律效果的行为；不存在表示行为的主观意志。[3]阎尔宝教授则使用"假象行政行为"的概念，特指"不具备行政权能的民事主体做出的虽有行政行为外观但本质上不属于行政行为的的行为"。[4]胡建淼教授将"民事主体行使的所谓'行政行

---

[1] 北京市第二中级人民法院（2002）二中行初字第 4 号行政判决书。

[2] 部分内容已经发表于张冬阳："假象行政行为的界定和权利救济"，载《行政法学研究》2019 年第 4 期。

[3] 叶必丰："假行政行为"，载《判例与研究》1998 年第 4 期。

[4] 阎尔宝："假象行政行为与拟制行政诉讼"，载《人民司法》2001 年第 7 期。同样的界定亦见金伟峰："论行政超越职权及其确认和处理"，载《行政法学研究》1996 年第 4 期。

为'"和"行政主体没有作出法律意义上的行政行为"两种形态统称为"假象行政行为"。[1]

学者们对"假象行政行为"有着不同限定，并且我国司法裁判并没有使用相应术语，因此对这类行为的研究在过去十几年没有取得更多进展。[2]德国行政法中，将实体上不满足《德国行政程序法》第35条规定的行政行为的概念，但具有行政行为外观的措施称为假象行政行为（Scheinverwaltungsakte）。[3]假象行政行为出现在许多行政领域，如行政许可、社会保险和税收行政。作为一个缺失法律定义的概念，德国学说和司法实践把多种多样的行为认定为假象行政行为，因此有必要先将假象行政行为与类似活动进行区分。

（一）假象行政行为假象行政行为与违法、无效行政行为的区分

尽管学者们对假象行政行为的内涵存在争议，但一致的观点是，假象行政行为与违法行政行为和无效行政行为都不同："假象行政行为不是行政行为或者没有发生行政行为"，而"无效行政行为和违法行政行为都是行政行为，无非是有瑕疵的行政行为而已"。[4]即后者都以行政行为的存在和成立为前提条件，这使得关于行政行为无效的法律规定不能直接适用于假象行政行为。[5]

（二）假象行政行为与非行政行为之间的关系

长久以来争议最大的是假象行政行为与非行政行为（Nichtverwaltungsakt）之间的关系。德国联邦行政法院在1986年的一起公告送达的案件中认为，如果征税单没有有效送达，"就构成一个法律上不存在的决定（非行政行为[Nichtakt]），其法律上的不生效力与无效行政行为相同。"[6]之后的裁判中，

---

〔1〕 胡建森：《行政法学》，法律出版社2015年版，第504页。

〔2〕 胡建森：《行政法学》，法律出版社2015年版，第503页。

〔3〕 Andreas Blunk/Hans－Patrick Schroeder, Rechtsschutz gegen Scheinverwaltungsakte, JuS 2005, 602, 603.

〔4〕 胡建森：《行政法学》，法律出版社2015年版，第503页。

〔5〕 Martin Will/Christian Rathgeber, Die Nichtigkeit von Verwaltungsakten gem. § 44 VwVfG, JuS 2012, 1057, 1058.

〔6〕 BVerwG, Urteil vom 21. 11. 1986－8 C 127/84, NVwZ 1987, 330.

德国联邦行政法院甚至使用"非行政行为（假象行政行为）"的表述。[1]这种将非行政行为和假象行政行为等同的表述也影响了行政法学界。部分学者就此认为，不拥有行政权能的民事主体和行政机关作出但没有有效送达的行为构成非行政行为或者假象行政行为。[2]

司法实践则在更广的意义上使用假象行政行为这一概念，德国联邦财政法院在一起本应删除的电脑打印件失误寄给纳税义务人的案件中认为，行政机关"寄出的这份电脑打印件是没有法律效力的假象行政行为"。[3]曼海姆高等行政法院认为，"行政机关如果将一项准备性的程序行为（要求公民提交无犯罪证明）作为行政行为签发，此时就为其披上了行政行为的效力外观（也就是所谓的假象行政行为）"。[4]虽然非行政行为和假象行政行为实体上均不满足行政行为的成立要件，但多数学者主张区分二者。[5]

（三）归责理论

2011年的污水处理费案中，一名公民收到污水处理厂的缴费单，缴费单抬头显示的是当地水务事业公法法人。后经证实，该公法法人没有任何办公人员，它将自身公法职能全部转交给了民营污水处理厂。德国联邦行政法院认为，私人协助停留在内部层面，外部层面上仍然是公法法人，所以该缴费单就不是私人所作出的行为。至于公法法人对缴费单的内容毫不知情且无法审核其正确性，并不能否定其行政行为的特征。认定行政行为必要且充分的条件是，向外部显现的行政机关引发（Veranlassung）了污水处理厂的行为，即污水处理厂按照行政机关的认识和意愿从事活动。德国联邦行政法院同时要求，行政机关引发民事主体所从事的活动在范围上应当充分确定，单纯的"空白授权"不能构成充分的归责基础。[6]

---

[1] BVerwG, Urteil vom 23.8.2011-9 C 2/11, NVwZ 2012, 506, 507.

[2] Ulrich Ramsauer, in: ders./Peter Wysk (Hrsg.), Verwaltungsverfahrensgesetz Kommentar, 17. Aufl. 2016, § 44 Rn. 49.

[3] BFH, Urteil vom 28.09.1984-III R 58/83, NVwZ 1985, 519.

[4] VGH Mannheim, Beschluss vom 20.10.2016-1 S 1662/16.

[5] Rolf Stober/Winfried Kluth/Stefan Korte/Sven Eisenmenger, Verwaltungsrecht I, 13. Aufl. 2016, § 48 Rn. 9; Laura Münkler, Der Nichtakt-Eine dogmatische Rekonstruktion, 2015, S. 158.

[6] BVerwG, Urteil vom 23.8.2011-9 C 2/11, NVwZ 2012, 506, 507.

德国联邦行政法院在这里试图划分国家、公民和受委托民事主体的责任范围：在不存在国家引发时，如果公民"上当"，其自担风险；而如果民事主体从事特定活动是国家引发的，那么责任就转移到国家之上。[1]德国学者由此认为，假象行政行为和非行政行为的区分标准应该是判断该行为可否归责于国家。[2]非行政行为被限定在不能归责于国家的情形之上，典型例子是不拥有行政权能的民事主体所作的表示和活动。[3]对于冒用行政机关名义所作行为，根据归责理论，如果该行为的发生不可归责于行政机关，那么构成非行政行为；[4]如果该行为的发生是行政机关引发或者知晓而不予制止的，则构成假象行政行为。[5]

对于不拥有行政权能的民事主体所作非行政行为，叶必丰教授认为，由此引起的纠纷应当通过民事途径予以解决。[6]阎尔宝教授则主张作为行政案件来处理，为当事人提供及时的权利保护。[7]由于非行政行为不能归责于行政机关，而撤销之诉要求被告为行政机关，故不能类推适用行政诉讼的撤销之诉。[8]形式归责和实体归责则可以分开审查，当对行为是否可以归责于行政机关这个问题存在争议时，应当允许公民提起一般确认之诉。[9]

二、假象行政行为的形态

作为不具备行政行为成立要件的行政活动，因所缺乏要件不一，假象行政行为表现形态多种多样。在行政行为成立要件的构成上，我国法院认为，

---

〔1〕 Laura Münkler, Der Nichtakt-Eine dogmatische Rekonstruktion, 2015, S. 153.

〔2〕 Wolf-Rüdiger Schenke, Verwaltungsprozessrecht, 15. Aufl. 2017, Rn. 191；Hans-Günter Henneke, in：Hans Knack/ Hans-Günter Henneke（Hrsg.），Verwaltungsverfahrensgesetz-Kommentar, 10. Aufl. 2014, § 35 Rn. 165.

〔3〕 Rolf Stober/Winfried Kluth/Stefan Korte/Sven Eisenmenger, Verwaltungsrecht I, 13. Aufl. 2016, § 48 Rn. 8.

〔4〕 BVerwG, Beschluss vom 16. 4. 2003-9 B 81/02, NVwZ 2003, 995, 996.

〔5〕 林莉红、黄启辉："论表见代理在行政法领域之导入与适用"，载《行政法学研究》2006年第3期。

〔6〕 叶必丰："假行政行为"，载《判例与研究》1998年第4期。

〔7〕 阎尔宝："假象行政行为与拟制行政诉讼"，载《人民司法》2001年第7期。

〔8〕 Wolf-Rüdiger Schenke, Verwaltungsprozessrecht, 15. Aufl. 2017, Rn. 191.

〔9〕 Ulrich Stelkens, in：Stelkens/Bonk/Sachs（Hrsg.），Verwaltungsverfahrensgesetz, 8. Aufl. 2014, § 35 Rn. 62.

"具体行政行为的成立要件包括：作出主体必须是行政主体，有明确的意思表示，必须送达当事人。"[1]不过，一个不具备行政主体资格但拥有行政权能的组织，其行为仍可以构成一个具体行政行为，故我国学者总结为，"具体行政行为的成立要件有以下四个：行政权能的存在、行政权的实际运用、法律效果的存在和意思表示行为的存在。"[2]德国通说亦认为，行政行为在法律意义上的成立需要具备三个条件：该行为归责于行政、满足行政行为的概念特征以及送达当事人。[3]缺乏上述其中成立要件之一的，皆可能产生假象行政行为。这既可以是没有有效送达行政相对人的行政处罚决定书，也可以是没有实际运用行政权的措施。综合司法判例，可以将假象行政行为归为以下几种情形。

（一）行政机关未有效送达的决定

行政机关只有将自己的意志通过语言文字等形式表示出来，并告知相对人后，才能成为一个具体行政行为。[4]当行政机关因自身过错没有将行政决定有效送达当事人，却误以为行政行为已经成立，此时构成假象行政行为。[5]未有效送达可以是将行政决定交给无行为能力人所致，亦可能是送达方式违反法律规定。

未有效送达当事人的行政决定也会产生一定的效力外观。在一起行政处罚纠纷上诉案中，四川省南充市顺庆区安全生产监督管理局（以下简称安监局）以该区的源艺装饰广告部安全防护不到位且发生生产安全事故为由，对其罚款11 000元。事后，安监局从他人付给原告的工程款中扣除10 000元。1年后，原告从其他案件中方得知该处罚决定，向法院提起撤销该处罚决定的诉讼。该案裁判要旨中指出："送达是行政执法活动的重要组成部分，如果处罚告知书未予送达行政相对人，则行政处罚决定不能成立。"[6]虽然该行政处

〔1〕 山东省青岛市中级人民法院（2013）青行初字第6号行政判决书。

〔2〕 姜明安主编：《行政法与行政诉讼法》，北京大学出版社2015年版，第190页。

〔3〕 Dörte Herrmann, Aus dem Leben eines Verwaltungsakts, ZJS 2011, 25.

〔4〕 姜明安主编：《行政法与行政诉讼法》，北京大学出版社2015年版，第190页。

〔5〕 Andreas Blunk/Hans-Patrick Schroeder, Rechtsschutz gegen Scheinverwaltungsakte, JuS 2005, 602, 603.

〔6〕 "四川省南充市顺庆区源艺装饰广告部诉四川省南充市顺庆区安全生产监督管理局安全生产行政处罚案"，载《中国行政审判案例（第2卷）》（最高人民法院行政审判庭编），中国法制出版社2011年版，第204页。

罚决定在法律上不存在，行政相对人亦不知情，但形成了行政行为已经成立且必须遵从的"假象"，甚至侵犯相对人的合法权益。[1]实践中，行政机关和行政相对人往往会对行政行为是否依法送达产生争议，如果行政机关不能证明文书已经送达公民，那么就缺乏有效送达要件，只能构成假象行政行为。[2]

（二）行政机关的意思表示存在瑕疵

意思表示真实是民事法律行为成立或生效的必要条件；同理，在行政法律关系中，行政主体的意思表示是否真实也直接决定了行政行为的成立或生效。[3]我国台湾地区多数学者认为行政行为可视为行政法上的意思表示，故"我们的通说基本也认可意思表示是行政行为成立的一般要件"。[4]当行政机关所作意思表示存在着瑕疵，却有着行政行为外观时，同样构成假象行政行为。典型的是行政机关工作人员的戏谑表示和在进行意思表示时受到不可抗拒的心理威胁或直接的实力强制。[5]

德国审判实务中更多是将行政机关出于过失而作出的决定称为假象行政行为。行政相对人收到的文书缺乏行政机关告知送达的意思（Bekanntgabewille）的，构成假象行政行为。如社会保险经办机构误将一份带有"复印件"标识的草拟文稿寄送给了患者，允诺患者之前的治疗费用可以全部报销。之后又在一份通知书中明确告知只能报销部分费用。德国威斯巴登社会法院认为，第一份通知书为工作人员失误所寄出，缺乏行政机关告知送达的真实意思，患者收到后成立假象行政行为。[6]

我国司法实务中也存在因行政机关意思表示瑕疵所造成的假象行政行为。在"王齐双诉厦门市社会保险管理中心履行法定职责案"中，双方对医疗保险待遇问题的争议集中在死者王琦荃连续参保时间的界定上。厦门市中级人民法院认为，投保费用由地方税务局负责收取，再交由社会保险管理中心保

〔1〕 姜明安主编：《行政法与行政诉讼法》，北京大学出版社 2015 年版，第 190 页。

〔2〕 VGH München, Urteil vom 24. 11. 2011-20 B 11. 1659, NVwZ-RR 2013, 169 Rn. 28.

〔3〕 孙丽岩："行政行为中的意思表示"，载《比较法研究》2009 年第 3 期。

〔4〕 王学辉："行政法意思表示理论的建构"，载《当代法学》2018 年第 5 期。相反观点见周伟："对意思表示是行政行为成立要素的质疑"，载《法学杂志》2009 年第 10 期。

〔5〕 Andreas Blunk/Hans-Patrick Schroeder, Rechtsschutz gegen Scheinverwaltungsakte, JuS 2005, 602, 604.

〔6〕 SG Wiesbaden, Urteil vom 1. 11. 2011-S 9 R 163/09.

管和发放，地方税务局的行为视为接受社会保险管理中心的委托。"法院注意到，投保人王琦荃于 2008 年 1 月 10 日死亡，但 2008 年 1 月 14 日仍然有'王琦荃'的申报，并且 2008 年 1 月 16 日仍然有相关的投保费用入账入库，在无证据表明投保人存在欺诈情况下，上诉人应当对自己可能的'失职'或'失误'承担相应的责任。"[1]因内部程序导致费用收取和入库存在时间差，社会保险管理中心的失误使得参保时间满足法律规定。行政机关在处理事务时意思表示的形成虽然存在瑕疵，但对于不了解情况的行政相对人来说构成假象行政行为。

（三）形式使用错误

被学者和司法实务认定为假象行政行为的还有行政机关以行政行为的形式从事的活动，尽管法律并不允许其采取这种形式。[2]例如，行政机关将通知公民提交无犯罪证明这一要求作为行政行为签发，该准备性的程序活动因缺乏规制效果，不具有行政行为的实体特征，但行政机关的做法为其披上了行政行为的效力外观，此时构成假象行政行为。[3]在德国不来梅高等行政法院审理的一起案件中，行政机关更正了行政相对人的居住证明并以行政行为的形式通知立即执行，由于行政机关更正居住证明本身是一项行政事实行为，却以行政行为的形式作出，客观上使其具有了行政行为的外观。[4]此种假象行政行为也被很多学者称为形式行政行为（formeller Verwaltungsakt）。[5]

在我国，因行政机关不愿意当被告，[6]形式行政行为并不多见。在"中国轻工业原材料总公司与海关总署行政纠纷案"中，西安海关侦查分局在对轻工业总公司立案侦查后，将不宜长期保存的车辆先行变卖。之后西安海关以海关名义，通过邮寄方式向该公司送达了《先行变卖通知书》。海关侦查分局作出的先行变卖决定，其依据是《中华人民共和国刑事诉讼法》（1996）

〔1〕 厦门市中级人民法院（2009）厦行终字第 36 号行政判决书。

〔2〕 Kyrill-Alexander Schwarz, in: Michael Fehling/Berthold Kastner/Rainer Störmer（Hrsg.）, Verwaltungsrecht, 4. Aufl. 2016, § 35 Rn. 62.

〔3〕 VGH Mannheim, Beschluss vom 20. 10. 2016-1 S 1662/16.

〔4〕 OVG Bremen, Beschluss vom 21. 08. 2002-1 B 143/02, NordÖR 2002, 420.

〔5〕 Tristan Barczak, Typologie des Verwaltungsakts, JuS 2018, 238, 244.

〔6〕 吴鹏、胡锦光："《行政诉讼法》修改与法治国家建设"，载《国家行政学院学报》2015 年第 1 期。

第 198 条和《公安机关办理刑事案件程序条例规定》（1998）第 219 条。而当时没有法律法规或者有效文件"规定海关在办理刑事案件过程中作出或执行先行变卖决定必须事先通知当事人"。[1]相反，《海关法》（2000 年修正）第 92 条第 1 款规定："海关依法扣留的货物、物品、运输工具，在人民法院判决或者海关处罚决定作出之前，不得处理。但是，危险品……，经直属海关关长或者其授权的隶属海关关长批准，可以先行依法变卖，变卖所得价款由海关保存，并通知其所有人。"但此种情形是指行政扣留，并不适用于刑事执法程序中的先行变卖决定，西安海关将二者予以混淆。法院由此认为西安海关作出的《先行变卖通知书》是对刑事执法行为以行政行为方式的再行处理，[2]这种情形构成假象行政行为。

实践中还可能出现的情形是，行政复议机关将一个本身不是行政行为的行政活动作为行政行为处理，那么这种做法是否给该行政活动赋予了行政行为的特性？在德国联邦行政法院 1987 年审理的案件中，某乡镇在修缮供水管道后向原告送达了缴费通知单，没有签名也没有告知权利救济。原告提起行政复议，复议机关驳回了复议请求，认为"该行政行为是合法的"。原告提起的行政诉讼被行政法院以"该缴费单不是行政行为"而驳回，德国联邦行政法院则允许公民对此提起撤销之诉。对此，很多学者则认为，行政复议机关误将原有行政活动作为行政行为对待，从而作出了行政复议决定，亦不能使其性质"转变"成行政行为，只是徒有形式，应当构成假象行政行为。[3]

三、事实性效果

传统观点认为，假象行政行为因不满足行政行为成立要件，也就没有行政行为的法律效力，此种行为"不具有公定力，因此任何机关、组织或个人均没有必要对之予以尊重。"[4]假象行政行为虽不完全具备行政行为的成立要

---

[1] 晏山嵘："一起海关行政诉讼案引发的法律思考——中国轻工业原材料总公司与海关总署行政纠纷案"，载《判例与研究》2010 年第 2 期。

[2] 北京市第二中级人民法院（2002）二中行初字第 4 号行政判决书。

[3] Jost Pietzcker in Fridrich Schoch/Jens-Peter Schneider/Wolfgang Bier（Hrsg.），Verwaltungsgerichtsordnung，Stand：34. EL Mai 2018，§ 79 Rn. 3.

[4] 晏山嵘："一起海关行政诉讼案引发的法律思考——中国轻工业原材料总公司与海关总署行政纠纷案"，载《判例与研究》2010 年第 2 期。

件，因该行为归责于行政机关，可能会因其较强的效力外观而产生相应的行政法律关系。[1] 例如，行政决定未被依法送达且送达瑕疵没有那么明显，行政机关不知情时很可能进行强制执行。在"四川省南充市顺庆区源艺装饰广告部诉四川省南充市顺庆区安全生产监督管理局安全生产行政处罚案"中，安监局以为行政处罚决定已经成立，违法地采取强制执行。形式使用错误的假象行政行为在外观上更是和行政行为并无差别，作为行政相对人的普通公民会由此认为案件已进入行政程序，产生后续影响。在"中国轻工业原材料总公司与海关总署行政纠纷案"中，"因为刑事执法程序及行政执法程序在案件办理过程中是有可能发生转换的，假使情况的确如此，当事人也无法得知"，[2] 受影响的公民也就应当获得澄清的机会，以消除该行为给自身带来的法的不安定性。

根据行政行为的通常分类，假象行政行为亦可以分为负担假象行政行为和授益假象行政行为。前者是指行政机关作出的行为表面上给行政相对人造成了负担；后者是指行政机关作出的行为表面上赋予行政相对人一定的利益。对于前者在外观上形成的事实负担，行政相对人应当获得消除负担的机会；对于后者形成的事实受益，行政相对人对确认行政行为成立存在利益。总而言之，出于法的安定性的考虑，假象行政行为造成的事实性效果使得行政相对人采取措施明确自身权利地位。[3]

四、权利救济方式

面对假象行政行为产生的事实性效果，公民应当采取何种权利救济手段来维护自身权益？当事人可以提起行政复议和行政诉讼吗？因假象行政行为的发生归责于行政机关，通过行政诉讼来解决相关争议是更为合适的。[4] 那

---

〔1〕 Rolf Stober/Winfried Kluth/Stefan Korte/Sven Eisenmenger, Verwaltungsrecht I, 13. Aufl. 2016, § 48 Rn. 9.

〔2〕 晏山嵘："一起海关行政诉讼案引发的法律思考——中国轻工业原材料总公司与海关总署行政纠纷案"，载《判例与研究》2010 年第 2 期。

〔3〕 Florian von Alemann/Fabian Scheffczyk, in: Johann Bader/Michael Ronellenfitsch（Hrsg.）, Beck'scher Online/Kommentar VwVfG, 36. Ed. 2017, § 35 Rn. 41.

〔4〕 晏山嵘："一起海关行政诉讼案引发的法律思考——中国轻工业原材料总公司与海关总署行政纠纷案"，载《判例与研究》2010 年第 2 期。

么，公民起诉时可以诉请法院撤销负担假象行政行为或者判令行政机关按照授益行政行为履行给付吗？否定的观点认为，上述列举的假象行政行为情形只是有着行政行为的"外壳"，实质上不成立行政行为，而撤销之诉或者义务之诉都是以成立行政行为为合法性要件。[1]故"理应视情况裁定不予受理或驳回起诉。"[2]因假象行政行为成立要件缺乏情形不一，有必要对其权利救济方式进行具体分析。

（一）行政机关未有效送达的情形

对于行政机关未依法送达的行政处罚决定，有争议的是公民应当提起何种类型的诉讼请求和法院如何处理。"四川省南充市顺庆区源艺装饰广告部诉四川省南充市顺庆区安全监督管理局安全生产处罚案"中，原告"提起行政诉讼，要求撤销16号行政处罚决定"。[3]"广州市国土资源和规划委员会与广州市蓝奥体育产业服务有限公司处罚上诉案"中，法院认为，"应当认定上诉人对上述文书没有进行合法送达……并判决撤销上诉人《行政处罚决定书》"。[4]问题在于，行政决定在没有依法送达时，根本不存在行政行为，也就谈不上撤销。原告主张撤销行政行为的诉讼请求也就存在着逻辑矛盾。[5]

已经废止的《最高人民法院关于执行〈中华人民共和国行政诉讼法〉若干问题的解释》（法释〔2000〕8号）第57条第2款第3项规定，法院对不成立的行政行为可以作出确认被诉行政行为无效的判决。"俞飞诉无锡市城市管理行政执法局案"中，法院认定"以张贴方式送达行政法律文书应为无效行政行为。"[6]这一处理方式同样存在着问题，因为未依法送达的行政行为与

〔1〕 Christian Bickenbach, Charakteristik, Unterarten und Unarten des Verwaltungsaktbegriffs, JA 2015, 481, 486.

〔2〕 梁君瑜："论行政诉讼中的确认无效判决"，载《清华法学》2016年第4期。

〔3〕 "四川省南充市顺庆区源艺服饰广告部诉四川省南充市顺庆区安全生产监督管理局安全生产行政处罚案"，载《中国行政审判案例（第2卷）》（最高人民法院行政审判庭编），中国法制出版社2011年版，第204页。

〔4〕 广州铁路运输中级法院（2017）粤71行终162号行政判决书。

〔5〕 Timo Hebeler, Abgrenzung eines Verwaltungsaktes von einem Nicht-/Scheinverwaltungsakt, JA 2012, 479.

〔6〕 何薇、雷遥："行政处罚决定书不符合法定送达方式不能视为送达"，载《人民司法》2011年第24期。

无效行政行为有着根本性的区别：首先，前一种情形中，在事实和法律上都不存在行政行为；后一种情形中，事实上存在着行政行为，只是不产生行政机关所希冀的法律效力。[1]其次，无效行政行为由于存在重大且明显的瑕疵，不允许行政机关重新作出。一旦将没有依法送达的行政行为确认为无效，等于堵塞了重新作出的路径。[2]

德国长期的司法判例认为，行政相对人主张行政行为没有依法送达时，只有允许其提起确认之诉方能提供充分的权利救济，即《德国行政法院法》第43条第1款的确认之诉。不过，德国联邦行政法院明确："允许提起确认之诉并不当然意味着是适用《德国行政法院法》第43条第1款第2种情形——确认行政行为无效，而是适用《德国行政法院法》第43条第1款第1种情形——确认法律关系不存在，即行政行为没有生效，没有出现其所要达到的规制效果"。[3]之所以该情形归入到确认法律关系不存在而不是确认行政行为无效，原因在于，不同的诉讼类型会对权利救济利益的审查产生影响：无效负担行政行为一般会给行政相对人造成负担的效力外观，行政相对人在无效确认之诉上往往存在着权利救济利益；未成立的行政行为则并不一定。但就行政机关未有效送达的情形来说，其在外观上产生效力，行政相对人对此存在着值得保护的确认利益。[4]行政相对人如果提起撤销之诉，法院在审理过程中发现对行政行为是否有效成立存在争议的，出于诉讼经济原则，应当将撤销之诉转换为确认之诉。[5]

与德国法不同，我国行政诉讼法没有规定法律关系的一般确认之诉。确认行政相对人与行政机关之间存在或者不存在某种行政法律关系的判决被认为是"机械地将民事确认判决的概念移作行政确认判决"。[6]至于行政行为

---

[1] Marcus Schladebach, Der nichtige Verwaltungsakt - Grundfragen sachwiderigen Behördenhandelns, VerwArch104 (2013), 188, 193.

[2] 杨登峰："对未送达行政行为作出撤销判决还是确认未生效——基于第38号指导案例及相关案例的思考"，载《政治与法律》2016年第3期。

[3] BVerwG, Urteil vom 21. 11. 1986 - 8 C 127/84, NVwZ 1987, 330; VGH München, Urteil vom 24. 11. 2011 - 20 B 11.1659, NVwZ-RR 2013, 169 Rn. 25.

[4] BVerwG, Urteil vom 21. 11. 1986 - 8 C 127/84, NVwZ 1987, 330.

[5] BFH, Urteil vom 26. 03. 1985 - VIII R 225/83, NVwZ 1986, 156, 157.

[6] 蔡小雪："行政确认判决的适用"，载《人民司法》2001年第11期。

没有依法送达时法院应当如何裁判，2018年施行的《最高人民法院关于适用〈中华人民共和国行政诉讼法〉的解释》没有提及，但第96条在细化确认违法判决适用条件中规定，通知、送达等程序轻微违法且对原告依法享有的听证、陈述申辩等重要程序性权利不产生实质损害的，属于"程序轻微违法"。行政行为没有依法送达时可否适用确认违法判决？首先，如前所述，送达是行政执法活动的重要组成部分，关系到申请复议期限和起诉期限的起算，很难说这对原告权利不产生实际影响。其次，和适用判决行政行为无效一样，对未依法送达的行政行为以确认违法的方式进行处理会阻挡行政机关重新作出一个相同的行政行为。为了澄清法律地位且不阻挡行政目的的实现，我国行政诉讼法有必要引入确认法律关系存在或者不存在的诉讼类型。

未依法送达的行政行为没有有效成立，行政相对人也就没有义务履行该行政决定中所施加的负担。[1]那么违反送达规定的瑕疵可否在行政复议程序中得到补正呢？德国慕尼黑高等行政法院认为，复议决定书驳回复议请求时可以补正送达瑕疵。[2]吉森行政法院则认为，允许在复议决定书中补正送达瑕疵会违背行政复议设立的目的，剥夺了当事人在复议程序中审查行政行为的可能性，故复议机关无法在事后对所谓的"程序瑕疵"进行补正。对于这种情况，行政机关只能重新作出并依法送达。[3]

（二）行政机关的意思表示存在瑕疵

在受领存在意思表示瑕疵的行政决定后，行政相对人因不知晓行政行为成立时的瑕疵（如缺乏送达意思），会与行政机关在行政行为是否成立这个问题上产生争议。

1984年德国联邦财政法院审理的一起案件中，财政局工作人员将一份写着0马克的房地产税基础值通知书寄给了公民，该告知书标明了"删除"的字眼。财政局随后撤销了这一通知书，该公民提起诉讼。德国联邦财政法院认为，行政行为成立的必要条件是"该措施有着财政局向外签发具有约束力决定的意思"，本案中行政机关缺乏将有约束力的决定向外发出的意思，故该

---

[1] VGH München, Urteil vom 24.11.2011-20 B 11.1659, NVwZ-RR 2013, 169 Rn. 24.

[2] VGH München, Urteil vom 24.11.2011-20 B 11.1659, NVwZ-RR 2013, 169 Rn. 24.

[3] VG Gießen, Urteil vom 18.05.1989-V/2 E 1553/87, NVwZ-RR 1990, 412, 413.

通知书没有法律效力。[1]实际上，对于明显失误所形成的行政行为，比如书写错误和计算错误等，《德国行政程序法》第 42 条赋予了行政机关更正的权限。德国联邦财政法院完全可以考虑适用该规定，而非否定行政行为的成立。[2]

如果意思表示瑕疵没有那么明显，则应当考虑到公民的信赖利益保护，特别是授益假象行政行为，因为"行政行为是否成立的不确定性不能给公民造成不利后果"。[3]在德国威斯巴登社会法院 2011 年审理的一起案件中，接到原告报销康复费用的请求后，社会保险经办机构 2008 年 12 月 4 日寄出了一份同意报销全部医疗费用的草拟文稿，上面还手写了"不予发出"；之后又在 2009 年 3 月 23 日告知原告只承担部分费用。诉讼中，社会保险经办机构声称第一份告知书的签发缺乏行政机关的送达意思。法院认为，该告知书虽是工作人员失误寄出，"缺乏行政机关告知送达的意思表示，但作为假象行政行为仍然产生法律意义。出于信赖保护原则和法的安定性，应当将 2008 年 12 月 4 日的告知作为一个有效成立的告知书来处理"。[4]

"田少萍诉盖州市医疗保险管理中心履行法定职责案"中，原告丈夫因肝部病变需要确诊和手术治疗而申请转诊转院，医保中心先后两次在申请单上的"医保中心意见"上签署"同意"二字并加盖公章。手术治疗结束后，原告申请报销医疗费用，医保中心依据当地医保管理办法拒绝支付。原告认为医保中心"签署同意的行为属于行政审批行为，行政相对人有理由相信医保中心同意对医疗费用按规定予以报销"。医保中心则认为，"签署同意仅表明同意转诊转院治疗，并不表示同意为其报销医疗费用"。辽宁省高级人民法院提审本案时认为，原告丈夫的治疗费用"确实不属于当时基本医疗保险诊疗项目予以报销的范围，但由于医保中心在医保报销所必须持有的转诊转院审批单上出具了'同意'的意见"，使得原告对此形成信赖利益。[5]提审法官指出，"退一步讲，即使在签署意见不明确，可能产生分歧的情况下，也应当

〔1〕　BFH, Urteil vom 28. 09. 1984-III R 58/83, NVwZ 1985, 519.

〔2〕　Joachim Martens, Die Rechtsprechung zum Verwaltungsverfahrensrecht, NVwZ 1987, 464, 468.

〔3〕　Erich Schiedeck, Die Nichtigkeit von Verwaltungsakten nach § 44 Absatz 1 VwVfG, 1993, S. 45.

〔4〕　SG Wiesbaden, Urteil vom 1. 11. 2011-S 9 R 163/09.

〔5〕　李蕊："患者对医保部门批准的转诊转院有信赖利益"，载《人民司法》2014 年第 14 期。

作出对相对人有利的解释"。[1]相对于公民而言，行政机关处于优势地位，在后者意思表示存在歧义使得行政行为成立产生不确定性时，应由行政机关承担不利结果，而不能让公民受损。[2]

(三) 形式使用错误

对形式使用错误的假象行政行为进行权利救济时，首先要解决的问题是，是将这些行为作为真正的行政行为来处理，还是根据其真实性质来赋予行政相对人权利救济？如果采用前者，那么行政相对人应当提起撤销之诉，如果是后者则应当提起确认之诉或者不作为之诉。

1. "行政诉讼意义上的行政行为"

在1973年的一起行政机关将缴税通知当作账单签发的案件中，德国联邦行政法院认为，基于行政行为内在的规制功能，它应当被行政相对人明确清晰地识别出。判断行政活动是否为行政行为时，应当适用意思表示的解释规则，即《德国民法典》第133条和第157条，起到决定性作用的不是内在意思，而是受领人从自身角度理性判断所理解的表达意思。换言之，要根据行政活动的客观意涵来判断其性质。行政相对人从客观角度出发，认为行政机关所作决定形式上符合行政行为，产生了终局决定的效力外观，那么就可以将其作为"真正的"行政行为来对待，法院就应当允许公民提起撤销之诉。[3]同样的，如果行政复议机关将一个不是行政行为的行政活动作为行政行为来处理，法院也不能要求行政复议决定书的受领人比复议机关"更聪明"，其所提起的撤销之诉也就不应当被驳回。[4]

允许对此类假象行政行为提起撤销之诉后，法院会审查行政机关是否应当以行政行为的方式作出该行政决定。行政机关如果将私法性质的事项作为行政行为签发，那么该行政决定违法，应当予以废弃。[5]行政机关如果将行政事实行为作为行政行为签发，无论该行政措施是否实体合法，法院都应当

---

[1] 李蕊："患者对医保部门批准的转诊转院有信赖利益"，载《人民司法》2014年第14期。

[2] BVerwG, Urteil vom 12. 1. 1973-VII C 3/71, VerwRspr 1974, 92, 93.

[3] BVerwG, Urteil vom 23. 9. 2004-2 C 37/03, NVwZ-RR 2005, 343；OVG Schleswig, Urteil vom 7. 7. 1999-2 L 264/98, NJW 2000, 1059, 1060.

[4] BVerwG, Urteil vom 26. 06. 1987-8 C 21/86, NVwZ 1988, 51, 52.

[5] BVerwG, Urteil vom 23. 01. 1990-8 C 37/88, NJW 1990, 2482.

废弃该假象行政行为。[1]"中国轻工业原材料总公司与海关总署行政纠纷案"中，北京市第二中级人民法院在判决中指出，海关在刑事侦查阶段尚未结束且在扣押车辆已由公安机关以刑事案件侦办措施处理完毕的情况下，又以自己的名义及行政行为的方式处理，缺乏事实和法律根据。[2]由此可见，对于行政机关因形式错误产生的假象行政行为，法院都是在确认缺乏法律根据后予以废弃[3]。

德国联邦行政法院认为，之所以将形式行政行为作为"真正的"行政行为来处理，允许行政相对人提起撤销之诉，是《德国基本法》第19条第4款有效权利救济原则所要求的：形式行政行为是行政相对人采取下一步行动的基础。在行政相对人提起撤销之诉后，法院如果以不构成行政行为为由直接驳回起诉，公民就必须承担诉讼费用，这种处理结果不尽人意。[4]对于行政机关是否正确使用行政行为这一形式，行政相对人有着基于权利救济的审查需求：形式行政行为经常成为后续措施（执行和罚款）的基础，这种法律地位与无效行政行为废弃中的法律地位相似。[5]

《德国行政程序法》第35条以"行政行为概念"为标题规定："行政行为是指行政机关在公法领域内调整具体事务且对外产生直接法律效力的处分、决定或其他高权措施。"没有争议的是，作为行政程序法的一般法律思想（allgemeiner Rechtsgedanken），行政行为概念对行政诉讼法的解释和适用起着决定性作用。[6]但因行政行为的定义不具有宪法位阶，加之概念本身仍存在着不清晰之处，[7]德国法院在解释和适用《德国行政法院法》第42条撤销之

---

[1] OVG Bremen, Beschluss vom 21. 08. 2002-1 B 143/02, NordÖR 2002, 420.

[2] 参见北京市第二中级人民法院（2002）二中行初字第4号行政判决书。

[3] 废弃，废止和撤销的上位概念，译自德文 aufheben。

[4] BVerwG, Urteil vom 26. 06. 1987-8 C 21/86, NVwZ 1988, 51, 52.

[5] Ulrich Stelkens, in：Stelkens/Bonk/Sachs（Hrsg.），Verwaltungsverfahrensgesetz, 8. Aufl. 2014, § 35 Rn. 16.

[6] Ulrich Stelkens, in：Stelkens/Bonk/Sachs（Hrsg.），Verwaltungsverfahrensgesetz, 8. Aufl. 2014, § 35 Rn. 12.

[7] Angelika Emmerich-Fritsche, Kritische Thesen zur Legaldefinition des Verwaltungsaktes, NVwZ 2006, 762. 行政行为法定概念的不清晰性也让其拥有一定的灵活性，特定的行政活动（如警察法中的事实行为）在德国法中不再被认定为行政行为，新的行为方式则被加入到行政行为类型之中（如交通标志）。

诉时，并没有将该规定意义上的行政行为完全等同于《德国行政程序法》第35条意义上的所有行政行为。从上述形式行政行为权利救济方式的讨论中则可以发现，即使《德国行政程序法》第35条对行政行为的实体要件作出了规定，行政诉讼审判作为行政行为处理的情形超出该定义的范围：法院出于有效权利救济原则的考虑，只要行政活动在外在形式上被行政相对人理解为行政行为，就允许其提起撤销之诉。这种情形被司法判例称为"行政诉讼意义上的行政行为"。[1]主流观点由此认为，行政诉讼意义上的行政行为不仅指满足《德国行政程序法》第35条实体要件的行政行为，还包括不满足上述实体要件，但在外观上被受领人理解为行政行为且归责于行政机关的措施。[2]行政行为概念在行政诉讼语境下演变为只要是可以归责于行政机关的活动。这使得德国行政诉讼意义上的行政行为偏离了其行政程序法对行政行为的定义，出现了行政程序法意义上的行政行为和行政诉讼意义上的行政行为两种范畴。[3]

2. 批评和反思

德国司法实践和主流学说对"行政诉讼意义上的行政行为"概念的肯认也受到很多的质疑。首先，将形式行政行为作为真正的行政行为处理不一定能够为行政相对人提供更有效的权利救济，反而会给其造成负担。《德国行政法院法》第70条和第74条规定，行政相对人针对行政行为提起行政复议和撤销之诉时，必须遵守法定的期限。如果将形式行政行为作为行政行为处理，就意味着同样适用上述期限规定，妨碍对行政相对人的权利救济，而行政机关对此并没有值得保护的利益。[4]其次，按照形式行政行为原有的本质内涵来赋予行政相对人权利救济即可，没有必要适用撤销之诉：当一个公务员被行政机关以行政行为的方式从治安局调任到地下建设管理局时，他应当提起

---

〔1〕 VG Berlin, Beschluss vom 19. 10. 2018-27 L 364. 18.

〔2〕 Ulrich Ramsauer, in: Kopp/Ramsauer (Hrsg.), Verwaltungsverfahrensgesetz Kommentar, 19. Aufl. 2018, § 35, Rn. 52; Hubertus Gersdorf, Verwaltungsprozessrecht, 4. Aufl. 2009, S. 15.

〔3〕 章志远教授的"各国行政程序法对行政行为的定义都与其行政诉讼法（或行政法院法）保持了高度一致"论断因此存在商榷之处，见章志远：《行政法学总论》，北京大学出版社2014年版，第163页。

〔4〕 Christian Bickenbach, Charakteristik, Unterarten und Unarten des Verwaltungsaktbegriffs, JA 2015, 481, 486.

要求行政机关的不作为之诉。[1]行政相对人如果提起撤销之诉，法院应当向其释明或者转换起诉请求。[2]

从行政行为概念与行政诉讼之间的关系上看，撤销之诉意义上的行政行为也应当与《德国行政程序法》第35条的法定含义保持一致：首先，在制定《德国行政程序法》时，德国立法者并没有打算区分行政程序法意义上的行政行为概念和行政诉讼意义上的行政行为概念；[3]更不会毫无理由地对同一个概念给出不同的定义。[4]《德国行政程序法》1973年的立法理由书中，立法者在解释为何给出行政行为概念时指出，《德国行政法院法》"之所以放弃了一般性的定义，主要是因为行政行为概念不是一个诉讼法上的，而是一个行政程序法和实体法上的概念"。[5]其次，《德国行政法院法》第40条第1款第1句规定："一切未被联邦法律划归为属其他法院管辖的非宪法性质的公法争议，对之均可提起行政诉讼。"根据该规定，行政活动的行为方式对公民获得有效的权利救济影响不大，再创制出一个行政诉讼意义上的行政行为概念是多余的。[6]再次，作为一项目的性创设，在概念创设者——奥托·迈耶的理念中，行政行为的功能主要定位于国家和公民之间有效的法律执行，主观权利保护处于次要地位。[7]在《德国行政程序法》第35条对行政行为的判断给出实质标准后，再过度强调权利救济以扩展行政行为的概念内涵，这只会破坏建立在行为方式瑕疵理论之上的行政诉讼救济体系。[8]

---

[1] 龙非："德国行政诉讼中内部行为、程序行为的可诉性——管窥司法审查的边界"，载《行政法学研究》2018年第2期。

[2] Klaus Erfmeyer, Der nichtmaterielle Verwaltungsakt－rechtswidrige und überflüssige Fiktion, DÖV 1996, 629, 638.

[3] Sebastian Müller－Franken, Der Verwaltungsaktsbegriff der VwGO beim Handeln von Landes－undKommunalbehörden, VerwArch 90 (1999), 552, 556.

[4] Meinhard Schröder, Bundes－oder Landes VwVfG bei Definitionslücken in der VwGO?, JA 2009, 175, 178.

[5] BT-Drs. 7/910, S. 56.

[6] Christian Bickenbach, Charakteristik, Unterarten und Unarten des Verwaltungsaktbegriffs, JA 2015, 481, 486.

[7] Reimund Schmidt-De Calume, Der Verwaltungsakt in der Lehre Otto Mayers, 1999, S. 220 ff.

[8] Wolf－Rüdiger Schenke, Formeller oder materieller Verwaltungsaktbegriff, NVwZ 1990, 1009, 1014.

【后续影响及借鉴意义】

"金实等诉北京市海淀区人民政府履行法定职责案"中，最高人民法院对2014年修改后的《行政诉讼法》的"行政行为"概念作出进一步的澄清，为撤销之诉中的"具体行政行为"给出了明确定义。此外该案还涉及履行法定职责之诉的构成要件和法律保护必要性理论。

根据全国人大常委会法制工作委员会的释义，2014年我国修改《行政诉讼法》时，为了"使本法的适用范围具有更大的包容性"，"行政行为"概念不仅替代原有的"具体行政行为"，还包括行政不作为、事实行为和双方行为。[1]这种从行政诉讼视角来界定行政行为外延与内涵的做法，在强调实用功能的同时导致理论陷入了混乱，[2]因为它不仅忽略了行政法学是建立在行为类型和特定法律效果之上的一整套体系，[3]还会影响到行政诉讼类型化的构建和完善。对于事实行为的行政相对人来说，有效的权利救济应当是预防性不作为之诉、确认违法之诉和赔偿之诉，这明显区别于撤销之诉的行政行为。[4]正确的做法应当是"把行政救济的范围扩大到一切对相对人有法律影响的公法活动"上，[5]继续完善行政诉讼类型，为公民提供更加有效的权利救济方式。

---

[1] 信春鹰主编：《中华人民共和国行政诉讼法释义》，法律出版社2014年版，第8页。

[2] 朱新力、高春燕："行政行为的重新定位"，载《浙江大学学报（人文社会科学版）》2003年第6期。

[3] 赵宏："法律关系取代行政行为的可能与困局"，载《法学家》2015年第3期。

[4] 王锴："论行政事实行为的界定"，载《法学家》2018年第4期。

[5] 余凌云：《行政法讲义》，清华大学出版社2014年版，第218页。

案例二　杜晓鸣等四人与鞍山市铁东区
文化体育局二审行政裁定案

薛悟娟*

【案例名称】

杜晓鸣等四人与鞍山市铁东区文化体育局二审行政裁定案［辽宁省鞍山市中级人民法院（2018）辽03行终169号行政裁定书］

【关键词】

行政行为附款　行政许可延续　行政诉讼起诉期限　信赖利益

【基本案情】

2010年9月9日，畅响娱乐美食广场（以下简称畅响娱乐广场）向铁东区文体局申请办理文化经营许可手续并提交了申请报告、娱乐场所章程、法定代表人和主管人员的有关证明材料、场所设施、器材设备资料、经营场所房屋或者其他场地使用证明、经营场所地理位置及平面图、文化主管部门要求提供的其他材料。文体局公示后于2011年1月18日给畅响娱乐广场核发了娱乐经营许可证（许可证编号：21030216003）。畅响娱乐广场从2011年开始经营，文体局又分别于2013年和2015年为畅响娱乐广场换发娱乐经营许可证（许可证编号：21030216003）。杜晓鸣、赵怀龙、兰强、王宝发分别为鞍

* 作者简介：薛悟娟，中国政法大学法学院宪法与行政法专业博士研究生。本文的指导教师为中国政法大学法学院行政法研究所讲师张冬阳。

山市铁东区东山街 52 栋楼的住户，对该娱乐经营许可不服，向海城市人民法院提起行政诉讼。海城市人民法院作出（2016）辽 0381 行初 14 号行政裁定书，杜晓鸣等四人不服，遂向辽宁省鞍山市中级人民法院提起上诉。鞍山市中级人民法院受理后作出（2016）辽 03 行终 287 号行政裁定书，撤销一审裁定，指令海城市人民法院继续审理。

原审法院认为，根据《娱乐场所管理条例》第 9 条规定，娱乐场所申请从事娱乐场所经营活动，应当向所在地县级人民政府文化主管部门提出申请，故被告鞍山市铁东区文化体育局具有发放娱乐经营许可证的职权。被告为第三人畅响娱乐广场核发娱乐经营许可证时间为 2011 年 1 月 18 日，根据《娱乐场所管理办法》[1]第 17 条 "娱乐经营许可证有效期 2 年。娱乐经营许可证有效期届满 30 日前，娱乐场所经营者应当持许可证、工商营业执照副本以及营业情况报告到原发证机关申请换发许可证。原发证机关应当在有效期届满前按照设立条件做出是否准予延续的决定，逾期未做决定的，视为准予延续"的规定，被告又为第三人换发了娱乐经营许可证。故该许可行为的作出时间应为 2011 年 1 月 18 日。而原告所诉的 2015 年 1 月 5 日的娱乐经营许可证是 2011 年 1 月 18 日许可行为的延续，并不是重新作出行政许可行为。故根据《最高人民法院关于适用〈中华人民共和国行政诉讼法〉的解释》第 65 条 "公民、法人或者其他组织不知道行政机关作出的行政行为内容的，其起诉期限从知道或者应当知道该行政行为内容之日起计算，但最长不得超过行政诉讼法第 46 第 2 款规定的起诉期限"和《最高人民法院关于执行〈中华人民共和国行政诉讼法〉若干问题的解释》（已失效）第 41 条 "行政机关作出具体行政行为时，未告知公民、法人或者其他组织诉权或者起诉期限的，起诉期限从公民、法人或者其他组织知道或者应当知道诉权或者起诉期限之日起计算，但从知道或者应当知道具体行政行为内容之日起最长不得超过 2 年"的规定，四原告于 2016 年 1 月 8 日向法院提起行政诉讼，已超过法定起诉期限且无正当理由，因此，依照《最高人民法院关于适用〈中华人民共和国行政诉讼法〉的解释》第 69 条之规定，裁定驳回起诉。杜晓鸣等四人不服原审裁

---

[1] 法院审理本案时适用的是 2013 年 2 月 4 颁布的《娱乐场所管理办法》。该法已于 2017 年 12 月 15 日修改。

定，上诉至鞍山市中级人民法院。

鞍山市中级人民法院经审理认为，上诉人明确其诉讼请求为要求被上诉人撤销为第三人于 2015 年 1 月 5 日颁发的娱乐经营许可证。而 2015 年 1 月 5 日颁发的娱乐经营许可证与被上诉人于 2011 年 1 月 18 日为第三人颁发的娱乐经营许可证，二者的编号、名称、住所、法定代表人、主要负责人、经济类型、核定人数、经营范围、发证机关等记载内容均完全相同，此外，上诉人在本案亦未提供证据证明 2015 年 1 月 5 日娱乐经营许可证相较 2011 年 1 月 18 日娱乐经营许可证有任何新的审批项目内容，故原审法院关于对案涉许可行为，认为作出时间应为 2011 年 1 月 18 日，而杜晓鸣等四人所诉的 2015 年 1 月 5 日娱乐经营许可证是 2011 年 1 月 18 日许可行为的延续，并不是重新作出行政许可行为的认定，法院的认定系事实清楚、证据充分，本案杜晓鸣等四人要求撤销 2015 年 1 月 5 日娱乐经营许可证实质上是对被上诉人 2011 年 1 月 18 日审批许可行为的起诉。故原审法院按照《中华人民共和国行政诉讼法》（以下简称《行政诉讼法》）第 46 条及最高人民法院相关司法解释的规定，认定杜晓鸣等四人于 2016 年 1 月 8 日向法院提起行政诉讼已经超过法定起诉期限，裁定驳回杜晓鸣等四人的起诉，应属适用法律正确。据此，二审法院最终认为，对杜晓鸣等四人的上诉主张依法不予支持，因此裁定驳回。

【裁判要旨】

行政许可的延续是建立在最初作出原行政许可决定判断的基础上，是有效期限的简单延展，并不是重新作出行政许可行为。[1]

【裁判理由与论证】

本案经历一审、二审，裁判理由与论证主要涉及以下三点。

一、颁发许可证的合法性

从法律适用上来看，《中华人民共和国行政许可法》（以下简称《行政许可法》）第 4 条规定："设定和实施行政许可，应当依照法定的权限、范围、

---

[1] 该裁判要旨是作者从裁判文书中提取的。

条件和程序。"根据《娱乐场所管理条例》第9条"娱乐场所申请从事娱乐场所经营活动，应当向所在地县级人民政府文化主管部门提出申请"的规定可见，鞍山市铁东区文化体育局具有发放娱乐经营许可证的职权。2010年9月9日，畅响娱乐广场申请办理文化经营许可手续并提交了相关材料，文体局经过公示后于2011年1月18日给畅响娱乐广场核发了娱乐经营许可证，这一具体行政行为符合法律规定。

二、换发娱乐经营许可证的法律性质

上诉人主张2013年与2015年文体局换发娱乐经营许可证的行为是重新作出行政许可的行为，据此认为并未超过行政诉讼的法定起诉期限。而法院认为，从法条规定的表述上来看并非如此，《行政许可法》第50条规定，"被许可人需要延续依法取得的行政许可的有效期的，应当在该行政许可有效期届满30日前向作出行政许可决定的行政机关提出申请。但是，法律、法规、规章另有规定的，依照其规定。行政机关应当根据被许可人的申请，在该行政许可有效期届满前作出是否准予延续的决定；逾期未作决定的，视为准予延续"。《娱乐场所管理办法》第17条规定，"娱乐经营许可证有效期2年。娱乐经营许可证有效期届满30日前，娱乐场所经营者应当持许可证、工商营业执照副本以及营业情况报告到原发证机关申请换发许可证。原发证机关应当在有效期届满前按照设立条件做出是否准予延续的决定，逾期未做决定的，视为准予延续"。通过上述关于延续行政许可"有效期"的法条规定，清楚地表明行政许可延续是行政许可有效期的延长，基于延长行政许可的有效期限，被许可人可以持续地拥有原许可证。

三、被诉行政行为是否超过法定起诉期限

中级人民法院认为，杜晓鸣等四人所诉的2015年颁发娱乐经营许可证的行为是2011年行政许可行为的延续，并不是重新作出的行政许可行为。《行政诉讼法》第46条规定"公民、法人或者其他组织直接向人民法院提起诉讼的，应当自知道或者应当知道作出行政行为之日起6个月内提出……其他案件自行政行为作出之日起超过5年提起诉讼的，人民法院不予受理"。《最高人民法院关于适用〈中华人民共和国行政诉讼法〉的解释》第65条规定，

"公民、法人或者其他组织不知道行政机关作出的行政行为内容的，其起诉期限从知道或者应当知道该行政行为内容之日起计算，但最长不得超过行政诉讼法第46条第2款规定的起诉期限"。《最高人民法院关于执行〈中华人民共和国行政诉讼法〉若干问题的解释》（已失效）第41条规定，"行政机关作出具体行政行为时，未告知公民、法人或者其他组织诉权或者起诉期限的，起诉期限从公民、法人或者其他组织知道或者应当知道诉权或者起诉期限之日起计算，但从知道或者应当知道具体行政行为内容之日起最长不得超过2年"。因此，本案中行政许可行为的作出时间是2011年1月18日，而提起行政诉讼的时间为2016年1月8日，可见，杜晓鸣等四人提起的行政诉讼已经超过法定起诉期限且无正当理由，因此法院裁定驳回。

【涉及的重要理论问题】

长久以来，行政法学界对行政许可延续制度的问题关注很少，法院经常以行政诉讼超出法定起诉期限为由裁定驳回，虽然这样认定能够更好地促使行政管理目标的实现以及司法效率的提升，但行政许可延续制度却无法在行政法学理论中实现自洽。行政许可延续的性质定位，关系着行政相对人的合法权益以及行政诉讼的法定起诉期限，决定着司法审查时法律适用的路径。本案中，法院单纯以《行政许可法》第50条规定的文意为限，背离了行政许可作为具体行政行为所具有的意涵，割裂了行政许可延续与附期限行政行为的关联，简单地认定"2015年1月5日的娱乐经营许可证是2011年1月18日许可行为的延续，并不是重新作出行政许可行为"，这一做法没有参酌整个行政实体法律规范体系，且不符合行政许可法的立法宗旨以及对行政诉讼法定起诉期限的解读。本案涉及的理论问题包含以下方面。

一、行政许可延续的性质

《行政许可法》仅有第50条对行政许可延续制度作出简单规定，由于法条规定的文意有限，加之实践中经常孤立地使用这一法条解决行政许可延续制度所引发的复杂社会问题，此时简单的法条使得解决现实纠纷力所不逮。而本裁定针对此问题未进行深入的理论挖掘及周延的逻辑阐释，以至于造成裁定结果的说理存在微瑕。"该2015年1月5日娱乐经营许可证与被上诉人于 2011 年 1 月 18 日为第三人颁发的娱乐经营许可证，二者在编号、名称、住所、法定代表人、主要负责人、经济类型、核定人数、经营范围、发证机关的记载内容上均完全相同"，法院在进行了简单的铺陈和阐释后，在裁定中指出"杜晓鸣等四人所诉的 2015 年 1 月 5 日娱乐经营许可证是 2011 年 1 月 18 日许可行为的延续，并不是重新作出行政许可行为的认定"，据此，本案争议的焦点得以体现：文体局延续换发娱乐经营许可证行为是行政许可行为有效期的简单延长，还是重新作出了新的行政许可行为？

在行政法学研究的领域中，关于行政许可的延续的定性一直存在分歧和差异，有学者从语义、《行政许可法》基本原则与行政行为效力理论的角度分析，认为将行政许可延续的性质定位于许可证的更新较符合行政许可延续制度的本质；也有学者从立法规范的角度分析，把行政许可延续性质定位于许可证有效期的延续。究其原因，一方面，宥于《行政许可法》对行政许可延续制度的规定不完善、不准确；另一方面，法条释义的扩展性与司法裁判的倾向性，导致行政许可延续的本质未能廓清。然而行政许可延续的性质定位有着重要的意义，其决定着行政许可运行的导向，而且可以引导司法机关在审判实务中作出逻辑严密和论证充足的裁决。

行政许可按照期限的长短可以分为长期许可和附期限的许可，长期许可意味着行政许可持有人在取得行政许可后，只要行政许可持有人不放弃取得的许可权利或者不因法定的事由而被许可机关终止许可的，行政许可就将长期持续有效。附期限的行政许可意味着将权利的存续限制在一定的时间范围内，随着期限的到来，许可的效力会发生变更或消灭的结果，期限是被许可人在活动范围内从事有效活动的起止时间，是法律赋予被许可人从事行为的合法期间。基于法律明确性原则，法律的适用对象及行政行为的内容可以清楚地被人民得知，相关的权利义务关系及法律关系也将具有可预测性，所以法律、法规在设定许可时，一般会明确规定许可证的期限，表明权利实施的时间延续状态，如《食品流通许可证管理办法》（已失效）第 22 条规定"食品流通许可证有效期为 3 年"，《危险化学品经营许可证管理办法》第 18 条规定"经营许可证有效期为 3 年"，《娱乐场所管理办法》第 17 条规定"娱乐经营许可证有效期 2 年"。立法对于期限的设定引发了对行政许可有效期延续的争议。我国有些学者认为："行政许可延续，是指申请人在行政许可有效期结束后仍然符合取得行政许可的条件，因而延长其行政许可的有效期"。[1]据此，司法实践认为，行政许可的延续"并不是重新作出行政许可行为"。虽然这样认定能够更好地实现行政管理的目标，但理解成有效期的简单延长，难以实现行政许可延续制度在行政法学理论中的自洽。

从行政行为附期限的法理阐释，附期限的行政许可属于广义上附条件的行政行为，当条件成就，行政行为失效。也就是说，随着有效期限的届满，原行政许可行为便自然失效。加之，"期限只是限定行政许可效果的开始和结束，本身并没有实体处理，而只是从时间角度界定行政许可的主要处理内容。当然，期限与行政许可客观上具有联系。因此，期限是行政许可的内在组成部分，没有独立性"。[2]既然有效期不具有独立性，要想使得有效期延长，必须建立在行政行为基础之上，而原行政许可随着有效期届满已然灭失，此时实现延续的基础必须存在一个新的行政行为，这也意味着行政许可的延续是一个新的行政行为。即"作为行政行为的行政许可在原有有效期经过后已经丧失效力，新的有效期并不能阻挡其效力的丧失。更合乎行政法理的构造是行政机关先行废止原有行政许可的有效期，然后重新确定其有效期，行政许可延续此时形成了一个双重构造。"[3]如果行政许可延续剥离了具体行政行为，所附的期限也将失去德国行政程序法中行政行为的附款所赋予的实践性意义。我国《行政许可法》第18条则体现了这样的意旨，确保了人民获得权利的可靠依据。在本案中，《娱乐场所管理办法》第17条规定"娱乐经营许可证有效期2年"，有效期届满，娱乐经营许可证失效即原行政行为灭失，既然有效期不具有独立于行政行为之外的效力，要想使得有效期延长，必须建立在新的行政行为基础之上，由此文体局在2013年和2015年延续行政许可证的行为是一个重新作出的行政行为。

从行政许可的机理来看，为了追求法的安定性与可预测性，立法在规定行政许可时，一般会依据许可事项的内在特性，作出不同的有效期的规定。这样做的目的是便于行政机关在有效期内实现动态化的行政管理过程。行政许可延续的目的也在于此，对于被许可人提出的延续申请，行政机关重新审

〔1〕 张兴祥：《中国行政许可法的理论和实务》，北京大学出版社2003年版，第216页。
〔2〕 ［德］哈特穆特·毛雷尔：《行政法学总论》，高家伟译，法律出版社2002年版，第317页。
〔3〕 Meinhard Schröder, Verlängerungsverwaltungsakt und Änderungsverwaltungsakt, NVwZ 2007, 532, 535.

查被许可人是否符合法定条件、标准，实现原行政许可和许可延续的无缝衔接，进而能够实现持续性的动态行政管理。当然行政许可和许可延续是存在区别的，否则也就没有必要在行政许可法中专门对延续申请进行规定了。行政许可延续的性质是新的行政行为，行政许可延续的具体程序则应当参照初次申请许可证的程序，即申请、受理与审查、决定，对于申请、受理与决定，延续申请与重新申请在处理方式上一样，但在审查方面，延续申请与重新申请有着重大差别，《行政许可法》第 34 条规定了初次申请行政许可时行政机关应当审查许可申请人的基本情况与法定条件、标准是否一致，而申请行政许可延续时，行政机关的审查重心应从申请人的基本情况转向行政许可存续期间设定、实施许可的条件、标准发生变化的情况，基于被许可人的信赖利益保护，行政机关在作出行政许可延续决定时，不予延续行政许可的裁量决定会发生限缩。"被许可人在过去的经营活动过程中表现优良，在申请换发许可证时，不仅可以享受到程序加快的优点，同时在换证成功的可能性上，相关条文虽没有再进一步强化其拘束力，但必须仔细依据立法之精神，尤其是换证处分，而不再是裁量处分，主管机关在申请人已满足有利条件时，即丧失给予不利（不予换证）的裁量权力"。[1]所以行政许可的延续建基于行政行为这一基础之上，延续只是形式，并不能改变行政许可本身作为"具体行政行为"的意涵。被许可人在原法定条件、标准的基础上提出延续申请，其实质的根基依然是新的行政行为，只是行政机关审查延续申请许可的程序会与原行政许可的审查程序不同。"可以说行政许可的延续其实质内涵绝非简单的有效期的延长，而应当是在原有的行政许可证照即将到期失效时，由原许可人提出申请，行政机关通过审查，认为是符合法定的条件与标准之后，同意其重新获得一个全新的行政许可"。[2]

从《行政许可法》第 50 条的表述来看，只能得出被许可人提出申请延续行政许可有效期的时间及行政机关应何时作出延续决定，无法就此判断行政许可延续的性质是许可有效期限的简单延长，亦是重新作出的行政行为。从

---

〔1〕 陈新民："行政许可与期限规定——试评最高人民法院张道文、陶仁等诉四川省简阳市人民政府侵犯客运人力三轮车经营权案判决，兼评最高人民法院郴州饭垄堆矿业有限公司与国土资源部等国土资源行政复议决定再审案判决"，载焦洪昌主编：《国家法治研究》（第一卷），法律出版社 2018 版，第 243 页。

〔2〕 王太高："论我国行政许可延续立法之完善"，载《法商研究》2009 年第 5 期。

"延续"一词的词源来看，"延续"是指"照原来样子继续下去"。[1]那么，行政许可的延续是指被许可人持续拥有形式、内容未发生变化的许可证。"从表面上看，行政许可延续的确近似于原行政许可有效期的延展，而实质上却是新旧两个行政许可（而不是一个行政许可）在内容上的复制"。"也就是说，在原行政许可即将到期失效的情况下，经由行政机关审查同意，相对人重新获得了一个在形式和内容上与即将失效的行政许可完全相同的新的行政许可"。[2]据此，行政许可延续的性质是重新作出的行政行为，只是获得许可的方式是通过延续，立法设计的目的在于被许可人在原行政许可有效期届满而失效的情况下，能够不间断地获得一个内容完全相同的新的行政许可，更好地实现行政许可的衔接，从而保证被许可人能够连续性地从事与该行政许可有关的生产生活活动，当然在方便被许可人的同时，也会有利于优化公共资源的配置，节约行政成本，提高行政效率。

二、信赖利益的保护

本案在裁定书中虽未提及信赖利益的保护，但在行政许可延续的问题上，已经触及了信赖利益的保护问题。然而法院并没有援引这一原则，来加强论证被许可人继续获得经营许可之权利，值得深思与进一步学习。

随着现代行政的发展，国家从高权行政转向关注私人的生存照顾，不再片面地坚持国家利益至上，而是强调国家与私人之间利益调和的公正，在利益发生冲突时，私人因信赖国家行为而期待受到国家保护。在德国行政法中，信赖利益保护原则最先源于法治国理念，并逐渐从一种朴素的法律理念发展成公法规范体系中的法律原则，进而成为具体的法律规则见诸于法律规范中。在我国，信赖利益保护原则的发展脉络也是如此，"已由学界见解发展成法律规范"。[3]典型的例子如《行政许可法》第8条规定"公民、法人或者其他

---

〔1〕 中国社会科学院语言研究所辞典编辑室编：《现代汉语小词典》，商务印书馆1983年版，第646页。

〔2〕 王太高：《行政许可条件研究》，法律出版社2014年版，第162页。

〔3〕 陈新民："行政许可与期限规定——试评最高人民法院张道文、陶仁等诉四川省简阳市人民政府侵犯客运人力三轮车经营权案判决，兼评最高人民法院郴州饭垄堆矿业有限公司与国土资源部等国土资源行政复议决定再审案判决"，载焦洪昌主编：《国家法治研究》第一卷，法律出版社2018版，第240页。

组织依法取得的行政许可受法律保护，行政机关不得擅自改变已经生效的行政许可。行政许可所依据的法律、法规、规章修改或者废止，或者准予行政许可所依据的客观情况发生重大变化的，为了公共利益的需要，行政机关可以依法变更或者撤回已经生效的行政许可。由此给公民、法人或者其他组织造成财产损失的，行政机关应当依法给予补偿。"信赖保护原则确保了法律安定性及法律秩序的可预见性，极大地限制了行政许可撤回和撤销，行政机关在作出撤回或撤销决定时，应当考虑行政相对人因信赖该行政行为合法而产生的信赖利益，如果信赖利益值得保护，则不应撤回或撤销行政许可行为，如果由于客观情况或者公共利益需撤回行政许可行为，须以补偿为前提。这也体现了信赖保护原则的法理基础在于对个人就公权力行使结果所产生的合理信赖以及由此而衍生出的信赖利益，法律制度应为之提供保障，而不应使个人遭受不可预期的损失。[1]

在行政许可延续、变更和撤销的问题上，信赖利益保护是如何运行呢？首先，信赖保护原则适用的前提是具有信赖基础，"信赖保护原则是行政法的基本原则，其以诚实信用原则为基础，要求行政机关不得任意变更由行政活动所形成的法律状态，尤其是在该法律状态能够为相对人带来收益时，行政机关对该法律状态的变更需要对造成的相对人损失予以补偿"。[2]那么，"行政活动所形成的法律状态"是行政相对人信赖的基础，只有信赖的基础存在，才有对行政相对人的利益进行保护的必要，简言之，信赖基础指向行政机关的行为，即只要行政机关实施了导致信赖产生的行为，则可认为信赖基础的存在。在行政许可延续中，行政机关作出的首次许可是被许可人获得行政许可延续的基础，在首次取得行政许可的基础上，被许可人在申请延续时，行政机关不得擅自改变，即公民、法人或者其他组织依法取得的行政许可受法律保护，在其申请延续时，也会进入信赖保护的范围内。"信赖保护原则之所以具有此种向后延伸的约束力，其缘由即在于，行政许可一经实施之后形成了新的行政法律状态，出于行政秩序之安定性要求，法律为此种状态提供了较长

---

〔1〕 刘飞："信赖保护原则的行政法意义——以授益行为的撤销与废止为基点的考察"，载《法学研究》2010 年第 6 期。

〔2〕 陈星儒："信赖保护原则的司法适用研究——评郴州饭垄堆矿业有限公司诉国土资源部案"，载《法律适用（司法案例）》2018 年第 14 期。

的保护期，只要期满前相对人的情况或法律规范规定的许可要件、许可实施的环境等没有重大变更的，许可机关仍应审慎行使不予延续职权"。[1]换言之，如果被许可人一直兢兢业业，遵循法令，且符合法定标准和条件，在法律规范和客观情况未发生变化的情况下，就应当获得许可的延续。具体到本案，文体局 2011 年 1 月 18 日作出行政许可决定，第三人畅响娱乐广场于 2013 年和 2015 年申请延续行政许可，基于信赖保护原则，文体局应当作出准予延续行政许可的决定。

在信赖利益保护的背景下，《行政许可法》设计行政许可延续制度的目的在于限制行政机关的裁量。"行政系统作出首次许可、许可延续以及撤销许可时，裁量幅度应当有所不同。首次许可时，许可机关可以依法裁量不予许可；但是否延续许可的裁量和判断，则应受首次许可的约束，兼顾信赖利益保护问题。即使首次许可存在瑕疵或者违法，许可机关仍应审慎行使不予延续职权"。[2]也就是说："当首次许可期限届满，在申请延续许可时，行政机关的裁量权必须斟酌人民目前的表现，亦即这是行政裁量权'自我节制'，而非恣意的表现。唯有人民的确达到不应给予许可的条件时，且以严格标准认定时，方得不给予许可。"这也与德国行政法上的"永续权概念"相契合，20 世纪 80 年代，德国著名行政法权威毛勒教授提出了企业的永续经营权，其认为一个企业的创立与开办，需要投入大量的资本、经验和研发能力，而维系企业的生存，投入之大不可想象。如果只是短期的经营，只会亏损无望，而且无法实现企业投入与产出的良性循环，所以为了激发市场活力及保障企业稳定长久发展，虽然国家会透过行政许可延续的审查机制进行行政监管，但是国家也有保障其永续经营的义务。除非客观情况发生重大变化或者出于公共利益的考量，在行政许可延续时审慎作出不予许可的决定，否则公民具有永续经营的权利。这也体现了宪法中对公民与经营企业财产权的保障这一基本人权理念，所以永续权起着保障着公民生存权的重要作用，国家的公权力必须对其予以重视。

---

〔1〕　陈星儒："信赖保护原则的司法适用研究——评郴州饭垄堆矿业有限公司诉国土资源部案"，载《法律适用（司法案例）》2018 年第 14 期。
〔2〕　最高人民法院（2018）最高法行再 6 号行政判决书。

三、行政许可撤销的限制

行政许可作为现代民主法治政府管理国家社会事务的重要行政手段之一，发挥着高效配置资源、预防风险，提高社会公信力的作用。在政府规制无法全面触及的领域，通过设定行政许可实现市场准入、企业经营和资源配置。对于行政许可延续申请，基于信赖利益的保护，尽可能地实现其延续，但随着被许可人自身情况发生变化或者法律法规发生修改和废止，都有可能影响到能否继续持有相应的行政许可。由于行政许可是一个复效性行政行为，对行政许可的撤销必然会牵涉行政相对人和利害关系人的利益，影响客观法秩序的安定和社会的稳定。因此，行政许可作为典型的授益性行政行为，可以运用授益行政行为的撤销限制理论指导行政许可的撤销。推进行政许可的撤销限制是行政秩序理念构建的重要组成部分，这也符合德国主流学术见解。

行政许可作为典型的授益行政行为，其撤销要受两个相互冲突的原则调整，一方面，为了维护法律权威，依法行政原则要求违法的行政许可行为都应当被撤销；另一方面，撤销行政许可行为会给行政相对人的利益造成侵害，在遵守依法行政原则的同时，却损害了相对人对行政机关作出行政许可行为所造成状态的信赖，这与法的价值相互冲突，"无论如何，撤销授益行政行为的判断不仅要考虑依法行政原则，也要考虑信赖保护原则。"[1]"概言之，如果从依法行政原则出发，应撤销违法的授益行为，对原本合法却因法律或事实状态的改变而不再具有合法性的授益行为予以废止。而从信赖保护原则出发，则行政机关应在撤销或废止行为所欲维护之公共利益与相对人的信赖利益（私益）之间作出具体权衡，并在必要时对依法行政原则的适用加以限制。"[2]这也意味着在实质法治国理念的背景下，法的安定性及信赖原则主要在于保护人民对原法律状态的存续性信赖，人民皆相信只要遵守这种法律状态，即可获得国家的保护，保障人民权利的实现。

按照依法行政原则，根据利害关系人的请求或者依据职权，行政机关或者其上级行政机关对违法的行政许可行为才能予以撤销。具体到本案中，法

---

〔1〕 ［德］哈特穆特·毛雷尔：《行政法学总论》，高家伟译，法律出版社 2002 年版，第 277 页。

〔2〕 刘飞："信赖保护原则的行政法意义——以授益行为的撤销与废止为基点的考察"，载《法学研究》2010 年第 6 期。

院未能深入分析行政许可的延续究竟是否构成违法，更遑论行政许可的撤销了。即使法院经过分析得出行政许可延续构成了违法的行政行为（考虑到营业过程中产生的噪音严重扰民），基于行政许可撤销的限制，除非严重程度外，应透过责令改正或责令履行法定义务的方式来纠正行政监管过程中的违法行为，对于行政许可的撤销，必须综合考虑法律秩序的安定，公权力的权威，人民的信赖利益等各方面因素，予以限制。"1956 年，（西）柏林高等行政法院在一起撤销违法授益行政行为的案件中，开创性地在依法行政和相对人信赖保护的对立中支持了后者，否定了此前理论与实践中严格遵循的行政行为合法性的标准。法院认为，当考虑到法律上普遍认可的信赖保护理念时，除非个案中行政机关通过撤销所欲实现的公共利益明显优于受益人所获得的利益，否则违法授益行政行为的受益人因信赖国家公权力活动有效性所得的利益，可以阻却行政机关为纠正违法状态所实施的撤销行为"。[1]这一案件的裁判说理肯定了信赖利益保护的重要性及授益行政行为的撤销限制，其宗旨也能够适用于本案例（杜晓鸣案）。当然，行政行为的存续力也限制行政许可的撤销，"基于存续力的法律效力，行政机关对行政行为的嗣后废弃权限受到很大限制，不能随意地变更、撤销和废止行政行为"。[2]

　　行政撤销诉讼的起诉期限关系着行政诉讼程序的启动，行政行为是否超过起诉期限直接影响着行政相对人和利害关系人诉权的行使。在本案中，法院认为行政许可行为作出的时间是 2011 年 1 月 18 日，2013 年和 2015 年行政许可延续行为只是有效期限的延长，并没有重新作出行政行为，而四名原告提起行政诉讼的时间为 2016 年 1 月 18 日，随之，法院根据《行政诉讼法》第 46 条及相关司法解释，进而认为该行政诉讼已超过法定起诉期限，裁定驳回起诉。法院完全割裂行政行为与行政许可延续二者之间的关联，在将行政许可的延续认定为"并不是重新作出行政许可行为"后，把利害关系人的起诉期限起算点追溯至原行政许可颁发的时间点，毋庸置疑会使利害关系人提起的行政诉讼超出法定起诉期限，从而剥夺了其提起撤销之诉的权利，法院

〔1〕　展鹏贺："德国公法上信赖保护规范基础的变迁——基于法教义学的视角"，载《法学评论》2018 年第 3 期。
〔2〕　赵宏："从存续性到存续力——德国行政行为效力理论的生成逻辑"，载《法商研究》2007 年第 4 期。

的这一做法有失偏颇。通过上文论述，我们得知既然第三人畅响娱乐广场于2013 年和 2015 年 1 月 5 日申请行政许可延续的行为，是文体局重新作出的行政许可行为，那么行政机关最后作出具体行政行为的时间是 2015 年 1 月 5 日，而四名原告提起行政诉讼的时间为 2016 年 1 月 18 日，并未超过《最高人民法院关于执行〈中华人民共和国行政诉讼法〉若干问题的解释》（已失效）第 41 规定的起诉期限，法院应当受理杜晓鸣等四人提起的撤销之诉，只是证成阶段的审查范围应当限制在延续造成的后果上，从而保障利害关系人提起行政诉讼的权利，实现行政许可延续制度理论与司法实践的自洽。据此，基于信赖保护原则和行政行为的存续力，行政许可的撤销受到限制，那么由于行政许可延续时裁量应发生限缩，推知其撤销更应受到限制，这也是贯彻《行政许可法》赋予行政许可延续制度的意涵，实现行政许可延续制度的实践价值，推进行政许可延续制度学理层面与司法实践层面的衔接与自洽。

【后续影响及借鉴意义】

本案涉及行政许可延续所产生的行政诉讼法定起诉期限问题，看似简单，裁定仅以《最高人民法院关于执行〈中华人民共和国行政诉讼法〉若干问题的解释》（已失效）第 41 条断定行政诉讼已经超过法定起诉期限。然而事实上并非如此简单，此问题涉及行政许可延续的性质及信赖利益保护原则，只有对其进行深入分析，才能在将来的司法实践个案中引用及充分说理。

行政许可延续的性质问题在我国一直以来存在很大的争议，《行政许可法》第 50 条是仅有的一条对行政许可延续制度作出规定的条文，此外通过中国知网模糊检索主题"行政许可延续"，结果有九篇文章，而相关性很高的只有三篇文章。然而行政执法与司法实践中，因行政许可延续产生的纷争不在少数，究其原因，行政许可延续的性质未能廓清，以致行政执法者和司法裁判者无法实现逻辑推演与论证说理。关于行政许可的延续，其实质依旧是一个新的行政行为，在申请延续时，还可以享受程序加快的特点，而且持续获得行政许可成功的可能性更高，这也意味着行政机关在被许可人已满足许可的标准和条件时，便丧失了不予延续许可的裁量权力，裁量发生限缩。

该案简单地认定四名原告的诉讼超出法定起诉期限，没有厘清行政许可延续的性质。司法实践中行政许可延续被理解为"有效期延长"的案例层出不穷：法院认定延续后的许可证与原有许可证"在文号、许可内容上完全一致，只是有效期不同"，行政许可的延续"并不是重新作出行政许可行为"。[1] 这样认定虽然有利于行政管理与司法效率，但是无法与行政法学理论实现自洽，使得理论与实践产生了脱节。行政许可有效期的延长，对被许可人来说构成授益性行政行为，但对利害关系人来说则构成负担行政行为，司法实践中把利害关系人的起诉期限起算点追溯至原行政许可颁发的时间点上，剥夺了利害关系人提起撤销之诉的权利，使得利害关系人丧失了在法定起诉期限内提起诉讼的机会，损害了利害关系人的合法权益，还助长了行政机关忽略事中、事后监管，草率延续行政许可的做法。

---

[1] 上海市宝山区人民法院（2016）沪0113行初201号行政裁定书。

案例三　王明德诉乐山市人力资源和社会保障局工伤认定案

刘淑璇[*]

【案例名称】

王明德诉乐山市人力资源和社会保障局工伤认定案［四川省乐山市市中区人民法院（2013）乐中行初字第 36 号判决书；指导案例 69 号］

【关键词】

程序性行政行为　可诉标准　受案范围　工伤认定

【基本案情】

原告王明德系王雷兵之父。王雷兵是四川嘉宝资产管理集团有限公司峨眉山分公司职工。2013 年 3 月 18 日，王雷兵在驾驶摩托车上班的途中发生交通事故，并当场死亡。由于王雷兵驾驶摩托车倒地翻覆的原因无法查实，同年 4 月 1 日四川省峨眉山市公安局交警大队依据《道路交通事故处理程序规定》（2008）第 50 条的规定，作出乐公交认定（2013）第 00035 号《道路交通事故证明》，其中记载了王雷兵驾驶摩托车倒地翻覆的原因无法查明的事实。

2013 年 4 月 10 日，第三人四川嘉宝资产管理集团有限公司峨眉山分公司就其职工王雷兵因交通事故死亡，向被告乐山市人力资源和社会保障局申请

　　* 作者简介：刘淑璇，中国政法大学法学院宪法与行政法专业硕士研究生。本文的指导教师为中国政法大学法学院行政法研究所副教授、硕士生导师马允。

工伤认定，并同时提交了峨眉山市公安局交警大队所作的《道路交通事故证明》等证据。被告以公安机关交通管理部门尚未对本案事故作出交通事故认定书为由，于当日作出乐人社工时（2013）05 号（峨眉山市）《工伤认定时限中止通知书》（以下简称《中止通知》），并向原告和第三人送达。2013 年6 月 24 日，原告向被告邮寄提交了《恢复工伤认定申请书》，要求被告恢复对王雷兵的工伤认定。因被告未恢复对王雷兵工伤认定程序，原告遂于同年 7月 30 日向法院提起行政诉讼，请求判决撤销被告作出的《中止通知》。

一审法院判决撤销被告乐山市人力资源和社会保障局作出的《中止通知》。一审宣判后，乐山市人力资源和社会保障局提起了上诉。乐山市中级人民法院二审审理过程中，乐山市人力资源和社会保障局递交撤回上诉申请书。乐山市中级人民法院经审查认为，上诉人自愿申请撤回上诉，属其真实意思表示，符合法律规定，遂裁定准许乐山市人力资源和社会保障局撤回上诉。一审判决已发生法律效力。

【裁判要旨】

被告作出的《中止通知》是工伤认定程序中的程序性行政行为，如果该行为不涉及终局性问题，对相对人的权利义务没有实际影响，则因不具有成熟性而不被纳入行政诉讼的受案范围。但如果当事人认为行政机关作出的程序性行政行为侵犯其人身权、财产权等合法权益，对其权利义务产生明显的实际影响，且无法通过提起针对相关的实体性行政行为的诉讼获得救济，而对该程序性行政行为提起行政诉讼的，人民法院应当予以受理。

【裁判理由与论证】

一审法院生效裁判认为，本案争议的焦点有两个：一是《中止通知》是否属于可诉行政行为；二是《中止通知》是否应当予以撤销。分别阐述如下。

一、关于《中止通知》是否属于可诉行政行为

关于这个争议焦点，一审法院认为，被告作出《中止通知》，属于工伤认定程序中的程序性行政行为，如果该行为不涉及终局性问题，对相对人的权利义务没有实质影响的，属于不成熟的行政行为，不具有可诉性，相对人提

起行政诉讼的，不属于人民法院受案范围。但如果该程序性行政行为具有终局性，对相对人权利义务产生实质影响，并且无法通过提起针对相关的实体性行政行为的诉讼获得救济的，则属于可诉行政行为，相对人提起行政诉讼的，属于人民法院行政诉讼受案范围。

虽然《中华人民共和国道路交通安全法》第73条规定："公安机关交通管理部门应当根据交通事故现场勘验、检查、调查情况和有关的检验、鉴定结论，及时制作交通事故认定书，作为处理交通事故的证据。交通事故认定书应当载明交通事故的基本事实、成因和当事人的责任，并送达当事人。"但是，在现实道路交通事故中，也存在因道路交通事故成因确实无法查清，公安机关交通管理部门不能作出交通事故认定书的情况。对此，《道路交通事故处理程序规定》（2008）〔1〕第50条规定："道路交通事故成因无法查清的，公安机关交通管理部门应当出具道路交通事故证明，载明道路交通事故发生的时间、地点、当事人情况及调查得到的事实，分别送达当事人。"就本案而言，峨眉山市公安局交警大队就王雷兵因交通事故死亡，依据所调查的事故情况，只能依法作出《道路交通事故证明》，而无法作出《交通事故认定书》。因此，本案中《道路交通事故证明》已经是公安机关交通管理部门依据《道路交通事故处理程序规定》（2008）就事故作出的结论，也就是《工伤保险条例》第20条第3款中规定的工伤认定决定需要的"司法机关或者有关行政主管部门的结论"。除非出现新的事实或者法定理由，否则公安机关交通管理部门不会就本案涉及的交通事故作出其他结论。而本案被告在第三人申请认定工伤时已经提交了相关《道路交通事故证明》的情况下，仍然作出《中止通知》，并且一直到原告起诉之日，被告仍以工伤认定处于中止状态为由，拒绝恢复对王雷兵死亡是否属于工伤的认定程序。由此可见，虽然被告作出《中止通知》是工伤认定中的一种程序性行为，但该行为将导致原告的合法权益长期乃至永久得不到依法救济，直接影响了原告的合法权益，对其权利义务产生实质影响，并且原告也无法通过对相关实体性行政行为提起诉讼以获得救济。因此，被告作出《中止通知》，属于可诉行政行为，人民法院应当依法受理。

---

〔1〕《道路交通事故处理程序规定》于2008年8月17日颁布，后于2017年7月22日修订。本案例中适用的为2008年版的规定。

二、关于《中止通知》是否应当予以撤销

法院认为，《工伤保险条例》第 20 条第 3 款规定，"作出工伤认定决定需要以司法机关或者有关行政主管部门的结论为依据的，在司法机关或者有关行政主管部门尚未作出结论期间，作出工伤认定决定的时限中止"。如前所述，第三人在向被告就王雷兵死亡申请工伤认定时已经提交了《道路交通事故证明》。也就是说，第三人申请工伤认定时，并不存在《工伤保险条例》第 20 条第 3 款所规定的依法可以作出中止决定的情形。因此，被告依据《工伤保险条例》第 20 条规定，作出《中止通知》属于适用法律、法规错误，应当予以撤销。另外，需要指出的是，在人民法院撤销被告作出的《中止通知》判决生效后，被告对涉案职工认定工伤的程序即应予以恢复。

【涉及的重要理论问题】

程序性行政行为在法律上没有明确定义，我国学界对其内涵和性质的界定也众说纷纭，其是否可诉也一直备受争议。该案主要争点涉及当行政机关作出的程序性行政行为侵犯当事人的合法权益，当事人无法针对相关的实体行政行为提起诉讼时是否可以针对该程序性行政行为提起行政诉讼的问题。最高人民法院发布了第 14 批指导案例，此案作为 69 号指导案例被纳入其中。本文将对 69 号指导案例对行政法的发展意义，其裁判要旨中所概括的可诉的程序性行政行为的标准局限性所在，如何针对其局限性作出细化和完善，以及法院在本案中作出的撤销判决是否为最佳选择这几个理论问题进行分析。

一、对 69 号指导案例的评析

该指导案例的裁判要旨背后的基本逻辑表明，最高人民法院认为程序性行政行为是否可诉并不能一概而论。行政相对人能否就行政机关作出的程序性行政行为提起诉讼，主要考量两个因素：一是该行为是否对相对人的权利义务产生了明显实际影响，二是相对人是否无法通过提起针对相关的实体性行政行为的诉讼获得救济。但能否对某一行政行为提起诉讼，归源溯本，还是应以成文法为约束和支撑，从法律制度层面找到其可诉的空间，案件的裁判结果才能更站得住脚。能直接适用于本案的法律条文主要是《中华人民共

和国行政诉讼法》（以下简称《行政诉讼法》）第2条对行政行为的定义和第12条关于行政诉讼受案范围的规定。[1] 有学者提出，对这两条法律规范进行解读，《行政诉讼法》将可提起行政诉讼的行为界定为能够对相对人产生实体性权利义务影响的具体行政行为，而本案的行为并不在此列。程序性行政行为并不能必然地涵摄到《行政诉讼法》规定的受案范围内的行政行为中去，法院也并未在裁判理由中对程序性行为可诉性标准如何在现行行政法秩序约束下提出而进行说明。因此，该案的论证过程及裁判结果难免让人感觉有些突兀。[2] 为在现有的法律框架下使得该判决结果更加逻辑圆通，需要解决的前置性问题是：如何界定程序性行政行为，使其与在《行政诉讼法》语境中可诉的行政行为相衔接，形成逻辑自洽的概念体系，再来进一步解析69号指导案例中程序性行政行为的可诉标准。

（一）程序性行政行为的概念和性质

创造程序性行政行为的概念，目的是使其与实体性行政行为相对应，是依照行政行为是否对行政相对人的权利义务直接产生法律效果所做的分类。[3] 而行政行为的概念在我国学界有两种认可度较广的学说：（1）广义说："行政行

---

[1]《行政诉讼法》第2条："公民、法人或者其他组织认为行政机关和行政机关工作人员的行政行为侵犯其合法权益，有权依照本法向人民法院提起诉讼。前款所称行政行为，包括法律、法规、规章授权的组织作出的行政行为。"第12条："人民法院受理公民、法人或者其他组织提起的下列诉讼：（一）对行政拘留、暂扣或者吊销许可证和执照、责令停产停业、没收违法所得、没收非法财物、罚款、警告等行政处罚不服的；（二）对限制人身自由或者对财产的查封、扣押、冻结等行政强制措施和行政强制执行不服的；（三）申请行政许可，行政机关拒绝或者在法定期限内不予答复，或者对行政机关作出的有关行政许可的其他决定不服的；（四）对行政机关作出的关于确认土地、矿藏、水流、森林、山岭、草原、荒地、滩涂、海域等自然资源的所有权或者使用权的决定不服的；（五）对征收、征用决定及其补偿决定不服的；（六）申请行政机关履行保护人身权、财产权等合法权益的法定职责，行政机关拒绝履行或者不予答复的；（七）认为行政机关侵犯其经营自主权或者农村土地承包经营权、农村土地经营权的；（八）认为行政机关滥用行政权力排除或者限制竞争的；（九）认为行政机关违法集资、摊派费用或者违法要求履行其他义务的；（十）认为行政机关没有依法支付抚恤金、最低生活保障待遇或者社会保险待遇的；（十一）认为行政机关不依法履行、未按照约定履行或者违法变更、解除政府特许经营协议、土地房屋征收补偿协议等协议的；（十二）认为行政机关侵犯其他人身权、财产权等合法权益的。除前款规定外，人民法院受理法律、法规规定可以提起诉讼的其他行政案件。"

[2] 李良万："重新发现程序性行政行为——对指导案例69号的反思和发展"，载《黑龙江省政法管理干部学院学报》2019年第3期。

[3] 应松年：《行政法学教程》，中国政法大学出版社1988年，第195页。

为是国家行政机关或者法律、法规授权的组织和个人具有行政职权因素的行为，包括行政法律行为、准行政法律行为和行政事实行为。"[1]即满足行政主体名义和行政职权的要素，行政行为在这种学说的语境下等于公法行为。[2]（2）狭义说："行政行为是享有行政权能的组织或个人运用行政权对行政相对人所作出的法律行为。"[3]与广义说相比，狭义说中的行政行为还需要产生影响权利义务关系的外部法律效果，即行政事实行为不在此列。在此需要明确的是，由于程序性行政行为没有产生外部的法律效果，所以"狭义说"中对行政行为的外延界定是完全排除了程序性行政行为的，若以"狭义说"的行政行为定义作为讨论基础，那么就不存在程序性行政行为是否可诉的研究空间。因此，对69号指导案例的分析以及本文的研究都是以"广义说"对行政行为的界定为落脚点而作出的。

由此入手，并结合69号指导案例的判决要旨，可以进一步对程序性行政行为的内涵作出界定。在此笔者比较赞同胡建淼教授对其所下的定义："程序性行政行为系指，行政主体为实现行政行为的实体内容所采取的步骤和形式等行为，旨在解决该行政行为采取什么步骤、遵循什么时限、采用什么形式等问题。"[4]采取此种概念界定，意味着程序性行政行为包括三个要素：作出行为的主体是行政主体；行为是依行政职权作出；行为是在行政活动过程中作出的程序性行为。从性质上来说，由于各种样态的程序性行政行为对相对人权利义务产生的实际影响不一致，故只将其定义为行政行为中与实体性行政行为相对应的一种。

（二）程序性行政行为的可诉标准

关于我国行政诉讼的受案范围，《行政诉讼法》第2条第1款作出了概括性的规定，在第12条和第13条分别作出肯定式列举和否定式列举。2018年2月6日颁布的《最高人民法院关于适用〈中华人民共和国行政诉讼法〉的解释》（以下简称《司法解释》）也对行政诉讼的受案范围作出进一步的解释

---

[1] 杨海坤：《行政法学基本论》，中国政法大学出版社2004年版，第133页。

[2] 章剑生：《现代行政法基本理论》，法律出版社2008年版，第23页。

[3] 姜明安主编：《行政法与行政诉讼法》，北京大学出版社、高等教育出版社2007年版，第176页。

[4] 胡建淼：《行政法学》，法律出版社2003年版，第209页。

和规定，其中过程性行为被列举在不可诉的范围内。结合《行政诉讼法》及《司法解释》的规范进行解读，可以分析出我国行政诉讼的受案范围主要为三个方面：（1）广义上的行政行为；（2）对公民、法人或其他组织的权利义务产生实际影响的行政行为；（3）法律规范未明示排除在受案范围之外的行政行为。上文已经分析得出程序性行政行为可被涵摄在广义上的行政行为中，由此具有了可被纳入到行政诉讼受案范围的基础。

行政诉讼受案范围制度的设计初衷，是在对行政相对人的合法权益保障的基础上节约司法资源，提高司法效率。但在本案中，乐山市人力资源和社会保障局作出的程序性行政行为已经对相对人的合法权益产生实际影响，若不通过司法途径进行救济，相对人将无法实现权益的保障，明显违反了《行政诉讼法》保障行政相对人合法权益的立法目的。而为了填补这个法律漏洞，法院在适用法的过程中发挥了其司法能动性，在司法实践中创造性地引入了程序性行政行为的概念，将程序性行政行为与《行政诉讼法》中的行政行为的概念相衔接，并提出了程序性行政行为可诉的标准。关于裁判中的可诉标准，学界对此的讨论主要分为"三要件说"及"两要件说"。刘行法官认为，法院提出程序性行政行为可诉有三大标准：（1）侵犯合法权益。这是程序性行政行为可诉的核心要件，只有当程序性行政行为达到侵犯公民、法人或其他组织的人身权或财产权等合法权益标准时才有可诉的意义。（2）具有明显的实际影响。可诉的行政行为要对公民、法人或其他组织的权利义务产生明显的实际影响。（3）穷尽其他救济方法无法获得实体救济。当程序性行政行为对公民、法人或其他组织的权利义务产生影响但无法通过不服实体性行政行为的方式进行救济。只要同时符合这三个标准，程序性行政行为即可诉。[1]宋烁博士则认为，69号指导案例确立的是"明显的权利义务实际影响+无法起诉相关实体行政行为"的标准，与三要件的标准相比，两要件的标准将明显实际影响和侵犯合法权益合一。[2]笔者认为，侵犯公民、法人或其他组织的合法权益并对其造成明显的实际影响是对一行为及其带来后果的整体关系描述，具有连贯性和统一性，不必分立作为两个要素。因此，下文对案例的评

---

〔1〕 刘行："行政程序中间行为可诉性标准探讨——结合最高法院第69号指导案例的分析"，载《行政法学研究》2018年第2期。

〔2〕 宋烁："论程序行政行为的可诉标准"，载《行政法学研究》2018年第4期。

析围绕的是"两要件说"的可诉标准进行讨论。

综上，对于行政法的发展来说，69 号指导案例主要有两方面的进步意义：拓展行政行为外延，从而扩大行政诉讼的受案范围；以及提出了程序性行政行为的可诉标准，为各级法院提供了指南和参考，使得各级法院在遇到类似案件时可根据王明德案确立的可诉标准来认定过程性行政行为是否可诉，从而对司法实务中困扰已久的问题作出回应。

二、程序性行政行为可诉标准的司法演变梳理

自程序性行政行为的概念出现以来，其可诉性的问题一直是学界和实务界争议的热点，最高人民法院在近十年也多次对程序性行政行为的可诉性及可诉标准问题进行回应和表态。在此，笔者对有关程序性行政行为可诉问题的司法态度演进过程进行归纳和梳理，意图总结出其趋势并预测最终落脚点。

2010 年 1 月 4 日，《最高人民法院关于审理行政许可案件若干问题的规定》正式施行，该司法解释第 3 条规定："公民、法人或其他组织仅就行政许可过程中的告知补正申请材料、听证等通知行为提起行政诉讼的，人民法院不予受理，但导致许可程序对上述主体事实上终止的除外。"虽然内容只涉及行政许可领域的程序性行政行为，但也能从中窥见最高人民法院的态度。补充材料的告知行为或收集意见建议的听证行为都属于行政机关为履行其职责，而在作出实体行为的过程中所作的程序性行为，这些行为具有过程性，其效果往往能被实体行为吸附，所以原则上来说这类程序性行政行为不可诉。但是不可诉也不是绝对的，"但导致许可程序对上述主体事实上终止的除外"意味着如果程序性行政行为虽然在时间线上仍属于"过程性"行为，但实际上其已经具有"终局性"的特征，能够对行政相对人的权利义务造成实际影响时，该行为就是可诉的。该规范表明，最高人民法院在作节约司法资源和提高司法效率的考虑时，也为行政相对人留下了一条救济通道，使得相对人可以抓取司法救济的有利时机。

最高人民法院对于这个问题的第二次态度呈现，是在 2011 年 8 月 13 日起施行的《最高人民法院关于审理政府信息公开行政案件若干问题的规定》中，该司法解释第 2 条第 1 项规定，"因申请内容不明确，行政机关要求申请人作出更改、补充且对申请人权利义务不产生实际影响的告知行为"，公民、法人

或其他组织对该行为不服提起行政诉讼的，人民法院不予受理。从该条规范亦可发现，在政府信息公开类的案件中，最高人民法院也没有完全紧闭程序性行政行为可诉的大门，而且进一步点明作为通常标准的例外，可将程序性行政行为作为起诉内容的原因是该行为对申请人的权利义务产生了实际影响。如果说在第一次态度表明中，最高人民法院只是对可诉程序性行政行为造成的结果从形式上进行了描述，即"导致许可程序对上述主体事实上终止"，那么在第二次表态中，最高人民法院更直接地揭示了该结果的实质就是"对申请人的权利义务产生了实际影响"，从而使程序性行政行为可诉标准的轮廓更清楚地显现。

69 号指导案例就是最高人民法院对此问题的第三次表态，与前两次不同的是，这次在 69 号指导案例裁判要旨中提炼的程序性行政行为可诉标准，已经突破了行政许可或政府信息公开这些单一的领域，而是成为程序性行政行为这一大类行为的司法审查参考标准。裁判理由中说道："被告作出《中止通知》，属于工伤认定程序中的程序性行政行为，如果该行为不涉及终局性问题，对相对人的权利义务没有实质影响的，属于不成熟的行政行为，不具有可诉性，相对人提起行政诉讼的，不属于人民法院受案范围。但如果该程序性行政行为具有终局性，对相对人权利义务产生实质影响，并且无法通过提起针对相关的实体性行政行为的诉讼获得救济的，则属于可诉行政行为，相对人提起行政诉讼的，属于人民法院行政诉讼受案范围。"与前两次表态一脉相承的是，在第三次态度表明中，最高人民法院坚持了程序性行政行为不可诉为原则，可诉为例外的倾向。在立场仍未动摇的情况下，最高人民法院还进一步明确了可诉的判断标准。有学者这样概括道，"69 号指导案例折射了最高人民法院关于程序性行政行为的审查从被动、形式主义立场转向主动、实质利益审查的立场。这一立场，与新修订的行政诉讼法以解决行政争议为目的，监督依法行政，侧重对行政诉讼原告诉权及事实利益的保障是一脉相承的，也是形式法治向实质法治推进过程中的一次突破"。[1]

最高人民法院通过立法和指导案例的形式对于程序性行政行为可诉问题

〔1〕 高山："行政行为成熟性与实质利益审查——对最高法院第 69 号指导案例的浅思"，https://mp. weixin. qq. com/s/XNoDB7ZQ064Fevs8_ 12x7A，最后访问时间：2019 年 8 月 27 日。

的三次表态，阐明了程序性行政行为不可诉为原则，可诉为例外的大方向，并最终确立了将程序性行政行为纳入受案范围的条件要素包括两个：侵犯合法权益造成实际影响，且无法获得实体救济。这个"且"字是第二次表态和第三次表态间最明显的差别，这是否意味着这两个要素要同时具备？在下文会作出进一步分析。

三、69 号指导案例确立的程序性行政行为可诉标准的局限

（一）可诉的复合标准过于严苛

上文分析得出，69 号指导案例确立的程序性行政行为可诉标准有两大要素：侵犯合法权益造成实际影响，且无法获得实体救济，在裁判要旨中的表述为："该行为将导致原告的合法权益长期，乃至永久得不到依法救济，直接影响了原告的合法权益，对其权利义务产生实质影响，并且原告也无法通过对相关实体性行政行为提起诉讼以获得救济。"表述中，两个要素之间的连接词是"并且"，是否意味着两者需同时具备，缺一不可？关于这两个要素之间的关系这一问题，石佑启教授认为："成熟的标准可以从实质和形式两方面把握，从实质上看行政行为是否对相对人产生了实际不利的影响，从形式上看行政行为的实施是否形成最后决定。"[1]因此，从石佑启教授的观点来看，"侵犯合法权益进而对权利义务造成实际影响"与"无法获得实体救济"分别是程序性行政行为可诉原因在实质层面和形式层面的不同体现，只要满足其中一点即可诉，严格来说更像是"或者"的择一关系而非"并且"的并列关系。除认为两种应居于同一地位，满足其一即可诉的这种观点外，有些学者更强调"侵犯合法权益进而对权利义务造成实际影响"应作为核心的判断标准，比如薛刚凌教授提出建立实体性标准是出于行政活动最终目的以及诉讼效益的考量，而且世界各国行政诉讼的理论和实践也都倾向于将行政诉讼的受案范围限定在行政机关的实体行为上。[2]蔡乐渭教授进一步对此观点进行了明确，他认为《司法解释》第 1 条第 2 款第 10 项规定中所说的"对公

---

〔1〕 石佑启："在我国行政诉讼中确立'成熟原则'的思考"，载《行政法学研究》2004 年第 1 期。

〔2〕 薛刚凌："行政诉讼受案标准研究"，载《法商研究（中南政法学院学报）》1998 年第 1 期。

民、法人或者其他组织权利义务不产生实际影响的行为"包括两种：第一种是已经发展到最后阶段但行为本身不会对相对人的权利义务产生实际影响的行为，如行政指导行为，自然不在行政诉讼的受案范围之列；第二种是尚未发生到最终阶段，所以并未影响到相对人的权利义务的行为，此时就要考虑该行政行为是否成熟。"如果行政机关的行为能够影响到相对人的实体权利，都应视作是'成熟'的行政行为，都可向人民法院提起诉讼"。[1]实际影响应作为判断程序性行政行为可诉的核心标准这一观点，在刘行法官的表述中也得到了体现："最高人民法院 69 号指导案例形式上提出了行政程序中间行为可诉性的新标准，但该标准并未改变行政行为成熟性的可诉性规则。""69号指导案例裁判要旨中的'且'字句，不完全是条件的并列句，更具有强调的意味，不能据此认为程序性行政行为可诉性的标准必须符合对权利义务产生实际影响且无法通过提起针对相关的实体性行政行为的诉讼获得救济双重标准"。[2]从实践情况来看，法院在判断程序性行政行为可诉性时，都采用"实际影响"作为判断标准，即使个别法院采用"相对人无法获得实体救济"的表达，也是想说明相对人的权利义务受到了实际影响。

总而言之，"无法获得实体救济"是"侵犯合法权益而对权利义务产生实际影响"在形式上的一种表现，而不是与其并列的因素。69 号指导案例的裁判要旨将"侵犯合法权益而对权利义务产生实际影响"与"无法获得实体救济"作为并列可诉的复合标准，实际上可能会对读者和下级法院造成误导，认为程序性行政行为的可诉需要同时满足实质和形式两方面的要求。但是事实上，只要行政主体作出的程序性行政行为可以对相对人造成实际影响就应被纳入受案范围，"无法获得实体救济"这一要素反而为可诉平添障碍。

（二）"侵犯合法权益而对权利义务产生实际影响"标准界定不到位

在裁决要旨中所确立的可诉核心标准是程序性行政行为侵犯了相对人的合法权益而对其权利义务产生实际影响。但对此案进行分析后会发现，《中止通知》的作出并没有为相对人设定或变更新的权利义务，而是因该程序性行

---

[1] 蔡乐渭："行政诉讼中的成熟性原则研究"，载《西南政法大学学报》2005 年第 5 期。

[2] 刘行："行政程序中间行为可诉性标准探讨——结合最高法院第 69 号指导案例的分析"，载《行政法学研究》2018 年第 2 期，第 83 页。

政行为排除了相对人实现合法权益的可能性，体现为对相对人造成事实上的而非法律意义上的损害。这点体现出裁判要旨所提炼的"侵犯合法权益而对权利义务产生实际影响"的标准与其原判决的实际情况有所出入，若将该标准表述为"对相对人造成事实上的损害"可能更为贴合。

另外，裁判要旨确立的标准还要求要对相对人造成"明显的权利义务的实际影响"，究竟何为"明显"，产生的实际影响要到什么程度才能称作"明显"？这也是标准界定模糊不到位的体现之一。法院突破常规，肯定过程性行政行为可诉即是一种拓宽行政诉讼受案范围，为行政相对人的权利施加更全面保障的表现，但该表述似乎又将刚扩大的保护罩缩紧，一定程度上有可能给下级法院在日后遇到相似的案件时造成困惑：对程序性行政行为可诉与否的司法审查标准是持放宽抑或更为严格的态度？因此笔者认为，为更切合最高人民法院的态度以及司法实践发展趋势的表述，应当将表述中对实际影响所用的定语"明显的"三字去掉。

四、程序性行政行为可诉标准的完善

虽然 69 号指导案例在程序性行政行为是否可诉这个问题上已经作出了较明确的回应，也树立了较为明晰且有参考价值的标准，但其仍然存在上文所分析的局限性。在此，本文试图对程序性行政行为在司法审查中判断是否可诉的标准作出进一步的完善。

（一）可诉标准一：具有成熟性

一般来说，由于程序性行政行为是行政机关在行政活动的过程中所作出的，不具有最终性，也就是成熟性，即不会对行政相对人的权利义务产生实质的影响，所以司法不应介入审查，从而不具有可诉性。这体现了法院对行政机关专业性的尊重，也体现了司法权和行政权分离的原则，一定程度上也防止了诉讼过于泛滥的情况的发生。行政相对人的权利义务会受到实际影响，也正是由程序性行政行为已经具有成熟性而引起的，如果该行为会导致程序的终局，从而进一步影响到相对人的实质权益，那么这个行政行为就具有成熟性。回归到 69 号指导案例中可以发现，乐山市人力资源和社会保障局作出的《中止通知》实质上使得程序就此终止无法再继续进行，使得工伤认定结

论一直无法作出，从而彻底排除了行政相对人实现其合法权益的可能性，因此该程序性行政行为可以被认为具有成熟性。

在非因相对人的主观原因而导致行政程序不能继续时，即可以采用成熟性原则进行判断，如果程序性行政行为达到了致使行政程序无法恢复，从而影响行政相对人的权利义务的程度时，即可被纳入行政诉讼受案范围。

（二）可诉标准二：对当事人的合法权益造成事实上的不利影响

上文分析出 69 号指导案例裁判要旨中确立的可诉标准其中一个局限性就是限缩了"实际影响"的解释。即使程序性行政行为没有对行政相对人的权利义务产生法律上的影响，但如果其已经对相对人的合法权益造成事实上的损害后果时，也应被纳入司法审查的范围。但何为"不利影响"？如果不对"不利影响"作出限定，又可能会导致滥诉的发生而过度影响行政效率。

对此，宋烁博士细化了对"不利影响"的解释和适用。她认为，"首先，事实上的不利影响应是现实存在的，或是即将发生的"。对这点进行解读，即是行为所造成的"不利影响"的存在状态不能是推测或者假想出来的，必须是已经发生的或按一般理性人的思维来预测事情发展的态势，都会认为该影响是极有可能、大概率发生的，否则会影响行政效率的提高以及造成滥诉的风险。"其次，程序行政行为造成的事实上的不利影响须对最终实体决定的内容有实质影响。这种实质影响源于实体决定的作出需以该程序处置为前提或依据"。[1]比如在"程建华诉重庆市南川区国土资源和房屋管理局"等案中，由于农业户口和非农业户口在征地补偿中所获得的补偿有差异，所以被告将原告确认为农转非人员的程序性行政行为所造成的不利影响会体现在后来的安置补偿中，应当将该确认行为纳入到受案范围。但是审理的法院以"确定农转非具体人员是征地补偿安置系列行为中的内部过程性行政行为，而在行政法律关系中直接对程建华权利义务产生实际影响的是具体补偿安置行为"为由裁定驳回起诉。[2]程建华诉重庆市南川区国土资源和房屋管理局案与 69 号指导案例有异曲同工之处，被诉的行政行为在形式上都是过程性行为，然而都对相对人在后续程序中合法权益的实现有重大影响。

---

[1] 宋烁："论程序行政行为的可诉标准"，载《行政法学研究》2018 年第 4 期。
[2] 重庆市第三中级人民法院（2014）渝三中法行终字第 00018 号行政裁定书。

因此，如果程序性的行政行为会对相对人造成已经发生的或者即将发生的，并且对最终实体决定能产生事实上的不利影响，就达到可诉的标准。

（三）可诉标准三：可能导致实体决定被撤销

根据《行政诉讼法》第70条第3项和第74条第1款第2项的规定，法院通常会将程序性行政行为的违法或瑕疵的审查依附于实体决定的合法性审查中。[1]该规范的初衷是因为相比起实体性行为，程序性行政行为具有次重要性的特征，为节约司法资源和提高行政效率而作出如此设计，但现实情况往往可能和初衷背道而驰。有些程序性行政行为已经违法，会直接影响实体决定的合法性和存续，如果对此类行为不及时作出纠正，而等实体决定出炉之后再进行全盘撤销，反而降低了行政效率且影响行政活动的进度。因此，应允许可能导致实体决定被撤销的违法的程序性行政行为接受司法审查。

在适用此标准时，还应对程序性行政行为的违法程度进行考量，如果只是程序轻微违法，该瑕疵不会对最终的实体处理结果产生影响，也不会对相对人合法权益的保障造成实际影响，就不宜将这类程序性行政行为纳入受案范围。

五、诉讼类型的选择

除程序性行政行为的可诉标准外，本案另一个有较大争议的问题是诉讼及判决类型的选择。根据《司法解释》第68条的规定，行政诉讼的原告提起诉讼，既可以请求判决撤销或者变更行政行为，也可以请求判决行政机关履行特定法定职责或者给付义务，还可以请求判决确认行政行为违法或者无效。当事人针对乐山市人力资源和社会保障局的程序性行政行为提出了撤销之诉，其最终意图是法院判令乐山市人力资源和社会保障局撤销该《中止通知》并对死者王雷兵是否工伤作出认定，可直接提起履行法定职责之诉，因为在这种诉讼请求类型中通常会包括撤销一个拒绝履行样态的决定的请求和一个作出履行的请求，在一个诉讼请求中就能达到双层目的。

---

〔1〕《行政诉讼法》第70条规定："行政行为有下列情形之一的，人民法院判决撤销或者部分撤销，并可以判决被告重新作出行政行为：（一）主要证据不足的；（二）适用法律、法规错误的；（三）违反法定程序的；（四）超越职权的；（五）滥用职权的；（六）明显不当的。"

在法院的判决中也支持了相对人提出的撤销诉请，作出了撤销判决并要求乐山市人力资源和社会保障局在撤销其作出的《中止通知》后，对涉案职工认定工伤的程序应予以恢复，实质上最终还是指向被告应在确定的限期内履行其法定职责。有学者便提出，当事人直接向法院提起履行职责之诉，或者法院综合案情的考量并在《行政诉讼法》第72条的规范框架中直接作出履行判决，也暗含了对《中止通知》的否定且直接达到了目的。如此就不需要对程序性行政行为是否可诉作出判断并划定标准，从而引发争议，这样一举多得，为何要走曲线选择作出撤销判决？[1]

笔者认为，当事人选择撤销之诉是出于惯性思维或者对诉讼请求的类型不甚熟悉，在此提及只是为日后有相对人要提起类似诉讼时提供参考意见，在对69号指导案例的分析中可以不必多加讨论。各种样态的诉讼请求可能决定了诉讼类型的不同，不同的诉讼类型又决定了起诉条件、裁判标准和判决方式等的不同。我国《行政诉讼法》只对判决的类型作出了明确规定，但未规定诉讼的类型。早就有学者提出："对于我们这样一个法治后发型的大陆法系国家而言，通过行政诉讼类型化的理论与实践，完善行政诉讼体系，发展出符合中国国情的行政诉讼类型化理论和制度体系，是进一步深入推动我国行政法治化进程的重要一环"。[2]本文提出这个问题，也是希望可以引发学界对此的思考，对诉讼类型的规范有进一步的完善。而法院作出撤销判决而非履行判决，且最高人民法院也将该案例选为指导案例，更深层次的意义是为了拓展行政诉讼的受案范围，以及确立程序性行政行为可诉标准的核心标准。

【后续影响及借鉴意义】

69号指导案例旨在明确当事人认为行政机关作出的程序性行政行为侵犯其人身权、财产权等合法权益，对其权利义务产生明显的实际影响，且无法通过提起针对相关的实体性行政行为的诉讼获得救济，而针对该程序性行政行为提起行政诉讼的，人民法院应当依法受理。这有利于通过司法审查加强对行政权力行使的监督，防止行政机关滥用权力，不作为、乱作为，从而保

---

[1] 刘行："行政程序中间行为可诉性标准探讨——结合最高法院第69号指导案例的分析"，载《行政法学研究》2018年第2期，第88页。

[2] 马怀德："完善《行政诉讼法》与行政诉讼类型化"，载《江苏社会科学》2010年第5期。

护行政相对人的合法权益，促进社会和谐。在以往的学理探讨和司法实践中，由于司法成熟性原则和过程性行为对相对人的权利义务不产生直接干涉的效果的影响，一般都会将程序性行政行为归入不可诉的范围中，或者只有在后续的实体性行政行为的阶段由相对人针对该实体行为提起诉讼时附带审查被吸收的程序性行政行为。但是，现实中出现了许多并非出于相对人的主观原因而导致的行政程序无端中断、中止，无法在合理限期内推进行政活动正常进行，从而使得相对人权益无法及时得到保障的情形，69号指导案例就是为遭遇这类情形的相对人开辟了司法救济通道，以相对人的人身权利和财产权利是否受到实际影响或损害为核心，确立了适用于所有领域的程序性行政行为是否可诉的判断标准。

本文以69号指导案例为切入点，结合其裁判要点、相关的法律制度和学理观点，对程序性行政行为的可诉标准进行总结，以期对我国行政诉讼的救济制度的完善起到促进作用。要兼顾行政效率和司法公正，最理想化的模式是制定一部统一的行政程序法，从立法的角度在根源上解决程序性问题。但是行政程序法典化需要长时间的考虑和排布，而法律的滞后性使得其不能随着社会的变化迅速更新。为了更及时地解决社会中遇到的问题，指导案例的引导作用就显得十分重要。"从法律样态上讲，宪法规则具有纲领性，法律规则具有原则性，司法解释具有细则性，而案例指导规则具有具体性"。指导案例发布的过程就是创新规制的过程，创造出了比法律和司法解释更为具体，一定意义上来说对各级法院的审判更具有参考性的规则。2014年修正的《行政诉讼法》中，第2条将"具体行政行为"改为"行政行为"，使更多的行政行为纳入到司法的监督和审查中去，呈现了扩大行政诉讼受案范围以达到更全面地保障相对人合法权益目的的发展趋势。而本案判决顺应了这种发展趋势，与立法相呼应，为我国公民保障其合法权益拓宽了道路。

案例四　戴世华与济南市公安消防支队
行政消防审批案

韩利楠[*]

【案例名称】

戴世华与济南市公安消防支队行政消防审批案 [山东省济南市中级人民法院行政裁定书 (2012) 济行终字第 223 号]

【关键词】

行政诉讼　受案范围　行政确认　消防验收备案结果通知

【基本案情】

原告戴世华诉称：原告所住单元一梯四户，其居住的 801 室坐东朝西，进户门朝外开启。距离原告门口 0.35 米处的南墙挂有高 1.6 米、宽 0.7 米、厚 0.25 米的消火栓。人员入室需后退避让，等门扇开启后再前行入室。原告的门扇开不到 60 至 70 度根本出不来。消防栓的设置和建设影响原告的生活。请求依法撤销被告济南市公安消防支队批准在其门前设置的消防栓通过验收的决定；依法判令被告责令报批单位依据国家标准限期整改。

被告济南市公安消防支队辩称：建设工程消防验收备案结果通知是按照建设工程消防验收评定标准完成工程检查，是检查记录的体现。如果备案结

* 作者简介：韩利楠，中国政法大学法学院宪法与行政法专业博士研究生，本文的指导教师为中国政法大学法学院行政法研究所教授、博士生导师罗智敏。

果合格，则表明建设工程是符合相关消防技术规范的；如果不合格，公安机关消防机构将依法采取措施，要求建设单位整改有关问题，其性质属于技术性验收，并不是一项独立、完整的具体行政行为，不具有可诉性，不属于人民法院行政诉讼的受案范围，请求驳回原告的起诉。

法院经审理查明：2011 年 10 月 24 日，济南市旧城改造公司向济南市公安消防支队提出验收备案申请，要求对馆驿街以南棚户区改造工程 1—8 号楼的消防设施进行抽查验收。济南市公安局消防支队针对戴世华居住的馆驿街以南棚户区改造工程 1—8 号楼及地下车库工程的消防设施抽查后，于 2011 年 11 月 21 日作出济公消验备［2011］第 0172 号《建设工程消防验收备案结果通知》。

济南高新技术产业开发区人民法院一审认为，《建设工程消防验收备案结果通知》属于技术性验收通知，不是具体行政行为，不属于人民法院行政诉讼的受案范围，依照《行政诉讼法》等规定，于 2012 年 11 月 13 日作出（2012）高行初字第 2 号行政裁定，驳回原告戴世华的起诉。戴世华不服一审裁定提起上诉。济南市中级人民法院经审理，于 2013 年 1 月 17 日作出（2012）济行终字第 223 号行政裁定：(1) 撤销济南高新技术产业开发区人民法院作出的（2012）高行初字第 2 号行政裁定；(2) 本案由济南高新技术产业开发区人民法院继续审理。

本案涉及的法律条款有：

《中华人民共和国消防法（2008 年修订）》［以下简称《消防法》（2008 年修订）］第 4 条规定：

"国务院公安部门对全国的消防工作实施监督管理。县级以上地方人民政府公安机关对本行政区域内的消防工作实施监督管理，并由本级人民政府公安机关消防机构负责实施。军事设施的消防工作，由其主管单位监督管理，公安机关消防机构协助；矿井地下部分、核电厂、海上石油天然气设施的消防工作，由其主管单位监督管理。

县级以上人民政府其他有关部门在各自的职责范围内，依照本法和其他相关法律、法规的规定做好消防工作。

法律、行政法规对森林、草原的消防工作另有规定的，从其规定。"

《消防法》（2008 年修订）第 13 条规定：

"按照国家工程建设消防技术标准需要进行消防设计的建设工程竣工，依照下列规定进行消防验收、备案：

（一）本法第 11 条规定的建设工程，建设单位应当向公安机关消防机构申请消防验收；

（二）其他建设工程，建设单位在验收后应当报公安机关消防机构备案，公安机关消防机构应当进行抽查。

依法应当进行消防验收的建设工程，未经消防验收或者消防验收不合格的，禁止投入使用；其他建设工程经依法抽查不合格的，应当停止使用。"

【裁判要旨】

建设工程消防验收备案结果通知含有消防竣工验收是否合格的评定，具有行政确认的性质，当事人对公安机关消防机构的消防验收备案结果通知行为提起行政诉讼的，人民法院应当依法予以受理。

【裁判理由与论证】

济南市中级人民法院确认了原审查明的事实，但认为原审裁定对消防验收行为的性质认定不当，撤销了原审裁定，并指定原审法院继续审理本案。济南市中级人民法院在本案的生效裁判中归纳了两个争议焦点，一是建设工程消防验收行为的性质，二是建设工程消防验收行为的后果。以下分别概述之。

一、建设工程消防验收行为的性质

济南高新技术产业开发区人民法院在原审裁定中认为，《建设工程消防验收备案结果通知》的性质属于技术性验收通知，不是具体行政行为，并据此驳回上诉人戴世华的起诉。

但济南市中级人民法院认为，"建设工程消防验收备案是对建设工程消防设施质量监督管理的最后环节，备案结果中有消防竣工验收是否合格的评定，具有行政确认的性质，是消防行政机关的具体行政行为"。

《消防法》（2008 年修订）第 4 条规定，"县级以上地方人民政府公安机关对本行政区域内的消防工作实施监督管理，并由本级人民政府公安机关消防机构负责实施"。公安部发布的《建设工程消防监督管理规定》（已失效）第 3 条第 2 款规定："公安机关消防机构依法实施建设工程消防设计审核、消防验收和备案、抽查，对建设工程进行消防监督。"第 24 条规定，"对本规定

第 13 条、第 14 条规定以外的建设工程，建设单位应当在取得施工许可、工程竣工验收合格之日起 7 日内，通过省级公安机关消防机构网站进行消防设计、竣工验收消防备案，或者到公安机关消防机构业务受理场所进行消防设计、竣工验收消防备案"。上述规定表明，建设工程消防验收备案就是特定的建设工程施工人向公安机关消防机构报告工程完成验收情况，消防机构予以登记备案，以供消防机构检查和监督，备案行为是公安机关消防机构对建设工程实施消防监督和管理的行为。消防机构实施的建设工程消防备案、抽查的行为具有行使行政职权的性质，体现出国家意志性、法律性、公益性、专属性和强制性，备案结果通知是备案行为的组成部分，是备案行为结果的具体表现形式，也具有上述行政职权的特性，应该纳入司法审查的范围。

二、建设工程消防验收行为的后果

《消防法》（2008 年修订）第 13 条规定："按照国家工程建设消防技术标准需要进行消防设计的建设工程竣工，依照下列规定进行消防验收、备案：……（二）其他建设工程，建设单位在验收后应当报公安机关消防机构备案，公安机关消防机构应当进行抽查。依法应当进行消防验收的建设工程，未经消防验收或者消防验收不合格的，禁止投入使用；其他建设工程经依法抽查不合格的，应当停止使用。"公安部《建设工程消防监督管理规定》（已失效）第 25 条规定，公安机关消防机构应当在已经备案的消防设计、竣工验收工程中，随机确定检查对象并向社会公告。对确定为检查对象的，公安机关消防机构应当在 20 日内按照消防法规和国家工程建设消防技术标准完成图纸检查，或者按照建设工程消防验收评定标准完成工程检查，制作检查记录。检查结果应当向社会公告，检查不合格的，还应当书面通知建设单位。建设单位收到通知后，应当停止施工或者停止使用，组织整改后向公安机关消防机构申请复查。公安机关消防机构应当在收到书面申请之日起 20 日内进行复查并出具书面复查意见。上述规定表明，在竣工验收备案行为中，公安机关消防机构并非仅仅是简单地接受建设单位向其报送的相关资料，还要对备案资料进行审查，完成工程检查。消防机构实施的建设工程消防备案、抽查的行为能产生行政法上的拘束力。对建设单位而言，在工程竣工验收后应当到公安机关消防机构进行验收备案，否则，应当承担相应的行政责任，消防设施经依法抽查不合格的，应当停止使用，并组织整改；对公安机关消防机构而言，备案结果中有抽查是否合格的评定，实质上是一种行政确认行为，即公安机关消防机构对行政相对人的法律事实、法律关系予以认定、确认的行政行为，一旦消防设施被消防机构评定为合格，那就视为消防机构在事实上确认了消防工程质量合格，行政相关人也将受到该行为的拘束。

济南市中级人民法院认为："备案手续的完成能产生行政法上的拘束力，建设工程的消防设计、竣工验收未依法报公安机关消防机构备案的，公安机关消防机构应当依法处罚，对逾期不备案的，公安机关消防机构应当在备案期限届满之日起5日内通知建设单位停止施工或者停止使用。故备案行为是可诉的行政行为，人民法院可以对其进行司法审查。上诉人所诉消防验收决定，虽表述不够准确，但可以理解为对被上诉人消防验收行为有异议。本案中的被诉消防验收行为，应为上述《建设工程消防验收备案结果通知》。"

【涉及的重要理论问题】

本案涉及的主要问题是消防验收行为的性质以及消防验收行为是否属于行政诉讼的受案范围。在经济快速发展的今天，消防安全的重要性日益提升。消防验收制度在预防火灾，减少火灾损失，保障公民生命及财产安全方面发挥的作用不容小觑，但是另一方面消防验收行为违法的问题也应当引起我们的重视，比如本案中因消防验收存在问题给本案原告的生活带来诸多不便，因而有必要从法学特别是行政法的视角看待消防验收制度。在此之前首先需要厘清本案中所涉的《建设工程消防验收备案结果通知》的性质，只有在此基础上方能进一步分析其是否受相关行政法律法规约束，相对人可否寻求行政救济，但关于本案所涉行为的性质，一审和二审法院存在分歧。有鉴于此，下文将本案的相关理论问题归纳为消防验收制度的依据和内容、消防验收行为的性质、消防验收行为的可诉性分析，并分别论述。

一、消防验收制度的法律依据及内容

（一）消防验收制度的法律依据

关于消防验收制度的规定可以追溯到1998年制定的《消防法》，该法第10条第3款规定："按照国家工程建筑消防技术标准进行消防设计的建筑工程竣工时，必须经公安消防机构进行消防验收；未经验收或者经验收不合格的，不得投入使用。"该条规定凡是依照国家工程建筑消防技术标准进行消防设计的建筑工程必须进行消防验收。之后 2008 年修改的《消防法》对此进行了调整，其在第 13 条规定："按照国家工程建设消防技术标准需要进行消防设计的建设工程竣工，依照下列规定进行消防验收、备案：（一）本法第 11 条规定的建设工程，建设单位应当向公安机关消防机构申请消防验收；（二）其他建设工程，建设单位在验收后应当报公安机关消防机构备案，公安机关消防机构应当进行抽查。依法应当进行消防验收的建设工程，未经消防验收或者消防验收不合格的，禁止投入使用；其他建设工程经依法抽查不合格的，应当停止使用。"其中第 11 条规定的是："国务院公安部门规定的大型的人员密集场所和其他特殊建设工程，建设单位应当将消防设计文件报送公安机关消防机构审核。公安机关消防机构依法对审核的结果负责。"换言之，2008 年修改后的《消防法》要求国务院公安部门规定的大型的人员密集场所和其他特殊建设工程的消防设计文件应送交消防机构审核，同时对于此类建筑工程还应该进行消防验收，相较于修改之前的规定，缩小了消防验收的范围，同时对于其他建设工程则实行竣工验收备案抽查制度。这一做法即对工程审核验收中不需要进行事前行政审批的事项改为备案抽查，顺应了行政审批制度改革的发展趋势，弱化了事前审批，强化了事后监管服务职能，符合《行政许可法》的立法精神。[1]

同时 2008 年修改后的《消防法》第 14 条还规定："建设工程消防设计审核、消防验收、备案和抽查的具体办法，由国务院公安部门规定。"因此实践中关于消防验收、备案的具体程序规定主要依据的是公安部制定的《建设工程消防监督管理规定》（已失效），该规章的第 4 章专门规定了消防设计和竣工验收的备案抽查。依据该规章第 24 条和第 25 条的规定，其他建筑工程的建设单位在取得施工许可、工程竣工验收合格之日起 7 日内，向公安机关消防机构提交相关材料，申请竣工验收消防备案，公安机关消防机构应当在已经备案的消防设计、竣工验收工程中，随机确定检查对象并向社会公告。对确定为检查对象的，公安机关消防机构应当在 20 日内按照消防法规和国家工

---

〔1〕 陈育坤："应然状态下的公共消防职能发展趋向探析——由新修订的《消防法》对消防行政审批职能调整引起的思考"，载《中国消防》2010 年第 6 期。

程建设消防技术标准完成图纸检查，或者按照建设工程消防验收评定标准完成工程检查，制作检查记录。检查结果应当向社会公告，检查不合格的，还应当书面通知建设单位。

在此之后 2019 年修改的《消防法》对于消防验收、备案的行政主体及相关内容进行调整，[1]不过本案发生时《消防法》尚未进一步修改，应适用 2008 年修改的《消防法》和公安部发布的《建设工程消防监督管理规定》，故在此对 2019 年修改的《消防法》的相关内容不过多展开。

（二）消防验收制度的内容

依据《消防法》的规定可以看出我国的消防验收制度经历了从"普遍的消防验收"到"重点消防验收" + "消防备案审查"的变化，因此对于竣工建设工程的消防设施安全的检查，根据建设工程种类的不同，可分为两种，一是消防验收，另一种则是消防备案审查。

1. 消防验收

根据《消防法》（2008 年修订）第 13 条以及《建设工程消防监督管理规定》第 13 条和第 14 条的规定，[2]对于国务院公安部门规定的大型的人员密

〔1〕 比如《消防法》（2019 年修订）第 13 条规定："国务院住房和城乡建设主管部门规定应当申请消防验收的建设工程竣工，建设单位应当向住房和城乡建设主管部门申请消防验收。前款规定以外的其他建设工程，建设单位在验收后应当报住房和城乡建设主管部门备案，住房和城乡建设主管部门应当进行抽查。依法应当进行消防验收的建设工程，未经消防验收或者消防验收不合格的，禁止投入使用；其他建设工程经依法抽查不合格的，应当停止使用。"

〔2〕《建设工程消防监督管理规定》（已失效）第 13 条规定："对具有下列情形之一的人员密集场所，建设单位应当向公安机关消防机构申请消防设计审核，并在建设工程竣工后向出具消防设计审核意见的公安机关消防机构申请消防验收：（一）建筑总面积大于二万平方米的体育场馆、会堂、公共展览馆、博物馆的展厅；（二）建筑总面积大于一万五千平方米的民用机场航站楼、客运车站候车室、客运码头候船厅；（三）建筑总面积大于一万平方米的宾馆、饭店、商场、市场；（四）建筑总面积大于二千五百平方米的影剧院，公共图书馆的阅览室，营业性室内健身、休闲场馆，医院的门诊楼，大学的教学楼、图书馆、食堂，劳动密集型企业的生产加工车间，寺庙、教堂；（五）建筑总面积大于一千平方米的托儿所、幼儿园的儿童用房，儿童游乐厅等室内儿童活动场所，养老院、福利院，医院、疗养院的病房楼，中小学校的教学楼、图书馆、食堂，学校的集体宿舍，劳动密集型企业的员工集体宿舍；（六）建筑总面积大于五百平方米的歌舞厅、录像厅、放映室、卡拉 OK 厅、夜总会、游艺厅、桑拿浴室、网吧、酒吧，具有娱乐功能的餐馆、茶馆、咖啡厅。"第 14 条规定："对具有下列情形之一的特殊建设工程，建设单位应当向公安机关消防机构申请消防设计审核，并在建设工程竣工后向出具消防设计审核意见的公安机关消防机构申请消防验收：（一）设有本规定第十三条所列的人员密集场所的建设工程；（二）国家机关办公楼、电力调度楼、电信楼、邮政楼、防灾指挥调度楼、广

集场所和其他特殊建设工程目前实行的是消防验收制度，即公安机关消防机构依据消防法律、法规和国家工程建设消防技术标准，对纳入消防行政许可范围的建设工程在建设单位组织竣工消防自验收合格的基础上，通过抽查、评定，作出行政许可决定。[1]建设工程消防验收是法律赋予公安机关消防机构的一项行政许可职责，是防止形成先天性火灾隐患，确保建设工程消防安全的重要措施。[2]根据上述定义可知建设工程消防验收行为主体为公安机关的消防机构，相对人为建设单位及相关利害关系人，客体为特定的处于竣工状态的建筑，其主要内容是判定建筑工程的消防安全合格与否、验收行为依据是国家工程建设消防技术标准和消防法律法规。[3]

2. 消防备案抽查

而对于除国务院公安部门规定的大型的人员密集场所和其他特殊建设工程之外的其他建设工程，比如本案中原告所居住的建筑，依《消防法》（2008年修订）第13条的规定，则实行竣工验收的备案抽查制度，或者说是消防备案审查。即建设单位在竣工验收后报公安机关消防机构备案，由公安机关消防机构根据预设的抽查程序随机确定抽查对象，后对抽查对象进行工程检查，制作检查记录，并将检查结果向社会公告。根据建筑法等法律法规的规定，此处的"竣工验收"指的是建设工程在竣工后，建设单位或者有关主管部门应当依照国家关于建设工程竣工验收制度的规定，对建设工程是否合乎设计要求和工程质量标准进行检查和考核，[4]在此之后建设单位方才可以向消防机构申请消防备案。因此本案中的《建设工程消防验收备案结果通知》更准确的表述应是消防备案抽查行为，而非消防验收行为，其中该备案结果通知属于消防备案抽查行为的最后环节。

播电视楼、档案楼；（三）本条第一项、第二项规定以外的单体建筑面积大于四万平方米或者建筑高度超过五十米的公共建筑；（四）国家标准规定的一类高层住宅建筑；（五）城市轨道交通、隧道工程，大型发电、变配电工程；（六）生产、储存、装卸易燃易爆危险物品的工厂、仓库和专用车站、码头，易燃易爆气体和液体的充装站、供应站、调压站。"

〔1〕 景绒主编：《消防监督管理》，中国人民公安大学出版社2014年版，第87页。

〔2〕 王学谦：《建筑工程消防设计审核与验收》，中国人民公安大学出版社2013年版，第491页。

〔3〕 张锋："我国消防验收制度研究"，中国政法大学2017年硕士学位论文，第5~7页。

〔4〕 黄太云主编：《中华人民共和国消防法解读》，中国法制出版社2008年版，第52页。

消防验收制度与消防备案抽查制度虽都针对的是处于竣工状态的建筑，检查其消防安全合格与否，但二者在适用的对象、遵守的程序、审查方式以及性质等方面均存在差异。

首先，在适用对象方面，前者针对的是国务院公安部门规定的大型的人员密集场所和其他特殊建设工程，[1]而后者则指除前者之外的其他建设工程；其次，在程序方面，前者适用的程序包括申请受理、审查与决定、送达三大主要部分，而后者适用的程序包括申请备案、随机抽查、进行检查、公告通知四大部分；再次，在审查方式方面，前者对建设单位提出的申请受理后均进行审查即普遍审查，而后者则实行抽查，这就意味着那些未被抽中的建设工程的消防设施安全合格与否实际上不会被审查，反而被直接认定为合格，并且前者中的审查属于消防机构的事前审批，而后者中的抽查则属于消防机构的事后监管；最后，在性质方面，前者属于行政许可争议相对不大，[2]因为根据《消防法》的规定，应进行消防验收的建设工程，未经消防验收或者消防验收不合格的，禁止投入使用，这一规定明显带有行政许可的性质，而后者涉及备案和抽查，其行为的性质尚不明确，比如本案中的二审法院认为该行为属于行政确认，但有观点认为，消防验收和消防验收备案审查除时间顺序不同外，在主体、行为性质、后果等方面没有任何不同。[3]若依此观点则消防验收备案审查有可能也属于行政许可。

（三）消防备案抽查流程

因本案属于对其他建设工程的消防备案抽查情形，故着重介绍消防备案抽查的程序。根据以上法律法规的相关规定，消防备案抽查的具体流程包括：建设单位申请备案、行政机关备案受理后随机抽查确定抽查对象、工程检查、

---

〔1〕《消防法》（2019 年修订）调整了消防验收的对象，根据该法第 13 条的规定，国务院住房和城乡建设主管部门规定应当申请消防验收的建设工程竣工，建设单位应当向住房和城乡建设主管部门申请消防验收，而除此之外的其他建设工程则实行备案抽查。

〔2〕参见张锋："我国消防验收制度研究"，中国政法大学 2017 年硕士学位论文，第 10 页；彭立新："一起消防验收行政诉讼引发的思考"，载《中国公共安全》2014 年第 1 期；全国人大常委会法制工作委员会刑法室编：《〈中华人民共和国消防法〉释义及实用指南》，中国民主法制出版社 2013 年版，第 66 页。

〔3〕赵雯、石磊："《戴世华诉济南市公安消防支队消防验收纠纷案》的理解与参照——建设工程消防验收备案结果通知具有可诉性"，载《人民司法（案例）》2017 年第 14 期。

公告通知检查结果等四部分。具体流程见下图。

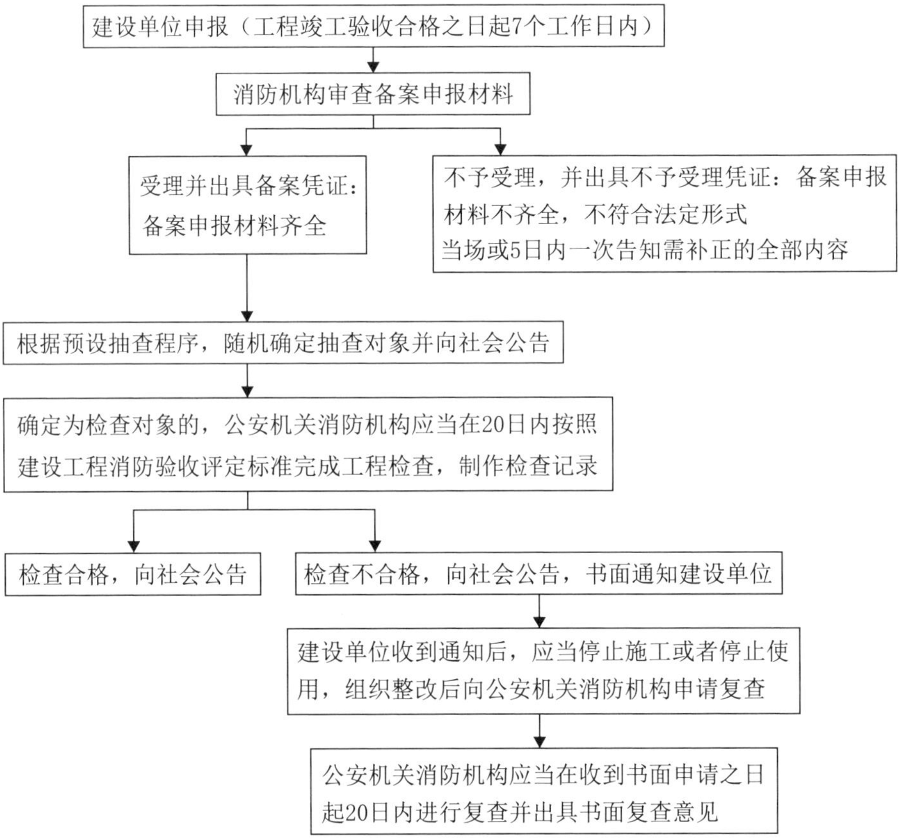

建设单位申报（工程竣工验收合格之日起7个工作日内）

消防机构审查备案申报材料

受理并出具备案凭证：
备案申报材料齐全

不予受理，并出具不予受理凭证：备案申报
材料不齐全，不符合法定形式
当场或5日内一次告知需补正的全部内容

根据预设抽查程序，随机确定抽查对象并向社会公告

确定为检查对象的，公安机关消防机构应当在20日内按照
建设工程消防验收评定标准完成工程检查，制作检查记录

检查合格，向社会公告

检查不合格，向社会公告，书面通知建设单位

建设单位收到通知后，应当停止施工或者停止使
用，组织整改后向公安机关消防机构申请复查

公安机关消防机构应当在收到书面申请之日
起20日内进行复查并出具书面复查意见

消防备案抽查的具体流程图

二、消防备案抽查行为的性质分析

本案中的《建设工程消防验收备案结果通知》是行政机关在受理备案申请后，对原告所居住建设工程的消防设施抽查，完成工程检查后所作，是备案抽查行为的结果，也是其组成部分。一审法院认为该《建设工程消防验收备案结果通知》的性质属于技术性验收通知，不是具体行政行为，而二审法院则认定"消防验收备案行为具有行政确认的性质"。那么本案中的《建设工程消防验收备案结果通知》是否属于行政行为，二审法院作出的行政确认性

质的认定是否准确？若要回答以上两个问题，就必须分析消防备案抽查行为属于何种性质。一方面建设工程消防验收备案结果通知是消防备案抽查程序的组成部分，其性质与消防备案抽查行为的性质密切相关；另一方面只有确定消防备案抽查行为的性质，才能适用相关法律对此类行为进行规范并对当事人提供相应救济。

（一）消防备案抽查不是技术性验收

行政备案是指有关个人和组织，依法将规定事项的情况及有关材料向行政机关报送，行政机关依法对其进行认可、公示或审查存档的一种行政行为。[1]依此观点看来，消防备案作为行政备案的一种类型，也应属于行政行为，而非技术性验收。与行政行为不同，技术性验收更多指的是一种验收方法，比如有观点认为："有些商品具有特别的性能，非一般目视所能鉴定，则需借由度量或化学仪器检测者，称之为技术性验收。"[2]技术性验收本身并不涉及行政职权的行使，不包含行政主体的意思表示内容，并不会产生相应的法律效果，本质上属于一种事实行为。行政主体的事实行为，系指行政主体所为不以产生特定法效果为目的，而是以事实效果为目的之行政行为形式。[3]而本案中的建设工程竣工验收后的备案抽查行为不仅涉及行政职权的行使，还影响到建设工程能否继续合法使用，具有特定的法律效果，能够约束相关权利人权利义务的行使，故而其不属于技术性验收，因此本案中作为备案抽查行为最后环节的《建设工程消防验收备案结果通知》其性质也不属于技术性验收通知。

（二）消防备案抽查是一种行政行为

虽然关于行政行为的概念我国理论界尚无统一的观点，比如有行政主体说，即行政行为是指行政机关的一切行为；有行政权说，即运用行政权所作的行为才是行政行为；还有公法行为说，即行政行为是具有行政法意义或效果

[1] 刘云甫、朱最新："行政备案类型化与法治化初探——一种基于实在法视角的探讨"，载《湖北行政学院学报》2010年第2期。

[2] 谢致慧：《卖场规划与管理》，厦门大学出版社2010年版，第240页。

[3] 翁岳生编：《行政法》（下），中国法制出版社2009年版，第885页。

的行为。[1]但一般而言判断一行为是否属于行政行为，多从行为主体、职权要素及法律后果等方面来判断。本文采取以下观点，即行政行为是国家行政机关或法律法规授权的组织和个人具有行政职权因素的行为，包括行政法律行为，准行政法律行为和行政事实行为。[2]依此观点，行政行为具有四个基本特征，即行为主体为行政主体、行为作出是为实现行政目的、行为具有职权因素、能产生相应法律后果。通过分析可以发现，消防备案抽查行为符合行政行为的这四大特征，故而其应属于行政行为，具体理由如下。

第一，消防备案抽查行为的主体为公安机关消防机构。与大多数行政机关不同的是，公安机关消防机构具有两个鲜明的特征，其属于公安机关的内设机构，其实行的现役体制具有部队性质。[3]本案中的济南市公安消防支队因消防法的授权而可以成为独立的行政主体。不过2019年修改的《消防法》第4条的规定，应急管理部门负责消防工作的实施监督管理，对于其他建设工程的验收后消防备案抽查则交由住房和城乡建设主管部门负责，但不论是经授权的公安机关的内设机构、应急管理部门还是住房和城乡建设主管部门，其均属于行政机关，故而消防备案抽查行为的主体为行政主体。

第二，消防备案抽查行为是为了实现特定的行政目的。根据《消防法》（2008年修订）第1条的规定，受《消防法》调整的消防备案抽查行为具有预防火灾和减少火灾危害，保护人身、财产安全，维护公共安全的行政目的。

第三，消防备案抽查行为是相关行政机关行使的法律法规规定的消防监督管理职权。根据《消防法》（2008年修订）第4条的规定，"国务院公安部门对全国的消防工作实施监督管理。县级以上地方人民政府公安机关对本行政区域内的消防工作实施监督管理，并由本级人民政府公安机关消防机构负责实施"。同样地，2019年修改的《消防法》第4条也规定，"国务院应急管理部门对全国的消防工作实施监督管理。县级以上地方人民政府应急管理部门对本行政区域内的消防工作实施监督管理"。其中消防验收备案抽查属于对消防工作的监督管理的内容之一，因而消防机关在此过程中行使的是行政职

---

〔1〕 姜明安主编：《行政法与行政诉讼法》，北京大学出版社、高等教育出版社2015年版，第148~149页。

〔2〕 应松年主编：《当代中国行政法》（第三卷），人民出版社2018年版，第772页。

〔3〕 张锋："我国消防验收制度研究"，中国政法大学2017年硕士学位论文。

权，而非私人行为。备案抽查行为体现出国家意志性、法律性、公益性和强制性，备案结果是备案行为的组成部分，是备案行为结果的具体表现形式，也具有上述行政职权的特性。[1]

第四，消防验收备案抽查行为会对相对人的权利义务产生影响。消防验收备案抽查行为的主要内容是检查竣工建设工程的消防安全是否合格，是否符合相关消防验收标准。《建设工程消防监督管理规定》（已失效）第25条和第26条规定，其他建设工程竣工验收未依法报公安机关消防机构备案的，公安机关消防机构应当依法处罚，其他建设工程经依法抽查不合格的，应当停止使用。也就是说其他建设工程竣工验收之后必须进行备案，其中消防备案抽查合格的建设工程可以使用，而未通过抽查的则会被要求停止使用并组织整改，这会对相关权利人产生拘束力，进而影响其权利义务。

此外，在司法实践中法院也认同该观点，比如在"刘焕民与广州市公安局越秀区分局消防验收备案"以及"谢周诉上海市松江区公安消防支队公安消防案"中，法院认为案涉消防备案属于行政诉讼法所规定的行政行为。[2]

三、行政确认与行政许可的区分

其他建设工程竣工后备案抽查行为虽属于行政行为，但是行政行为的种类纷繁复杂，不同的行政行为所适用的程序和法律规范大有不同，本案中的建设工程竣工后备案抽查行为应属于哪一类行政行为？二审法院认为该行为属于行政确认，但此种定性是否准确，有待进一步商榷。另外，对特殊建设工程实施的消防验收行为属于行政许可，那么对其他建设工程进行的消防备案抽查行为是否亦属于行政许可，也需要进一步辨析。由于行政许可与行政确认之间关系的复杂性，在分析本案中的《建设工程消防验收备案结果通知》具体属于何种行政行为之前，有必要对行政许可与行政确认进行简单介绍。

---

〔1〕 孙继发："建设工程消防验收备案结果通知具有可诉性"，载《山东审判》2014年第3期。

〔2〕 广州铁路运输第一中级法院（2016）粤7101行初2559号行政裁定书；上海市松江区人民法院（2014）松行初字第14号行政判决书。

（一）行政确认

1. 行政确认的含义与性质

通说认为，行政确认是指行政主体依法对行政相对人的法律地位、法律关系或者有关法律事实进行甄别，给予确定、认可、证明（或者否定）并予以宣告的行政行为。[1] 常见的行政确认情形比如对交通事故责任的认定、工伤认定、对医疗事故等级的确定、对商标和专利权的审定等。不过行政确认目前仅是学理上的一个概念，因为其尚未得到立法的确认。

对于行政确认的性质，学术界存在两种争议。一种观点认为行政确认是准行政行为，准行政行为是指不能直接对行政相对人发生法律效果的行为，持该观点的学者认为行政确认仅是对已有法律关系、法律事实和法律地位进行确认，其并不能引起其权利义务的变动，该确认行为不能够直接引起法律效果；另一种观点则认为行政确认是行政行为，因为行政确认是对现存的法律事实、法律关系或法律地位进行确认，在此过程中行政机关运用行政职权作出"意思表示"，该"意思表示"对相对人产生直接的法律效果，进而直接影响其权利义务。目前后一种观点占据上风，也即应将行政确认视为行政行为的一种。

2. 行政确认的基本特征

首先，行政确认是要式行政行为。根据行政行为的作出是否必须遵循一定方式，可以将行政行为分为要式行政行为和不要式行政行为。行政确认是对特定法律事实或法律关系的认定与宣告，为确保行政确认的公信力，要求行政主体作出确认行为时，需要采用书面形式并按一定格式作出，否则不仅达不到行政确认行为的目的，而且会大大降低行政行为的公信力。[2] 故而其属于要式行政行为。

其次，行政确认是羁束性的行政行为。依据行政行为受法律拘束的程度，行政行为可以分为羁束行政行为和裁量行政行为，前者指构成要件具备，行政机关即有义务作成的行政行为；后者指是否作成，或如何作成，行政机关

---

[1] 姜明安主编：《行政法与行政诉讼法》，北京大学出版社、高等教育出版社 2015 年版，第 243 页。

[2] 应松年主编：《当代中国行政法》（第四卷），人民出版社 2018 年版，第 1339 页。

仍拥有一定程度自由选择空间的行政行为。[1] 而行政确认是对某种法律事实或法律关系的认定或宣告，其须严格按照法律规定和技术鉴定规范进行，在该行为中行政主体一般很少甚至没有自由裁量空间，也较少涉及价值判断，因而该行为具有一定的客观性和中立性。

再次，行政确认是阶段性、中间性和预备性行为。行政确认在实践中一般与行政主体的其他行为会关联在一起，比如行政机关要颁发许可证，必须首先确认申请人符合法律规定的许可条件，行政机关实施行政处罚应首先确认当事人实施了行政违法行为；行政机关要作出行政处罚，须首先确认违法事实的存在。

最后，行政确认仅仅是对既存法律事实或法律关系的确认，其并未处分相关权利，故而其具有非处分性。但其具有宣示某种已被确认的法律事实与法律关系的存在与效力，并起到对抗第三人的法律作用。[2] 比如被认定的法律关系经过国家机关的行政确认，其证据效力大大增强，典型的如交通事故责任认定书可以作为司法证据。

(二) 行政许可

1. 行政许可的含义与性质

与行政确认联系比较密切的行政行为是行政许可，不过相比于行政确认这一学理概念而言，行政许可的概念已经得到立法的肯定。根据《行政许可法》第 2 条的规定，行政许可是指行政机关根据公民、法人或者其他组织的申请，经依法审查，准予其从事特定活动的行为。

行政许可属于一种行政行为自不待言，但是关于行政许可的性质学界存在不同观点，比如"特许权授予说""赋权说""解禁说"或"权利恢复说""折中说""验证说"或"确认说""无害性审查"等，不过尽管存在批评质疑，"解禁说"是目前学术界的主流观点。[3] "解禁说"认为行政许可是建立在普遍禁止基础上的解禁行为。行政许可的内容是国家普遍禁止的活动，但为了适应社会生活和生产的需要，对符合一定条件者解除禁止，允许其从事

〔1〕 翁岳生编：《行政法》（上），中国法制出版社 2009 年版，第 645 页。

〔2〕 刘平：《行政执法原理与技巧》，上海人民出版社 2015 年版，第 162 页。

〔3〕 刘素英："行政许可的性质与功能分析"，载《现代法学》2009 年第 5 期。

某种特定活动，享有某种特定权利和资格。[1]

2. 行政许可的基本特征

首先，行政许可存在的前提是法律规范的一般禁止。依据"解禁说"的观点，行政许可的设定就是法律规范的一般禁止，而行政许可的实施就是对是否可以解除一般禁止依法作出判断的过程，其目的是对符合条件和具备资格的特定对象予以解禁。[2]

其次，行政许可是依申请的行政行为。也就是说行政机关不得主动实施行政许可，需要有行政相对人的申请，相对人的申请是行政机关作出行政许可决定的前提。

再次，行政许可是授益性行政行为。根据行政行为对相对人产生有利或不利的法律后果，可以将行政行为分为授益性行政行为和负担性行政行为。相较于负担性行政行为，行政许可所引起的法律后果是当事人被允许从事某种被法律所一般禁止的行为，这种"解禁"意味着当事人获得从事某种行为的资格或者权利，因而其属于授益性行政行为。

最后，行政许可是一种要式行政行为。同行政确认一样，行政许可必须具备法定形式，并且符合格式、行文、加密、颜色、用纸等方面的技术规范。[3]比如准予许可的，应向申请人颁发执照或资格证或其他证明文件或加贴标签或加盖印章等。

（三）二者的区分与联系

通过以上对行政确认和行政许可这两种行为的介绍，可以发现二者属于不同的行政行为，但二者的概念存在一定的交叉，并且二者往往是紧密相连的两个步骤，有时行政确认在前，行政许可在后，确认是许可的前提条件，许可是确认的后续结果。比如当事人在提出行政许可申请时，需要提交相关的文件或证明标准，表明其已符合条件。但二者间存在区分，主要表现在以下几方面：

---

[1] 刘东亮："无害性审查：行政许可性质新说"，载《行政法学研究》2005年第2期。

[2] 姜明安主编：《行政法与行政诉讼法》，北京大学出版社、高等教育出版社2015年版，第220页。

[3] 马怀德主编：《行政法学》，中国政法大学出版社2009年版，第182页。

首先，二者针对的对象不同，行政确认是对现存法律地位、法律关系或者法律事实的确认，相对人的权利义务产生于行政确认行为之前；而行政许可则是对未来某种权利、资质的授予，相对人的权利义务发生在行政许可行为之后，前者具有前溯性，后者具有后及性。其次，二者的性质不同，由于行政确认是对法律事实、法律关系等的确认，仅宣示既存的法律状态，并不变更相关法律事实和法律关系，属于确认性的行政行为；而行政许可决定的作出能够导致相关法律关系的变动，属于形成性的行政行为。再次，行政确认属于羁束性、中立性行政行为，行政机关在进行行政确认时几乎不享有裁量权、不涉及价值判断，并不直接为相对人设立权利义务；而行政许可多属于裁量性、授益性行政行为，但也有部分属于羁束性行政行为。又次，二者的方式不同，行政机关既可以依职权主动作出行政确认又可以依相对人的申请作出，而行政许可则只能依申请实施。最后，二者的法律后果不同，对于应确认的事项，非经确认，法律关系或者主体身份处于不确定状态，不一定违法；但应许可的事项非经许可而为构成违法。[1]

（四）建设工程备案抽查结果通知属于行政许可

本案中所涉及的《建设工程消防验收备案结果通知》究竟系何种性质的行政行为。当下主要有两种观点，一种是本案中二审法院的观点，即认为该行为属于行政确认，而另一种观点则认为该行为属于行政许可。

1. 行政确认说

本案二审法院认为该备案结果通知属于行政确认，理由是"对公安机关消防机构而言，备案结果中有抽查是否合格的评定，实质上是一种行政确认行为，即公安机关消防机构对行政相对人的法律事实、法律关系予以认定、确认的行政行为，一旦消防设施被消防机构评定为合格，那就视为消防机构在事实上确认了消防工程质量合格，行政相对人也将受到该行为的拘束。"受该指导案例的影响，司法实践中不少法院也将消防备案抽查行为视作行政确认，比如在"丁伟华诉广州市公安局越秀区分局竣工验收消防备案"中，二审法院认为："备案行为是公安机关消防机构对建设工程实施消防监督和管理

---

〔1〕　应松年主编：《当代中国行政法》（第三卷），人民出版社 2018 年版，第 1065 页。

的行为，是对验收工程消防设施是否合格作出评定的确认行为。"〔1〕

依上述法院的观点，此种备案抽查实质上是一种行政确认，即是对已有权利、资格或事实的承认、确定或否认。对行政相对人而言，备案的目的不在于改变现有法律关系状态，而在于确定现有法律关系、法律地位，获得法定效果，即通过特定公示方式将备案事项予以客观物化，并由此获得某些法律上的权益。〔2〕也即建设工程的消防安全合格与否的事实在行政机关进行抽查前便已确定，行政机关受理备案后的抽查只不过是一种事后抽查，目的在于确定该事实，但并不会导致相关法律关系的改变。对于未被抽查的建设工程来说，消防备案并不会改变其法律事实或法律关系，但是对于被抽查的建设工程而言，抽查能够引起其法律关系的变动，因此将消防备案抽查视作行政确认行为的看法值得质疑。

首先，本案中的二审法院在此仅提及抽查合格的情形，并未提及抽查发现其他建设工程的消防安全不合格的后果。对于抽查合格以及未被抽查的建设工程，可以视作行政机关同意其继续使用，自无争议，但根据《消防法》（2008 年修订）和《建设工程消防监督管理规定》（已失效）的规定，若抽查不合格则该建设工程必须停止使用，组织整改后申请复查，若不停止使用则应承担相应的法律责任。也就是说消防备案抽查不合格时，建设工程单位有义务停止使用，并且组织整改，直至其符合消防安全标准时方能再次投入使用，这就意味着抽查不合格时，行政相对人必须改变原有的法律事实和法律关系状态，而这一特点并不符合行政确认的含义。

其次，虽然备案抽查行为属于一种事后监管，但是建设工程消防安全合格与否需要经过行政机关的判断方才确定，相应的相对人的权利义务也只能产生于行政行为作出决定之后，而非在此之前。如果其抽查合格，则行政相对人有权继续使用该建筑；如果抽查不合格，则相对人有义务停止使用，并进行整改。因此相对人的权利义务关系是在行政机关抽查之后确立的，而非抽查之前就已确立。

最后，行政确认行为的目的主要是增加其证据效力，对于应进行行政确

---

〔1〕 广州铁路运输法院（2017）粤 71 行终 1186 号行政判决书。
〔2〕 朱最新、曹延亮："行政备案的法理界说"，载《法学杂志》2010 年第 4 期。

认的事项，非经确认的，法律关系和法律事实处于不确定状态，但并不一定导致违法。而依据《消防法》（2008 年修订）第 58 条的规定，建设单位竣工后未依照《消防法》的规定报公安机关消防机构备案的，责令限期改正，处5000 元以下罚款，也即对于其他建设工程竣工验收后，不进行备案抽查将会招致违法的后果。

综上，备案抽查行为不符合行政确认的特征，将本案中抽查结果通知视为行政确认行为的做法不妥。

2. 行政许可说

相比于行政确认说，消防备案抽查行为更符合行政许可的特征。

首先，消防备案抽查行为是行政机关通过判断竣工建设工程消防安全合格与否，以决定是否允许该建设工程继续使用，备案抽查的目的是预防火灾，保护人身、财产安全，维护公共安全。虽然在抽查之前该建设工程已经投入使用，但《消防法》明确规定该类建设工程必须备案，接受抽查。尽管行政机关在此运用的是事后抽查监督的方式，而非通常意义上的行政许可即事前审查监督，但是抽查结果的合格与否直接关系着该建设工程能否继续使用，影响着公共安全，这与行政许可的"解禁说"存在类似之处。

其次，竣工建设工程备案抽查要求中的备案具有行政许可式备案的色彩。所谓行政许可式备案是指以备案的形式存在于法律规范当中，而实质上起着行政许可作用的备案行为。[1] 如上文所言，依据《消防法》（2018 年修订）和《建设工程消防监督管理规定》（已失效）的规定，建设单位申请备案是行政机关进行抽查的前提，若建设单位未依法申请备案，行政机关有权对此作出行政处罚，备案期满仍不备案的行政机关有权要求停止使用该建设工程，也即不履行相关备案手续意味着行政责任的承担。此外抽查结果能够引起相对人权利义务关系的变动，对于抽查合格的建设工程，相对人可以继续使用，而对于抽查不合格的建设工程，行政相对人必须进行整改，由此产生了新的义务。

最后，消防备案审查中行政机关依据相关标准对竣工建设工程消防安全所作的检查类似于行政许可中的核准行为。核准是由行政机关对某些事项是否达到特定技术标准、经济技术规范的判断、确定，主要适用于直接关系公

---

[1] 张博："行政许可式备案研究"，西南政法大学 2016 年硕士学位论文。

共安全、人身健康、生命财产安全的重要设施的设计、建造、安装和使用，直接关系人身健康、生命财产安全的特定产品、物品的检验、检疫事项。[1] 一方面消防备案抽查主要是行政机关对抽查对象是否达到建设工程消防验收评定标准的判断，另一方面消防备案抽查所适用的其他建设工程是公民生产、生活的重要场所，这些建设工程消防安全合格与否直接关涉公共人身和财产安全的维护。

此外，在该指导案例发布后实践中也有少数法院认为消防备案抽查行为属于消防行政许可，比如在"张保安诉武汉市公安局青山区分局消防大队、武汉市宏业建设工程有限公司撤销消防验收结果案"中，二审法院认为："被上诉人青山消防大队系依据建设单位即被上诉人宏业公司的建设工程竣工验收消防备案申请及相关资料，在怡景雅居西苑工程被确定为抽查对象时，经现场验收检查，作出消防验收合格的行政许可。"[2]

四、消防备案抽查行为的可诉性分析

根据上文的分析，本案中所涉及的建设工程备案结果通知属于行政行为，该行为的作出能够影响行政相对人以及行政相关人的合法权益，且能够产生行政法上的拘束力，故应具有可诉性。进一步分析该行为应具有行政许可的性质与特征，依据 2017 年《行政诉讼法》第 12 条的规定，行政许可依法属于行政诉讼的受案范围，依此本案中所涉行政行为具有可诉性并无争议。然而本案的二审法院将所涉行政行为定性为行政确认，并认为其具有可诉性，那么行政确认行为是否可诉，需要进一步分析。

对于行政确认是否可诉，本案发生时所适用的 1989 年《行政诉讼法》并未明确给出答案，不过正如上文所述行政确认行为本质上属于行政行为，若其对行政相对人的合法权益造成损害时，可以将行政确认行为纳入到 1989 年《行政诉讼法》第 11 条第 1 款所规定的"认为行政机关侵犯其他人身权、财产权的"情形中。此外《最高人民法院关于规范行政案件案由的通知》（法发〔2004〕2 号）明确将"行政确认"作为行政行为的种类之一。因此行政

---

〔1〕 姜明安主编：《行政法与行政诉讼法》，北京大学出版社、高等教育出版社 2015 年版，第 224 页。

〔2〕 武汉市中级人民法院（2019）鄂 01 行终 164 号行政裁定书。

确认行为属于行政诉讼的受案范围，具有可诉性。[1]

但毕竟行政确认目前仅是学理上的一个概念，其行为种类多样，而且往往涉及较强的专业性、技术性问题，对于特殊的行政确认行为，考虑到行政机关在此问题上的专业性，立法和司法实践则选择将该类行为纳入不可诉的范围。比如对于交通事故责任认定行为，全国人民代表大会常务委员会法制工作委员会制定的《关于交通事故责任认定行为是否属于具体行政行为，可否纳入行政诉讼受案范围的意见》（法工办复字〔2005〕1号）以及《最高人民法院关于审理道路交通事故损害赔偿案件适用法律若干问题的解释》均规定，该行为不属于具体行政行为，不具有可诉性。实践中法院也据此认定交通事故责任认定书不属于行政诉讼法的受案范围，比如在"王亚琳与清原满族自治县公安交通警察大队不服道路交通事故认定书案"中，一审、二审法院均认定，"交通事故认定书是作为处理交通事故的证据，不是具体行政行为"。[2]此外《消防法》（2008年修订）第51条第3款对于火灾事故认定书的可诉性也持类似态度。

但对于工伤认定这一类行政确认，《工伤保险条例》第55条则规定对于工伤认定结论不服的当事人可以提起诉讼。[3]由此，在司法实践中法院认为工伤认定这类行政确认具有可诉性，比如在"张某某、曾某某不服被告重庆市江津区某某局劳动与社会保障行政确认案"中，法院受理该案并对原告提起的撤销工伤认定书的诉讼请求予以支持。[4]

当下法律将交通事故责任认定以及火灾事故责任认定排除出行政诉讼的受案范围的做法，"暴露了当前司法的一个缺陷：由于技术上的原因，法院可能无力对责任认定进行审查，更由于司法审查可能带来的风险，法院不愿卷

---

〔1〕 赵雯、石磊："《戴世华诉济南市公安消防支队消防验收纠纷案》的理解与参照——建设工程消防验收备案结果通知具有可诉性"，载《人民司法（案例）》2017年第14期。

〔2〕 抚顺市中级人民法院（2015）抚中行终字第00042号行政裁定书。

〔3〕《工伤保险条例》第55条规定："有下列情形之一的，有关单位或者个人可以依法申请行政复议，也可以依法向人民法院提起行政诉讼：（一）申请工伤认定的职工或者其近亲属、该职工所在单位对工伤认定申请不予受理的决定不服的；（二）申请工伤认定的职工或者其近亲属、该职工所在单位对工伤认定结论不服的；（三）用人单位对经办机构确定的单位缴费费率不服的；（四）签订服务协议的医疗机构、辅助器具配置机构认为经办机构未履行有关协议或者规定的；（五）工伤职工或者其近亲属对经办机构核定的工伤保险待遇有异议的。"

〔4〕 重庆市江津区人民法院（2011）津法行初字第27号行政判决书。

入复杂的争议中去，宁愿鉴定结论说什么是什么"。[1]因而对于行政确认行为的可诉性不可一概而论，还需结合具体的实体法予以分析。

【后续影响及借鉴意义】

在国务院推进"简政放权、放管结合、优化服务"的过程中，"审批改备案"被视为改革的一剂良药，[2]消防验收也不例外，2008年修改的《消防法》将其他建设工程纳入竣工备案抽查的范围内，以备案这种事后监管取代了之前的事前审批，但是对于消防备案行为的定性，司法实践中仍存有分歧，一种观点认为该行为属于技术性验收，不是行政行为，不具有可诉性；一种观点认为该行为属于行政行为具有可诉性；还有一种观点认为业主可以开发商为被告提起民事诉讼，将消防验收结果作为证据使用。[3]"戴世华与济南市公安消防支队行政消防审批案"首次明确了消防验收行为的行政确认属性，认为消防验收备案结果通知属于行政行为，从而将其纳入行政诉讼的受案范围，具有重要的规则意义，该案一方面统一了法律适用和裁判尺度，扩展了行政诉讼的受案范围，另一方面也有利于督促消防机关严格履行验收职责，更加有利于人民群众生命、财产安全的保障。[4]

---

〔1〕 何海波：《行政诉讼法》，法律出版社2016年版，第145页。

〔2〕 朱宝丽："行政备案制度的实践偏差及其矫正"，载《山东大学学报（哲学社会科学版）》2018年第5期。

〔3〕 赵雯、石磊："《戴世华诉济南市公安消防支队消防验收纠纷案》的理解与参照——建设工程消防验收备案结果通知具有可诉性"，载《人民司法》2017年第14期。

〔4〕 《人民法院报》2014年6月24日第3版。

案例五 张道文、陶仁等诉四川省简阳市人民政府侵犯客运人力三轮车经营权案

胡 斌[*]

【案例名称】

张道文、陶仁等诉四川省简阳市人民政府侵犯客运人力三轮车经营权案[最高人民法院（2016）最高法行再81号判决]

【关键词】

行政许可 期限 告知义务 行政程序 确认违法判决

【基本案情】

1994年12月12日，四川省简阳市人民政府（以下简称简阳市政府）以通告的形式，对本市区范围内客运人力三轮车实行限额管理。1996年8月，简阳市政府对人力客运老年车改型为人力客运三轮车（240辆）的经营者每人收取了有偿使用费3500元。1996年11月，简阳市政府对原有的161辆客运人力三轮车经营者每人收取了有偿使用费2000元。从1996年11月开始，简阳市政府开始实行经营权的有偿使用，有关部门也对限额的401辆客运人力三轮车收取了相关的规费。1999年7月15日、7月28日，简阳市政府针对有偿使用期限已届满两年的客运人力三轮车，发布《关于整顿城区小型车辆营运秩序的公告》（以下简称《公告》）和《关于整顿城区小型车辆营运秩

---

* 作者简介：胡斌，中国政法大学法学院行政法研究所讲师。

序的补充公告》（以下简称《补充公告》）。其中，《公告》要求"原已具有合法证照的客运人力三轮车经营者必须在 1999 年 7 月 19 日至 7 月 20 日到市交警大队办公室重新登记"，《补充公告》要求"经审查，取得经营权的登记者，每辆车按 8000 元的标准（符合《公告》第 6 条规定的每辆车按 7200 元的标准）交纳经营权有偿使用费"。张道文、陶仁等 182 名客运人力三轮车经营者认为简阳市政府作出的《公告》第 6 条和《补充公告》第 2 条的规定形成重复收费，侵犯其合法经营权，向四川省简阳市人民法院提起行政诉讼，要求判决撤销简阳市政府作出的上述《公告》和《补充公告》。

一审法院经审理认为，简阳市政府在宪法、法律授权范围内，依照行政法规、地方性法规、规章对本辖区内的客运人力三轮车实行额度管理，经营权有偿使用。在行政法规、地方性法规、规章对经营权有偿使用期限未作明确规定的情况下，执行上级行政主管部门四川省交通厅即《四川省小型车辆客运管理规定》（川交运〔1994〕359 号）中"有偿使用期限一次不得超过两年"的规定，对已实行经营权有偿使用期限超过两年的原告，以公告形式决定其重新登记并支付有偿使用费的行为，并无不当。虽然四川省交通厅川交运〔1994〕359 号文件属于其他规范性文件，不是《中华人民共和国行政诉讼法》（以下简称《行政诉讼法》）规定的判决依据，但鉴于在本案中四川省交通厅川交运〔1994〕359 号文件与行政法规、地方性法规、规章并无抵触，故一审法院予以采纳。市政府于 1999 年 7 月 15 日、7 月 28 日发出的《公告》第 6 条"原已具有合法证照的客运人力三轮车经营者必须在 1999 年 7 月 19 日至 7 月 20 日到市交警大队办公室重新登记"和《补充公告》第 2 条"经审查，取得经营权的登记者，每辆车按 8000 元的标准（符合《公告》第 6 条规定的每辆车按 7200 元的标准）交纳经营权有偿使用费"的决定，证据充分，适用法规正确，符合法定程序，应予维持。据此，1999 年 11 月 9 日，一审法院依照《行政诉讼法》第 54 条第 1 项之规定，以（1999）简阳行初字第 36 号判决维持市政府 1999 年 7 月 15 日、1999 年 7 月 28 日作出的行政行为。

张道文等不服，向四川省资阳地区中级人民法院提起上诉。

四川省资阳地区中级人民法院二审查明，1994 年 8 月 8 日，四川省交通厅制定了《四川省小型车辆客运管理规定》（川交运〔1994〕359 号）。该文件第 4 条有"各地原则上对小型客运车辆运力投放实行额度管理，适度控制投放量"的规定，第 8 条有"各市、地、州运管部门对小型客运车辆实行额度管理时，经当地政府批准可采用营运证有偿使用的办法，但有偿使用期限一次不得超过两年"的规定。1996 年 4 月 16 日，四川省人民代表大会常务委员会发布《四川省道路运输管理条例》，该条例于 1996 年 7 月 1 日起实施。其中第 24 条规定："经县级以上人民政府批准，客运经营权可以实行有偿使用。"1997 年 2 月 28 日，四川省人民代表大会财政经济委员会制发川人财（1997）7 号《关于印发〈四川省道路运输管理条例〉条文释义的通知》，该条文释义第 24 条第 2 项规定："客运经营权有偿使用是指经县级以上人民政府批准，道路运输管理机构对申请从事道路旅客运输的经营者有偿审批经营权，并按使用时限计收客运经营权使用费的一种道路旅客运输管理方式。客运经营权使用费的计收形式包括拍卖、投标、固定收取等"。1999 年 7 月 15 日，四川省简阳市人民政府发布《公告》规定："城区人力三轮车按 500 个指标进行竞标。原具有合法证照的人力三轮车经营者必须重新登记，并按中标金额平均价约 90%缴纳经营权有偿使用费，否则自动失去经营权。有偿使用期限从 1999 年 8 月 13 日起至 2001 年 8 月 12 日止。"1999 年 7 月 28 日，市政府又发布《补充公告》规定："城区客运人力三轮车经营权有偿使用不采用竞标办法。经审查，原具有合法证照的人力三轮车经营者每人须交纳经营权有偿使用费 7200 元。"

四川省资阳地区中级人民法院二审认为，《中华人民共和国宪法》（以下简称《宪法》）第 107 条规定，县级以上地方人民政府依照法律规定的权限，管理本行政区域内的经济等行政工作，发布决定和命令。《中华人民共和国地方各级人民代表大会和地方各级人民政府组织法》（以下简称《地方政府组织法》）第 59 条规定，县级以上地方各级人民政府行使"规定行政措施，发布决定和命令"的职权。根据上述法律规定，市政府具有发布《公告》和《补充公告》的行政主体资格。同时依照《四川省道路运输管理条例》第 24 条和《〈四川省道路运输管理条例〉条文释义》第 24 条第 2 项的规定，并参考四川省交通厅制发的《四川省小型车辆客运管理规定》第 8 条的规定，市政府有权向张道文等人经营的客运人力三轮车收取经营权有偿使用费，其收取费用形式合法，程序合法。张道文等的上诉理由不能成立。2000 年 3 月 2 日，四川省资阳地区中级人民法院以（2000）资行终字第 6 号行政判决驳回上诉，维持原判。

2001 年 6 月 13 日，四川省高级人民法院以（2001）川行监字第 1 号行政裁定指令四川省资阳市（原资阳地区）中级人民法院进行再审。

资阳市中级人民法院经再审认为，根据《宪法》和《地方各级人民代表大会和地方各级人民政府组织法》的规定，市政府具有发布《公告》和《补充公告》的行政主体资格。在《公告》和《补充公告》中，对原已具有合法证照的客运人力三轮车经营者实行重新登记，经审查合格者支付有偿使用费，逾期未登记者自动弃权的措施，是市政府根据该市历届人代会、政协会关于整顿人力三轮车秩序的批评和议案，并在广泛深入调查研究的基础上作出的符合当地实际并且在行政权限范围内的具体行政行为。市政府的行为符合《四川省道路运输管理条例》第 24 条和《〈四川省道路运输管理条例〉条文释义》第 24 条第 2 项的规定，以及四川省交通厅制发的《四川省小型车辆客运管理规定》第 8 条的规定，且上述规定并未与当时的法律法规相抵触。市政府虽然在 1996 年对客运三轮车经营者收取有偿使用费时未告知其有偿使用期限，但是于 1999 年 8 月再次实行有偿使用时，已经超过了 2 年的期限，原审被告的行为并未损害原告的合法权益。原审判决认定事实清楚，适用法律正确。但是因二审判决中未列原审未上诉的原审原告，违反了法定程序，应当改判。2001 年 11 月 5 日，四川省资阳市中级人民法院以（2001）资行再终字第 1 号判决撤销原一审、二审判决，驳回原审原告的诉讼请求。

张道文等不服，向四川省高级人民法院提出申诉。2002 年 7 月 11 日，四川省高级人民法院作出（2002）川行监字第 4 号驳回再审申请通知书。张道文等不服，向本院申请再审。2016 年 5 月 18 日，本院裁定提审本案。

【裁判要旨】

行政许可具有法定期限，行政机关在作出行政许可时，应当明确告知行政许可的期限，行政相对人也有权利知道行政许可的期限。行政相对人仅以行政机关未告知期限为由，主张行政许可没有期限限制的，人民法院不予支持。行政机关在作出行政许可时没有告知期限，事后以期限届满为由终止行政相对人行政许可权益的，属于行政程序违法，人民法院应当依法判决撤销被诉行政行为。但如果判决撤销被诉行政行为，将会给社会公共利益和行政管理秩序带来明显不利影响的，人民法院应当判决确认被诉行政行为违法。

【裁判理由与论证】

最高人民法院认为，本案涉及以下三个主要问题。

一、关于被诉的《公告》和《补充公告》的合法性问题

根据《行政诉讼法》第 69 条的规定，人民法院对被诉的《公告》和《补充公告》的合法性进行审查，不仅要审查被诉的《公告》和《补充公告》适用法律法规是否正确，还要审查是否违反法定程序。在适用法律法规方面，《四川省道路运输管理条例》第 4 条规，各级交通行政主管部门负责本行政区域内营业性车辆类型的调整、数量的投放；第 24 条规定，经县级以上人民政府批准，客运经营权可以实行有偿使用。四川省交通厅制定的《四川省小型车辆客运管理规定》（川交运〔1994〕359 号）第 8 条规定："各市、地、州运管部门对小型客运车辆实行额度管理时，经当地政府批准可采用营运证有偿使用的办法，但有偿使用期限一次不得超过两年。"可见，四川省地方性法规已经明确对客运经营权可以实行有偿使用。四川省交通厅制定的规范性文件虽然早于地方性法规，但该规范性文件对营运证实行有期限有偿使用与地方性法规并不冲突。从行政执法和行政管理需要来看，客运经营权也需要设定一定的期限。

从被诉的《公告》和《补充公告》作出程序上看，被诉的行政行为存在程序瑕疵。该《公告》和《补充公告》的内容是对于原已具有合法证照的客运人力三轮车经营者实行重新登记，经审查合格者支付有偿使用费，逾期未登记者自动弃权的措施。该《公告》和《补充公告》是对既有的已经取得合法证照的客运人力三轮车经营者收取有偿使用费，而上述客运人力三轮车经营者的权利是在 1996 年通过经营权许可取得的。前后两个行政行为之间存在承继和连接关系。对于 1996 年的经营权许可行为，行政机关作出行政许可等授益性行政行为时，应当明确告知行政许可的期限。行政机关在作出行政许可时，行政相对人也有权知晓行政许可的期限。明确行政许可的期限，既是为了保障公共利益的需要，也是为了保障许可申请人的选择权利。本案中，市政府在 1996 年实施人力客运三轮车经营权许可之前，尚未实行过经营权有

偿使用。在 1996 年实施人力客运三轮车经营权许可之时，未告知张道文等人人力客运三轮车两年的经营权有偿使用期限。张道文等人并不知道其经营权有偿使用的期限。市政府在答辩中对此事实亦予认可。由于市政府在作出行政许可行为的过程中未履行相应的告知义务，致使张道文等人误认为其获得的经营权没有期限限制，并据此作出选择。因此，市政府 1996 年的经营权许可在程序上存在明显不当，直接导致与其存在前后承继关系的本案被诉的《公告》和《补充公告》的程序明显不当。

二、关于客运人力三轮车经营权的期限问题

申请人主张，因市政府在 1996 年实施人力客运三轮车经营权许可时未告知许可期限，其据此认为经营许可是无期限的。本院认为，市政府实施人力客运三轮车经营权许可，目的在于规范人力客运三轮车经营秩序。人力客运三轮车是涉及公共利益的公共资源配置方式，设定一定的期限是必要的。客观上，四川省交通厅制定的《四川省小型车辆客运管理规定》（川交运〔1994〕359 号）也明确了许可期限。市政府没有告知许可期限，存在程序上的瑕疵，但申请人据此认为行政许可没有期限限制，法院不予支持。

三、关于张道文等实际享受"惠民"政策的问题

市政府在答辩中还提出，为了解决张道文等人的信访问题、保障其合法权益，市政府在整顿城区小型车辆营运秩序后，按照人力客运三轮车退市的优惠政策，对张道文等人给予了充足的补偿，其利益已得到全面保护。本院对张道文等人接受退市营运的运力配置方案并作出承诺的事实予以确认。本案被诉的行政行为是市政府作出的《公告》和《补充公告》，张道文等人在诉讼中亦未提出补偿的诉讼请求，据此，有关补偿事项不属于本案审理范围。

市政府还提出，市政府通过"惠民"政策进行补偿，已经对被诉行政行为进行了否定或者补充，该补偿行为已经涵盖了过去的有瑕疵的行政行为。本院认为，被诉的行政行为未经人民法院、行政机关或者其他有权机关撤销，应当认定其没有改变。况且，根据《最高人民法院关于执行〈中华人民共和国行政诉讼法〉若干问题的解释》第 50 条第 3 款关于"被告改变原具体行政行为，原告不撤诉，人民法院经审查认为原具体行政行为违法的，应当作出

确认其违法的判决"的规定，行政机关即便改变行政行为，行政相对人对原行政行为不服并且不撤诉的，人民法院应当就原行政行为的合法性作出相应的判决。市政府以此主张被诉行政行为合法，缺乏事实和法律依据，本院不予支持。

需要指出的是，四川省简阳市人民政府根据当地实际存在的道路严重超负荷，空气和噪声污染严重，"脏、乱、差"，"挤、堵、窄"等问题进行整治，符合城市管理的需要，符合人民群众的意愿，其正当性应予肯定。简阳市人民政府为了解决因本案诉讼遗留的信访问题，先后作出两次"惠民"行动，为实质性化解本案争议作出了积极的努力，其后续行为也应予以肯定。但是，行政机关在作出行政行为时必须恪守依法行政的原则，确保行政权力依照法定程序行使。四川省简阳市人民政府应当从本案中吸取经验和教训，深入推进依法行政，严格规范公正文明执法，加快推进法治政府建设进程。

综上，市政府作出的《公告》和《补充公告》在程序上存在瑕疵。但是，考虑到本案被诉行政行为作出之后，简阳市城区交通秩序得到好转，城市道路运行能力得到提高，城区市容市貌持续改善，以及通过两次"惠民"行动，绝大多数原 401 辆三轮车已经分批次完成置换，如果判决撤销被诉行政行为，将会给行政管理秩序和社会公共利益带来不利影响。法院依照《行政诉讼法》第 89 条第 1 款第 2 项、《最高人民法院关于执行〈中华人民共和国行政诉讼法〉若干问题的解释》第 58 条、第 76 条第 1 款、第 78 条之规定，判决如下：

（1）撤销四川省资阳市中级人民法院（2001）资行再终字第 1 号判决；

（2）确认四川省简阳市人民政府作出的《关于整顿城区小型车辆营运秩序的公告》和《关于整顿城区小型车辆营运秩序的补充公告》违法。

一审受理费 18 200 元，由四川省简阳市人民政府负担；二审受理费 12 400 元，由四川省简阳市人民政府负担。

【涉及的重要理论问题】

本案经过一审、二审、两次再审，历时长达 17 年，由最高人民法院作出终审判决，并被列入指导性案例。漫长的诉讼尘埃落定，但该案所涉及的理论问题仍值得深思。这些问题包括但不限于：行政诉讼中"适用"《宪法》

的问题、规范性文件合法性审查问题、信赖利益保护原则适用问题以及确认违法判决中责令被告采取救济措施和判决赔偿的规则。下文结合行政法基本原理和司法实践做法，对本案中涉及的理论问题进行剖析，旨在推动行政法理论的运用或者实践本身的理论化。

一、行政诉讼中"适用"《宪法》的问题

本案中，原一审、二审法院均在判决书中提到《宪法》，并将《宪法》作为判断被诉行政行为合法与否的依据，二审法院更是直接引用《宪法》第107条、《地方政府组织法》第59条认定简阳市政府具有发布《公告》和《补充公告》的行政主体资格，最高人民法院再审时对两级法院"引用"《宪法》的做法并未提出质疑，可以说在一定程度上持肯定态度。在我国特殊的宪制文化下，法院引用《宪法》处理具体行政诉讼案件是一个重要的理论与实践问题，具体分为两个层次：第一个层次是能否适用《宪法》的问题；第二层次是如何适用《宪法》的问题。

首先，对于行政诉讼中是否可以适用《宪法》的问题，我国立法和司法实践界给出了不同的答案。立法方面，我国《行政诉讼法》第63条规定：人民法院审理行政案件，以法律和行政法规、地方性法规为依据。这里的"法律"是狭义的法律，仅指全国人大制定的基本法律和全国人大常委会制定的一般法律，[1]因此，从法律规定来看，行政诉讼的判决依据并不包含《宪法》。但我国司法实践领域已经承认并确认了《宪法》在审判中作为直接法律依据，并进而予以引用的效力。[2]比如，最高人民法院基于"齐玉苓诉陈晓琪案"作出的《最高人民法院关于以侵犯姓名权的手段侵犯宪法保护的公民受教育的基本权利是否应承担民事责任的批复》（以下简称《批复》），客观上承认了《宪法》在诉讼中的地位。立法与司法实践的对立，特别是《批复》于2008年被最高人民法院以"已停止适用"为由废止的事实，使得《宪法》能否在司法审判中作为直接依据的答案始终"扑朔迷离"，亟待厘清。

---

〔1〕 江必新、梁凤云：《行政诉讼法及司法解释关联理解与适用》（下册），中国法制出版社2018年版，第630页。

〔2〕 姜明安主编：《行政法与行政诉讼法》，北京大学出版社、高等教育出版社2012年版，第507页。

　　一般认为，《宪法》作为司法审判依据的主要障碍有两个：宪法内容的政治性、抽象性和最高人民法院批复对宪法直接适用的否定。[1]笔者认为，这些障碍实际上都不足以阻止《宪法》进入司法审判，宪法可以而且应当成为行政诉讼审判的依据。理由如下：第一，宪法首先是法律而不是政治章程。法律的基本特征之一便是司法适用性，因而同样作为法律的宪法可以而且应当在司法中得到适用。第二，宪法与行政法关系密切，宪法可以作为判断行政权合法性的最高和最后标准。在宪制框架下，行政法律、行政执法的合法性之最高标准便是宪法。第三，宪法制度、原则和精神，可以为解释法律和制度提供基础。总之，应当鼓励法官在行政诉讼中积极引用宪法作为审判行政行为合法性的依据。

　　其次，行政诉讼中"适用"宪法的方式具有多元性，应结合具体案情选择科学的适用方式。有学者按照法院"适用"宪法的深度，将宪法的适用分为"提到宪法""引用宪法"和狭义的"适用宪法"，[2]其中"提到宪法"主要发生在两造主体在诉讼中以"宪法"为抗辩，法院在判决书中对此作出回应，既不作为推理的依据，也不作为判决的依据；"引用宪法"则是法院将宪法作为推理的依据，但不作为判决的依据；狭义的"适用宪法"是法院将宪法作为判决的依据。回归到本案，原审两级法院都属于"引用宪法"，即将宪法作为推理行政机关行为合法性的依据，并未作为判决的依据。结合我国行政诉讼的特点，行政诉讼适用宪法的方式包括但不限于：第一，将宪法作为判断行政行为（包括行政规范性文件）合法性的最高和最根本的依据。在宪制国家，宪法是合法性的最高和最后依据，因而法院在审查行政行为合法性时，可以引入宪法制度、原则和精神进行判断。第二，将宪法作为判决的依据，即直接依据宪法撤销、变更行政行为。当行政行为违反宪法，且无其他法律作为依据时，直接依据宪法判决撤销该行政行为或者确认行政行为违法。

　　综上，宪法作为国家的根本大法，具有最高的法律效力，虽然其具有政

---

　　〔1〕　1955年7月30日最高人民法院研字第11298号对当时的新疆维吾尔自治区高级人民法院作过一个批复，认为宪法在刑事方面并不规定如何论罪科刑的问题。因此，"在刑事判决中，宪法不宜引为论罪科刑的依据"。最高人民法院在1986年10月28日给江苏省高级人民法院的《关于制作法律文书应如何引用法律规范性文件的批复》中同样没有将《宪法》作为审判的依据。

　　〔2〕　王磊：《选择宪法》，北京大学出版社2003年版，第37～39页。

治性和抽象性的特点，但法院应当积极地引入宪法，使宪法成为判断行政行为合法性的最后、最高标准，维护公民权益的最根本依据。

二、具体行政行为的识别问题

本案中，被告简阳市政府针对有偿使用期限已届满两年的客运人力三轮车，发布了《公告》和《补充公告》。二审资阳市中级人民法院将认为，"《公告》和《补充公告》中，对原已具有合法证照的客运人力三轮车经营者实行重新登记，经审查合格者支付有偿使用费，逾期未登记者自动弃权的措施，是在行政权限范围内的具体行政行为"。最高人民法院再审时对简阳市中级人民法院的认定并没有提出异议，可以认为最高人民法院认可资阳市中级人民法院的观点。

虽然新修订的《行政诉讼法》删除了"具体行政行为"的概念，但现有的受案范围框架总体上仍是围绕"具体行政行为"展开的，因而区分具体行政行为和抽象行政行为仍然具有理论和现实意义。回到本案，无论从《公告》和《补充公告》名称还是内容来看，两个文件都具有很强的规范性，而法院也只认定其中一个条款是具体行政行为。

资阳市中级人民法院的认定涉及两个理论问题：第一，如何区分具体行政行为与抽象行政行为；第二，一份规范性文件中是否可能既存在具体行政行为又存在抽象行政行为以及如何处理。

首先，对于第一个问题，理论界和实务界的答案不完全相同。理论通说认为，具体行政行为与抽象行政行为的区分是以相对人是否特定为标准的。[1]实务界则根据经验总结出五项标准：是否针对特定的人；是否针对特定事项；是否可以反复适用；是否对同类事件在今后一段时间内持续发生效力；是否产生直接的执行力。[2]按照上述五个标准，具体行政行为是针对特定人或特定事项，一次性适用，不能够针对同类事项持续发生法律效力，具有直接执行力的行为。相反，抽象行政行为是针对不特定人，可以反复适用，能够对

---

［1］ 姜明安主编：《行政法与行政诉讼法》，北京大学出版社、高等教育出版社 2007 年版，第 154 页。

［2］ 江必新：《行政诉讼法及司法解释关联理解与适用》，中国法制出版社 2018 年版，第 105～106 页。

同类事项在今后一段时间内持续发生法律效力，不具有直接执行效力的行为。应该说，实务界总结出的标准更加全面，且富有经验理性。回到本案，《公告》和《补充公告》中规定的措施是否属于具体行政行为，应当根据上述标准进行判断。首先，措施针对的对象是特定的，即已具有合法证照的客运人力三轮车经营者，且措施制定并发布之时，取得合法证照的客运人力三轮车经营者的数量是确定的。其次，措施针对的事项具有特定性，即客运人力三轮车行政许可的重新登记。内容具体明确，可以直接执行。再次，措施只是对已具有合法证照的客运人力三轮车经营者"一次适用"，不存在反复适用的问题。因而，资阳中级人民法院将《公告》和《补充公告》中的措施认定为具体行政行为的结论基本正确。司法实践中，对于行政机关行政行为的性质，应当结合上述标准去判断，防止行政机关以"规范性文件"之名行"具体行政行为"之实，逃避司法审查。

其次，对于同一政府文件或者行政规范性文件中，是否可能同时存在具体行政行为与抽象行政行为的问题，实务界给出的答案是"一个行政决定中，可能包含几个行政行为，部分属于具体行政行为，部分属于制定规范性文件的行为"，[1] 即承认同一政府文件中既存在具体行政行为，也存在抽象行政行为的可能性，并且当一个文件中存在具体行政行为时，行政相对人可以针对具体行政行为提起行政诉讼。承认政府文件内容的可分性，可以为行政相对人寻求司法救济提供便利，但也面临一个紧迫问题，即行政诉讼审查的是文件整体还是文件规定的某个措施。本案便存在张力，一方面法院受理案件的依据是《公告》《补充公告》中规定的部分措施属于具体行政行为，而最高人民法院在审查时，对《公告》《补充公告》制定程序合法性的审查实际上是对《公告》《补充公告》整体的审查，而且是针对《公告》《补充公告》作出的判决。换言之，最高人民法院实际审查时，并非只是审查了被认定为具体行政行为的措施，也审查了《公告》《补充公告》本身，与《行政诉讼法》规定的抽象行政行为附带审查制度不完全契合。解决这一张力的方法在于确立一个附随规则：当一份文件中既存在具体行政行为，又存在抽象行政行为

---

[1] 江必新：《行政诉讼法及司法解释关联理解与适用》，中国法制出版社 2018 年版，第 105~106 页。

时，法院可以对整个文件进行统一审查，无需启动附带审查机制。

三、行政相对人的信赖利益问题

本案中，人力三轮车经营许可期限有无限制的问题，实际上涉及行政法上的信赖利益保护问题。具体而言，行政机关在实施行政许可时，未告知被许可人许可的期限，行政相对人是否可以产生"行政许可无期限限制"的信赖利益以及该利益是否值得保护的问题。对于上述问题，最高人民法院实际上作出了否定回答，最高人民法院指出："人力客运三轮车是涉及公共利益的公共资源配置方式，设定一定的期限是必要的。客观上，四川省交通厅制定的《四川省小型车辆客运管理规定》（川交运〔1994〕359号）也明确了许可期限。市政府没有告知许可期限，存在程序上的瑕疵，但申请人据此认为行政许可没有期限限制，本院不予支持。"最高人民法院上述认定的基本逻辑是：基于公共利益，设定期限是必要的，而且规范性文件规定了期限，因而，被许可人没有理由认为行政许可无期限。换言之，这一逻辑一定程度上遵循了"信赖利益保护原则"的思路，并得出行政相对人没有信赖利益的结论。但因为最高人民法院并未真正使用"信赖保护原则"的概念，因而分析框架与信赖保护原则还存在一定的差距。笔者认为，关于"行政许可期限有无"的问题，应接受信赖保护原则的检验，具体而言需要回答层次存在递进关系的两个问题：第一，被许可人是否存在信赖利益？第二，被许可人的信赖利益是否值得保护？以下根据信赖保护原则基本原理，结合本案案情，回答上述问题，以探讨信赖保护原则的适用规则。

行政法上信赖利益是指行政相对人基于行政机关的行为或意思表示而产生某种内心确信或者作出一定安排相对应的利益。信赖利益的产生需要两个条件。第一，存在信赖基础。行政法上，行政相对人产生信赖利益的基础主要是存在行政行为[1]（包括作为和不作为）。从而使行政相对人产生一种内心确信，并基于内心确信而作出一定的安排。行政行为违法并不影响信赖利益的形成，且信赖利益保护的条件，以具体行政行为产生在前为要件。[2] 第

---

〔1〕 唐信福、刘兴旺："谈行政许可中的信赖利益保护"，载《人民司法》2008年第11期。

〔2〕 陈新民："论复议申请人（原告）资格与信赖利益保护的运用——基于冯书军案的分析"，载《行政法学研究》2019年第1期。

二，存在独立的权益。行政法上，行政相对人因行政机关行为而产生的内心确信或者作出的安排应当直接与相应的权益直接挂钩，即存在独立的权益。换言之，基于信赖而产生了一种独立的利益。回到本案，笔者认为，人力三轮车经营者对于经营许可期限拥有信赖利益。理由如下：首先，信赖利益基础客观存在。行政机关在授予行政许可时未能告知经营者许可的期限，属于程序瑕疵，这种不作为是信赖利益产生的基础。其次，三轮车经营者的内心确信对应独立权益的存在。本案中，三轮车经营者基于行政机关不作为而产生了"许可无期限限制"的内心确信，这种内心确信对应着经营期限利益或者生计安排，即经营者基于行政机关的行为产生了独立的权益。在信赖利益和独立权益同时存在的情况下，人力三轮车经营者的信赖利益得以形成。因而今后在判断行政相对人是否具有信赖利益时，法院应当审查信赖基础和独立权益是否同时存在，并在判决书中予以释明。

在确认信赖利益存在的基础上，需要进一步判断该信赖利益是否值得保护。对于如何判断信赖利益是否值得保护，部分学者认为，应当进行权衡，当该利益与撤销、改变行政行为产生的公共利益相比更值得保护时，那么信赖利益便值得保护。[1]换言之，在判断信赖利益是否值得保护时，应将该利益与公共利益作对比，当该利益大于公共利益时，便是值得保护的。[2]这种观点虽然"政治正确"，但既不便操作，也不合理，因为公共利益和个人利益之间的价值位阶是不同的，横向对比很难得出有效的结论。特别是，在我国公共利益优先的法治文化里，个人利益更难得到尊重。因此，有必要建构信赖利益保护必要性新分析框架。

判断某种信赖利益是否值得保护应当考虑以下因素：第一，这种信赖是否建立在一般理性人认知基础上。当某种信赖利益是社会大多数人或者普通人基于自身认知便会产生，那么该信赖利益便符合对其进行保护的认知基础。换言之，只要普通人按照自身的认知能够产生某种内心确信，那么这种内心

---

[1] 章剑生：《现代行政法基本理论》，法律出版社 2008 年版，第 171 页；类似观点见唐汇西："论行政法上信赖保护的实现"，载《江海学刊》2010 年第 5 期。

[2] 沈林荣、刘小兵："试论具体行政行为撤销的限制"，载《行政法学研究》2000 年第 1 期；戚建刚："行政主体对瑕疵行政行为的自行性撤销及其限制"，载《浙江省政法管理干部学院学报》2000 年第 3 期。

确信便值得尊重。这是"法不强人所难"理念的基本要求，即不能要求普通人拥有判断专业问题的能力。这种理性认知由法官根据当时的社会状况进行综合判断。第二，保护这种信赖利益，不会对公共利益造成不可逆或者巨大的损失。要求信赖利益必须大于公共利益才对信赖利益进行保护可能不切实际或过于严苛，同时需要注意信赖利益保护也不能忽视公共利益。笔者认为，只有当保护相对人的信赖利益，可能对公共利益造成不可逆或者巨大损失时，才能认定该信赖利益不值得保护。换言之，只要经过审查，保护该信赖利益不会对公共利益造成不可逆或者巨大损失，那么，该信赖利益原则上便是值得保护的。第三，不属于法律规定明确排除信赖利益保护的情况。从域外经验来看，部分国家的立法会规定不适用信赖利益保护的情况。比如，《德国联邦行政程序法》第 48 条规定了排除信赖利益保护的几种情形："以诈欺、胁迫或贿赂方法使行政机关作成处分者；对重要事项提供不正确数据或为不完全陈述，致使行政机关依此资料或陈述而作成行政处分者；该违法处分之违法性，非明知或非因重大过失而不知者。"[1]而我国部分法律中亦有"信赖保护除外"的体现[2]，未来制定的《行政程序法》中亦可以规定信赖利益保护排除的情形。当存在法律明确排除的情况时，该信赖利益不值得保护。一般而言，判断一项信赖利益是否值得保护，应当综合考虑上述三个方面，只有当三个方面条件全部成就时，该信赖利益才值得保护。法院应当摒弃单纯以公共利益保护名义拒绝保护信赖利益的做法。

根据上述规则重新审视人力客运三轮车经营者的信赖利益是否值得保护。首先，人力三轮车经营者对行政行为后果的信赖符合一般理性人的认知。经营者不是执法者，他们没有义务了解法律，因而其对许可期限的认知源于许可机关的意思表示。实践中，行政机关作出许可一般会明确告知或者在许可中注明期限，比如驾驶证上会印有许可期限。当行政机关未告知行政许可存在期限时，行政许可对象有理由相信该许可无期限限制。另外，人力三轮车经营许可属于特殊许可，具有地方特色，与常规许可不同，加之被许可人一

---

〔1〕 陈新民："论复议申请人（原告）资格与信赖利益保护的运用——基于冯书军案的分析"，载《行政法学研究》2019 年第 1 期。

〔2〕 比如，行政许可申请人以欺诈、贿赂等方式取得行政许可的，即使行政机关存在违法或者不当的情况，行政机关仍可以撤销该行政许可。

般是以体力劳动为主的普通公民，因而不能苛责被许可人对期限有认知。总之，人力三轮车经营者对许可无期限限制的信赖是正当的，符合一般理性人认知的。因而，在认知方面，经营者信赖利益值得保护。其次，保护三轮车经营者的信赖利益不会对公共利益造成不可逆或者巨大的损失。最高人民法院在判决理由中指出三轮车经营许可"涉及公共利益的公共资源配置方式，设定一定的期限是必要的"，只是表明行政许可本身应当有期限，并不能表明维护被许可人的信赖利益会对公共利益造成损害，因此最高人民法院的理由无法否定保护三轮车经营者信赖利益的必要性。诚然人力三轮车经营许可涉及公共利益，应当设定的一定期限限制，但是该行政许可没有期限限制不必然损害公共利益。因为一方面，行政机关可以进行许可监督检查，对于不符合条件的经营者及时清退或者注销资格，从而防止被许可人危害公共安全；另一方面，许可的期限不受限制，并不代表收费是一次性的，许可机关可以在许可期内按年收取费用，无期限限制并不代表公共资源会被免费使用。既然没有证据或者事实表明保护经营者的期限利益会对公共利益造成不可逆或者巨大的损失，那么法院仅以行政许可事项涉及公共利益为由拒绝保护信赖利益则有武断之嫌。最后，三轮车经营者的信赖利益并不属于依法应当排除保护的情况。本案中，三轮车经营者信赖利益之产生是基于行政机关的不作为，经营者不存在欺诈、贿赂等不正当行为，对于行政机关不作为的瑕疵并不知情，因而不属于应当依法排除信赖保护的情况。综上，三轮车经营者的"期限利益"是值得保护的。

在确认信赖利益值得保护之后，应选择信赖利益保护的方式。理论上，对于信赖利益的保护方式主要有两种：存续保护和补偿保护，其中存续保护就是保持行政行为及其带来的后果不变，补偿保护是改变或者撤销行政行为，但对行政相对人造成的损失进行补偿。两种保护方式不是选择关系，而是递进关系，只有当适用存续保护不符合公共利益时，才可以适用补偿保护。回到本案，既然"许可的期限利益"值得保护，那么法院就应根据实际情况选择保护的方式。按照信赖保护原理，首先应当考虑存续保护的可能性和必要性。对于"期限利益"的存续保护是指确保被许可人认为自己应当享受的期限能够充分享有，不被压缩或者剥夺。具体到本案，适用存续保护就是确认"人力三轮车经营许可无期限限制"。由于人力三轮车经营既涉及公共资源的分配，也涉及公共安全，允许其无限期存在并不符合公共利益，且与行政许可的精神相违背，因而本案不适用存续保护。既然不适用存续保护，那么基于公共利益需要可以确认"行政许可期限有限性"，但要给予行政许可人一定的补偿。而如何补偿"期限利益"也将成为本案的难点。行政法上一般不补偿预期利益，主要补偿剥夺被许可人期限利益而造成的实际损失，比如，办理重新登记而付出的误工费、因行政许可被收回而付出的违约金以及一定期限的生活补偿金等。当然从规范政府行为的角度，未来应加强补偿力度，将预期利益纳入行政补偿的范围。

四、确认违法判决中的判决被告采取补救措施和赔偿问题

本案中，最高人民法院基于简阳市政府作出行政行为时存在程序违法，确认其作出的《公告》和《补充公告》违法，至此长达16年的行政诉讼以政府败诉终结。但是值得关注的问题是，本案中原告虽然得以胜诉，但陷入了典型的"赢了官司，输了钱"的尴尬，他们实质的诉求并未得到满足，而且16年为诉讼而付出的时间成本和诉讼成本也得不到补偿。换言之，此种情况下，确认违法判决沦为一种"精神抚慰性"的判决类型，而且这种情况并非孤例。因而，确认违法判决之后如何使原告的实质权益得到维护是值得关注的问题。该问题在2014年《行政诉讼法》修订时立法者也给予了关注。《行政诉讼法》第76条规定：人民法院判决确认违法或者无效的，可以同时判决责令被告采取补救措施；给原告造成损失的，依法判决被告承担赔偿责任。该条实际上赋予了法院责令被告采取补救措施或赔偿的权力，同时也为其设定了相应的义务。对于该项规定，有如下几个问题值得进一步探讨。

首先，法院是否有权主动责令被告"采取补救措施"和判决被告承担"赔偿义务"？要回答这个问题，则需要了解该规定的立法背景和基本定位。相关文献显示，原修法草案只是增加了"确认违法判决"和"确认无效判决"，并未规定补救措施判决和赔偿判决。各方对此提出两条意见：第一，确认判决作出后，原告的权益如何得到实质保障，需要配套的规定。第二，在判决确认被诉行政行为违法的同时，人民法院能否依职权主动判决被告采取补救措施，或者依法判决被告承担赔偿责任，还是需要根据当事人申请作出，法律没有明确规定，建议予以明确。对于上述建议，立法机关经过研究，增加

了一条，规定责令被告采取补救措施判决与赔偿判决。理由主要是：确认判决对原告的实体意义需要通过责令被告采取补救措施判决和赔偿判决体现。[1]通过上述立法背景可知，责令被告采取补救措施判决与赔偿判决是为确保"确认判决"真正起到维护原告实体权益的保障作用，因而法院可以依职权主动做出，而不以原告申请为前提。而且最高人民法院法官的学理解释认为，责令被告采取补救措施的判决，人民法院可以视情况作出，但给原告赔偿损失的，必须依法作出行政赔偿，即对于采取补救措施的判决，人民法院拥有裁量权，但对于赔偿的判决，人民法院没有选择权。[2]回到本案，最高人民法院虽然作出了确认违法的判决，并未责令被告采取补救措施或者判决赔偿，且并未对不作出上述判决理由进行说明，显然是不合适的。既然按照法律规定对于拟作出确认违法判决的案件，法院应当视情况责令被告采取补偿措施或者判决被告赔偿原告损失，那么法院应当主动依职权进行审查：如果认为有必要责令采取补偿措施或者判决赔偿的，做出责令被告采取补救措施的判决或赔偿判决；如果认为没有必要责令采取补偿措施或者判决赔偿的，应当在判决书中予以释明。从这个意义上，最高人民法院的判决存在一定的瑕疵。

其次，如何责令被告采取补救措施或者判决赔偿？责令被告采取补救措施和判决赔偿是两种"救济方式"，因而适用条件和具体判决内容有所区别。关于责令采取补救措施，应注意以下几点：第一，人民法院拟作出确认行政行为违法判决时，应当审查责令采取补救措施的必要性，而且要规定采取补救措施的具体内容，当然应当在行政机关职权范围内确定。[3]第二，人民法院拟作出确认行政行为违法的判决时，应当审查行政行为是否对相对人造成损失，根据行政行为对行政相对人造成损失大小要求行政机关承担赔偿责任。当然，具体的损失应当由原告举证，法院综合采信，赔偿的方式、范围和标准，按照《中华人民共和国国家赔偿法》中行政赔偿制度执行。回到本案，

---

〔1〕 江必新：《行政诉讼法及司法解释关联理解与适用》，中国法制出版社 2018 年版，第 730页。

〔2〕 江必新：《行政诉讼法及司法解释关联理解与适用》，中国法制出版社 2018 年版，第 731页。

〔3〕 江必新：《行政诉讼法及司法解释关联理解与适用》，中国法制出版社 2018 年版，第 730页。

法院在认定被诉行政行为违法但不宜撤销拟作出确认违法判决之前，应当依职权主动审查责令资阳市人民政府采取补救措施或判决赔偿的必要性，并根据实际情况作出相应的判决。具体而言，本案被许可人已经接受退市营运的运力配置方案并作出承诺，因而没有采取补救措施的必要性，但是，行政许可重新登记确实给被许可人造成了一定的损失，因而应当判决政府给予赔偿。虽然政府已经给予补偿，但是其应当为其违法行为承担一定的赔偿义务。

综上，责令采取救济措施和判决赔偿是确认违法或者无效判决的保障措施，是确保原告实体权益得以实现的基础，仅作确认违法而不附加上述两种判决则确认判决也将失去意义。因此，法院在拟作出确认违法或者无效判决时，应主动审查责令被告采取补救措施或者判决赔偿的必要性，认为有必要采取补救措施或者赔偿的，责令被告采取补救措施或者赔偿；认为不需要的，在判决书中说明理由。

【后续影响及借鉴意义】

本案经最高人民法院审判委员会审定，被确定为指导性案例。按照最高人民法院 2010 年颁布的《关于案例指导工作的规定》第 7 条规定：最高人民法院发布的指导性案例，各级人民法院审判类似案例时应当参照。因而本案实际上为今后各级法院审理同类案件提供了基本指导原则，而且法院在审理同类案件时原则上应当遵循该案的审判原则，除非有充分的理由认定该原则不适用此类案件。根据该案确定的规则，法院在拟作出确认违法或者无效判决时，应主动审查责令被告采取补救措施或者判决赔偿的必要性，认为有必要采取补救措施或者赔偿的，责令被告采取补救措施或者赔偿；认为不需要的，在判决书中说明理由。

案例六　郴州饭垄堆矿业有限公司与中华人民共和国国土资源部等国土资源行政复议决定再审案

陈刻勤*

【案例名称】

郴州饭垄堆矿业有限公司与中华人民共和国国土资源部等国土资源行政复议决定再审案［最高人民法院（2018）最高法行再6号］

【关键词】

复议决定说明理由　延续许可合法性审查　信赖保护原则　比例原则

【基本案情】

2006年1月16日，湖南省国土资源厅（以下简称湖南省国土厅）向中信兴光矿业有限公司（以下简称中信兴光公司）颁发《采矿许可证》，允许其开采红旗岭矿，许可证有效期至2010年1月。2011年10月，中信兴光公司在国土资源部办理了采矿许可延续登记手续，将有效期延续至2012年10月7日，国土资源部在该采矿许可证上标注："请在本证有效期内解决重叠问题，重叠问题解决后，再申请办理延续登记。否则不再予以延续。"

2006年3月24日，郴州市国土资源局（以下简称郴州市国土局）向郴州饭垄堆矿业有限公司（以下简称饭垄堆公司）颁发《采矿许可证》，允许其

* 作者简介：陈刻勤，中国政法大学法学院宪法与行政法专业博士研究生。本文的指导教师为中国政法大学法学院行政法研究所教授、博士生导师成协中。

开采饭垄堆矿，许可证有效期至 2011 年 3 月。2010 年 12 月，郴州市国土局进行换证。2011 年该证到期后，由湖南省国土厅办理采矿权延续和变更手续，向饭垄堆公司颁发 2011 年《采矿许可证》，该采矿许可证的有效期限延长至 2014 年 9 月 1 日。

上述两个主体开采的红旗岭矿与饭垄堆矿存在矿区垂直投影重叠。2010 年起，为了确保矿山安全生产，郴州市和苏仙区人民政府将红旗岭矿区列为重点整合矿区，拟通过资源整合彻底解决矿区矿山设置过密及部分矿区范围垂直投影重叠等问题。2011 年 5 月 16 日，饭垄堆公司与中信兴光公司签订承诺书，双方承诺在采矿生产过程中保证做到合法开采，安全生产，不超深越界。

因在采矿许可证有效期内无法解决重叠问题，中信兴光公司于 2012 年 11 月向国土资源部提出行政复议申请，以湖南省国土厅授权郴州市国土局向饭垄堆公司颁发《采矿许可证》违法；湖南省国土厅在该公司矿业权坐标范围内重叠、交叉向饭垄堆公司设置采矿权侵权；湖南省国土厅授权郴州市国土局向饭垄堆公司颁发《采矿许可证》违反法定程序等为由，请求撤销湖南省国土厅（授权郴州市国土局）于 2006 年向饭垄堆公司颁发、于 2011 年又经湖南省国土厅延续的 2011 年《采矿许可证》的具体行政行为。2014 年 7 月 14 日，国土资源部作出被诉复议决定，决定撤销湖南省国土厅向饭垄堆公司颁发的 2011 年《采矿许可证》。理由如下：第一，湖南省国土厅授权郴州市国土局颁发本案采矿许可证不符合有关规定。按照国家部委相关文件的规定，本案涉及的小规模铅、锌、银等矿种由国务院地质矿产主管部门授权省级国土资源部门审批发证，并且不得再行授权。第二，本案采矿许可证不符合采矿权审批发证的有关规定。本案红旗岭矿、饭垄堆矿存在矿权范围垂直投影重叠，湖南省国土厅该发证行为违反了有关矿业权重叠与交叉的禁止性规定。由于中信兴光公司的采矿权在先，饭垄堆公司取得许可证的行为在后，因此决定撤销湖南省国土厅向饭垄堆公司颁发的 2011 年《采矿许可证》。

饭垄堆公司对国土资源部作出的行政复议决定不服，向北京市第一中级人民法院提起诉讼，该院于 2015 年 7 月 1 日作出（2015）一中行初字第 839 号行政判决，驳回饭垄堆公司的诉讼请求。饭垄堆公司不服提起上诉后，北京市高级人民法院于 2016 年 3 月 2 日作出（2015）高行终字第 3209 号行政判决，驳回上诉，维持一审判决。饭垄堆公司仍不服，向最高人民法院申请再审。最高人民法院于 2017 年 12 月 28 日作出（2016）最高法行申 1002 号行政裁定，提审本案，并于 2018 年 3 月 7 日作出（2018）最高法行再 6 号行政判决，判决撤销一、二审行政判决和复议机关行政决定。

【裁判要旨】

行政复议决定是复议机关居中行使准司法权进行的裁决，也是上级行政机关行使的专业判断权。人民法院对行政复议决定判断与裁量及理由说明，应当给予充分尊重。与此相对应，行政复议决定和复议卷宗也应当依法说明理由，以此表明复议机关已经全面客观地查清了事实，综合衡量了与案情相关的全部因素，而非轻率或者武断地作出决定。

不论是行政许可机关、行政复议机关还是人民法院，对首次许可与延续许可行为合法性的判断标准与审查重点均应有所不同。对许可期限届满的行政许可，许可机关在延续时，既会考虑原许可的适法性问题，也必然会考虑法律规范的变化对是否延续的影响，甚至会考虑基于公共利益需要是否能够延续的问题。不能简单以首次许可存在适法性问题，即否定许可延续行为的合法性。易言之，在审查许可延续行为的合法性时，只有首次许可具有重大明显违法或者存在显而易见的违法且无法补正情形的，复议机关才可以撤销延续许可。

颁发采矿许可证属于典型的许可类授益性行政行为，撤销采矿许可必须考虑被许可人的信赖利益保护，衡量撤销许可对国家、他人和权利人造成的利益损失大小问题。确需撤销的，还应当坚持比例原则，衡量全部撤销与部分撤销的关系问题。

【裁判理由与论证】

一、关于国土资源部受理中信兴光公司行政复议申请是否合法的问题

本案的诉讼对象是行政机关的复议决定，因而一审、二审法院和最高人民法院均对国土资源部受理中信兴光公司行政复议申请是否合法进行了认定。本案中，湖南省国土厅于 2011 年 9 月 1 日向饭垄堆公司颁发 2011 年《采矿许可证》，但由于未告知中信兴光公司申请行政复议的权利、行政复议机关和行政复议申请期限，因此申请复议的期限应当从中信兴光公司知道或者应当知道复议权利或者复议期限之日起计算。2011 年 12 月 26 日，国土资源部在向中信兴光公司颁发的《采矿许可证》上标注"请在本证有效期内解决重叠问题"，按照一般常识，应认定中信兴光公司此时知道复议权利。但在本案中，中信兴光公司向国土资源部提出行政复议申请的时间是 2012 年 11 月，已超过 60 日的期限。本案的特殊之处在于 2012 年中信兴光公司多次向湖南省国土厅提出撤销重叠采矿权的申请，且在此期间相关政府部门组织各方进行整顿整合。因此，一审法院认为中信兴光公司在无法办理延续手续的情况下，仍在合理期限内提出复议申请，并不存在怠于行使权利之情形，应当认为其具有正当理由，国土资源部受理其提出的行政复议申请并无不当。二审法院同样认为中信兴光公司于 2012 年 11 月对 2011 年《采矿许可证》申请行政复议未超过适当期限。

最高人民法院则从申请人与申请事项是否具有利害关系、申请行政复议是否超过法定期限两方面分析了国土资源部受理行政复议申请是否合法。一方面，虽然中信兴光公司采矿许可证在 2012 年 10 月 7 日期限届满后未得到延续，但基于中信兴光公司已经取得的矿产资源等权益，其与湖南省国土厅 2011 年的许可行为，仍具有法律上的利害关系，有权以自己的名义申请行政复议。另一方面，中信兴光公司基于等待当地政府和国土资源部门推动整合等考虑，于 2012 年 11 月申请行政复议，即使存在申请超过法定期限情形，也应当认为属于有"正当理由"。因此认定国土资源部受理中信兴光公司的行政复议申请合法。

二、关于 2006 年行政许可行为违法是否必然影响 2011 年行政许可行为合法性的问题

一审法院认为复议机关审查湖南省国土厅向饭垄堆公司颁发 2011 年采矿许可的行为时，应当审查郴州市国土局向饭垄堆公司颁发 2006 年采矿许可的合法性，2006 年采矿许可存在违法授权和不符合许可条件的违法情形，其有效期届满后，权利内容会被 2011 年采矿许可继承与吸收，因而 2011 年采矿许可也是违法的。二审法院认为，2006 年采矿许可处于基础行政决定的法律地位，国土资源部在对 2011 年采矿许可进行复议审查时，发现 2006 年采矿

许可存在重大明显违法情形，可以对 2011 年采矿许可进行相应处理。

最高人民法院认为，尽管对行政复议决定合法性的审查，仍需全面考虑前后两次行政许可的合法性问题，但一方面不能认为只要 2006 年行政许可存在合法性问题，就必然影响 2011 年行政许可的合法性，只有在 2006 年行政许可存在重大明显违法或者存在显而易见的违法且无法补正的情况下，才可能直接影响到 2011 年行政许可的合法性。另一方面，对首次许可与延续许可行为合法性的判断标准与审查重点均应有所不同，首次许可时，许可机关可以依法裁量不予许可；但对于是否延续许可的裁量和判断，则应受首次许可的约束，兼顾信赖利益保护问题。2006 年湖南省国土厅将审批发证权限违法下放至市级国土资源部门的法律责任，不应全部由饭垄堆公司承担，且 2011 年湖南省国土厅以自己的名义颁发了《采矿许可证》，2006 年许可行为存在的越权情形，已经得到 2011 年许可行为的"治愈"，其越权颁证的后果已经消除。

三、关于重叠采矿许可证的处理与撤销的条件问题

一审法院认为，饭垄堆公司与中信兴光公司的采矿权矿区范围在空间上相互独立，但存在垂直投影重叠之情形。《国务院办公厅转发国土资源部〈关于进一步治理整顿矿产资源管理秩序的意见〉的通知》（国办发〔2001〕85号，已失效）文件第 2 条第 1 项规定，违法设置的相互重叠或交叉的勘查许可证、采矿许可证，都要依法抓紧进行纠正。饭垄堆公司与中信兴光公司的采矿权存在矿区范围垂直投影重叠的问题，不符合上述规定的要求，应当予以撤销。二审法院持相同的观点，其认为国办发〔2001〕85 号文件第 2 条规定不能违法设置相互重叠的采矿权，郴州市国土局在向饭垄堆公司颁发 2006年《采矿许可证》时，在垂直投影范围内已经存在中信兴光公司的在先采矿权，因此，郴州市国土局的发证行为具有违法性，应予以撤销。

最高人民法院在此问题上持与一审、二审法院不同的看法，其认为复议机关认定重叠设置采矿权违法所依据的国办发〔2001〕85 号文件与国土资源部制发的《关于进一步完善采矿权登记管理有关问题的通知》（国土资发〔2011〕14 号文件，已失效）均未规定重叠设置的采矿权只能予以撤销，现行立法并未完全禁止设立区分矿业权或者重叠矿业权。因此当采矿权存在重

叠时，国土资源管理部门对因历史原因已经设立的部分重叠的采矿权，应在不影响安全生产和环境保护且更有利于不同种类矿产资源全面节约利用的前提下，综合衡量矿产资源形成状态和地质条件，尊重不同矿业权人的不同开采意向、开采能力与开采工艺以及矿藏的开发规律等因素，区别进行处理，而非一律作出撤销的决定。本案中，被诉复议决定既未认定重叠的比例和计算方法，也未认定现有重叠是否存在影响安全生产等情形，又未征求安全生产等行政主管部门意见或者专业机构鉴定意见，即简单以构成重叠为由作出撤销决定，未能全面认定事实，属于认定事实不清，故判决撤销复议决定。

【涉及的重要理论问题】

本案经过了一审、二审和再审，最终以撤销一审、二审判决和撤销行政复议决定的判决结局，其中存在着诸多理论问题值得进一步研讨，如行政复议机关作出复议决定的理由说明义务；多个行政行为中先行行为违法性对后续行为违法性的影响；信赖保护原则在撤销行政许可中的适用等，围绕这些问题，笔者将分别对复议决定说明理由、违法性继承的适用与限制、信赖利益保护原则三个主题进行讨论。

一、复议决定说明理由

本案中，复议机关败诉的重要原因就是作出撤销许可的决定但并未说明理由，那么行政复议决定为什么要进行说理，以及应如何增强行政复议决定的说理呢？

（一）复议决定说明理由的必要性

1. 依法行政的要求

说明理由是对行政机关依法行政的要求，是对行政机关自由裁量权的约束和控制。要求行政机关说明理由可抑制行政机关恣意行为，确保其作出行政决定经过慎重考虑。自由裁量权是行政机关应对复杂且多变行政事务的必要手段，也是实现实质正义的必备武器，但不受约束的自由裁量权极易侵犯相对人的合法权益。而说明理由制度的存在，可以让行政机关作出行政决定的整个过程暴露在当事人和司法机关的目光下，当事人和司法机关可审视行政机关作出决定时是否考虑了不相关因素，或是否未考虑相关因素，进而判断行政机关行使自由裁量权是否合法合理。

在本案中，复议机关对如何处理 2011 年许可证享有自由裁量权，当其认定湖南省国土厅向饭垄堆公司颁发 2011 年《采矿许可证》违法时，可以在"撤销""变更""确认该具体行政行为违法"三种复议决定种类中作出选择，如果违法行政行为能予以补救，则应作出变更的决定；如果撤销违法行政行为会损害公共利益，则应作出确认违法的复议决定。但国土资源部仅简单认为构成重叠即作出撤销决定，并未履行说明理由的义务，自然无法保证其作出复议决定没有滥用权力。

2. 统一法律解释的需要

要求复议机关在复议决定中说明理由，是统一法律解释的需要。法律适用通常分为确定事实、解释法律、涵摄、确定法律后果四个阶段，尽管不同的法律适用者可能会对法律作出不同的解释，但是解释法律并非是自由裁量的过程，因为立法者的意图在立法时已经存在，法律解释者只是去发现、探索立法者原意，而非去创造、选择立法者可能的表达内涵。实践中，法官由于缺乏专业能力，对政策问题的考虑往往是单一和片面的，自然会产生不同的理解，而解决地区法院判决不一致的唯一途径就是由最高人民法院作出判决，但此种途径必然带来巨大的成本。而如果由行政机关对政策问题作出解释，很大程度上可以增加法律解释的一致性和通贯性。因为行政机关上下级是监督与被监督的关系，上级行政机关作出的解释通常会被下级行政机关严格贯彻和执行，而司法机关上下级是指导与被指导的关系，各级法院均有权独立地发表其对政策问题的看法和观点。因此由复议机关在复议决定中说明理由，对法律适用作出解释，可以实现统一法律解释的目的。

在本案中，同样针对"违法设置的相互重叠或交叉的勘查许可证、采矿许可证，都要依法抓紧进行纠正"这一条文，一、二审法院和最高人民法院作出了不同的解释。一审法院和二审法院认为饭垄堆公司与中信兴光公司的采矿权存在矿区范围垂直投影重叠的问题，符合该条文规定的情形，因此国土资源部撤销饭垄堆公司的采矿许可并无不当。最高人民法院则认为，该条文并未规定重叠设置的采矿权只能予以撤销，也并非绝对禁止设立重叠的采矿权，因此仅根据该条文无法证明国土资源部撤销采矿许可是合法的。对相互重叠的采矿许可证究竟作出何种处理最为合适，是一个专业问题，也是一个政策问题，应当由行政机关作出解释。因为法院更擅长的是解决法律问题而非政策问题，复议机关作为行政机关，能更近距离接触、更加频繁处理相关事务，其运用自己的专业能力和工作经验对法律作出的解释，更能贴合立法原意。法院的任务和功能，就是对行政机关的解释进行审查，判断其是否合理，以此避免法律解释的冲突和难以协调等问题。

3. 司法和行政解释权限配置的需要

要求复议机关在复议决定中说明理由，是司法谦益性和司法尊重行政的体现，也是合理配置司法和行政解释权限的需要。立法机关在立法时无法预料到所有的情形，也不能解决所有的政策争议，因此常用原则性、模糊性的语言表达立法意图，具体的法律适用和法律解释则交由行政机关来实施。从某种程度上讲，立法机关是将政策性问题的制定权交由行政机关来行使，因此法院对行政机关法律解释的司法审查应控制在一定的限度内。美国司法实践中的谢弗林案很好地体现了司法权和行政权在法律解释中的权限分配。在谢弗林案中，环境保护局需要对清洁空气法中"污染源"作出解释，其最初对"污染源"的定义是，工厂的任何重大扩建或者改建，例如增加一座锅炉，都需要接受审查程序；1981 年环境保护局将"污染源"定义为整座工厂，使得工厂进行任何扩建或者改建，只有当净效果是增加排放，且超过一定限额时，才需要接受审查程序。自然资源保护协会认为环境保护局对污染源所下的新定义违法而提起诉讼，最高法院认为，根据该法的文字规定和立法史，国会并未对"污染源"作出明确界定，这也意味着国会授权环境保护局在政策决定领域作出解释。由该案发展出来的谢弗林原则要求法院在审查行政机关作出的解释时，应遵循"两步走"原则，首先看立法机关是否对发生争议的这一问题作出了明确规定，如果立法机关的意图非常明确，法院则直接按照立法机关的意图作出裁判。如果立法机关并未明确地涉及案件中争议的问题，法院并不是直接地适用自己对法律的解释，而是审查行政机关作出的解释是否合理。

本案涉及对"采矿权矿区范围垂直投影重叠是否导致撤销"的解释，对于能否重叠问题，现行法律、法规、规章并无明确规定；对于何为重叠，也缺少明确的认定方法和处理程序。《国务院办公厅转发国土资源部〈关于进一步治理整顿矿产资源管理秩序的意见〉的通知》规定，违法设置的相互重叠或交叉的勘查许可证、采矿许可证，都要依法抓紧进行纠正。该吊销的要依法吊销，该注销的要坚决注销，该协调处理的要妥善处理。该条款包含了事实要件和法律效果要件，行政机关对后者享有自由裁量权。行政机关作出效果裁量，需要说明自己选择此效果要件而非选择彼效果要件的理由，如果该理由是合理的且有说服力的，法院就应放弃自己对法律法规的解释权能，尊重行政机关的解释。司法机关通过复议机关的理由说明更易理解其为何要作出此种决定，也能更轻易判断是否存在超越管辖权、法律错误、无实质证据、不相关考虑的情形。而本案中复议机关作出了撤销许可的决定，却并未说明理由，给司法审查带来了一定的障碍。

4. 发挥行政复议纠纷解决功能的需要

要求复议机关在复议决定中说明理由，是发挥行政复议纠纷解决功能的需要。行政复议与行政诉讼相比，具有专业性强、审查范围广、程序简便灵活、效率高的优势，因此应强化行政复议功能，充分发挥行政复议在解决行政争议中的主渠道作用，努力把行政争议化解在基层和初发阶段。说明理由制度不仅具有保证行政机关实体决定合法性的实体工具价值，还有提高行政程序公正性的"尊严价值"，提高公众对决定程序的信任。尽管说明理由制度并未被纳入自然义的范围，但是行政机关作出行政决定是否说明理由却成为衡量行政行为是否符合法治的重要考量因素。英国1932年大臣权力委员会与1957年行政裁判所与调查庭委员会都认识到确立这一义务的必要，1958年《英国裁判所与调查庭法》要求法定裁判所和大臣按请求在举行法定调查会后说明理由。复议机关在文书中进行说理，可以增强行政复议的公正度、透明度，提高公众对复议决定的理解和信任，发挥行政复议的定分止争功能。

本案经过了行政复议，又经过了一审、二审和再审，几乎履行了行政纠纷处理的所有程序。再审申请人对复议决定不服的重要原因，就是认为被诉复议决定对采矿权构成垂直投影重叠的事实、程度、影响等未进行认定，没有进行任何分析。倘若国土资源局在复议决定中说明理由，当事人即使对复议结果不满，其在衡量起诉需付出的成本和胜诉率后，便不愿再提起诉讼。因此，要求复议机关履行说理义务，有利于促使矛盾在行政复议阶段就予以化解，充分发挥行政复议在解决行政纠纷的优势地位，节约司法资源，减轻司法压力。

（二）复议决定说明理由的适用

1. 复议决定说明理由的义务及例外

要求行政复议机关在复议决定中说明理由，既是对复议机关说理义务的普遍性要求，又存在特定的例外情形。

当法律条文对行政机关的理由说明义务作出明确规定时，行政机关应履行说理义务。国务院《全面推进依法行政实施纲要》规定："行政机关行使自由裁量权的，应当在行政决定中说明理由。"《中华人民共和国行政许可法》（以下简称《行政许可法》）第38条第2款规定："行政机关依法作出不予行政许可的书面决定的，应当说明理由，并告知申请人享有依法申请行政复议或者提起行政诉讼的权利。"《中华人民共和国行政处罚法》（以下简称《行政处罚法》）第31条规定："行政机关在作出行政处罚决定之前，应当告知当事人作出行政处罚决定的事实、理由及依据，并告知当事人依法享有的权利。"《中华人民共和国政府信息公开条例》第32条规定，公开可能损害第三方合法权益的政府信息时，应当书面告知第三方公开理由；第36条规定，不予公开依申请的政府信息时应当说明理由。因此，行政机关行使自由裁量权，以及作出不利于相对人的行政决定时，应履行释法说理义务。

当法律条文未对行政机关的理由说明义务作出明确规定时，但是其规定的行政程序蕴含了公平对待当事人的理念时，行政机关也应履行释法说理的义务。因为说明理由可以提高当事人对程序公平正义的感知，"给予决定的理由是正常人的正义感所要求的。这也是所有对他人行使权力的人一条健康的戒律"[1]。

但并非所有的复议决定都必须说明理由，在以下几种情形中，复议机关可以不说明理由。第一，如果申请行政复议的案件事实清楚、法律关系明确，法律条文内容清晰，基于提高行政复议效率的考虑，复议机关无需说明理由。第二，如果理由说明涉及国家秘密、商业秘密、个人隐私，则豁免复议机关说明理由之义务。第三，如果是独立的专家及专家委员会作出的评价决定，

---

〔1〕［英］威廉·韦德：《行政法》，徐炳等译，中国大百科全书出版社1997年版，第106页。

如资格考试、专业认定等，由于法院不具有判断该专业决定是否合法合理的能力，因而复议机关也只需告知专家结果，而无需说明理由。在本案中，复议机关并未征求安全生产等行政主管部门意见或者专业机构鉴定意见，构成说理不足。

2. 复议决定欠缺理由说明的效力

根据《行政诉讼法》第70条的规定，行政行为存在"主要证据不足；适用法律、法规错误；违反法定程序；超越职权；滥用职权；明显不当"六种情形之一的，人民法院可判决撤销或者部分撤销。由于法律条文并未明文规定行政复议机关作出复议决定应当说明理由，因此复议决定欠缺理由说明很难被认定为"违反法定程序"。但是复议决定欠缺理由说明会导致事实认定不清、适用法律不当，从而被认定为违法。

从司法机关和行政机关的权限配置来看，行政机关应履行对政策性问题进行解释的义务，司法机关则应当尊重行政机关作出的合理解释，如果行政机关未履行说理义务，司法机关就难以对行政行为的合法性进行审查，从保障当事人合法权益和实现公平正义出发，可认定复议机关作出复议决定存在不合法之处，而要求复议机关重新作出复议决定并说明理由。但如果复议决定欠缺理由说明尚未对原告权利产生实际影响，法院可要求复议机关补充说明理由，人民法院仅判决确认违法，但不撤销复议决定，以此实现法治和效率的统一。

在本案中，国土资源部未全面查清案件事实与重叠情形，在对重叠问题有多种处理方式、有多种复议决定结论可供选择的情况下，未履行充分说明理由义务，也未能提供有关撤销的必要性和紧迫性的相应证据，径行撤销2011年采矿许可，构成"主要证据不足；适用法律、法规错误"，因此行政复议决定具有违法性，应予以撤销。

3. 复议决定释法说理的完善路径

行政复议兼具行政性和司法性，不管是从促进复议机关依法行政的角度，还是完善行政复议决定释法说理的层面，复议机关均应履行说明理由的义务。复议机关可借鉴司法机关的裁判文书写作，加强和规范复议决定释法说理。最高人民法院发布的《关于加强和规范裁判文书释法说理的指导意见》，强调裁判文书应阐明事理、释明法理、讲明情理、讲究文理，通过阐明裁判结论的形成过程和正当性理由，提高裁判的可接受性，实现法律效果和社会效果的有机统一。此外，行政机关可借鉴司法系统中裁判文书评比与法官绩效考核挂钩的制度，从而倒逼复议机关人员不断提高法律素养和能力，培养在行政复议文书中说理的自觉性、规范文书释法说理的专业性，使复议决定文书更具逻辑性，更有说服力，更显权威性。

复议机关在进行释法说理时，要注重比例原则的运用。在多种复议决定可供选择时，复议机关要选择对相对人合法权益损害最小，能实现社会效益最大的手段。就本案而言，复议机关作出复议决定时，决定撤销的许可证有效期已经临近届满，纠纷双方均已经因整合需要停产且不存在安全生产问题。复议机关此时选择的撤销手段导致饭垄堆公司在可能的整合中处于明显不利地位，加大整合并购的难度，违反了比例原则。因此复议机关说明理由应遵循比例原则，正如最高人民法院在判决中所言："复议机关应当审慎选择适用复议决定的种类，权衡撤销对法秩序的维护与撤销对权利人合法权益造成损害的程度以及采取补救措施的成本等诸相关因素；认为撤销存在不符合公共利益等情形时，可以决定不予撤销而选择确认违法等复议结果；确需撤销的，还需指明因撤销许可而给被许可人造成的损失如何给予以及给予何种程度的补偿或者赔偿问题。如此，方能构成一个合法的撤销决定。"

二、违法性继承的适用与限制

在本案中，复议机关和一、二审法院判定 2011 年许可证违法的重要理由，均为 2011 年许可证所依据的 2006 年许可证存在违法情形。这里需要考虑的问题是，行政许可延续行为是一个独立的行政行为，还是与先前的准予许可行为合属为一个行政行为？如果行政许可延续行为是独立的行政行为，才有讨论违法性继承适用与限制的必要。如果准予许可行为属于延续许可行为的一部分，两者属于一个行政行为的不同阶段，则前一阶段的违法自然也是整个行政行为的违法，此时就不存在违法性继承的问题。

（一）适用违法性继承的前提

适用违法性继承的前提之一就是先行行为和后行行为均为独立的行政行为，如果前后行为只是属于同一行政行为的不同阶段，司法机关自然要对该行为的所有阶段进行审查，此时就无需讨论前一行为合法性对后一行为合法性的影响。因此我们要对"多阶段行政行为"和"关联行政行为"进行区分。"所谓多阶段行政处分，系指依法律须事先经不相隶属的他机关或上级机关参与意思表示、同意或核准始能作成的行政处分"。[1]多阶段行政行为仍旧只是一个行政行为，只是该行为的作成需要其他机关的参与，这种参与通常表现为行政机关间的批复、批准、同意、指示、建议等。这些参与行为只是根据行政机关的职权分工在行政机关内部流转，往往并不直接对相对人作出，也不会直接影响相对人的权益义务，因此尚未构成独立的行政行为，不具有可诉性。而"关联行政行为"则是由多个独立的行政行为构成，这些行政行为之间存在"手段—目的""依据—结果"等关系，它们的作出往往是为了实现同一法律效果。

行政许可延续是指被许可人在行政许可有效期届满前向作出行政许可决定的行政机关提出申请，由行政机关决定是否准予延续的行政行为。准予行政许可和延续行政许可的主体是同一的，不存在不同行政机关之间的协作，且准予许可是延续许可的基础和前提，两行为均向当事人直接作出，能产生相同的法律效果，因此准予许可和延续许可属于关联行政行为。

（二）延续许可与准予许可的关系

从形式上看，延续行政许可只是延长了行政许可的有效期，行政许可的对象和内容并未发生变化，但这并不意味着行政主体没有作出一个新的行政行为。行政许可的延续与准予相比，只有程序上的区别，即延续的程序比准予的程序更加简便，行政机关收到延续申请后，只需对被许可人是否符合许可条件进行形式审查，只要法律、法规和客观情况没有改变，且被许可人没有违法情形，行政机关就应当予以延续。[2]设置行政许可延续程序是基于以下几方面的考虑：一是由行政许可的内在机制和外在功能决定，申请人取得行政许可需要满足法定的许可条件，但申请人取得许可后，或因主观因素的

---

[1] 许宗力："行政处分"，收录于翁岳生主编：《行政法（上、下册）》，中国法制出版社2002年9月第1版。

[2] 许安标、武增、刘松山等：《〈中华人民共和国行政许可法〉释义及实用指南》，中国民主法制出版社2013年版，第223页。

自我松懈，或因客观情况的变化，可能不再符合许可条件。因此行政许可法设置了行政许可的有效期制度，许可证届满一定期限后就要丧失法律效力，被许可人需要提交延续申请，由许可机关对其是否依旧满足许可条件进行审查，从而发挥行政许可控制危险、配置资源的功能。二是由行政许可的便民原则决定，《行政许可法》第6条规定："实施行政许可，应当遵循便民的原则，提高办事效率，提供优质服务。"倘若被许可人在行政许可证到期后重新申请许可，只能中断被许可事项等待行政机关重新审查。而设置许可延续制度，则允许被许可人在行政许可有效期届满前申请延续，保证被许可人生产经营活动的延续性，减少重新申请许可等待审查的时间。同时延续手续的简便性也有利于节约行政资源，提高行政效率，保证行政机关有更多的时间和精力为申请人提供更优质的服务。因此，尽管延续后的许可证的内容和证号不变，还是原来的许可证，准予许可和延续许可也均发生允许被许可人在一定期限内从事被许可事项的法律效果，但不能否认准予许可和延续许可是两个独立的行政行为。[1]也正是两个行为紧密联系，延续许可只对被许可人是否符合许可条件进行形式审查，如果准予许可时不符合许可条件的情形未被发现，延续许可时更无法发现，因此司法审查需要对准予许可行为和延续许可行为共同进行审查，但是并非准予许可的行为违法，就一定导致延续许可行为的违法。

(三) 适用违法性继承的限制

尽管准予许可和延续许可属于关联行政行为，但是先行行为的违法并非必然导致后续行为的违法。只有先行行为存在重大明显违法或者存在显而易见的违法且无法补正的情况下，才可能直接影响到后续行政许可的合法性。原因在于，先行行为和后续行为均为独立的行政行为，如果先行准予许可的行为不存在重大且明显的瑕疵，则其经过了争讼期，就获得了不可争力，基于法安定性的考量，承认该行为创设的法律权利义务关系。而如果先行准予许可的行为存在重大明显违法，构成无效行政行为，其"有重大违反法规的瑕疵存在，且该瑕疵又系明白，这时如果照样坚持其公定力之理论，恐有过

---

〔1〕 肖泽晟："论许可证有效期的延续——基于《行政许可法》第五十条的解释"，载《浙江学刊》2016年第3期。

分偏重行政权利益之讥"。[1]因而无效行政行为不具有公定力、确定力、拘束力，且不受起诉期限的限制，行政相对人可以在任何时间请求法院宣布该行为无效，后续行政行为也因此丧失了合法性基础。《最高人民法院关于审理行政许可案件若干问题的规定》第 7 条对此作出了规定，作为被诉行政许可行为基础的其他行政决定或者文书存在明显缺乏事实根据、明显缺乏法律依据、超越职权或者其他重大明显违法情形的，人民法院不予认可。

而如果先行行为并未构成无效行政行为，在考虑先行行为对后续行为违法性的影响时，就应当综合多种因素。在本案中，法院在对 2011 年延续许可的行为进行审查时，需审查 2006 年准予许可行为的违法性；该违法性是否已经治愈或补救；不延续许可对公共利益和被许可人信赖利益造成的影响等，只有综合考虑这些因素，才能决定是否发生违法性继承的效果。本案中 2006 年许可行为存在的越权情形，已经得到 2011 年许可行为的治愈，其越权颁证的后果已经消除，并不构成违法性继承问题。且为保护相对人的信赖利益，即使首次许可存在瑕疵或者违法，延续许可也并不必然违法。因此，在适用违法性继承理论时，应秉持谦抑性原则，既不能放弃对先行行为的审查，也不能一味承认先行行为违法性的继承，而是应该区分先行行为和后续行为的判断标准与审查重点，不将先行行为的违法性作为判定后续行为违法的唯一因素，而是在具体案件中综合考量多种因素，科学、合理适用违法性继承原则。

三、信赖利益保护原则

本案是适用信赖利益保护原则的较好典范。本案中，颁发采矿许可证属于典型的许可类授益性行政行为，撤销采矿许可必须考虑被许可人的信赖利益保护，湖南省国土厅将审批发证权限违法下放至市级国土资源部门的法律责任，不应全部由饭垄堆公司承担，因此尽管准予许可的行为具有违法性，但是基于对被许可人信赖利益的保护，最高人民法院认定复议机关不能随意撤销许可。

---

[1]　城仲模主编：《行政法之基础理论》，三民书局 1983 年版，第 182 页。

（一）信赖利益保护原则的内涵

信赖利益保护原则指"对于行政机关在执行公权力职务时的作为或不作为，人民若予以信赖，并在此一信赖基础之上从事具体行为，只要人民的信赖是善意的，且在正常合理的范围内，公权力主体即有义务保障人民的信赖利益。"[1]由此可见，信赖保护需要具备信赖基础、信赖表现、值得保护的信赖。[2]首先，信赖基础指行政机关作出的具体行政行为，如行政处分、行政计划、承诺之表示等，但是无效行政行为则无法成为信赖基础。[3]其次，信赖表现是指"人民因信赖国家之公权力作为将继续有效存续，所为有关自身权益之处置"。最后，值得保护的信赖指"善意的信赖值得保护；反之恶意之信赖则不值得保护"，[4]具体而言，行政相对人并非只能对合法、适当的行政行为有信赖利益，只要是生效的行政行为，即使其存在可撤销的瑕疵，行政相对人对其也有信赖利益，因为行政相对人并没有识别行政行为瑕疵的能力。但如果其明知存在瑕疵，或者该瑕疵是由相对人造成的，则其不存在信赖利益。

《德国联邦行政程序法》第48条第2款规定了授益行政行为的撤销受到信赖保护原则的限制，同时也规定了不正当的信赖不能得到信赖保护。我国台湾地区"行政程序法"第8条同样规定了信赖保护原则。我国《行政许可法》第8条第1款规定，"公民、法人或者其他组织依法取得的行政许可受法律保护，行政机关不得擅自改变已经生效的行政许可"。信赖利益保护原则最早出现是在"二战"后的德国，最初在"撤销或废止授益性行政行为"中适用，后经德国宪法法院的发展上升为宪法层面的原则，不仅约束行政主体还

---

〔1〕 林三钦："行政法令变更与信赖保护——论行政机关处理新旧法秩序交替问题之原则"，收录于林三钦：《"行政争讼制度"与"信赖保护原则"之课题》，新学林出版股份有限公司2008年版，第322页。

〔2〕 林三钦："论授益行政处分之撤销——思考层次与考量因素的探索"，收录于林三钦：《"行政争讼制度"与"信赖保护原则"之课题》，新学林出版股份有限公司2008年版，第361页。

〔3〕 吴坤城："公法上信赖保护原则初探"，收录于城仲模主编：《行政法之一般法律原则（二）》，三民书局1997年版，第239~240页。

〔4〕 林三钦："行政法令变更与信赖保护——论行政机关处理新旧法秩序交替问题之原则"，收录于林三钦：《"行政争讼制度"与"信赖保护原则"之课题》，新学林出版股份有限公司2008年版，第335页。

约束立法机关和司法机关。信赖利益保护原则能够在德国得到充分的发展，与其对纳粹时期"基于维护依法行政这一公共利益而放任对公民权利的侵害"的反思关联甚大。以往注重依法行政，有错必究，后来意识到这种观念同违法行政行为一样不能避免危害的发生，只不过违法行政行为危害的是公共利益，随意撤销行政行为危害的是行政相对人的信赖利益，因此要在两者之间寻找到一个平衡。

关于信赖利益保护原则的法理基础，我国台湾地区大法官释字第 525 号解释之解释理由书中写道："法治因为宪法基本原则之一，法治国原则首重人民权利之维护、法秩序之安定及诚实信用原则之遵守。人民对公权力行使结果所生之合理信赖，法律自应予以适当保障，此乃信赖保护之法理基础。"[1]由此看来，"法治国原则""法安定性原则""公民权利保障原则""诚实信用原则"都是信赖保护原则的法理基础。其中"法安定性原则源自于人类本能上对不规则或无法预见之现象的恐慌，亦即对安全之需求，以便能安排、遂行个人之社会生活，而此需求包括规范秩序在内。"[2]该原则意味着一个法律制度若要恰当地完成其职能，那么就不仅要求该法律内容是正义的，还要求该法律的实施能够创造一定的秩序，正义强调同等或类似情况应当平等对待，秩序强调法律要具有连续性和稳定性。因此一旦行政主体作出某个行政行为，公众对其给予了信任并以此安排开展自己的活动，行政主体就不能随意变更已经作出的行政行为，而应考虑到公众的信赖利益。

（二）信赖利益的保护途径

《行政许可法》第 69 条规定了五种可以撤销和一种应当撤销的情形。赋予行政机关撤销许可的裁量权是为了保护相对人的信赖利益，当行政机关授予行政许可存在过错，而行政相对人没有过错时，就不能仅根据行政法治的要求撤销已经作出的行政许可，因为当事人对行政机关作出的许可行为存在值得保护的信赖利益。对信赖利益的保护有两种方式，一是存续保护，二是

---

[1] 林三钦："行政法令变更与信赖保护——论行政机关处理新旧法秩序交替问题之原则"，收录于林三钦：《"行政争讼制度"与"信赖保护原则"之课题》，新学林出版股份有限公司 2008 年版，第 323 页。

[2] 吴坤城："公法上信赖保护原则初探"，收录于城仲模主编：《行政法之一般法律原则（二）》，三民书局 1997 年版，第 245 页。

财产保护。前者指如果信赖利益大于依法行政的要求则不撤销或废止行政行为；后者指行政主体撤销或废止行政行为时，要予以赔偿或补偿。"每一次用公共资金来弥补不当行政所造成的后果或者对公共官员侵权行为所造成的损害进行赔偿，都是对同样深刻的另一种指责的平复。给错误陈述的无辜者带去公正是需要代价的。"[1] 我国《行政许可法》第8条和第69条规定了信赖保护原则中的财产保护。《行政许可法》第8条第2款规定，依法变更或者撤回已经生效的行政许可，由此给公民、法人或者其他组织造成财产损失的，行政机关应当依法给予补偿。第69条规定由于行政主体的过错导致行政行为被撤销，"被许可人的合法权益受到损害的，行政机关应当依法给予赔偿"。尽管《行政许可法》第69条第3款规定了不予撤销的一种情形，但这并不是对信赖利益的存续保护，因为该款规定的不予撤销的事由是"撤销行政许可，可能对公共利益造成重大损害"，这是在依法行政这一公共利益和其他公共利益之间作出的权衡，并不涉及对私人信赖利益的考量。

在该案中，〔2001〕85号文件第2条规定，违法设置的相互重叠或交叉的采矿许可证，都要依法抓紧进行纠正，该吊销的要依法吊销，该注销的要坚决注销，该协调处理的要妥善处理。尚且不说该条文所使用的法律术语的不适法问题，至少该条文给了行政机关处理"违法设置的相互重叠或交叉的采矿许可证"时的多种选择，而协调处理在这里就给了相对人存续保护的可能性。复议机关可以选择不撤销采矿许可进行存续保护，也可以选择撤销采矿许可并予以赔偿实现财产保护，但不管选择哪种方式，都应是适用比例原则的结果。

【后续影响及借鉴意义】

本案是全国第一例因复议机关在复议决定中说理不充分而被判决撤销的案例，该案在推动行政复议机关在复议文书中说明理由上具有不可磨灭的贡献和影响。除此之外，该案在复议期限、违法性继承、信赖利益保护等方面的阐述和说理等方面都给理论界和实务界带来了智慧的火花，引发各界对相

---

〔1〕 ［英］威廉·韦德、克里斯托弗·福赛：《行政法》，骆梅英等译，中国人民大学出版社2018年版，第260页。

关理论展开进一步的探讨。

对复议机关而言，其一，该案督促其积极履行复议决定说理义务。复议机关若未在行政复议决定和复议卷宗中说明理由，就可能被司法机关认定为武断恣意。因此复议机关需要通过说明理由，表明自己全面客观地查清了事实，综合衡量了与案情相关的全部因素，而非轻率或者武断地作出决定。因为只有借助书面决定和卷宗记载的理由说明，人民法院才能知晓决定考虑了哪些相关因素以及是否考虑了不相关因素，才能有效地审查和评价决定的合法性。此外，提高复议机关说理的规范性，可以提高复议决定的质量，因为复议机关说理的过程也是确定案件事实、解释法律、进行涵摄、选择法律效果的法律适用过程，这一过程促使复议机关慎重考虑、谨慎行事，从而抑制恣意，防止自由裁量乱用。其二，该案推动其作出复议决定时更加重视比例原则和信赖保护原则的运用。复议机关在作出复议决定时，应以比例原则为指导，在维护公共利益和保护私人信赖利益之间作出衡量，对被认定违法的行政行为，谨慎在撤销、变更或确认违法这些复议决定种类中作出选择。坚持依法行政和有错必纠是法治的基本要求，但法治并不要求硬性地、概无例外地撤销已经存续的、存在瑕疵甚至是违法情形的行政行为，而是要求根据不同情况作出不同处理。

对法院而言，最高人民法院的判决也给其他法院未来审查复议决定提供了新的思路。其一，法院应尊重行政机关在政策性、专业性问题上对法律作出的解释，如果复议机关说明了理由，法院应对复议机关解释是否合理作出审查，而不应用自己的解释替代行政机关的解释；如果复议机关未说明理由，法院应要求复议机关补充说明，或者以其未说明理由判决撤销复议决定。只有这样，才能更好发挥复议机关的专业性，合理配置司法机关和行政机关法律解释的权限。其二，法院在适用违法性继承原则时，应把握该原则的限制。基于不同行政行为之内在逻辑，后行政行为并不必然会继承先行政行为的违法性。行政行为违法性是否发生继承应当综合各种因素进行全面评价，而不能简单以行政行为违法性继承必然发生为由作出损害行政相对人权益的决定。

二 行政协议

案例一　萍乡市亚鹏房地产开发有限公司诉萍乡市国土资源局不履行行政协议案

胡　斌[*]

【案例名称】

萍乡市亚鹏房地产开发有限公司诉萍乡市国土资源局不履行行政协议案 [江西省萍乡市中级人民法院（2014）萍行终字第10号行政判决]

【关键词】

行政　行政协议　合同解释　司法审查　法律效力

【基本案情】

2004年1月13日，萍乡市土地收购储备中心受萍乡市肉类联合加工厂委托，经被告萍乡市国土资源局（以下简称市国土局）批准，在萍乡日报上刊登了国有土地使用权公开挂牌出让公告，定于2004年1月30日至2004年2月12日在土地交易大厅公开挂牌出让TG-0403号国有土地使用权，地块位于萍乡市安源区后埠街万公塘，土地出让面积为23173.3平方米，开发用地为商住综合用地，冷藏车间维持现状，容积率2.6，土地使用年限为50年。萍乡市亚鹏房地产开发有限公司（以下简称亚鹏公司）于2006年2月12日以

---

* 作者简介：胡斌，中国政法大学法学院行政法研究所讲师。

投标竞拍方式并以人民币 768 万元取得了 TG-0403 号国有土地使用权，并于 2006 年 2 月 21 日与被告市国土局签订了《国有土地使用权出让合同》。合同约定出让宗地的用途为商住综合用地，冷藏车间维持现状。土地使用权出让金为每平方米 331.42 元，总额计人民币 768 万元。2006 年 3 月 2 日，市国土局向亚鹏公司颁发了萍国用（2006）第 43750 号和萍国用（2006）第 43751 号两本国有土地使用证，其中萍国用（2006）第 43750 号土地证地类（用途）为工业，使用权类为出让，使用权面积为 8359.1 平方米，萍国字（2006）第 43751 号土地证地类为商住综合用地。对此，亚鹏公司认为约定的"冷藏车间维持现状"是维持冷藏库的使用功能，并非维持地类性质，要求将其中一证地类由"工业"更正为"商住综合"；但市国土局认为维持现状是指冷藏车间保留工业用地性质出让，且该公司也是按照冷藏车间为工业出让地缴纳的土地使用权出让金，故不同意更正土地用途。2012 年 7 月 30 日，萍乡市规划局向萍乡市土地收购储备中心作出《关于要求解释〈关于萍乡市肉类联合加工厂地块的函〉》中有关问题的复函，主要内容是：我局在 2003 年 10 月 8 日出具规划条件中已明确了该地块用地性质为商住综合用地（冷藏车间约 7300 平方米，下同），但冷藏车间维持现状。根据该地块控规，其用地性质为居住（兼容商业），但由于地块内的食品冷藏车间是目前我市唯一的农产品储备保鲜库，也是我市重要的民生工程项目，因此，暂时保留地块内约 7300 平方米冷藏库的使用功能，未经政府或相关主管部门批准不得拆除。2013 年 2 月 21 日，市国土局向亚鹏公司书面答复：（1）根据市规划局出具的规划条件和宗地实际情况，同意贵公司申请 TG-0403 号地块中冷藏车间用地的土地用途由工业用地变更为商住用地。（2）由于贵公司取得该宗地中冷藏车间用地使用权是按工业用地价格出让的，根据《中华人民共和国城市房地产管理法》之规定，贵公司申请 TG-0403 号地块中冷藏车间用地的土地用途由工业用地变更为商住用地，应补交土地出让金。补交的土地出让金可按该宗地出让时的综合用地（住宅、办公）评估价值减去的同等比例计算，即 297.656 万元×70% = 208.36 万元。（3）冷藏车间用地的土地用途调整后，其使用功能未经市政府批准不得改变。亚鹏公司于 2013 年 3 月 10 日向法院提起行政诉讼，要求判令被告将萍国用（2006）第 43750 号国有土地使用证上的地类用途由"工业"更正为商住综合用地（冷藏车间维持现状）。撤销被告《关于对市亚鹏房地产有限公司 TG-0403 号地块有关土地用途问题的答复》中第二项关于补交土地出让金 208.36 万元的决定。

【裁判要旨】

行政机关在职权范围内对行政协议约定的条款进行的解释，对协议双方具有法律约束力，人民法院经过审查，根据实际情况，可以作为审查行政协议的依据。

【裁判理由与论证】

江西省萍乡市安源区人民法院于 2014 年 4 月 23 日作出（2014）安行初字第 6 号行政判决：（1）被告萍乡市国土资源局在本判决生效之日起 90 天内对萍国用（2006）第 43750 号国有土地使用证上的 8359.1 平方米的土地用途应依法予以更正。（2）撤销被告萍乡市国土资源局于 2013 年 2 月 21 日作出的《关于对市亚鹏房地产开发有限公司 TG-0403 号地块有关土地用途的答复》中第二项补交土地出让金 208.36 万元的决定。宣判后，萍乡市国土资源局提出上诉。江西省萍乡市中级人民法院于 2014 年 8 月 15 日作出（2014）萍行终字第 10 号行政判决：驳回上诉，维持原判。

法院生效裁判认为：行政协议是行政机关为实现公共利益或者行政管理目标，在法定职责范围内与公民、法人或者其他组织协商订立的具有行政法上权利义务内容的协议，本案行政协议即是市国土局代表国家与亚鹏公司签订的国有土地使用权出让合同。行政协议强调诚实信用、平等自愿，一经签订，各方当事人必须严格遵守，行政机关无正当理由不得在约定之外附加另一方当事人义务或单方变更解除。本案中，TG-0403 号地块出让时对外公布的土地用途是"开发用地为商住综合用地，冷藏车间维持现状"，出让合同中约定为"出让宗地的用途为商住综合用地，冷藏车间维持现状"。但市国土局与亚鹏公司就该约定的理解产生分歧，而萍乡市规划局对原萍乡市肉类联合加工厂复函确认 TG-0403 号国有土地使用权面积 23173.3 平方米（含冷藏车间）的用地性质是商住综合用地。萍乡市规划局的解释与挂牌出让公告明确的用地性质一致，且该解释是萍乡市规划局在职权范围内作出的，符合法律规定和实际情况，有助于树立诚信政府形象，并无重大明显的违法情形，具有法律效力，并对市国土局关于土地使用性质的判断产生约束力。因此，对市国土局提出的冷藏车间占地为工业用地的主张不予支持。亚鹏公司要求市国土局对"萍国用（2006）第 43750 号"土地证（土地使用权面积 8359.1 平方米）地类更正为商住综合用地，具有正当理由，市国土局应予以更正。亚鹏公司作为土地受让方按约支付了全部价款，市国土局要求亚鹏公司如若变更土地用途则应补交土地出让金，缺乏事实依据和法律依据，且有违诚实信用原则。

【涉及的重要理论问题】

2016 年 12 月，经最高人民法院审判委员会审定，本案被确定为指导性案例。本案案情相对简单，之所以能够上升为指导性案例，较大可能的原因是该案涉及行政协议条款理解分歧处理以及行政机关解释效力的问题，因而具有典型的指导意义。公法意义上，程序和契约具有重要的理论价值，诚如学者所言：在人类管理公共事务的历史上，先后有两种制度发挥了神奇的作用，一个是程序，一个是契约。程序的运用推开了法治文明的大门，实现了驯服统治者、把权力晒在阳光下的梦想，人类自此可以与恣意和专横的人治相揖别；契约的运用则使人类找到了通往善治的阶梯，实现了治理方式的刚柔并举，使公民有序参与政治、人人皆享治权在技术上成为可能。[1]

行政协议是契约精神嵌入到行政法土壤之中而生长出来的一朵奇葩，兼具公法与私法的品质，因而其中涉及的理论与实践问题诸多。本案涉及的理论问题包括：行政协议中的行政优益权及其行使限制、行政解释的效力和规则、行政协议准用民事规范的问题和行政协议中的诚实信用原则等，以下结合行政法基本理论与司法实践分别讨论。

一、行政优益权及其行使限制

本案中，市国土局按照自己对行政协议的理解作出了相应的行政决定，而双方就合同条款的理解产生了分歧，此时行政机关是否可以单方解释协议

---

〔1〕 江必新："中国行政合同法律制度：体系、内容及其构建"，载《中外法学》2012 年第 6 期。

条款并以此为准，涉及行政协议中的行政优益权问题。假如行政机关对合同理解具有行政优益权，那么就应该以行政机关的理解为准，反之则应当按照协议的本意和解释规则进行解释。而要回答这个问题，需要对行政协议之行政优益权以及行使限制等问题展开分析。

通说认为，行政机关作为行政协议的一方，较之公民、法人或者其他组织，具有行政优益权，在行政协议缔结、履行和解除中享有指挥权、管理权和单方权。[1]承认或者赋予行政机关行政优益权的目的在于，确保行政机关在行政协议缔结和履行过程中能够充分保护公共利益，因为行政机关被假定为公共利益的代表。行政优益权的存在客观上导致行政协议的双方处于不完全对等的地位，行政机关在行政协议中具有主导优势，处于优势地位。通过司法实践考察可知，当前行政协议方面的争议，主要集中于行政机关行使行政优益权的案件，行政机关随意行使行政优益权，单方变更、撤销行政协议，拒不履行或者不完全履行行政协议的情况时有发生，给行政协议相对方造成损失，从而引发了争议。[2]

虽然从维护公共利益的角度看，赋予行政机关行政优益权实属必要，但是为了防止行政机关滥用行政优益权必须对其行使条件进行严格的限制。根据行政法理论和司法实践，行政机关行使行政优益权应当符合以下条件：第一，以维护公共利益为目的，且公共利益确有维护的必要。基于行政优益权的本质，行政机关必须是为了维护公共利益才可以行使行政优益权，[3]因而其在行使行政优益权时应当对公共利益进行判断和释明，说明行使行政优益权的理由。当然"公共利益"具有不确定性，是否符合"公共利益"的最终判断权在法院而不在行政机关。[4]由于行政事务一般都与公共利益有关，行政机关很容易找到"维护公共利益"的借口，因此，必须在个案中甄别，判断是否真的是维护公共利益，以及公共利益是否真的受到现实的威胁。第二，符合法律规定和协议约定。当法律或者合同条款对行政机关的行政优益权行

---

〔1〕 于立深："通过实务发现和发展行政合同制度"，载《当代法学》2008 年第 6 期。
〔2〕 叶必丰："行政合同的司法探索及其态度"，载《法学评论》2014 年第 1 期。
〔3〕 叶必丰："行政合同的司法探索及其态度"，载《法学评论》2014 年第 1 期。
〔4〕 姜明安主编：《行政法与行政诉讼法》，北京大学出版社、高等教育出版社 2012 年版，第 324 页。

使条件进行了规定时，行政机关应当按照法律规定和协议约定行使行政优益权。这一规则是司法实践总结出的经验：有的案件中，法院认为，行政协议履行过程中，政府享有单方解除行政协议的权利。但是，必须依照法律或协议约定的条件解除，不得随意单方解除。[1]有的案件中，法院认为，在无明确法律依据的情况下，行政机关仅依没有法律效力的会议纪要和毕业测试录用工作方案而单方变更合同的行为无效。[2]正反两个方面案件表明，当存在立法规定或者协议约定时，行政机关行使行政优益权应当依据法律规定或者合同约定。第三，需承担损失补偿责任。南阳卧龙案裁定认为"经与对方当事人协商一致后，行政当事人可以享有维护公共利益和公共安全所必须的行政公益权，并且以向对方承担经济补偿义务作为平衡手段。"[3]根据该裁定，当行政机关行使行政优益权可能造成协议相对方损失时，应当作出补偿，从而确保公共利益与私人利益的平衡。换言之，行政机关行使行政优益权并不能免除补偿责任。

回到本案，市国土局在行政协议缔结后，履行过程中，存在两次实质更改协议内容的行为，一次是根据自己的理解，在发放土地使用权证时，将冷藏车间用地性质登记为"工业工地"，一次是要求亚鹏公司补交土地出让金208.36万元，前一次实质上改变了行政机关协议上所负义务的内容，后一次实质增加了行政协议相对方的义务，均属于对行政协议的实质变更。行政机关是否有权单方面作出上述变更，取决于其是否有权行使行政优益权。根据行政优益权行使条件，行政机关单方面改变行政合同内容的，必须基于公共利益，市国土局作出的两次改变都是基于自身对协议条款的理解偏差，并非基于公共利益，因而其单方变更行政协议履行内容的做法是不妥当的。本案中，市国土局作出的一系列行政决定均是基于其对于行政协议条款的理解，因此，这里涉及另一个重要问题，即行政优益权是否适用于行政协议条款的理解和解释。笔者认为，行政协议本质上是一种契约，具有合意性，因而行政协议条款的理解和解释应当按照协议应有的规则和方式进行，行政机关对于协议条款并无解释的优先权。当协议双方对协议条款理解发生分歧时，应

[1] 海南省高级人民法院（2005）琼行终字第35号行政判决书。
[2] 福建省龙岩市中级人民法院（2002）岩行终字第68号行政判决书。
[3] 河南省南阳市中级人民法院（2010）南中执复字第12号执行裁定书。

当友好协商确定协议条款的意思，协商不成的，可以诉请法院对协议条款进行解释，而不宜由行政机关主导协议解释权。

为了防范行政机关滥用行政优益权，除了为行政机关行使行政优益权设定实体条件之外，还有必要为行政机关行使行政优益权设定程序限制和司法约束。首先，行政机关行使行政优益权应当符合正当程序原则的要求。虽然行政协议并非典型行政行为[1]，但行政机关行使行政优益权具有较强的公权力属性，因而其行使应当受到正当法律程序原则的约束。具体而言，行政机关行使行政优益权之前应当听取协议相对方的陈述和辩解，应当向协议相对方说明行使行政优益权的事实和理由，这样做一方面可以减少行政机关行使行政优益权的恣意，另一方面可以提高协议相对方对政府行为的接受度。其次，司法机关应当对行政机关行使行政优益权的合法性和合约性进行审查。如前所述，行政优益权所涉"公共利益"内涵的最终确定权由法院行使，因而法院应审查行政机关行使行政优益权的合法性和合约性。行政协议诉讼与普通行政诉讼的区别在于法院不仅应审查行政行为合法性，还要审查合约性，这里的合约性是指符合合同的约定。法院审查的主要内容包括两个方面：一方面是行政机关行使行政优益权是否符合实体条件，比如是否为了公共利益，是否有法律或者合同依据；另一方面行政机关行使行政优益权的过程是否符合正当程序原则要求，比如是否说明理由。当然，前者是审查的重点，而且应当进行实质审查。

德国学者沃尔夫等指出，在民主法治、社会国家和环境国家，公共行政的目的是维护和促进公共利益或者大众福祉，因而公共利益是所有行政活动的理由和限制所在。[2]由于行政机关是法定的、天然的"公共利益"代表，而"公共利益"本身又属于不确定概念，现实中行政机关容易假借"公共利益"之名随意行使行政优益权。因此，审查行政机关是否合理行使了行政优益权之关键和难题就在于辨别公共利益之有无以及保护之必要。对此，法院

---

〔1〕 我国权威行政法教材将行政合同列为行政机关行使的其他行为，而没有将其列入典型行政行为范畴。参见姜明安主编：《行政法与行政诉讼法》，北京大学出版社、高等教育出版社2012年版，第318页。

〔2〕 ［德］汉斯·J·沃尔夫、奥托·巴霍夫、罗尔夫·施托贝尔：《行政法》（第一卷），商务印书馆2002年版，第323～324页。

要重点审查两个方面：一方面为是否存在公共利益，即行政机关行使行政优益权所涉事项是否确实存在公共利益。行政协议整体必然是围绕公共利益展开的，但是并非行政协议的任何一个环节都涉及公共利益，因而法院首先应当审查公共利益是否真实存在或者所涉事项与公共利益是否切实相关。当然，判断公共利益是否存在，是一个专业而复杂的工作。要做好这方面工作需要具备两个条件：第一，把握公共利益的内涵。公共利益是不特定人共享的利益，而且应当在个案中权衡。"公共利益"的基本标准是其"公共性"，即该利益是相应社会共同体（社会共同体可以是国家、地区、社会组织，乃至地球村）全体成员或大多数成员的利益，而不是个别成员或少数成员的利益。[1]第二，确定公共利益的程序。公共利益的确定需要在个案中权衡，法院在认定公共利益时，可以引入听证会或者公众参与的形式。正如学者所言，"公共利益"的主人自己来判断和认定相应公权力行为是不是符合自己的利益（即"公共利益"），也许是发现和识别"公共利益"的最好的方法和程序。[2]另一方面，所涉事项与公共利益的关联度以及公益与私益的关系。在确认公共利益确实存在的基础上，法院还应审查行政机关不行使行政优益权可能对公共利益造成影响的可能性和关联性。另外，公共利益并非在任何情况下都优于个人利益，只有在公共利益与个人利益均值得保护且难分高下时，才能适用公共利益优先原则，当公共利益保护并不具有紧迫性或者所涉事项与公共利益关联度不高，而私人利益价值位阶更高之时，那么不适用公共利益优先原则。回到本案，行政协议条款的理解本身与公共利益并没有直接的关系，因而行政机关不能行使行政优益权，单方面决定条款的含义。相应的，法院可以根据条款解释与公共利益缺乏关联性从而否定行政机关单方解释并以此作出行为的合法性和正当性。

综上，行政机关的行政优益权行使应当受到实体和程序条件的双重约束，行政机关行使行政优益权必须是为了实现公益，而且公共利益本身具有紧迫性或更加值得保护，法院有权对行政优益权行使的合法性和合约性进行综合审查。

---

〔1〕 姜明安："公共利益与'公共利益优先'的限制"，载《中国发展观察》2006年第10期。

〔2〕 姜明安："公共利益与'公共利益优先'的限制"，载《中国发展观察》2006年第10期。

二、行政解释的效力规则与可诉性

本案中，萍乡市规划局向萍乡市土地收购储备中心作出《关于要求解释〈关于萍乡市肉类联合加工厂地块的函〉》，对相关地块的用地性质作了说明，并被市国土局作为更改行政决定，法院作为认定案件事实的重要依据。萍乡市规划局作出的说明，实际上是一种行政解释，属于一种特殊的行政行为。诚如学者所言，解释是行政法理论与实践中的一个核心课题，它标志着行政法工作者借助现有知识解决行政法律问题的能力。[1]科学的行政解释是行政机关执法的重要基础，是行政机关有效执行法律、维护社会公益的保障。目前学界对行政解释的研究仍然不足，以下围绕行政解释的概念、效力规则和可诉性等问题展开论述。

（1）行政解释的概念与内涵。行政解释是指行政机关依职权对法律、行为或者行政法现象之性质与内涵作出的理解和阐释，是一种具有法律效力或者行政拘束力的意思表示。过去学者将"行政解释"限定为行政机关解释法律的过程与结果，[2]显然范围过于狭窄。行政解释本质上是行政机关"创造性"的理解法律或者行政法现象的过程与结果。行政解释的功能在于释明，即将模糊的概念、原则或者事件进行更加清晰的界定从而消除分歧，更好地执行法律、作出决定。根据行政解释的对象和内容不同，可以分为对法律条款的解释、对行政行为的解释和对行政行为对象的解释。按照内容和形式的不同，可以将行政解释分为抽象解释和具体解释，前者表现为在行政立法和行政规范性文件中进行解释，对象不特定且具有反复适用性，后者表现为对特定事项或者内容的专门解释。从实践角度看，判断行政机关的行为是否为行政解释主要看三个要件：第一，职权要件，主要看行政机关的解释是否是依职权作出的，这是区别于学理解释和民事行为的核心标准，当行政机关依职权对法律或者行政法现象进行说明或者理解，则符合行政解释的职权要素。第二，内容要件，主要看行政机关是否是对法律或者行政法现象之内涵的进一步补充、明确或者细化，这区别于行政创制性行为。创制与解释的区别就

---

〔1〕 ［德］汉斯·J·沃尔夫、奥托·巴霍夫、罗尔夫·施托贝尔：《行政法》，高家伟译，商务印书馆 2002 年版，第 312 页。

〔2〕 惠生武："论行政解释的基本范畴及其分类"，载《法律科学》1999 年第 3 期。

在于，创制是"无中生有"，而解释是"锦上添花"，解释不可避免会有行政执法人员创造性的理解，但这种创造性是以尊重法律或者事物基本原意为前提的。第三，形式要件，主要看行政机关是否以特定的形式作出。执法实践中，行政机关工作人员在执法过程中，亦可能基于法律的理解口头向行政相对人解释法律、概念或者事实，这种解释属于广义的行政解释，但不属于正式的行政解释。正式的行政解释应当是行政机关以书面形式作出的，比如书面答复、回函等。回到本案，之所以认为萍乡市规划局对于涉案地块土地性质的说明属于行政解释是因为其符合上述三个要件：首先，萍乡市规划局是法定规划管理部门，对用地性质进行阐明和解释属于其职权范围内的事项，因而符合行政解释的职权要素；其次，萍乡市规划局是对地块性质的进一步补充和阐释，旨在明确事物性质，消除分歧，不属于创制，符合行政解释的内容要件；再次，萍乡市规划局对地块性质的说明以书面答复形式作出，符合行政解释的形式要件。综上，行政法意义上的行政解释应当符合上述三个要件，法院在审查时宜综合考量。

（2）行政解释的效力。本案中，法院认为关于用地性质的解释是"萍乡市规划局在职权范围内作出的，符合法律规定和实际情况，有助于树立诚信政府形象，并无重大明显的违法情形，具有法律效力，对市国土局关于土地使用性质的判断产生约束力"。法院的上述主张是否成立涉及行政解释的效力问题。理论上，效力是一个关系性概念，其取决于某一法现象与其他现象和制度的关系，并且塑造了各要素之间的关系。行政解释的效力决定其在整个法秩序中的地位，同时也制约着行政解释与其他法现象的关系。行政解释的效力问题包含三个方面：行政解释效力来源、行政解释效力内容和行政解释产生效力的条件。

第一，行政解释效力的来源。根据行政与法律的关系、行政权本质以及行政权运行实践，行政解释的效力来源于三个方面：一是法律。行政对法律的从属性决定了行政解释最重要和最根本的效力来源是法律。二是行政权本身的强制性和权威性。行政权作为宪法规定或者法律设定的权力，其本身获得了相应的强制性和权威性。行政权威可以输入到行政解释之中，使之具有一定的效力。换言之，行政的有效运行需要行政权自身具有权威性，而行政自身的权威性可以使行政解释具有一定的约束力。三是知识、理性和伦理规则。行政解释本质上是行政机关工作人员运用知识和理性，遵循特定方法或者规律，对法律或者行政法现象作的阐释。行政解释中包含的专业知识和理性，体现的伦理和道德原则，也是其产生效力的重要来源。换言之，行政解释有时因符合真理、理性或者伦理规则而具有约束力。行政解释的效力来源，对于其效力内容和效力产生的条件均有影响。

第二，行政解释效力的内容。行政解释效力的内容是指行政解释由哪些效力构成。根据行政解释效力来源和针对的对象不同，行政解释存在三种效力：法律约束力、行政拘束力和说服力。基于法律授权而作出的行政解释具有法律意义上的拘束力，法院、行政机关及其相对人应当受到这些规则的约束。非基于法律授权，基于行政机关自身职权而进行的解释，具有行政拘束力。拘束力仅在行政系统内部或者对相对人有效，对司法机关没有约束力。法律拘束力和行政拘束力都是一种强制约束力，行政机关和行政相对人原则上应当受其约束。但是，现实中并不是所有的解释都应当具有强制约束力，行政机关也无意使其具有强制约束力。当行政机关作出行政解释主要是为行政机关和相对人的行为提出建议或者指引，则该解释不具有强制约束力。从理论上来看，这些规则仅具有说服力，即行政机关和相对人基于理性判断，接受此类规则的约束，作出行为选择，而不是因为这些规则具有强制约束力。行政解释的说服力一般源于行政解释中包含的知识、理性和伦理价值。对于行政解释的效力，应把握两个方面：一方面，不同的行政解释具体效力不同，因而应当结合具体情况进行分析；另一方面，行政解释对于行政机关、法院和行政相对人的约束力不同。回到本案，萍乡市规划局对于地块性质进行的解释属于其职权范围内的解释，具有行政拘束力，对于行政机关和行政相对人都有约束力，但因其并非基于法律授权进行的解释，不具有法律约束力。根据行政解释效力规则，本案法院认定萍乡市规划局解释具有法律效力实际上指的是其具有行政拘束力，即对行政机关和相对人具有约束力，对于法院并无约束力，但有说服力。把握行政解释的效力，有助于更好地进行司法审查，行政解释的效力越高，则审查的深度越低，反之则越深。

第三，行政解释产生效力的条件。并非行政机关作出的所有解释均产生效力，行政解释产生效力的条件包括但不限于：其一，行政解释必须是行政机关依职权作出的，超出法定职权的解释无效或者不产生法律约束力；其二，行政解释不得与现行法律、法规相抵触，否则无效；其三，行政解释不得违反事实、科学和伦理道德。回到本案，法院认为，"萍乡市规划局的解释与挂牌出让公告明确的用地性质一致，且该解释是萍乡市规划局在职权范围内作出的，符合法律规定和实际情况，有助于树立诚信政府形象，并无重大明显的违法情形，具有法律效力"。从上述表述看，法院认定行政解释具有法律效力考虑了三个要素即职权、法律和事实，因而具有科学性和规范性。

（3）行政解释的可诉性问题。行政解释是一种特殊的行政行为，亦可能对行政相对人的权益造成影响，因而其应当接受司法的监督，这就涉及行政解释的可诉性问题。比如，本案中若萍乡市规划局作出的解释不利于行政相对人时，应当如何救济便是需要考虑的问题。按照我国当前行政诉讼的框架，行政解释的可诉性分为三种情况：第一，抽象的行政解释不可直接起诉但可以要求附带审查。抽象的行政解释是指行政机关针对不特定人作出的具有普遍约束力和反复适用性的行政解释，这类行政解释按照现行行政诉讼法的规定不能直接起诉，但可以在起诉具体行政行为时要求一并审查。第二，内部具体的行政解释不具有可诉性，但法院可以在审查与之相关的具体行政行为时一并审查该解释的合法性。内部具体行政解释是指行政系统内部，针对具体事件或问题作出的解释，一般以批复、答复等形式作出，属于内部过程性行政行为的范畴。按照目前通说，过程性行为不具有最终的、对外的效力，因而不可诉，当事人可以起诉最终行政行为获得救济[1]，当然法院可以在审理案件时一并审查该类行政解释的合法性。第三，外部具体的行政解释具有可诉性，可以要求法院审查。实践中，行政相对人申请行政机关作出行政解释，行政机关拒绝作出或者行政解释不符合法律或者事实的，并对相对人权益产生实质影响的，应当允许行政相对人提起诉讼。回到本案，萍乡市规划局的解释属于行政系统内部针对具体事项的行政解释，因而对该解释不服，行政相对人无法直接起诉，但可以要求法院在审查具体行政行为时一并审查该行政解释的合法性。

---

[1] 最高人民法院行政审判庭编著：《最高人民法院行政诉讼法司法解释理解与适用》，人民法院出版社 2018 年版，第 50 页。

三、行政协议适用民事法律规范

本案中，原告与被告之间争议焦点背后实际上是行政协议条款的理解问题。而关于行政协议条款的理解或者解释，到底是应允许行政机关行使行政优益权单方进行解释，还是应当按照民事合同的解释规则进行，又涉及行政协议准用民事法律规范的问题。具体而言包括两个问题：行政协议适用民事法律规范的必要性和可能性问题；行政协议适用民事法律规范的范围和规则问题。以下结合行政法基本理论和相关研究成果进行分析。

首先，行政协议适用民事法律规范的必要性与可能性。理论上，行政协议是公法与私法结合的产物，因而其缔结、变更和撤销既应适用行政法规范，也应适用民法规范，同理法院审查行政协议时亦应综合依据行政法规范和民法规范。之所以行政协议可以而且应当适用民事法律规范，主要基于以下理由：第一，行政协议的契约本质决定了适用民法规范的必要性。行政协议虽然是公法制度，但其合意性特点决定了其契约性本质，因而民事合同的基本原理形影相随。[1]准用民法规范恰恰是确保行政协议契约性的重要手段。第二，行政法律规范供给不足，且建构完全独立于民事合同法之外的行政合同法律规范体系既不现实，也不经济。目前我国行政法律规范体系是以传统行政行为理论为核心搭建起来的，并没有专门的行政协议法律制度，无法为行政协议订立和纠纷解决提供充足的规则供给。即使未来制定行政协议法律制度，也不可能另起炉灶，制定完全独立于民事合同法律规范的法律制度体系。最为经济和明智的办法莫过于在确保行政合同本质属性的基础上，直接引用民事法律规范。第三，从域外经验来看，在行政协议的订立、履行以及司法审查中适用民事法律规范是各国或地区的基本经验。[2]

其次，行政协议适用民事法律规范的范围和规则。虽然行政协议适用民事法律规范是必要的，但行政合同的行政性和法定性特征[3]又决定了其不可

---

[1] 姜明安主编：《行政法与行政诉讼法》，北京大学出版社、高等教育出版社2012年版，第319页。

[2] 王春蕾："行政合同准用民事法律规范制度研究"，2018年北京大学博士学位论文。

[3] 姜明安主编：《行政法与行政诉讼法》，北京大学出版社、高等教育出版社2012年版，第318页。

能随意适用民事法律规范，否则行政合同的独特性便无法彰显。因而有必要厘清行政协议准用民事法律规范的范围和规则。对于这个问题，王春蕾博士经研究认为，行政协议的实体规则和救济规则均可以适用民事法律规范，而且各个环节都有适用民事法律规范的空间，[1]因而，行政协议准用民事法律规范本身并无禁区。但为了保证行政合同的特殊性，需要确立适用民事法律规范的规则和限制，即在何种情况下才适宜适用民事法律规范。结合行政协议基本理论和司法实践，行政协议适用民事法律规范应当符合以下规则：第一，行政法律规范优于民事法律规范。当某一具体事项，行政法律、法规、司法解释已经作出了明确的规定，那么即使存在与之相左的民事法律规范规定，仍应当适用行政法律规范缔结、履行、变更、撤销行政协议，法院则应当依据行政法律规范对行政协议进行审查。[2]第二，行政法基本原则和原理优于民事法律规范。鉴于我国还未规定系统的行政协议法律制度体系，因而行政法基本原则和行政法理论通说可以作为行政协议订立和司法审查的重要依据。当某一事项符合行政法基本原则或者行政原理时，应当优先适用行政法基本原则或者原理，除非适用民事法律规范更有利于保护协议相对方利益且不会损害公共利益。第三，当某事项缺乏行政法律规范规定或者适用行政法律规范显失公平，法院可以适用民事法律规范的规定。换言之，协议双方在缔结、履行、变更和撤销行政协议以及法院在对行政协议进行司法审查时，当存在行政法律规范时，适用行政法律规范，除非适用行政法律规范显失公平。当行政法律规范缺失时，适用民事法律规范。

　　回到本案，行政协议的相对方因对合同条款的理解发生分歧，需要对条款进行解释，此时值得讨论的是涉及行政协议条款的解释是否应适用《中华人民共和国合同法》（以下简称《合同法》）解释规则的问题。根据前文中提到的规则，当行政法律规范、行政法原理缺失时，可以适用民事法律规范。目前我国行政法律规范对行政协议条款解释权规定阙如，学理上行政主体的

〔1〕 王春蕾："行政合同准用民事法律规范制度研究"，2018 年北京大学博士学位论文。

〔2〕 李静云、朱彬彬："民事法律规范在行政协议司法审查中的适用及限制——以 194 件行政协议案件判决书为样本"，载《法院改革与民商事审判问题研究——全国法院第 29 届学术讨论会获奖论文集》。

行政优益权也不包括协议条款的解释权，[1]因而对于行政协议条款的解释规则应当适用《合同法》及其司法解释的规定。有学者主张基于行政协议的性质，行政协议条款的解释权宜交由行政机关行使。[2]这一观点并不符合行政协议的契约性精神，而且即使由行政机关主导协议条款的解释权，其也要适用一定的解释规则，因为解释是遵循特定规律和方法、知识的创造性过程。在行政法律规范缺失的情况下，行政协议解释必然要适用《合同法》的解释规则。我国《合同法》确立了基本的合同解释规则：第41条规定了格式条款的解释规则，[3]第125条规定了合同解释的一般规则。[4]我们认为，无论是行政协议履行过程中，还是法院对行政协议进行审查时，《合同法》规定的上述两项解释规则均应当适用。有人可能质疑，格式合同解释规则可能不符合行政协议的特性，对此有学者回应称，"格式条款解释规则"并不必然与行政法原理相悖，相反地，该规则中蕴涵的公平正义观念、利益衡量的原则，都可以成为保护行政合同中相对人权益的有力支撑。[5]当然，基于行政协议的特殊性，在适用《合同法》解释规则特别是格式条款解释规则时，应当注意两点：第一，只有当格式合同或格式条款并不来自于法律规范的具体规定时

---

〔1〕 学界关于行政协议中行政优益权的内容理解并不完全一致。有的学者认为，行政优益权主要指行政机关单方变更和撤销行政协议的权利，范围较窄。参见姜明安主编：《行政法与行政诉讼法》，北京大学出版社、高等教育出版社2012年版，第323页。有的学者主张的行政优益权内容较为丰富，通常包含：（1）合同相对人选择权；（2）合同履行的指导权与监督权；（3）对不履行合同义务的相对人的直接强制执行权；（4）对严重违约构成违法的相对人的行政制裁权力；（5）单方变更或解除权等。参见傅士成："行政契约中行政机关特权的一般分析"，载杨解君主编：《行政契约与政府信息公开——2001年海峡两岸行政法学术研讨会实录》，东南大学出版社2002年版，第9~10页。

〔2〕 基于行政契约是推行行政政策的手段而行政机关对行政目的的理解具有权威性之考量，可以考虑将解释权赋予行政机关，但与此同时，为保障相对人合法权益不致因为行政机关滥用解释权而受到侵害，应允许相对人申请行政救济。参见余凌云：《行政契约论》，中国人民大学出版社2000年版，第137页。

〔3〕 《合同法》第41条规定：对格式条款的理解发生争议的，应当按照通常理解予以解释。对格式条款有两种以上解释的，应当作出不利于提供格式条款一方的解释。格式条款和非格式条款不一致的，应当采用非格式条款。

〔4〕 《合同法》第125条规定：当事人对合同条款的理解有争议的，应当按照合同所使用的词句、合同的有关条款、合同的目的、交易习惯以及诚实信用原则，确定该条款的真实意思。
合同文本采用两种以上文字订立并约定具有同等效力的，对各文本使用的词句推定具有相同含义。各文本使用的词句不一致的，应当根据合同的目的予以解释。

〔5〕 陈无风："格式条款解释规则在行政协议中的适用研究"，载《浙江学刊》2018年第3期。

才能适用。换言之，如果格式合同或者格式条款是法律的明确规定，此时就不能适用《合同法》的解释规则。第二，行政协议中优先寻求"通常解释"，但此处的"通常解释"并非社会一般人的理解，而应当是行政惯例或行政习惯。[1]回到本案，市国土局对于行政协议条款的解释，不符合《合同法》确立的解释规则，不符合交易习惯和诚实信用原则，而法院在审查时，对行政协议条款的解释实际上引用了《合同法》解释规则，即认为行政机关的解释违反诚实信用原则。

综上，行政协议的实体规则和救济规则均可以适用民事法律规范，而在适用的过程中，应当遵循行政法律规范优先和充分考虑行政协议特殊性的原则。

四、行政协议中诚实信用原则

本案中，法院在裁判理由部分两次提到"诚实信用"，且否定市国土局要求亚鹏公司补交土地出让金决定的重要理由便是其违反诚实信用原则，可见诚实信用原则在行政协议司法审查中得到应用。这里有必要讨论行政协议中的诚实信用原则之性质、内涵以及作用问题。

首先，行政协议中诚实信用原则的内涵。诚实信用原则是私法领域的帝王条款，后被引入公法领域，成为公法和私法共享的基本原则。[2]从法律上看，诚信原则源于罗马法中的善意（bona fides）。[3]诚信原则的目的在于维护法律秩序的安定性和保护社会成员的正当权益。虽然行政法和民法上的诚实信用原则存在细微差别，但核心是一致的，即强调"善意"和"衡平"。[4]具体而言，诚实信用原则包含两个方面要求：一方面要求行为人的言行、意思表示真实、符合事实，不虚构事实、不隐瞒真相，另一方面要求行为人信守承诺，作出的承诺积极履行，不随意改变自己的行为。诚实信用原则是道德原则的法律化，其与行政法上的信赖保护原则并不能完全等同。有些学者将信

---

〔1〕 王春蕾："行政合同准用民事法律规范制度研究"，2018年北京大学博士学位论文。
〔2〕 刘丹："论行政上的诚实信用原则"，载《中国法学》2004年第1期。
〔3〕 魏振瀛主编：《民法学》，高等教育出版社、北京大学出版社2009年版，第26页。
〔4〕 赵宏："试论行政合同中的诚实信用原则"，载《行政法研究》2005年第2期。

赖保护和诚实信用原则画等号[1]显然是不科学的，因为信赖利益保护原则是针对违法行政行为使相对人产生信赖利益的存续保护或补偿保护，而诚实信用原则的内涵和要求更加丰富。

其次，行政协议适用诚实信用原则的必要性。有学者指出，行政协议的契约性和行政性决定了适用诚实信用原则的必要性。[2]除此之外，行政协议应受诚实信用原则约束的理由还包括：第一，维护交易安全、降低交易成本的需要。行政协议本质上仍然是一种交易过程，因而亦需要考虑交易安全和交易成本问题，各方遵守诚实信用原则可以维护交易安全、降低交易成本。第二，维护政府公信的需要。政府公信是维持政府治理权威和合法性的基础，因而树立和维系政府公信是政府的义务。遵守诚实信用原则，又是确保政府公信的基本条件。第三，确保行政协议目的的实现。基于诚实信用原则，协议各方将善意和积极地全面履行协议，从而使协议的目的得到实现。

再次，行政协议中诚实信用原则是民法原则和行政法原则的集合。如前所述，诚实信用原则已经成为公法和私法共享原则，因而在法理上就存在民法上的诚实信用原则、行政法上的诚实信用原则和宪法上的诚实信用原则之分，且具体内涵和要求方面存在一定的差异。这里就涉及一个问题，行政协议中的诚实信用原则指的是民法上的诚实信用原则还是行政法上的诚实信用原则。基于行政协议兼具公法与私法性质的特点，民法上的诚实信用原则和行政法上的诚实信用原则均可以适用。行政法上的诚实信用原则主要约束行政机关，而民法上的诚实信用原则主要约束行政相对人，当然在特定情况下也约束行政机关，比如协议条款的解释，要遵循合同法上的诚实信用原则。明确行政协议既受民法上诚实信用原则约束，也受行政上诚信信用原则约束的意义在于，法院在进行司法审查时，应综合考虑公法、私法上诚实信用原则要求，以作出更加公允的判决。

最后，行政协议中诚实信用原则的功能和作用。诚实信用原则是各方在缔结、履行、变更和撤销行政协议各环节均应遵守的基本原则，即诚实信用原则应当贯穿于行政协议的全过程。因此，法院在审查行政协议时，应当将

[1] 刘丹："论行政上的诚实信用原则"，载《中国法学》2004年第1期。

[2] 赵宏："试论行政合同中的诚实信用原则"，载《行政法研究》2005年第2期。

诚实信用原则作为重要的依据。诚实信用原则在行政协议各环节的具体作用体现在：第一，协议各方在缔结协议时，应当提供真实材料、不得虚构事实和隐瞒真相，否则要承担缔约过失责任。第二，诚实信用原则要求各方善意全面履行协议。行政协议一旦成就，各方应尽己所能履行行政协议，除非发生情势变更使协议履行不能或者履行将显失公正、有损公益。[1]第三，诚实信用原则最重要的作用便是约束和控制行政机关行使行政优益权。行政优益权是行政协议显著区别于民事合同的关键，而行政机关滥用行政优益权也成为行政协议领域矛盾的焦点。因为"公益"是一个抽象的概念，现实中，行政机关不乏假借"公益"之名，谋不当利益之实的情况发生。比如，某市政府通过行政协议将一条段河流租给一家旅游公司开发水上漂流项目，项目投入运营后效益非常可观，市政府希望自己来运营，于是就以水上漂流项目破坏生态环境为由决定撤销与该旅游公司的协议，后与另一家公司签订了漂流项目开发协议。该案中，"环境生态"显然属于公益，但是市政府撤销合同的真实目的并非是保护生态环境，而是试图撤销合同，让自己关系更加密切的公司继续开发，从而获得更大的收益。市政府行使行政优益权的行为违反诚实信用原则，因而是违法的。换言之，诚信原则有助于对行政机关在行政协议中行使特权时进行的"公益"裁量施加限制，[2]进而对行政机关行使行政优益权进行控制。[3]

综上，行政机关行使行政优益权时，应当遵守诚实信用原则，其对于公益判断必须基于善意，否则便是滥用行政优益权。相应的，法院在审查行政协议时，应当认真审查行政协议各环节是否符合诚实信用原则的要求，如果不符合则应当要求各方承担不利后果。

【后续影响及借鉴意义】

本案经最高人民法院审判委员会审定，被确定为指导性案例。按照最高人民法院 2010 年颁布的《关于案例指导工作的规定》第 7 条规定：最高人民

---

[1] 姜明安主编：《行政法与行政诉讼法》，北京大学出版社、高等教育出版社 2012 年版，第 322 页。

[2] 赵宏："试论行政合同中的诚实信用原则"，载《行政法研究》2005 年第 2 期。

[3] 叶必丰："行政合同的司法探索及其态度"，载《法学评论》2014 年第 1 期。

法院发布的指导性案例，各级人民法院审判类似案例时应当参照。因而本案实际上为今后各级法院审理同类案件提供了基本指导原则，而且法院在审理同类案件时原则上应当遵循该案的审判原则，除非有充分的理由认定该原则不适用此类案件。根据该案确定的规则，行政机关行使行政优益权时，应当遵守诚实信用原则，其对于公益判断必须基于善意，否则便是滥用行政优益权。

案例二 潍坊讯驰置业发展有限公司与安丘市人民政府行政协议无效案

史倩倩*

【案例名称】

潍坊讯驰置业发展有限公司与安丘市人民政府行政协议无效案［最高人民法院（2017）最高法行申 7679 号］

【关键词】

行政协议 无效标准 行政优益权

【基本案情】

2005 年 9 月 13 日，被告安丘市人民政府与正泰公司作为甲乙双方经协商签订涉案合同书，以开展安丘市长安路改造及沿街房屋开发建设项目工作。合同书共 9 条，分别对规划和开发建设的基本要求、合作及投资建设方式、房屋拆迁及补偿安置工作、政策优惠、甲方的权利和义务、乙方的权利和义务、违约责任、生效时间等事项作出了约定。根据合同书第 2 条的规定，甲方把该项目作为安丘市城市建设重点工程，并成立工程指挥部负责组织领导和协调，安排人员协助乙方，为乙方创造良好的开发建设环境；乙方依照公司法的要求，在安丘注册成立房地产开发公司，负责乙方承建的长安路两侧

---

* 作者简介：史倩倩，中国政法大学法学院宪法与行政法专业硕士研究生。本文的指导教师为中国政法大学法学院行政法研究所教授、博士生导师成协中。

沿街商铺和住宅的开发；甲方以招拍挂方式向乙方出让开发用地的使用权，乙方在支付土地出让金后，由甲方为乙方办妥土地证；土地出让金除集体用地补偿及手续费外，甲方返还乙方用于拆迁补偿安置及道路建设等相关费用。根据合同书第 4 条的规定，甲方同意给乙方提供以下优惠政策，用于道路建设补偿：（1）免收基础设施配套费，人防易地建设费，综合开发费，墙改基金，散装水泥费，劳保统筹基金，抗震、防雷检测费；（2）免收土地契税、土地增值税、土地使用税；（3）营业税（含教育附加费、城市调节基金）、所得税地方留成部分用于项目市政设施投资补助，并于乙方交纳 30 日内返还乙方；（4）长安路新增经营户三年内免交工商税收；（5）乙方在领取《商品房销售许可证》后，可根据自己的经营模式对商品房进行预售、销售。在开发过程中，甲方协调有关部门协助乙方办理售房按揭贷款、产权手续等，免收购房人的修理基金。合同书第 7 条违约责任规定，合同一经签订，双方必须严格遵守，一方违约必须赔偿给对方造成的经济损失。甲方安丘市人民政府、乙方正泰公司均在合同书上签字、盖章予以确认。

合同书签订后，2005 年 10 月 26 日，正泰公司与涂建个人作为股东在安丘市注册成立了原告潍坊讯驰置业发展有限公司（以下简称讯驰公司），工商登记载明的讯驰公司经营范围为房地产开发经营。讯驰公司成立以后按照合同书的要求，于 2009 年底完成了安丘市长安路商业街沿线的市政设施建设，包括道路、排水、人行道、路灯等基础设施，上述基础设施于 2010 年 5 月份移交安丘市市政管理处运营管理。2010 年 5 月 18 日、6 月 19 日安丘市市政管理处、安丘市住房和城乡建设局对原告讯驰公司建成移交的上述基础设施出具了情况属实的证明材料。2010 年 4 月 29 日，原告讯驰公司就安丘市长安路东段绿化苗木向安丘市城市园林绿化处进行了移交。原告还对安丘市长安路两侧沿街商铺和住宅进行了投资开发，完成了相关的拆迁补偿安置工作。

2011 年 11 月 12 日，原告讯驰公司向被告递交"关于请求返还税收的报告"，请求被告依据合同书第 4 条第（2）、（3）项的规定向原告返还相应税款。11 月 13 日，被告市政府相关领导批示了"请财政局、住建局按合同处理"的意见。2015 年市政府办公室就原告 2015 年 1 月 16 日请求返还税收的报告给予电话答复：经研究，不予支付款项。

原告认为，原告已经按合同要求完成长安路各项基础设施建设移交被告，并且安置搬迁居民 223 户、房屋 32250 平方米，从未发生一起安置纠纷。被告应当履行合同义务，支付补偿资金。被告拒绝履行合同义务是违法行为，已经给原告造成经济损失。特诉至人民法院请求依法裁判，支持原告的诉讼请求：（1）确认涉案合同书有效；（2）确认被告市政府不履行涉案合同书第 4 条第（2）、（3）项的行为违法；（3）判令被告履行合同向原告支付人民币 17435857 元，并承担向原告延期支付的经济损失。诉讼费用由被告承担。诉讼中，原告变更第（3）项诉讼请求，改为要求被告按合同约定向其支付人民币 17155718.85 元，涉及的税款地方留成部分按县市级财政分享收入 32% 计算，延期支付经济损失自原告起诉之日起按照银行同期贷款利率计算利息。

【裁判要旨】

行政协议具有两面性，既有作为行政管理方式"行政性"的一面，也有作为公私合意产物"合同性"的一面，故行政协议既是一种行政行为，具有行政行为的属性；又是一种合同，体现合同制度的一般特征。因此，对于行政协议无效的判断，既适用行政诉讼法关于无效行政行为的规定，同时也适用民事法律规范中关于合同无效的规定。

行政协议作为一类特殊类型的行政行为，对行政协议效力的判断首先应当适用行政诉讼法关于无效行政行为的规定。即依照《中华人民共和国行政诉讼法》（以下简称《行政诉讼法》）第 75 条以及《最高人民法院关于适用〈中华人民共和国行政诉讼法〉的解释》（以下简称《行诉解释》）第 99 条规定的"重大且明显违法"标准进行严格判定。脱离行政协议的行政行为属性，单纯援用民事法律合同无效事由条款否认行政行为的效力，动辄将双方经磋商达成合意的行政协议退回原点，既阻碍行政协议功能的发挥，又有悖于协议订立之初的目的实现，也不利于对协议相对人信赖利益的保护。

行政协议是行政机关基于行政裁量权与行政相对人协商一致而形成的，当不存在无效情形时，行政主体和行政相对人必须全面遵守和履行行政协议约定的各项义务。行政机关名义上主张行政协议无效，实际上是要通过行使行政优益权单方解除行政协议。但是，行政优益权的行使必须符合法律规定，非因公共利益需要或国家法律政策发生重大调整，行政机关不得行使行政优益权单方变更、解除合同。如果行政机关对合同的具体条款作出限缩解释，减损了协议相对人的合同项下应获得的利益，属于不当行使行政优益权。

【裁判理由与论证】

一、涉案合同书的效力问题

关于涉案合同书的效力问题，一审法院认为：被告安丘市人民政府为加快安丘市城市基础设施建设，与正泰公司就开展安丘市长安路改造及沿街房屋开发建设项目工作签订合同书，该类行政协议的订立未违反行政法律规范。从合同书内容看，合同书是否有效主要看被告的优惠政策是否合法有据，是否违反法律、行政法规的强制性规定。二审法院认为：虽然该案属于行政诉讼的受案范围，而本案行政协议属于具有道路建设施工以及开发的内容，应当以《合同法》等相关法律规定作为本案的判定依据。再审法院认为：行政协议具有两面性，既有作为行政管理方式"行政性"的一面，也有作为公私合意产物"合同性"的一面。故行政协议既是一种行政行为，具有行政行为的属性；又是一种合同，体现合同制度的一般特征。因此，对于行政协议无效的判断，既适用《行政诉讼法》关于无效行政行为的规定，同时也适用民事法律规范中关于合同无效的规定。

再审申请人安丘市人民政府主张涉案合同书因违反法律、行政法规的强制性规定而整体无效，其理由主要有两方面，一是安丘市人民政府未按照招标投标的法定程序选定建设单位，二是安丘市政府选定的建设单位并不具备相应的资质等级。对此，再审法院认为：行政协议作为一类特殊类型的行政行为，对行政协议效力的判断首先应当适用行政诉讼法关于无效行政行为的规定。即依照《行政诉讼法》第75条以及《行诉解释》第99条规定的"重大且明显违法"标准进行严格判定。脱离行政协议的行政行为属性，单纯援用民事法律合同无效事由条款否认行政行为的效力，动辄将双方经磋商达成合意的行政协议退回原点，既阻碍行政协议功能的发挥，又有悖于协议订立之初的目的实现，也不利于对协议相对人信赖利益的保护。本案中，再审申请人安丘市人民政府的上述理由均不能从实质上否认涉案合同书的效力。

二、涉案合同书具体条款的效力问题

关于涉案合同书具体条款的效力问题，本案合同履行争议主要围绕合同

书第4条第（2）项和第（3）项展开。合同书第4条第（2）项是关于免收土地契税、土地增值税、土地使用税的约定。一审法院认为：《中华人民共和国税收征收管理法》（以下简称《税收征收管理法》）第3条第2款规定，"任何机关、单位和个人不得违反法律、行政法规的规定，擅自作出税收开征、停征以及减税、免税、退税、补税和其他同税收法律、行政法规相抵触的决定"。合同书第4条第（2）项的免税约定超越了被告的法定权限，违反了《税收征收管理法》的强制性规定，没有法律效力。二审和再审法院则认为：根据《国务院关于税收等优惠政策相关事项的通知》（以下简称《通知》）第2条规定："各地区、各部门已经出台的优惠政策，有规定期限的，按规定期限执行；没有规定期限又确需调整的，由地方政府和相关部门按照把握节奏、确保稳妥的原则设立过渡期，在过渡期内继续执行。"第3条规定："各地与企业已签订合同中的优惠政策，继续有效；对已兑现的部分，不溯及既往。"《税收征收管理法》对税收的开征以及减免规定了具体实施由国务院制定详细的行政法规进行规范，国务院的上述《通知》对税收的开征以及减免的规定具有普遍约束力。因此，本案合同书第4条第（2）项关于土地契税、土地增值税、土地使用税免交的约定是安丘市人民政府以税收优惠的形式为讯驰公司道路建设进行的补偿，具有合同对价性质，且意思表示真实，应当认定为有效。

合同书第4条第（3）项涉及营业税、所得税地方留成在讯驰公司交纳后予以返还问题，对于该约定，一审、二审和再审法院均认为：上述费用属于地方政府财政性收入，安丘市人民政府享有自主支配权，在此基础上订立的合同条款并不违反法律、行政法规的强制性规定，应为有效约定。

三、涉案合同书的履行问题

关于涉案合同书的履行问题，再审法院认为：行政协议是行政机关基于行政裁量权与行政相对人协商一致而形成的，当不存在无效情形时，行政主体和行政相对人必须全面遵守和履行行政协议约定的各项义务。再审申请人安丘市人民政府主张行政协议无效，实际上是要通过行使行政优益权单方解除行政协议。但是，行政优益权的行使必须符合法律规定，非因公共利益需要或国家法律政策发生重大调整，行政机关不得行使行政优益权单方变更、解除合同。再审申请人安丘市人民政府主张涉诉合同书中的优惠政策应当以长安路道路建设成本为限，但安丘市人民政府的该项主张已经对合同的具体条款作出了限缩解释，减损了协议相对人在合同项下应获得的利益，属于不当行使行政优益权。另外，安丘市人民政府也未能提供充分的证据证明税收优惠超出道路建设成本会导致公共利益受到损害的事实。故再审法院对再审申请人的该项主张不予支持。

再审申请人讯驰公司主张返还土地增值税和土地使用税及利息。对此，再审法院认为：虽然双方在合同中约定免交，但本案的实际情况是，讯驰公司在已经交纳上述两项税费的情况下请求返还，且讯驰公司自述上述税款是通过税务机关稽查征缴方式缴纳的。该缴纳税款行为已经超出合同约定的内容，且形成了新的行政法律关系。若讯驰公司对此持有异议可以另行依法主张权利，再审法院对于此项主张不予支持。

【涉及的重要理论问题】

2014 年修改的《行政诉讼法》明确将行政协议纳入我国行政诉讼的受案范围，引发了新的关注和讨论。行政实践中，在公私合作的大背景下，行政协议已经成为重要的行政手段，其应用空间将随着公私合作的不断拓展而日益广泛应用于公共行政。但是，行政协议的运用也存在很大的权力交易风险，行政机关的契约规制权亟待规范。尤其在当前的社会转型时期，合同约定与法律、政策之间的冲突时有发生，对相对人的合法权益的保障亟待加强。在此情况下，司法机关的事后审查就显得格外重要，建立完善的司法救济机制成为迫切需要。

一、行政协议案件的法律适用

本案中，案涉行政协议的效力问题是法院的裁判焦点之一。讨论行政协议的效力问题，必定绕不开行政协议案件的法律适用问题。再审法院基于行政协议自身的性质指出，对于行政协议无效的判断，既适用《行政诉讼法》关于无效行政行为的规定，同时也适用民事法律规范中关于合同无效的规定。其指出行政协议具有两面性，既有作为行政管理方式"行政性"的一面，也有作为公私合意产物"合同性"的一面。故行政协议既是一种行政行为，具有行政行为的属性；又是一种合同，体现合同制度的一般特征。

由于行政协议兼具行政性与合同性，在行政协议案件的法律适用问题上，除了适用行政法律规范之外，还存在着适用民事法律规范的实际需要。行政协议案件中既有单方变更、解除等行政行为，也有不依法履行、未按照约定履行等违约行为。法院审查行政协议纠纷，不仅需要审查合法性，还要审查合约性。

本案的再审法院是最高人民法院，其在该案中对行政协议案件法律适用问题的立场与最高人民法院于 2015 年发布的《关于适用〈中华人民共和国行政诉讼法〉若干问题的解释》（现已失效，以下简称《适用解释》）中的相关规定是一致的。《适用解释》的第 14 条规定："人民法院审查行政机关是否依法履行、按照约定履行协议或者单方变更、解除协议是否合法，在适用行政法律规范的同时，可以适用不违反行政法和行政诉讼法强制性规定的民事法律规范。"第 15 条第 2 款规定："原告请求解除协议或者确认协议无效，理由成立的，判决解除协议或者确认协议无效，并根据合同法等相关法律规定作出处理。"上述规定将不违反行政法和行政诉讼法强制性规定的民事法律规范纳入行政协议审查的法律适用范围，为民法的直接适用提供了依据。

但是必须指出的是，将民事法律规范纳入行政协议审查的法律适用范围势必会引发一定的矛盾与混乱。具体来讲，在行政协议的效力判断问题上，基于依法行政的"行政行为合法性审查"与基于契约自由的"合同法律行为效力审查"因天然构造不同而引发的冲突是我们所不能忽略的。[1]行政行为作为行政机关实施行政管理的方式，法院应当依照行政法律规范进行合法性监督。在民事诉讼中，法院对民事合同的审查则主要是一种合约性的审查，即判断当事人的行为是否符合合同的约定。合同的合法性问题一般纳入合同的效力规范中进行审查。行政行为的合法性问题，需要遵循依法行政原理，强调法定性；民事合同的合法性问题，则遵循法不禁止即可为的原理，强调合同订立的自愿性和平等性，两者旨趣全然不同。[2]两种模式背后所体现的是公私法的二元界分。

---

〔1〕 陈无风："行政协议诉讼：现状与展望"，载《清华法学》2015 年第 4 期。
〔2〕 梁凤云："行政协议案件适用合同法的问题"，载《中国法律评论》2017 年第 1 期。

针对兼具行政性与合同性的行政协议，当前理论上普遍认同行政协议的法律适用不限于行政法律规范，民事法律规范同样可以适用。本案中，再审法院明确指出对于行政协议无效的判断，既适用行政诉讼法关于无效行政行为的规定，同时也适用民事法律规范中关于合同无效的规定。

二、行政协议效力的判断

在行政协议司法审查中，行政协议的效力判断至关重要。法院在审理行政协议案件时，不可避免地需要首先对行政协议的效力作出判断。只有在行政协议有效的前提下，法院才能对行政协议的履行情况进行审查。

本案中，最高人民法院明确指出对于行政协议无效的判断，既适用《行政诉讼法》关于无效行政行为的规定，同时也适用民事法律规范中关于合同无效的规定。这一认识已得到理论上的普遍认同。目前需要进一步研究的是公法和私法原则在无效行政协议的认定中是公法抑或私法优先的顺位选择还是在公法和私法之间寻找适合行政协议的特殊标准。[1]

（一）游移不定的司法裁判规则

在行政协议的效力判断问题上，实践中并未形成稳定的司法裁判规则。法院往往同时或者单独适用《行政诉讼法》和《合同法》，存在法律适用上的混乱。

1. 单独适用《行政诉讼法》或《合同法》

司法实践中，对于行政协议的效力问题，法院时常单独适用《行政诉讼法》或《合同法》。一些案件中，法院只引用《合同法》第 52 条的规定，并没有适用《行政诉讼法》关于无效的规定。另外一些案件中，法院则只是适用《行政诉讼法》，完全不提及《合同法》。

以本案为例，关于涉案合同书的效力问题，一审和二审法院均单独适用《合同法》来进行判断，并未考虑《行政诉讼法》的适用。《合同法》第 52 条第（5）项规定："有下列情形之一的，合同无效：……（五）违反法律、行政法规的强制性规定。"本案中，一审法院认为：被告安丘市人民政府为加

---

[1] 王敬波："司法认定无效行政协议的标准"，载《中国法学》2019 年第 3 期。

快安丘市城市基础设施建设，与正泰公司就开展安丘市长安路改造及沿街房屋开发建设项目工作签订合同书，该类行政协议的订立未违反行政法律规范。从合同书内容看，合同书是否有效主要看被告的优惠政策是否合法有据，不违反法律、行政法规的强制性规定。二审法院认为：虽然该案属于行政诉讼的受案范围，而本案行政协议属于具有道路建设施工以及开发的内容，应当以《合同法》等相关法律规定作为本案的判定依据。不难看出，一审和二审法院在裁判中均只是引用了《合同法》的规定，并没有适用《行政诉讼法》关于无效的规定进行效力的认定。

在"倪某某诉彭州市致和镇政府房屋搬迁协议案件"中，法院则只是隐晦地适用《行政诉讼法》，完全没有提及《合同法》。[1]法院认为："行政机关与公民签订的土地房屋搬迁补偿协议等协议具有与民事合同不同的属性，行政协议作为公共管理和服务的一种方式，带有鲜明的公权力特征，属于行政机关的一种行政行为。协议的签订不单要符合相关法律的规定，还需要具备一定的前提条件。就本案中的《房屋搬迁协议书》而言，除双方的合意外，还应具备签订《房屋搬迁协议书》的行政相对人所使用的土地被征收的前提条件。从彭州市国土资源局《关于违法征地查处和认定问题的说明》及现有的其他证据来看，原告所使用的土地并没有被依法征收。因此，被告与原告签订协议的前提条件不具备，没有依据，双方所签订的协议为无效协议。"[2]

2. 同时适用《行政诉讼法》和《合同法》

本案中，再审法院在判断案涉行政协议的效力时，综合考量了《行政诉讼法》和《合同法》的规定。再审法院指出，对于行政协议无效的判断，既适用《行政诉讼法》关于无效行政行为的规定，同时也适用民事法律规范中关于合同无效的规定。行政协议作为一类特殊类型的行政行为，对行政协议效力的判断首先应当适用《行政诉讼法》关于无效行政行为的规定。即依照《行政诉讼法》第75条以及《行诉解释》第99条规定的"重大且明显违法"标准进行严格判定。脱离行政协议的行政行为属性，单纯援用民事法律合同无效事由条款否认行政行为的效力，动辄将双方经磋商达成合意的行政协议

〔1〕　王敬波："司法认定无效行政协议的标准"，载《中国法学》2019年第3期。
〔2〕　成都市青白江区人民法院（2016）川0113行初19号判决书。

退回原点，既阻碍行政协议功能的发挥，又有悖于协议订立之初的目的实现，也不利于对协议相对人信赖利益的保护。

在"吴晴诉太和县城关镇人民政府补偿安置协议案件"中，法院也同时考虑了《行政诉讼法》和《合同法》。法院认为："行政协议属于行政行为的一种，对行政协议效力的判断应当适用行政诉讼法关于无效行政行为的规定……行政协议区别于一般的行政行为，兼具行政与合同的双重特征，对行政协议效力的判断可以适用相关民事法律规范的规定。"[1]法院经审查后认为，案件中"不存在重大且明显违法情形"，也"不存在受胁迫签订协议情况"，故"涉案补偿安置协议的签订应系吴晴真实意思表示，且协议内容亦不违反法律、行政法规的强制性规定"。所以，法院最终确认该协议无效的诉讼请求不能成立。[2]

需要指出的是，尽管该案法院关注到了行政协议的两重性，同时考虑了《行政诉讼法》和《合同法》的规定，但在裁判逻辑上仍有改进的必要。有学者在评析此案时指出："法院在本案中采用的逻辑是既不存在《行政诉讼法》规定的'重大且明显违法情形'，也不存在《合同法》规定的无效情形，因此判断涉案补偿安置协议有效。这种裁判逻辑并未意识到公法原则和私法原则在认定协议无效的条件上并非'非此即彼'的关系，二者在相当的范围内存在融通的可能性。"[3]

（二）公私法规则的融通

在认定行政协议无效这一问题上，我们并非必须在公私法规则中作非此即彼的选择。通过最大限度地挖掘公法和私法规则的交叉点，可在公私法规则之间实现融通。[4]

我国现行法律体系中，无效行政协议的认定标准在实体法上主要有《行政诉讼法》第 75 条、《合同法》第 52 条、《民法总则》第 144 条规定。《行政诉讼法》第 75 条规定："行政行为有实施主体不具有行政主体资格或者没

〔1〕 安徽省高级人民法院（2016）皖行终 501 号判决书。
〔2〕 王贵松："行政协议无效的认定"，载《北京航空航天大学学报（社会科学版）》2018 年第 5 期。
〔3〕 王敬波："司法认定无效行政协议的标准"，载《中国法学》2019 年第 3 期。
〔4〕 王敬波："司法认定无效行政协议的标准"，载《中国法学》2019 年第 3 期。

有依据等重大且明显违法情形，原告申请确认行政行为无效的，人民法院判决确认无效。"《合同法》第52条规定："有下列情形之一的，合同无效：（一）一方以欺诈、胁迫的手段订立合同，损害国家利益；（二）恶意串通，损害国家、集体或者第三人利益；（三）以合法形式掩盖非法目的；（四）损害社会公共利益；（五）违反法律、行政法规的强制性规定。"《民法总则》第144条："无民事行为能力人实施的民事法律行为无效。"

1. "重大且明显违法"标准与《合同法》无效事由规定

《行政诉讼法》规定重大且明显违法情形导致行政行为无效。"重大且明显违法"这一表述抽象又弹性，具有较高的包容性，可以兼容《合同法》的规定。《合同法》第52条规定中的损害国家利益、集体利益、社会公共利益应当属于《行政诉讼法》第75条规定的"重大且明显违法"的具体情形。《合同法》第52条中所提及的各项可能导致民事合同无效的事由均可以作为"重大且明显违法"的具体情形，其不仅可以作为认定民事合同无效的事由，也可以作为认定行政协议无效的事由。

2. 主体资格与行为能力

综合比对《民法总则》第144条与《行政诉讼法》第75条之规定，民法中强调合同主体的行为能力与行政法上注重行政主体适格，其实都是在强调协议当事人的缔约资格和权限。不难看出，无论是在公法还是私法规则中，缔约主体的资格和行为能力均被作为认定协议效力的条件之一。

（三）行政协议无效的认定标准

1. 创立独立的行政协议无效标准

无效行政协议的认定不应在公私法规则间进行非此即彼的顺位选择，而应在单方行政行为和民事合同无效标准之间，创立独立的行政协议无效标准。

在单方行政行为、行政协议和民事合同三者之间进行对比分析可为上述想法提供支撑。首先，将行政协议与民事合同进行比对。与只需要平衡当事人利益的民事合同相比，行政协议必须包含对公共利益的考量，因而其会受到更多强制性限定条件的约束。行政协议隐含的公共利益因素使得公法规则介入行政协议的空间大于民事合同，由此导致其无效的事由多于民事合同。接着，将行政协议与单方行政行为进行比对。与完全行政性的单方行政行为相比，行政协议的合同性使其具有更大的自由空间。"作为行政协议一方主体的当事人因其对行政权力行使的同意而产生对欠缺法定要件的允许，进而消减了因欠缺合法要件产生无效行为的可能性"。[1]因此，总的来看，行政协议的无效在综合考虑影响单方行政行为和民事合同效力的因素之上，扩张了民事合同无效的原因，同时又限缩了单方行政行为无效的原因。无效行政协议的标准应介于单方行政行为无效标准和民事合同无效标准之间。[2]因此，将单方行政行为和民事合同无效标准进行融通和叠加，创立独立的行政协议无效标准似乎是一种较为理想的路径。

2. 有待讨论的具体问题

本案中，再审法院在判断案涉行政协议的效力时强调要对《行政诉讼法》和《合同法》的规定进行综合考量，并对一审、二审法院只适用《合同法》的做法进行了批判。再审法院指出：行政协议作为一类特殊类型的行政行为，对行政协议效力的判断首先应当适用《行政诉讼法》关于无效行政行为的规定，即依照"重大且明显违法"标准进行严格判定。脱离行政协议的行政行为属性，单纯援用民事法律合同无效事由条款否认行政行为的效力，动辄将双方经磋商达成合意的行政协议退回原点，既阻碍行政协议功能的发挥，又悖于协议订立之初的目的实现，也不利于协议相对人信赖利益的保护。

从上面这段表述进行推论，在再审法院看来，行政行为"重大且明显违法"标准相较于民事法律合同无效事由条款来说，是一种更具包容度的标准。《行政诉讼法》第75条将出现"重大且明显违法情形"作为判定行政行为无效的标准。《民法总则》与《合同法》则将"违反法律、行政法规的强制性规定"作为认定合同无效的依据。深入分析会发现，公法规则将违法的严重程度作为考量因素，而私法规则将法律规范的层级和性质作为标准，二者的法理基础和行为逻辑截然不同。这样一来，就会在一些具体问题上引发讨论。

在行政协议的效力判断问题上，《合同法》第52条第5项规定的适用就是摆在我们面前的棘手问题之一。根据《合同法》第52条的规定，违反法律、行政法规的强制性规定的合同无效。那么，在行政协议无效的判断依据

---

〔1〕 王敬波："司法认定无效行政协议的标准"，载《中国法学》2019年第3期。

〔2〕 王敬波："司法认定无效行政协议的标准"，载《中国法学》2019年第3期。

上，违反的法律规范的层级是否仅限于法律和行政法规？违反的法律规范的内容方面，是否也仅限于强制性规定？

（1）行政协议效力判断的依据是否仅限于法律、行政法规。

针对第一个问题，即行政协议效力判断的依据是否应像民事合同那样只能局限于法律、行政法规？有学者从宏观层面分析指出，在行政实践中，法律、行政法规、地方性法规、规章、规范性文件等构成行政机关依法行政的指引规范，其对行政机关自身具有约束作用。只要是合法有效的规范，且具有实质拘束力，从行政法的角度就不能简单地忽略。只要在位阶上优于行政协议，都可以作为协议合法性判断的依据。行政主体进行行政协议行为时，不得违反各层级规范中的强制性规范。当然，当规章及其以下的规范性文件本身存在合法性问题时，法院在裁断案件时可不予适用。[1]

也有学者分别对地方性法规与规章进行分析，针对地方性法规，其指出对于行政协议效力进行认定的法律依据应当包括地方性法规。因为地方性法规是地方人民代表大会制定的，是体现地方特殊性和公共利益的主要立法形式。从《行政诉讼法》的角度看，以法律、法规为依据，该法规亦包括地方性法规。因此在行政协议的效力认定中，应将地方性法规作为依据。另外，从我国当前的立法现状来看，将地方性法规完全排除在判断协议效力的依据之外，并不符合立法法逐步扩大地方立法权的发展趋势。[2]

对于规章和规范性文件，则应结合其立法目的和利益衡量进行综合判断。在行政诉讼中法院对于规章只是参照，并不当然作为审判依据。对于规范性文件，法院有权进行合法性审查，将合法的规范性文件作为认定行政行为合法的依据。

必须指出的是，规章和规范性文件往往也具有维护社会公共利益的目的。在此情况下，违反规章和规范性文件的规定，也有可能导致行政协议的无效。因此不能简单以法律规范的层级作为判断协议效力的标准，而是应当具体分析法律规范的主旨、立法目的以及其中蕴含的国家利益和社会公共利益进行衡量。

〔1〕 江必新："行政协议的司法审查"，载《人民司法（应用）》2016年第34期。
〔2〕 王敬波："司法认定无效行政协议的标准"，载《中国法学》2019年第3期。

（2）行政协议效力判断的依据是否仅限于强制性规定。

在民事合同效力的讨论中，学界发展出了管理性规范和效力性规范的区分理论，将强制性规定限缩为效力性规定，并为司法实践所接受。《最高人民法院关于适用〈中华人民共和国合同法〉若干问题的解释（二）》第14条即将《合同法》第52条第5项规定的"强制性规定"限定解释为"效力性强制性规定"，进而排除管理性规定的适用。

但是在判断行政协议的效力时，是否应继受民事合同的效力判断模式，将效力判断的依据局限于法律、行政法规中的强制性规定，并同时区分管理性规范和效力性规范，有待商榷。不少行政法学者对此持否定态度，理由主要有二：一是管理性规范和效力性规范的区分并不清晰，往往需要结合成文法中的立法目的和效力的语言表述进行综合判断；二是行政协议本身就是实现行政管理目的的手段，自然应遵循管理性规范，否则便无法与整体的行政管理秩序相容。[1]

有学者分析指出，对于法律和行政法规、地方性法规中的禁止性规定，违反该规定即达成重大且明显之法律后果，因此违反即无效。对于授权性规定，则应具体区分实体性规定还是程序性规定，对于实体性规定，应将其作为效力标准。对于程序性规定，则应具体考量违反该程序可能造成的后果是否达到影响法律效力的程度。[2]

三、行政优益权的行使

（一）行政优益权的行使条件

行政优益权只有建立在法治观念和正当程序基础之上，行政协议制度才有存在的可能。[3]在本案中，行政优益权的行使条件是另一个裁判焦点。再审法院强调，行政优益权的行使必须符合法律规定，非因公共利益需要或国家法律政策发生重大调整，行政机关不得行使行政优益权单方变更、解除

---

[1] 江必新："行政协议的司法审查"，载《人民司法（应用）》2016年第34期；陈无风："行政协议诉讼：现状与展望"，载《清华法学》2015年第4期。
[2] 王敬波："司法认定无效行政协议的标准"，载《中国法学》2019年第3期。
[3] 于立深："行政协议司法判断的核心标准：公权力的作用"，载《行政法学研究》2017年第2期。

合同。

学界对行政合同的研究多承认行政协议与民事合同的最大区别在于行政主体一方具有单方变更、解除合同的行政优益权。[1]明确界定单方变更或解除权的行使条件，对于行政管理目标的实现以及督促行政机关依法行政都有重要意义。若条件规定过于宽泛，会有放任行政机关滥用职权之嫌；若规定过于严苛，则不利于行政目标实现。从研究现状来看，当前学界对行政优益权行使条件的理解还存在争议。公共利益需要是学界普遍认可的行使条件之一，但对于如何判断公共利益则缺少有效解答。[2]

1. 公共利益需要与其他法定理由

2015 年颁布的《适用解释》对行政协议单方变更或解除权行使条件作了规定，确立了公共利益需要与其他法定事由标准。《适用解释》第 15 条第 3 款规定："被告因公共利益需要或者其他法定理由单方变更、解除协议，给原告造成损失的，判决被告予以补偿。"该司法解释对于行政协议单方变更或解除权行使条件的明晰有着重要意义。

尽管随着 2018 年《行诉解释》的颁布，《适用解释》已被废止，但是最高人民法院副院长江必新在介绍《行诉解释》的新闻发布会上指出，在行政协议的专项司法解释出台之前，法院审理行政协议案件仍然应当参照《适用解释》相关规定的有关内容。

根据《适用解释》的上述规定，行政机关因公共利益需要或者其他法定理由单方变更、解除协议是合法的。实践中，许多地方规章中就含有此类规定。例如，《山东省行政程序规定》第 105 条规定："行政合同受法律保护，合同当事人不得擅自变更、中止或者解除合同。行政合同在履行过程中，出现严重损害国家利益或者公共利益的重大情形，行政机关有权变更或者解除合同；由此给对方当事人造成损失的，应当予以补偿。行政合同在履行过程中，出现影响合同当事人重大利益、导致合同不能履行或者难以履行的情形的，合同当事人可以协商变更或者解除合同。"《上海市城市基础设施特许经营管理办法》第 39 条第 1 款规定："因法律、法规、规章修改或者废止，或

---

[1] 江必新："行政协议的司法审查"，载《人民司法（应用）》2016 年第 34 期。

[2] 沈广明："行政协议单方变更或解除权行使条件的司法认定"，载《行政法学研究》2018 年第 3 期。

者政策重大调整的，为了公共利益需要，经报市人民政府批准后，实施机关可以提前收回特许经营权，但应当按照特许经营协议的约定给予项目经营者合理补偿。特许经营协议对补偿没有约定的，协议双方可以协商确定补偿方案。"

2. 对相关案例的分析

有学者通过对相关案例进行分析，尝试梳理出审判实践中法院实际认可的行政协议单方变更或解除权的行使条件。其通过归纳分析发现，《适用解释》实施前，由于没有一部法律法规对行政协议单方变更或解除权行使条件作一个普适性规定，各法院对此条件的认定各有不同。《适用解释》实施后，法官对单方变更解除条件的认定有向该解释靠拢的趋势，主要分为公共利益需要和符合法律规定两大类。另外，仍以《适用解释》实施的时间点为分水岭，法院对于公共利益需要的解释方式发生了显著变化。具体来说，《适用解释》实施前，法院采"事实上的公共利益需要"解释方式。事实上的公共利益需要，是指行政机关可以直接依据案件事实自行判断有关情形是否涉及公共利益需要。《适用解释》实施后，法院对于公共利益需要的解释发生了明显变化，以"法律规定的公共利益需要"解释进路替代"事实上的公共利益需要"。法律规定的公共利益需要，是指个案中的公共利益需要存在现实的法律依据，至少是法律的初步规定，而非完全由行政机关自行决断。为初步确定公共利益在个案中的涵义，法官先通过寻找关联的法规范，借"规范之手"解释个案中可能存在什么样的公共利益（公共利益的初步类型化），再判断个案中出现的情形是否符合前述已类型化的公共利益需要。不难看出，相较于"事实上的公共利益需要"解释进路而言，"法律规定的公共利益需要"解释进路以法规范作依托，具有更强的客观性和说服力。[1]

应当说，在行政机关单方变更或解除协议时，对公共利益的解释及司法审查强度的把握关涉国家对行政机关行使公权力的监管力度。较弱的司法审查强度极可能导致行政机关以公共利益为名滥用单方变更或解除权的情形，

---

[1] 沈广明："行政协议单方变更或解除权行使条件的司法认定"，载《行政法学研究》2018 年第 3 期。

致使行政相对人的合法权益受到侵害。但必须指出的是，若法院的司法审查力度过强，将行政协议单方变更解除权的行使条件限定得过分严苛，则容易降低行政效率，浪费行政管理资源。在行政事务日益烦冗的今天，这显然是应当尽力避免的。如上文所述，《适用解释》出台后，法院采取了"法律规定的公共利益需要"解释进路。此种解释进路以法规范为依托，具有客观性和说服力，因而是较为可取的。

根据学者对相关案例的归纳分析，司法实践中，法官认定行政机关是否有权单方解除行政协议主要分为两个步骤：第一步是确定个案中公共利益需要的具体含义，法院采取上文提到的"法律规定的公共利益需要"解释进路，将法规范中经价值填充的公共利益需要与案件事实相勾连，实现个案中公共利益需要的确定。第二步则是行政协议单方变更或解除权的行使条件的合法性判断。在第一步过后，尽管个案中公共利益的含义得到了确定，但要最终判断行政机关以公共利益为由单方变更或解除行政协议的行为是否合法，还需运用个案中的法益衡量。由于一部法律往往在不同程度上追求多个目的，因此当法律所追求的多个目的之间发生冲突时，需要在个案中进行法益衡量。此时便可运用比例原则进行分析，通过"适当性原则""必要性原则"与"均衡性原则"三个子原则，在个案中运用"目的—手段"及"效益—成本"分析，从而选择出效果最佳的方案。[1]

（二）对合同相对人的补偿

有必要指出的是，行政优益权是一种有节制有对价的权力，不是没有限制的特权。法国行政机关基于公共服务原则享有合同履行的指挥权、单方变更协议标的权、单方解除权、制裁权等行政优益权。这种优益权制度并非意味着行政专断，而是受到合同相对人财务平衡原则的制约。行政机关行使优益权，必须对相对人由此遭受的损失进行相当的补偿，使相对人在金钱上没有损失。[2]在我国，行政机关行使行政优益权给相对人造成损失的，同样应当

〔1〕 沈广明："行政协议单方变更或解除权行使条件的司法认定"，载《行政法学研究》2018年第3期。

〔2〕 于立深："行政协议司法判断的核心标准：公权力的作用"，载《行政法学研究》2017年第2期。

对其予以补偿。《行政诉讼法》第 78 条第 2 款规定，被告变更、解除本法第 12 条第 1 款第 11 项规定的协议合法，但未依法给予补偿的，人民法院判决给予补偿。2015 年的《适用解释》第 15 条第 3 款也规定："被告因公共利益需要或者其他法定理由单方变更、解除协议，给原告造成损失的，判决被告予以补偿。"

【后续影响及借鉴意义】

目前我国社会正处于转型期，我国政府开始从管理型政府转向服务型政府，社会治理模式也逐渐从"命令—服从"转变为"协商—合作"型。在这一大背景之下，公民或市场主体不再是政府管理的对象，而是其服务、合作的相对人。也正是在这一过程中，契约不再限于私法领域，逐步开始向公法领域渗透。行政协议的应用空间随着公私合作的不断拓展而日益广泛应用于公共行政。行政机关开始以行政协议的方式与行政相对人合作，在高效实现行政管理目标的同时，又大幅提升了行政相对人的可接受程度，构建起了一个既鼓励私人投资又能维护公共利益的公私伙伴关系。[1]

尽管行政协议的运用为当今社会治理带来诸多亮点，但在公法与私法二元界分的传统法律体系下，以私法形式进行公权力行政势必会引发一种忧虑。即国家可能会假借作为自由法的私法逃脱依法行政原则的约束，最终导致人民的权益被置于危险的境地。[2]因此，探究以私法形式进行的公权力行政如何受公法的约束无疑是一个重要议题。

法律不应是脱离社会现实的僵化教条，其必须适应社会的发展变革。在民营化、信息化与全球化迅猛发展的今天，行政法学也应与时俱进，根据现实需要不断进行自我调整与革新。具体来说，随着公私合作的不断拓展，整体公法论、整体私法论的思维都不可取，我们不应再固守公私法二元界分的窠臼，而是应灵活适用公法和私法，确保行政决定的合法性、最优性与相对人的可接受性。[3]

---

〔1〕 沈广明："行政协议单方变更或解除权行使条件的司法认定"，载《行政法学研究》2018 年第 3 期。

〔2〕 严益州："德国行政法上的双阶理论"，载《环球法律评论》2015 年第 1 期。

〔3〕 严益州："德国行政法上的双阶理论"，载《环球法律评论》2015 年第 1 期。

打破公私法二元对立的窠臼无疑是具有进步意义的，但进一步讲，在具体的问题上细致地探寻公私法规则的适用逻辑，构建更为明晰更具可操作性的规则或许是我们接下来应着力攻克的。具体到本案，在行政协议无效的判断问题上，法院明确指出既适用行政诉讼法关于无效行政行为的规定，同时也适用民事法律规范中关于合同无效的规定。但是，如何同时适用则有待进一步讨论。再审法院赞成公法优先的顺序选择，其认为，行政协议作为一类特殊类型的行政行为，对行政协议效力的判断首先应当适用行政诉讼法关于无效行政行为的规定。这种非此即彼的顺序选择实质上是将公法规则和私法规则截然对立，认为二者不可能有交集。但正如上文所述，在认定行政协议无效这一问题上，我们并非必须在公私法规则中作非此即彼的选择。通过最大限度地挖掘公法和私法规则的交叉点，可在公私法规则之间实现融通。因此，在适用《合同法》第 52 条规定之后再用《行政诉讼法》第 75 条加以限定可能是更为理想的适用逻辑。

总的来看，我国现行《行政诉讼法》虽然将行政协议纳入受案范围，但是该法的总体构造仍然围绕单方行政行为设置，并无多少条文可以应用于行政协议。此外，在我国公私法二元界分的法律体系之下，《合同法》等民事法律规范也无法直接转用于行政协议。通过对"重大且明显"进行法律解释虽然可以在一定程度上缓解诉讼问题，但是从实体法上为行政协议建立独立的、系统的法律规范才是最终的方向。当前已经有学者开始深入探究公私法规则在无效行政协议认定中的适用逻辑，在协议主体、协议内容和协议订立程序等事由上讨论无效标准的具体适用，以列举形式在行政主体资格、私法合同当事人资格、协议内容、协议程序方面建构无效行政协议的标准。[1]应当说，这样的尝试无疑是值得期待的。

---

[1] 王敬波："司法认定无效行政协议的标准"，载《中国法学》2019 年第 3 期。

三 行政程序

案例一　梁桂华诉那坡县政府与那怀屯林业行政登记案

丘兆杰*

【案例名称】

梁桂华诉那坡县政府与那怀屯林业行政登记案 [最高人民法院（2018）最高法行再 7 号]

【关键词】

自我纠错　信赖保护　行政程序　轻微违法　撤销权

【基本案情】

最高人民法院查明的事实如下：诉争林地称"更虎山"（达岭、那哈、从灵），属于那怀屯集体所有。那怀屯农户梁桂华于 1994 年 9 月与那坡县财政局在诉争林地上联营种植玉桂。2010 年 8 月至 10 月期间，那坡县政府组织林改工作组对那怀屯集体林地开展林权改革工作。在此期间，林改工作组工作人员组织该屯农户到实地进行勘界，由农户对各自的林地及地上的林木逐一进行指认，但对于包括本案争议地在内的 102.1 亩"更虎山"林地及地上的

---

　　* 作者简介：丘兆杰，中国政法大学法学院宪法与行政法专业硕士研究生。本文的指导教师为中国政法大学法学院行政法研究所副教授、硕士生导师张力。

玉桂，既没有梁桂华等户进行指认，也没有那怀屯进行指认。林改工作组遂将该林地使用权确认为那怀屯集体享有，并制作《林权现场勘界表》（载有"林权权利人那怀屯集体，小地名达岭，面积102.1亩"的内容），于同年8月6日进行公示，公示期为7天。在公示期间，梁桂华农户及那怀屯的其他农户均未提出异议。2010年8月16日，梁桂华与那怀屯签订《集体林地家庭承包经营合同》，承包期限为2011年1月1日至2080年12月31日止，承包林地的第13宗为"更虎山"地块23.9亩，林木状况为"玉桂"，即本案诉争林地。2010年8月29日，那坡县林业局在那怀屯发布那林权公第0403002号《公示》，将那怀屯53户申请林权登记发（换）证的《林权登记发证前公示表》[载有"宗地外业号657，面积102.1亩，单位（个人）那怀屯集体，小地名达岭"的内容]进行公示，公示期为30天。在公示期间，梁桂华、梁桂夫、韦东、韦有学等四户于9月15日找到时任那怀屯屯长黄锋，声称其四户在"达岭"各有一块林地被漏指，并交给黄锋一份《报告》，要求黄锋在该《报告》上签字，再一同到德隆乡林改办予以证明。黄锋在《报告》上签字，并同梁桂华等四户前往德隆乡林改办反映情况。德隆乡林改办在听取梁桂华等四户反映的情况后，采纳其主张，但未就该情况按照法定程序重新进行公示，而是直接将林改材料上报给那坡县林业局，那坡县林业局亦直接将林改材料呈报给那坡县政府颁发林权证。2010年10月5日，那坡县政府向梁桂华颁发那林政字（2010）第0403020047号《林权证》（以下简称涉案《林权证》）。2012年5月，因修路需征收部分诉争林地，那怀屯与梁桂华等人产生纠纷，向那坡县政府申请调处。2015年2月2日，那坡县政府作出那政处字（2015）3号行政裁定，认为梁桂华等人取得的诉争林地的四宗林权证与权属确认有直接关联性，需要对该事项重新核查审定，裁定确权处理中止。2015年8月5日，那坡县政府认为该府向梁桂华等四户颁发林权证违反法定程序，作出那政处字（2015）第6号《关于撤销梁桂华农户〈林权证〉部分宗地号的决定》（以下简称6号《撤销决定》），撤销梁桂华持有的涉案《林权证》中宗地编号为04510070403GDYMSY020671号宗地（以下简称涉案《林权证》0671号宗地）的使用权，同时作出撤销梁桂夫、韦东、韦有学农户各自林权证中诉争林地宗地的决定。2016年2月28日，梁桂华提起本案行政诉讼，请求依法判决撤销6号《撤销决定》。

一审法院经审理后认为，根据《广西壮族自治区集体林权制度改革确权发证办法（试行）》第 43 条的规定，经初审、复审后的林权登记申请审核结果，由林业行政主管部门以公告形式进行公示，公示期内有关利害关系人有权对登记申请提出异议。那坡县政府在未对梁桂华等四户的复查结果重新进行公示的情况下向其颁发林权证，违反法定程序，该林权证依法应予以撤销。那坡县政府作出 6 号《撤销决定》，证据确凿，适用法律、法规正确，符合法律程序，依法应予以维持。

梁桂华不服一审判决，提起上诉。二审法院经审理后认为，那坡县政府在未对梁桂华等四户提交的报告进行调查核实，未对梁桂华涉案《林权证》0671 号宗地的登记内容进行公示的情况下，向梁桂华颁发涉案林权证，违反《广西壮族自治区集体林权制度改革确权发证办法（试行）》第 43 条的法定程序，那坡县政府据此作出 6 号《撤销决定》，依法有据。《集体林地家庭承包经营合同书》中，虽然在"承包林地基本情况"表中登载有"小地名更虎山，宗地编号 0671，面积 23.9 亩"的内容，但是这些内容并没有在那怀屯集体林改阶段中进行公示，那坡县政府颁发涉案《林权证》0671 号宗地使用权证，违反林改发证的程序规定。依照《行政诉讼法》第 89 条第 1 款第 1 项的规定，判决驳回上诉，维持一审判决。

《广西壮族自治区集体林权制度改革确权发证办法（试行）》第 43 条规定：

"经初审、复审后的林权登记申请审核结果，由林业行政主管部门以公告形式进行公示。公示的主要内容有：包括申请登记的主要内容和现场核实的结果。林权人的名称，拟准予登记的林权权属性质、面积（株数）、座落等内容，以及对公示提出异议方式、地点、期限和要求复查办法等。

县级林业行政主管部门对已经受理的登记申请，应当自受理之日起 10 个工作日内，在林地所在地进行公示。公示期为 30 天。在公示期内，有关利害关系人如对登记申请提出异议，林业行政主管部门应当对其所提出的异议进行调查核实。有关利害关系人提出的异议主张确实合法有效的，林业行政主管部门对登记申请应当不予登记。"

【裁判要旨】

行政行为一旦作出，即具有确定力及执行力。但是对于违法或不当的行政行为以及由于事实和法律变迁而不宜存续的行政行为，行政机关具有自我纠错的权力和职责。自我纠错的价值在于减少或者避免行政争议的产生，尽早结束行政行为效力的不确定状态，维护行政法律关系的稳定，增强公众对行政机关的认同和信赖。在目前缺少法律明确规定的情况下，行政机关可以采取的自我纠错方式主要有撤销、补正、改变原行政行为、确认违法等方式。从严格依法行政的角度而言，对于所有有瑕疵的行政行为，都可以通过撤销的方式予以纠正。但是从行政效率和效益的角度考虑，基于保护行政相对人的信赖利益和减少行政争议产生的考量，行政机关应当采取足够审慎的态度，只有在该行政行为的瑕疵足以影响到实质处理结果时，才采用撤销的方式进行纠错。对于行为仅存在轻微瑕疵但并不影响实质处理结果且对利害关系人权利不产生实际影响的，或者通过补正等事后补救方式可以"治愈"的瑕疵，或者撤销行政行为可能会给国家利益、社会公共利益造成重大损失的，则应当考虑采取其他方式进行纠错。

【裁判理由与论证】

最高人民法院经再审，撤销了一审、二审法院的判决，并以认定事实不清、适用法律错误为由撤销了那坡县政府作出的 6 号《撤销决定》。

在判决理由部分，法院确认涉案《林权证》在登记发证程序上存在轻微违法，但该程序上的瑕疵尚不需要通过撤销的方式纠正。

一、涉案《林权证》的颁发是否存在违法情形

最高人民法院认为，"那坡县政府在未对梁桂华等四户提交的《报告》进行调查核实，亦未对梁桂华涉案《林权证》0671 号宗地的登记内容按照法定程序重新进行公示的情况下，直接根据上报的林改材料向梁桂华颁发涉案林权证，违反上述法律规定的颁证程序。6 号《撤销决定》及一、二审判决对于那坡县政府未对涉案《林权证》0671 号宗地情况进行公示就直接登记发证，违反法定程序的认定，具有事实根据。"

二、本案是否应通过撤销涉案《林权证》的方式纠正违法

本案中，那怀屯因诉争林地提出的纠纷仅涉及梁桂华的土地使用权，对

其林木所有权没有异议。"虽然那怀屯主张梁桂华持有的《集体林地家庭承包经营合同》存在违反程序等问题，但该屯或其他村民至今并未就诉争土地的承包经营纠纷申请仲裁或提起诉讼，该《集体林地家庭承包经营合同》未经任何法定程序进行过变更或解除，具有法律效力。那坡县政府为梁桂华颁发涉案林权证0671号宗地的使用权，作为证明材料的承包经营合同合法有效，权属来源清楚。"此外，最高人民法院对于未经公示的程序违法，认为"林权证颁发过程中进行公示的主要目的，是让利害关系人知晓申请登记的林木和林地位置、四至界限、林种、面积或者株数等数据是否准确，督促利害关系人及时提出异议，在发证前解决可能存在的权属争议。那坡县林业局于2010年8月进行的两次公示，载明诉争林地的权利人为那怀屯，那怀屯的其他村民对此并无异议，并未提出权利主张和争议。梁桂华等人则是在那坡县林业局进行公示期间提出异议，并提交《报告》及《集体林地家庭承包经营合同》。《集体林地家庭承包经营合同》系梁桂华与那怀屯签订，《报告》上有时任那怀屯屯长黄锋的签名，且由黄锋陪同梁桂华等人到德隆乡林改办反映情况。上述事实足以证明，那怀屯集体在颁证公示期间认可梁桂华等人在诉争土地上的承包经营权和对林地的使用权，双方并不存在对诉争土地的权属争议。"

综上所示，虽然那坡县政府颁发涉案林权证未经公示，存在程序上的瑕疵，但该瑕疵并不影响那怀屯及其他村民的实体权利，不应通过撤销涉案《林权证》的方式纠正。

【涉及的重要理论问题】

随着信赖保护和法安定性理念得到广泛接纳，对于违反法定程序的行政决定一律予以撤销的做法被逐步摒弃。2015年5月1日起实施的新《行政诉讼法》（以下简称新法）第74条将程序轻微违法，但对原告权利不产生实际影响的纳入确认违法判决的情形。实践中对于该部分违法程度轻微的行为，法院仅确认违法或驳回当事人起诉，不再要求行政机关撤销重做。但由于我国并没有统一的行政程序法典，新法仅要求法院基于节约司法、行政资源和保护相对人信赖利益的考量限制撤销判决的适用范围，而对于该类程序轻微违法的行为，行政机关主动予以撤销的是否也应受到限制？本案中，一审法院和二审法院均以那坡县政府在未对梁桂华等四户的复查结果重新进行公示的情况下向其颁发林权证为由，认定其违反法定程序，维持 6 号《撤销决定》。而最高人民法院则认为未经重新公示颁发林权证仅属程序的轻微瑕疵，不应通过撤销的方式予以纠错。对本案涉及的重要理论问题也主要从轻微违法的识别和行政机关通过撤销方式自我纠错的限度两方面展开。

一、行政行为程序轻微违法涉及的主要理论问题

为判断在何种情形下程序上的违法才"足够轻微"，2018 年 2 月 8 日起实施的《最高人民法院关于适用〈中华人民共和国行政诉讼法〉的解释》（以下简称《行诉解释》）第 96 条提出了判断程序轻微违法的基本原则，即是否对原告依法享有的听证、陈述、申辩等重要程序性权利产生实质损害。该条款在提出程序轻微违法识别标准的同时，也提出了"重要程序性权利"等须予以明确的概念。

（一）"程序轻微违法"与"程序轻微瑕疵"的区分

在进一步评析《行诉解释》提出的轻微违法识别标准前，有必要分析实践中常将"程序轻微违法"与"程序轻微瑕疵"混用的现象，以便厘清相关概念。在新法草案的二次审议稿中，采取了不可补正的程序违法行为和可补正的程序轻微瑕疵行为二分的做法，以是否可补正作为区分程序违法与程序轻微瑕疵的标准。[1]尽管最终在立法上采取了"行政行为程序轻微违法"的表述，但自新法实施以来，部分案例反映出法院并没有对何种情形下应适用"程序轻微违法"或"程序轻微瑕疵"形成统一看法，有时则直接将两者相等同。[2]本案最高人民法院则将"程序轻微违法"与"程序轻微瑕疵"交替使用。在具体行政行为理论的发源地德国，其《德国联邦行政程序法》也采

---

〔1〕 应当认为新法草案的二次审议稿中的"程序轻微瑕疵"与新法中规定的"程序轻微违法"内涵并不相同。依据二次审议稿的是否可补正标准，只有可补正的程序违法才属于程序轻微瑕疵，而显然实践中存在无法补正但仍被法院认定为程序轻微违法的情形，如后文将提及的期限轻微违法。

〔2〕 同样是在行政执法过程中未出示工作证，在"彭建红诉湘乡市公安局确认违法并赔偿案"〔（2015）湘法行初字第 36 号判决书〕中，法院认为执法过程中未出示相应证件在程序上违法，并作出确认违法判决。而在"林昌惠诉石门县公安局治安行政处罚及行政赔偿案"〔（2016）湘07行终40号判决书〕中，法院认为执法过程中未出示证件只是程序瑕疵，尚不构成程序违法，驳回原告诉求。

用了"瑕疵"这一概念，该法第 44 条便使用了"严重瑕疵"一词描述行政行为无效的情形。这种将违法与瑕疵相等同的观点，与德国的理论通说相一致。"行政行为不符合现行任何法律规定的，构成违法或者瑕疵（两个术语含义相同）。"〔1〕我国在行政诉讼实践中所采用的"瑕疵"则不与违法等义，部分判决将其理解为一种程序上的轻度缺陷，该缺陷既不导致被撤销也不导致确认违法，而仅由法院予以指正并驳回原告诉讼请求的情形，〔2〕有学者将其称为"狭义的程序瑕疵"，与跟违法同义的"瑕疵"概念相区分。〔3〕由于被认定为存在"狭义的程序瑕疵"的行政行为可能会导致驳回诉讼请求的后果，有学者建议今后在审判中不宜再使用"瑕疵"这一概念，否则将会导致大量的行政行为"问题适法"动辄被以"瑕疵"评价，纵容了行政行为的随意性，模糊了合法性审查标准的边界。〔4〕

结合以上论述，可以看出本案判决中所使用的"程序轻微瑕疵"一词，实际上与"程序轻微违法"同义，非指"狭义的程序瑕疵"。通过考察新法第 70 条与第 74 条之间的关系可以发现，"违反法定程序"与"程序轻微违法"之间为包含关系而非并列关系。在行政诉讼裁判方法的逻辑体系中，确认违法判决本身就是撤销判决的一个"补充判决"。〔5〕新法第 74 条可视作第 70 条的例外规定，即当行政行为程序违法在原则上应适用撤销判决，但在违法程度轻微且对原告权利不产生实际影响的例外情况下应适用确认违法判决。因此，"程序轻微违法"实际上是介于程序严重违法与"狭义的程序瑕疵"之间的概念。

（二）"程序轻微违法"作为确认违法判决事由的正当性

在新法实施之前，法院对待"程序轻微违法"的判决方式主要包括撤销、

---

〔1〕 ［德］哈特穆特·毛雷尔：《行政法学总论》，高家伟译，法律出版社 2000 年版，第 229 页。

〔2〕 在"吴桂杰诉朝阳市城市管理综合行政执法局强制拆除纠纷案"［（2013）朝行终字第 00150 号判决书］中，法院认为被上诉人实施的强制拆除行为没有制作法律文书，程序存在瑕疵，但强拆行为并没有违反法律规定，因此驳回原告诉求。

〔3〕 梁君瑜："行政程序瑕疵的三分法与司法审查"，载《法学家》2017 年第 3 期。

〔4〕 李欢如、李辉品："认真对待瑕疵：论行政行为适用法律问题的司法审查——以 256 份行政裁判文书为样本的分析"，载贺荣主编：《深化司法改革与行政审判实践研究——全国法院第 28 届学术讨论会获奖论文集》（下），人民法院出版社 2017 年版，第 1579 页。

〔5〕 章剑生："再论对违反法定程序的司法审查——基于最高人民法院公布的判例（2009—2018）"，载《中外法学》2019 年第 3 期。

驳回和维持判决三种。由于维持判决已出于诉判一致的要求在新法中被废除，本文不再讨论。目前，只要违反法定程序就一律导致行政行为被撤销的观念已被大多数国家的司法实践摒弃，原因在于行政机关仍可能在法院判决行政行为撤销后依然"故我"，浪费行政执法资源，也会导致诉讼程序空转，不符合诉讼经济原则的要求，无法实现撤销判决权利救济的实效性。因此，从制度的功能定位来看，新法第74条将"程序轻微违法"作为确认违法的判决种类，主要是基于程序效能的考量。从更深层的角度来说，上述诉讼经济原则的要求反映了法院进行利益权衡的结果。在"程序轻微违法"所涉及的违法对最终的行政决定而言无足轻重、不关宏旨的情况下，即使撤销行政行为也对相对人的权利保障没有实际意义，不具有充分的权利保护必要性。警示、督促行政机关在后续活动中依法行使行政职权的作用完全可以通过其他更经济的方式实现。如有学者对法院对广义程序轻微瑕疵（即包括程序轻微违法和狭义程序轻微瑕疵）的司法反应进行归类，具体包括忽略不计、制度性补救、确认违法和治愈。〔1〕通过确认违法的方式评价程序上轻微违法的行政行为，行为的违法性与有效性出现分离，违法状态的纠正委诸行政机关。行政机关对于何时与采取何种方式纠正程序违法存在裁量权。这种弹性应对的余地是确认违法诉讼的特色，〔2〕也是法院在坚持合法性审查原则的基础上，回应当事人诉讼请求的体现，同时又不至于过度牺牲行政效率。

另一种解决问题的进路则是驳回判决。由于确实存在轻微违反法定程序的事实，在原告诉求存在法律依据支撑的情况下判决原告败诉，不利于实现解决行政争议的社会效果，也有违常理。但如前文所述，实践中确实存在"狭义程序瑕疵"而仅需进行补正而无需确认违法的情况。因此，有学者主张可将驳回判决限定在"狭义程序瑕疵"的情形中，同时应当以"违反程度轻微且行政机关自行实施了有意义的补正"作为适用驳回诉讼请求判决的前提。〔3〕综上，在各类可能的判决类型中，确认违法判决应当是处理"程序轻微违法"的最佳进路。

---

〔1〕 余凌云："对行政程序轻微瑕疵的司法反应"，载《贵州警官职业学院学报》2005年第4期。

〔2〕 王贵松："论我国行政诉讼确认判决的定位"，载《政治与法律》2018年第9期。

〔3〕 梁君瑜："行政程序瑕疵的三分法与司法审查"，载《法学家》2017年第3期。

（三）"程序轻微违法"的判断标准

判断"程序轻微违法"的核心在于对"轻微"这一不确定法律概念的解释。一种权威观点认为，轻微违反法定程序是指行政行为虽然违反了法律、法规或者规章中的法定程序，但这种程序并不是作出行政行为时的主要程序或关键程序，也不会对相对人的实体权益造成影响，只是造成了行政行为在程序上的某种缺陷。[1]实际上，程序违法是否影响相对人实体权益是实践中最常使用的判断程序违法程度的标准。在本案中，最高人民法院认为颁发涉案林权证未经公示这一程序违法"足够轻微"的论证思路与上述解释具有相通之处，区别在于法院并没有说明公示程序究竟是否属于主要程序或关键程序。首先，最高人民法院对于那坡县政府未对涉案《林权证》0671号宗地情况进行公示就直接登记发证，违反法定程序的认定，具有事实根据并予以认可。紧接着，最高人民法院认为，"林权证颁发过程中进行公示的主要目的是让利害关系人知晓申请登记的林木信息是否准确，而那坡县林业局于2010年8月进行的两次公示，载明诉争林地的权利人为那怀屯，那怀屯的其他村民对此并无异议，并未提出权利主张和争议"。而梁桂华等人在那坡县林业局进行公示期间提出异议，且提交了与那怀屯签订的《集体林地家庭承包经营合同》和载有时任那怀屯屯长签名的《报告》。这说明即便对更正登记予以公示也无法起到督促利害关系人提出异议的作用，未经公示程序这一瑕疵并未影响到那怀屯及其他村民的实体权利，因此该违法"足够轻微"。

上述解释与论证思路的弊端也是显而易见的。其一，主要程序和关键程序两个概念仍有待解释，其内涵并不明确。其二，可能与新法第74条的立法旨意相违背。[2]新法第74条规定同时满足程序轻微违法且对原告权利不产生实际影响两个条件的，属于适用确认违法判决的情形之一。但上述思路将对原告权利不产生实际影响作为程序轻微违法的判断标准，与实体法并不一致。

---

〔1〕 江必新主编：《中华人民共和国行政诉讼法及司法解释条文理解与适用》，人民法院出版社2015年版，第473页。

〔2〕 章剑生："再论对违反法定程序的司法审查——基于最高人民法院公布的判例（2009—2018）"，载《中外法学》2019年第3期。

从理论上而言，完全有可能存在程序严重违反法律规定，但对原告的实体权利不产生实际影响的行政行为，若此时仍将该行政行为视为轻微违法则忽视了程序的独立价值。[1]

对此，司法解释第 96 条提出了有别于上述思路的判断标准。司法解释第 96 条所确立的"程序轻微违法"识别标准可拆分为两部分：（1）属于处理期限轻微违法，通知、送达等程序轻微违法及其他程序轻微违法的情形；（2）对原告依法享有的听证、陈述、申辩等重要程序性权利不产生实质损害。司法解释所确立的标准不再妨碍新法第 74 条将"对原告权利不产生实际影响"与"程序轻微违法"并列作为适用确认违法判决的要件，但该条文仍包含较多不确定法律概念，需要对其进行解释以提高可操作性。

1. 重要程序性权利

程序性权利作为与具体执法权力相对应的机制，能够有效地实现公民对执法的参与、平衡政府权力的作用，更能够最大程度地实现参与公民的主体性。[2]因此，"若被违反程序之价值具有基础性地位，则该程序构成'最低限度的公正'并可引申出程序权利之诉求，违反的后果难言'轻微'"。[3]有学者认为行政相对人的程序性权利包括：（1）要求中立的裁判者主持程序和作出决定的权利；（2）被告知的权利；（3）听证权；（4）平等对待权；（5）要求决定者为决定说明理由的权利；（6）程序抵抗权；（7）申诉权。[4]依据功能将上述具体的程序性权利进行归类，又可概括为以下三类：一为确保获得公正裁决的权利，包括申请回避权、禁止单方面接触等，该类权利与自然公正原则中的"任何人不得自为法官"的理念相对应，构成最低限度的公正；二为要求行政机关听取意见的陈述权、听证权等，该类权利可以约束

---

[1]　在"李云迪诉国家工商总局商标评审委员会等商标争议行政纠纷案"〔（2010）高行终字第1155 号判决书〕中，法院认为真正的争议商标专用权人乐蓓莉没有参与商标评审程序，本案商标权人的追认也不足以弥补违法的评审程序，应当撤销商标评审委员会作出的商标争议裁定书。但事实上涉案商标争议裁定书维持了商标的注册，即使乐蓓莉参与到商标评审程序中来也不会改变商标争议裁定书的实体内容。可见，即使最终的裁定并不对原告产生实际影响，但若存在真正的商标权利人未参与答辩的评审程序的不当情形，仍应予以撤销。

[2]　肖金明、李卫华："行政程序性权利研究"，载《政法论丛》2007 年第 6 期。

[3]　梁君瑜："行政程序瑕疵的三分法与司法审查"，载《法学家》2017 年第 3 期。

[4]　王锡锌："行政过程中相对人程序性权利研究"，载《中国法学》2001 年第 4 期。

行政机关的自由裁量权，督促权力的理性行使；三为确保能够从行政机关获得充分信息的知情权、说明理由权等，该类权利也是基于权力必须理性行使这一基本法律精神，同时也是行使陈述、申辩权的前提。依据萨默斯对程序价值的理解，上述程序性权利独立于实体结果之外，其程序本身就蕴含了实现参与性统治、程序理性和人道性等"程序价值"的功能，[1]可谓"重要程序性权利"。至于何种程序性权利属于"重要程序性权利"，也有学者从司法解释条文本身出发，由于司法解释采取的表述是"听证、陈述、申辩等重要程序性权利"，这说明其他重要程序性权利应当与听证、陈述、申辩权利具有类似功能，即确保行政参与者向行政机关就拟作的行政决定表达自己的意见，是实现参与权的重要内容。因此，"重要程序性权利"包括与有效实现参与权相关联的程序性权利，包括要求回避、说明理由等。[2]本案中，要求行政机关对与自身具有利害关系的决定予以公示的权利是保障知情权的重要实现方式，应属重要程序性权利。

从反面角度看，被排除在重要程序性权利之外的程序性要求，是指那些出于提高行政效能而作出的，并非基于保障实体结论的公正性和正确性而设的安排，如遵守期限、送达等。但违背该类程序性安排也可能会损害到相对人的重要程序性权利，因此并非不可能达到程序严重违法的程度。

2. 不产生实质损害

对重要程序性权利产生实质性损害，应当理解为设定程序性权利的目的在根本上落空。以听证、陈述、申辩权为例，设定上述权利的目的是使行政相对人、相关人为维护自身合法权益而参与到行政程序中。行政机关应在向相对人告知其可能面临的不利后果的基础上，允许行政相对人、相关人员就相关事实和法律问题表达自己的意见。如果行政机关没有对相对人可能面临的不利后果作出提示，相对人也难以作出充分的抗辩，违反了正当程序原则的要求，即使行政机关允许相对人进行陈述申辩，但若存在未充分提示风险

---

〔1〕 美国法学家罗伯特·萨默斯将法律程序将实现某种符合公认价值标准的结果有意义的能力，称为"好结果效能"（good result efficacy）。而将通过程序本身而不是通过结果所体现出来的价值标准，称为"程序价值"（process value）。陈瑞华："通过法律实现程序正义——萨默斯'程序价值'理论评析"，载《北大法律评论》1998年第1期。

〔2〕 陈振宇："行政程序轻微违法的识别与裁判"，载《法律适用》2018年第11期。

这一情形，也足以构成程序严重违法。[1]

3. 程序轻微违法的情形

司法解释列举了两种典型的程序轻微违法的情形。其一是处理期限轻微违法，其二是通知、送达等程序轻微违法。两种情形前都有"轻微"一词予以限定，即需结合上述是否对原告享有的重要程序性权利产生实质损害的标准予以综合判断。对于处理期限违法的情形，难以用逾期的具体时间长短来衡量违法程度。一般而言，只要行政决定在事实认定和法律适用上没有错误，也没有其他程序性问题的，处理期限违法一般都会被认定为程序轻微违法。在"李亚林诉北京市公安局昌平分局等处罚纠纷案"中，法院认为行政机关未能在法定期限内办结该案对李亚林的权利不产生实际影响，属于程序轻微违法。[2]

对于通知、送达违法的情形，判断其是否符合"轻微"的标准为是否使得相对人未获得相关信息而影响相对人行使其他权利。如在负担性行政行为的送达中，相对人因送达瑕疵而无法知悉可能对其产生不利影响的行政决定，这将导致相对人无法行使申辩权，此时则不能认定为程序轻微违法。

司法解释除上述列举的两种典型的程序轻微违法情形，同时也允许司法实践中发展出其他种类的程序轻微违法情形。有学者通过考察我国湖南等六个地区有关行政程序的立法，总结出有明文规定的程序轻微违法类型，包括（1）未说明理由，但未对相对人的合法权益产生不利影响；（2）未载明决定作出日期；（3）程序上存在其他轻微瑕疵或者遗漏，未侵犯相对人合法权益；（4）其他明显轻微瑕疵（概括式条款）。[3]有学者通过"北大法宝"数据库检索新法实施后的若干判决书，总结出程序轻微违法的情形包括：（1）超过法定期限；（2）文书记载错误；（3）行政程序颠倒；（4）未履行公告程

---

〔1〕 在"于艳茹诉北京大学撤销博士学位决定案"〔（2017）京 01 行终 277 号判决书〕中，法院认为相对人只有在充分了解案件事实、法律规定以及可能面临的不利后果之情形下，才能够有针对性地进行陈述与申辩，发表有价值的意见，从而保证其真正地参与执法程序，而不是流于形式。因此，在北京大学没有对于艳茹的学位可能被撤销这一风险作出充分提示的情况下，北京大学在撤销学位前由调查小组进行的约谈不足以认定其已履行正当程序。

〔2〕 北京市第一中级人民法院（2015）一中行终字第 2062 号行政判决书。

〔3〕 叶必丰："行政行为的治愈——具体行政行为错误的更正和瑕疵的补正"，载《政府法制研究》2014 年第 2 期。

序；（5）未履行告知义务；（6）未正确告知处罚事实；（7）落款日期错误；（8）未严格审查当事人的申请材料。[1]上述研究为今后程序轻微违法情形的类型化研究提供了有益参考。

在本案中，那坡县林业局直接将林改材料呈报给那坡县政府颁发林权证，未就该情况按照法定程序重新进行公示的做法并没有对那怀屯村民的程序性权利产生实质损害。那怀屯村民的知情权已经在2010年8月进行的两次公示中得到了保障，对于公示载明诉争林地的权利人为那怀屯，那怀屯的村民对此没有提出任何异议，也没有提出任何权利主张，公示制度所意图实现的督促利害关系人及时提出异议的功能并没有落空，此种未经公示的情形当属"行政行为程序轻微违法"。

二、行政机关通过撤销方式自我纠错的限制

在本案中，那坡县政府作出6号《撤销决定》，撤销其认为在程序上违法的《林权证》。对此最高人民法院认为："对于违法或不当的行政行为以及由于事实和法律变迁而不宜存续的行政行为，行政机关具有自我纠错的权力和职责。自我纠错的价值在于减少或者避免行政争议的产生，尽早结束行政行为效力的不确定状态，维护行政法律关系的稳定，增强公众对行政机关的认同和信赖。"行政撤销权的行使具有自我纠错的功能，这种纠错不仅及时地减少了违法行为所造成的社会危害，行政机关"知错就改"的态度也会提高其公信力。但是，行政撤销权的行使也可能会破坏法律的安定性，侵犯受益人的信赖利益，甚至可能助长行政活动的随意性，因此应当对其加以法律控制。[2]

一般认为行政机关自我纠错的方式包括撤销、治愈（对违法行政行为的补正）、转换（用另一个行政行为来取代原违法行政决定）和确认违法。[3]行政机关通过撤销的方式纠错应受到限制的观念得到各国司法实践的普遍接纳。《德国联邦行政程序法》第48条第2款规定，提供一次或持续金钱给付或可分物给付，或为其要件的行政行为，如受益人已信赖行政行为的存在，

---

〔1〕 王玎："行政程序违法的司法审查标准"，载《华东政法大学学报》2016年第5期。
〔2〕 章志远："行政撤销权法律控制研究"，载《政治与法律》2003年第5期。
〔3〕 王太高："论违法行政行为的行政自纠"，载《法治研究》2010年第12期。

且其信赖依照公益衡量在撤销行政行为时需要保护，则不得撤销。我国台湾地区的"行政程序法"也有类似的规定，对行政机关依职权撤销进行限制。[1]新法第62条规定，人民法院对行政案件宣告判决或者裁定前，原告申请撤诉的，或者被告改变其所作的行政行为，原告同意并申请撤诉的，是否准许，由人民法院裁定。在"钟卫东诉蕉岭县政府注销农村土地承保经营权证"案中，最高人民法院认为该条款说明："行政诉讼中，作为被告的行政机关，均有权自我纠正错误的被诉行政行为，至于纠错行为是否正确合法，人民法院应当予以审查认定。推而广之，行政程序中，行政机关发现作出的行政行为确有错误的，同样具有自我纠错的法定职权。至于自我纠错行为是否合法，则应当看行政机关自我纠错的理由是否合法、正当，并依法接受人民法院的司法审查。"[2]

虽然"有错必纠"长期作为一项指导行政机关处理"错误"行政决定的基本原则，但通过行政法学界长期的共同努力，"行政机关作出的行政决定产生实质确定力之后，如行政机关认为它有错误必须予以撤销的，应当遵循若干撤销规则，不能基于'有错必纠'原则而随意行使撤销权"，上述理论框架已得到广泛认可。[3]对于行政机关撤销权的理论基础，学界的主要观点包括行政效率与效益、行政行为的确定力与法的安定性和信赖利益保护。其中最常被法院作为裁判理由在判决书中使用的是信赖利益保护原则。早在"焦志刚诉和平公安分局治安管理处罚决定"案中，天津市第一中级人民法院认为："依法作出的行政处罚决定一旦生效，其法律效力不仅及于行政机关相对人，也及于行政机关，不能随意被撤销。已经生效的行政处罚决定如果随意被撤销，也就意味着行政处罚行为本身带有随意性，不利于社会秩序的恢复和稳定。"[4]虽然法院并没有明确引用信赖利益保护原则限制行政撤销权，但其中

〔1〕 我国台湾地区"行政程序法"第117条规定："违法行政处分于法定救济期间经过后，原处分机关得依职权为全部或一部之撤销；其上级机关，亦得为之。但有下列各款情形之一者，不得撤销：一、撤销对公益有重大危害者。二、受益人无第119条所列信赖不值得保护之情形，而信赖授予利益之行政处分，其信赖利益显大于撤销所欲维护之公益者。"
〔2〕 最高人民法院（2018）最高法行申2218号行政裁定书。
〔3〕 章剑生："'有错必纠'的界限"，载《中国法学》2013年第2期。
〔4〕 "焦志刚诉和平公安分局治安管理处罚决定案"，载《中华人民共和国最高人民法院公报》2006年第10期。

对已生效行政行为被随意撤销不利于社会秩序恢复与稳定的论述，能够体现信赖利益保护理念的精神。但这并不意味着依法行政原则与信赖利益保护原则在发生冲突时，信赖利益保护原则得到了优先适用。从根本上来说，建设现代法治与维系公民信赖的目标，主要仍是通过贯彻依法行政原则来实现。[1]从法观念或对法的价值追求角度解读依法行政原则，可以将法治的理念形态区分为严格法治主义和机动法治主义。前者强调恪守法律条文的明确规定，具有浓厚的理想主义和形式主义色彩。后者注重各种利益之间的平衡和协调，包括除合法性之外的法律安定、信赖利益保护等。[2]行政法治理论抛弃了形式主义，从注重法治的形式转向注重法治的目的。[3]有学者认为，"国法威信之维护，不在形式而在目的，即不应斤斤于其形式之完整，而宜以是否达到国法之目的为归"。[4]若拘泥于传统的依法行政观，一律否定未严格依法定程序作出的行政决定，是过度偏重于法的形式与工具价值的体现，反而不利于社会生活的稳定。

在本案中，最高人民法院认为在通过撤销的方式进行纠错时，应考虑保护行政相对人的信赖利益，只有在行政行为的违法程度足以达到影响实质处理结果时，才能采用撤销的方式进行纠错。该观点对行政撤销权提出了内容上的限制。姑且不论该观点以"影响实质处理结果"作为是否可撤销的标准有待商榷，实际上行政机关行使撤销权还应考虑其他方面的限制。

（一）内容限制

从内容上来看，行政行为的撤销不仅以该行政行为具有可撤销的内容为前提，当行政行为的内容涉及信赖利益时撤销也应受到限制。当行政行为的内容满足以下两项条件时，行政机关方可行使撤销权。

其一，行政行为具有可撤销内容。当行政行为所造成的损害已无法逆转时，行政行为不可撤销。这是由于"如果行政行为造成的损害结果已经不可

---

〔1〕 刘飞："信赖保护原则的行政法意义——以授益行为的撤销与废止为基点的考察"，载《法学研究》2010年第6期。

〔2〕 章志远："行政撤销权法律控制研究"，载《政治与法律》2003年第5期。

〔3〕 叶必丰："行政行为的治愈——具体行政行为错误的更正和瑕疵的补正"，载《政府法制研究》2014年第2期。

〔4〕 林纪东：《行政法》，三民书局1988年版，第331页。

恢复原状，（通过撤销处分）废弃行政处分之效力就没有了必要，而解除当事人权益免受该处分效力之影响也已经是不可能。"〔1〕此时行政机关应当通过其他途径对相对人造成的损害予以救济。

其二，不存在信赖基础、信赖表现及正当的信赖，或维持行政行为的存续力将损害公共利益。〔2〕信赖利益保护原则起源自于德国公法上的法安定性原则与基本权利规范，〔3〕是指行政机关所实施的某项行为导致一定法律状态的产生，如果私人因正当地信赖该法律状态的存续而安排自己的生产生活，国家对于私人的这种信赖应当提供一定形式和程度的保护。〔4〕可见只有授益行政行为的撤销才存在保护信赖利益的问题，负担行政行为则无需考虑信赖利益。一般认为构成信赖利益需同时满足三个条件：行政相对人信赖行政行为的存续力；该信赖利益值得法律保护；维持该行政行为的存续力不会损害公共利益。《湖南省行政程序规定》第 8 条规定，因国家利益、公共利益或者其他法定事由必须撤销或者变更（已生效的行政决定）的，应当依照法定权限和程序进行，并对公民、法人或者其他组织遭受的财产损失依法予以补偿"。该规定便体现了保护行政相对人信赖利益的理念。

（二）手段限制

所谓手段限制是指行政机关必须基于比例原则考量是否适宜通过撤销的方式自我纠错。就程序而言，比例原则是指行政主体所采取的措施与要达到的行政目的之间必须具有合理的对应关系。〔5〕如前文所述，行政机关自我纠错的方式包括撤销、补正和确认违法等。其中撤销对原行政决定的否定性评

---

〔1〕 翁岳生：《行政法》（下册），中国法制出版社 2000 年版，第 1362 页。

〔2〕 信赖利益保护原则的适用条件包括：信赖基础（Vertrauensgrundlage），在抽象的信赖保护类型，作为信赖基础的是因国家立法行为而产生的现存法律秩序；在具体的信赖保护类型，可以成为信赖基础的则是行政机关的具体行为。信赖表现（Manisfestierungdes Vertrauens），在具体的信赖保护中私人必须基于信赖而作出一定的处分行为，在抽象的信赖保护中则无此要求。正当的信赖（berechtigte-Vertrauen），私人对行政机关的行为或其创造的法律状态深信不疑，并且对信赖基础的成立为善意且无过失。李洪雷："论行政法上的信赖保护原则"，载《公法研究》2005 年第 2 期。

〔3〕 刘飞："信赖保护原则的行政法意义——以授益行为的撤销与废止为基点的考察"，载《法学研究》2010 年第 6 期。

〔4〕 李洪雷："论行政法上的信赖保护原则"，载《公法研究》2005 年第 2 期。

〔5〕 黄学贤："行政法中的比例原则研究"，载《法律科学·西北政法学院学报》2001 年第 1 期。

价程度最高，不应适用于程序轻微违法或行政行为在形式上存在轻微瑕疵的情形。与程序轻微违法相匹配的自纠手段应当是补正（或称"瑕疵的治愈"）[1]或确认违法。但是，前述"程序轻微违法"作为确认违法判决事由的正当性，并不当然适用于行政机关的撤销权。行政机关自身对其行政决定的处理并不需要受到诉讼经济原则的限制。而在行政程序方面，之所以程序轻微违法对法院撤销判决的限制同样适用于行政机关的撤销权，其根本原因与前述限制撤销权的理论框架是一致的。程序轻微违法这一瑕疵如果一律通过撤销的方式予以纠正则有违信赖利益保护和比例原则的要求。立法者在创设行政程序的规定时，"须斟酌公、私法益之保障、法规范之合宪性与目的性，考量行政之效率与便民性"。[2]该要求对于行政机关而言也同样适用，行政机关在处理一项行政决定时，若仅从形式合法性角度出发，则可能忽视了法治所蕴含的人权保障和公平正义等实质性价值。

综上所述，虽然依据新法的规定，程序轻微违法的识别是服务于确认违法判决的，但同样也应限制行政机关的撤销权。实际上，最高人民法院也在一系列判决中试图确立行政机关对程序轻微违法的行政决定行使撤销权的规则。在"易志明等诉溆浦县政府、怀化市政府土地行政登记案"中，最高人民法院认为："溆浦县人民政府为易志明等三人颁发《集体土地建设用地使用证》的行政程序虽然存在一定瑕疵，但该瑕疵不构成严重程序违法，在没有证据证明该瑕疵是不能补正的情形下，撤销颁证的行政行为法律依据不足。"[3]该判决确立了通过撤销方式纠错具有后置性的规则，即撤销的适用前提是有证据证明行政程序的瑕疵已不能通过补正的方式得到治愈。此外，应指出更正和补正是存在区别的。更正适用于行政行为错误的情形，如误写、误算等。而在"郴州饭垄堆矿业有限公司诉中华人民共和国国土资源部国土资源行政复议决定案"中，最高人民法院认为："首次许可时，许可机关可以依法裁量

---

[1] 瑕疵的治愈，是指行政行为作出后，进行追加、补充其所欠缺的要件——通常是程序性及形式性的要件，其结果是使瑕疵消除。[日] 盐野宏：《行政法》，杨建顺译，法律出版社 1999 年版，第 116~117 页。

[2] 傅玲静："论德国行政程序法中程序瑕疵理论之建构与发展"，载《行政法学研究》2014 年第 1 期。

[3] 最高人民法院（2018）最高法行再 65 号行政判决书。

不予许可；但是否延续许可的裁量和判断，则应受首次许可的约束，兼顾信赖利益保护问题。"[1]该判决则确立了区分看待首次许可与延续许可中瑕疵或违法的规则，即若首次许可存在瑕疵或者违法，许可机关仍应在审慎考虑后作出不予延续的决定。上述案例均反映出法治并不要求一概撤销存在瑕疵甚至是违法情形的行政行为，而是要求根据不同情况作出不同处理。

（三）程序限制

由于行政撤销权的对象是已生效的行政行为，其行使后果会对现存的社会秩序和权益产生影响，因此行政撤销权的形式应当遵循正当程序的要求，并贯穿撤销程序从启动到决定最终作出的全过程。

在程序的启动层面，虽然撤销是作为行政机关自我纠错的一种方式，但也应允许利害关系人向行政机关提出申请，鼓励其参与行政过程。至于最终决定是否依申请启动撤销程序，则由行政机关进行裁量，如相对人仅依据在之前的救济程序中已使用的理由提出申请，则可不予启动并说明理由。由于撤销程序可能涉及多方利益，程序启动经办人应填制书面申请表，并载明原因。[2]我国部分地区的行政程序立法对撤销程序的启动已作出规定。如《福建省行政执法程序规定》第51条第2款规定，"行政执法机关法定代表人对本机关作出的行政执行决定，认为确有错误需要变更或者撤销，应责令原办理部门或者其他部门重新审理"。该条规定撤销程序须由行政机关的法定代表人启动。在"林修金诉漳平市水利局行政撤销案"中，福建省龙岩市中级人民法院认为没有证据表明涉案撤销决定是由法定代表人责令原办理部门或其他部门重新审理，属于违反法定程序，应当撤销涉案撤销决定。[3]

在撤销审查程序层面，应当设立听取相对人意见的程序。听取意见可以通过提交书面意见的方式进行。对于撤销授益行政行为的情形，可以规定应当举行听证。此外，由于听取意见程序会延缓撤销决定的作出时间，因此对于情况紧急，不及时撤销会对社会公共利益产生不利影响的情况，经行政机关负责人批准可先予撤销，因撤销给行政相对人的合法权益造成损害的应予

---

〔1〕 最高人民法院（2018）最高法行再6号行政判决书。

〔2〕 谭剑："行政行为的撤销研究"，武汉大学2010年博士学位论文。

〔3〕 福建省龙岩市中级人民法院（2004）岩行初字第1号行政判决书。

以赔偿。《日本行政程序法》第 13 条对撤销的听取意见程序作出了较为细致的规定。该条规定分别针对不同的情况设定听证、赋予辩明机会或不适用陈述意见程序。撤销行政许可等授益行政行为，或作出直接剥夺相对人资格、地位的不利处分，或命令法人解任期负责人员、从业人员等情形适用听证，其余情况赋予不利处分相对人辩明的机会。此外，还规定了不适用陈述意见程序的情形。[1]

在撤销决定作出层面，行政机关应在作出撤销决定后及时将决定内容告知相对人及其他利害关系人，向其送达撤销决定书，并依据告知的内容对其产生法律效力。此外，行政机关应在作出撤销决定时说明理由，这也有利于保障行政相对人的知情权，同时也有助于行政相对人对撤销决定的理解和认同，增强撤销行为的可接受性。

（四）时间限制

对行政撤销权的时间限制是指要求限定尚未经过撤销权的除斥期间。随着时间的推移，基于错误的行政行为所形成的法律关系也将趋于稳定，在此情况下行使撤销权不利于维持法的安定性，可能会给社会带来更大的伤害。我国大陆地区的制定法中，仅在民商法领域设立了除斥期间制度，在行政法领域并没有相关规定。而我国台湾地区"行政程序法"第 121 条规定："第 117 条之撤销权，应自原处分机关或其上级机关知有撤销原因时起 2 年内为之。"《德国联邦行政程序法》也有类似的规定，其第 48 条规定："行政机关获知撤销一违法行政行为的事实，则仅允许从得知时刻起计 1 年内作出撤销。"需要注意的是，上述除斥期间仅仅是对通过撤销方式自我纠错的限制，并不适用于补正等其他情形。《德国联邦行政程序法》第 42 条规定："行政机关得随时更正行政行为中的书面错误、计算错误及类似错误。涉及参与人正当利益的有关错误必须更正。行政机关有权要求交回拟更正的文本。"

综上所述，撤销涉案《林权证》的决定忽视了行政相对人的信赖利益，

---

[1] 不适用陈述意见程序的情形具体包括：出于公共利益的需要有紧急作出不利处分的必要性；查明不存在或丧失了法令上的必要资格后就必然作出不利处分的，或资格不存在、丧失的事实已有法院生效判决等其他客观资料证明的；以不满足法令明确规定的技术基准为由而命令遵守基准的不利处分，且其不满足的事实需要通过实验等客观方法予以确认的；作出缴纳一定数额金钱，或撤销、限制金钱给付的不利决定的；不利处分课予义务的内容明显轻微的。

也忽视了行政机关纠错手段所应遵循的比例原则，最高人民法院撤销 6 号《撤销决定》的做法值得肯定。

【后续影响及借鉴意义】

对行政行为程序轻微违法与行政撤销权的讨论并不新鲜，但"梁桂华诉那坡县政府与那怀屯林业行政登记案"将两者结合在一起，基于保护行政相对人信赖利益的理念对行政机关通过撤销方式自我纠错作出内容上的限制，具有较强的实践指导意义。在后续的"易志明等诉溆浦县政府、怀化市政府土地行政登记案"中，最高人民法院基于几乎同样的理由，认为外部程序不违法而内部审批程序不完整的情形下作出的颁证行为不能认定为行政程序违法，也不应由行政相对人承担撤证的不利后果。[1]

本案也促进了对程序轻微违法判断标准的讨论。从前文的分析中可以看出，最高人民法院在本案实际采用了"是否足以影响实质处理结果"作为界定程序轻微违法的标准，但与所涉程序问题本身是否轻微并没有关系。实践中也有相当数量的案件以是否对原告权利产生实际影响作为判断标准，不可否认这种思路以实体结果作为落脚点，有利于提高行政效率和实现实体正义，但也存在忽视程序的独立性价值和与新法第 74 条的规定不符的弊端。司法解释确立的"是否对原告的重要程序性权利产生实质损害"标准较好地弥补了上述思路的缺陷，但也需要在审判实践中探索更为明确的适用方法。

由于我国目前并没有制定行政程序法典，对行政机关自我纠错的方式并没有统一规定，各种纠错方式的适用条件也仅限于学理上的探讨。对此，通过最高人民法院发布案例的方式来指导各地行政机关理性行使行政撤销权不失为一种有效的方法。在中国未来的行政程序立法进程中，可以充分吸纳审判经验和各地行政程序立法实践，对行政机关的自我纠错机制和行政撤销权的行使作出规定，充分发挥行政程序保护相对人合法权益和维护客观法秩序的作用。

---

〔1〕 最高人民法院（2018）最高法行再 65 号行政判决书。

案例二　平果华商清洁能源有限公司等与田阳新山新能燃气有限责任公司诉田阳县人民政府行政许可纠纷案

王　宾[*]

【案例名称】

平果华商清洁能源有限公司等与田阳新山新能燃气有限责任公司诉田阳县人民政府行政许可纠纷案［最高人民法院第一巡回法庭（2017）最高法行申6054号］

【关键词】

违反法定程序　程序轻微违法　确认违法判决

【基本案情】

2009年3月1日，田阳县政府通过招商引资与广州富都管道燃气有限公司（以下简称富都公司）签订《田阳县管道燃气特许经营协议》。富都公司签订协议后终止协议。2009年12月28日，百色市机构编制委员会成立百色新山铝产业示范园管理委员会（以下简称新山管委会），统一负责园区的规划、开发、建设、招商、管理等工作。2010年2月3日，百色市政府成立百色新山开发投资有限责任公司（以下简称新山投资公司）。2010年7月3日，田阳县政府组织有关部门，联合考察平果华商清洁能源有限公司（以下简称平果华商公司）的燃气经营业务，通过招商方式引进平果华商公司。2010年

　　* 作者简介：王宾，中国政法大学法学院宪法与行政法专业硕士研究生，本文指导教师为中国政法大学法学院行政法研究所副教授、硕士生导师马允。

9 月 15 日，田阳县政府与平果华商公司签订《田阳县管道燃气特许经营协议》，并于同日向后者颁发《城市管道燃气特许经营项目授权证书》，授予后者为田阳县行政区域管道燃气统一经营企业，经营权期限为 30 年（2010 年 9 月 15 日至 2040 年 9 月 14 日）。2010 年 12 月 6 日，平果华商公司在田阳县工商局注册成立田阳华商公司，两公司股东（发起人）相同。2010 年 12 月 19 日，田阳县发展和改革局向田阳华商公司作出《关于田阳县天然气利用项目核准的批复》，同意其建设田阳县天然气利用项目。此后，田阳华商公司在田阳县行政区域内累计完成项目投资 4547 万元，建成供气站两座，铺设市政管网 40 多公里，实现工业、商业用气每日 8235 方，完成居民用户合同安装 7862 户，工程安装入户 2385 户，居民置换用气 1051 户。

2010 年 12 月 30 日，百色新山铝产业示范园管理委员会（以下简称新山管委会）与田阳县新山投资有限公司（以下简称新山公司）就管道燃气入园经营签订《合作框架协议》。2011 年 3 月 18 日，经新山管委会授权的新山投资公司与田阳新山公司签订《百色新山铝产业示范园管道燃气特许经营协议》（以下简称《新山协议》），约定特许经营权行使的地域范围为百色新山铝产业示范园区规划范围，特许经营权期限为 30 年。

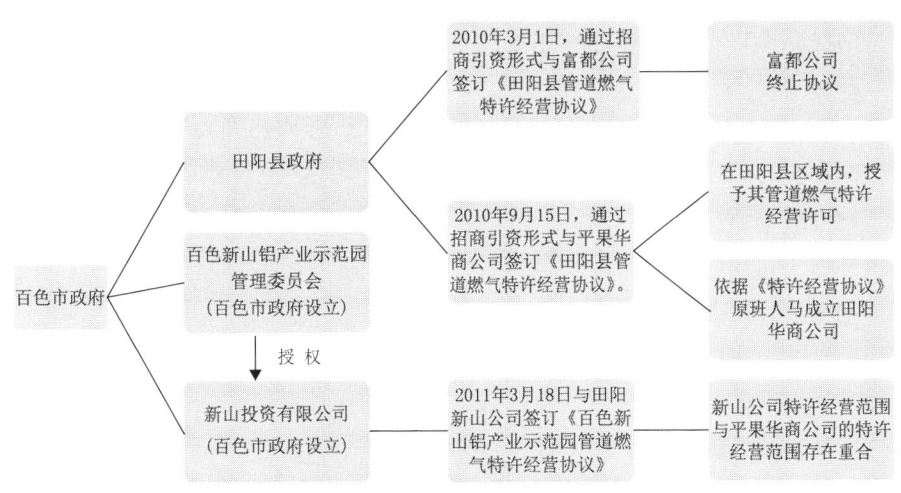

图 1 主要事件关系图

2012 年 1 月 10 日，平果华商公司、田阳华商公司以《新山协议》就田阳行政区域内的新山铝产业示范园管道燃气供应进行约定的行为，已构成对原告管道燃气专营权的侵犯为由，向田阳县人民法院提起民事诉讼，请求判令新山投资公司与田阳新山公司停止对原告管道燃气经营权的侵害，排除妨碍。一审判决支持了原告的诉讼请求，二被告上诉后，百色市中级人民法院判决驳回上诉，维持原判。后经检察院抗诉，广西壮族自治区高级人民法院再审，撤销了一、二审判决，并驳回原告诉讼请求。

2014 年 1 月 22 日，田阳华商公司提起行政诉讼，请求撤销新山管委会授予田阳新山公司关于在百色新山铝产业示范园管道燃气特许经营权的行政许可行为。2014 年 6 月 16 日，田阳县人民法院作出（2014）阳行初字第 5 号行政判决，撤销新山管委会授予田阳新山公司的管道燃气特许经营权。田阳新山公司和新山管委会不服，提起上诉。百色市中级人民法院作出（2014）百中行终字第 59 号行政判决，驳回上诉，维持原判。2015 年 4 月 2 日，广西壮族自治区人民检察院对此提起抗诉，广西壮族自治区高级人民法院提审该案，并于 2016 年 5 月 27 日作出（2015）桂行再字第 10 号再审行政判决，撤销 59 号二审判决；变更 5 号一审判决的内容为：确认新山管委会授权田阳新山公司百色新山铝产业示范园管道燃气特许经营权的行政许可行为违法，以南昆铁路线为界，撤销新山管委会授予田阳新山公司的管道燃气特许经营行政许可中南昆铁路以南区域的行政许可。

2014 年 6 月 17 日，田阳新山公司向百色市中级人民法院提起诉讼，请求撤销田阳县政府授予平果华商、田阳华商公司的特许经营权，百色市中级人民法院认为 59 号二审判决已对该案纠纷作出处理决定，新山公司属于重复起诉，因此驳回原告的诉讼请求。新山公司对此不服，提起上诉，广西壮族自治区高级人民法院撤销一审判决，确认田阳县政府授予平果华商公司田阳县管道燃气特许经营权的行政许可行为违法；撤销田阳县政府授予平果华商公司田阳县管道燃气特许经营行政许可中百色新山铝产业示范园区范围内南昆铁路以北区域的行政许可。平果华商、田阳华商公司向最高人民法院提起再审，请求撤销二审判决，维持一审判决。最高人民法院驳回了平果华商、田阳华商公司的再审申请。

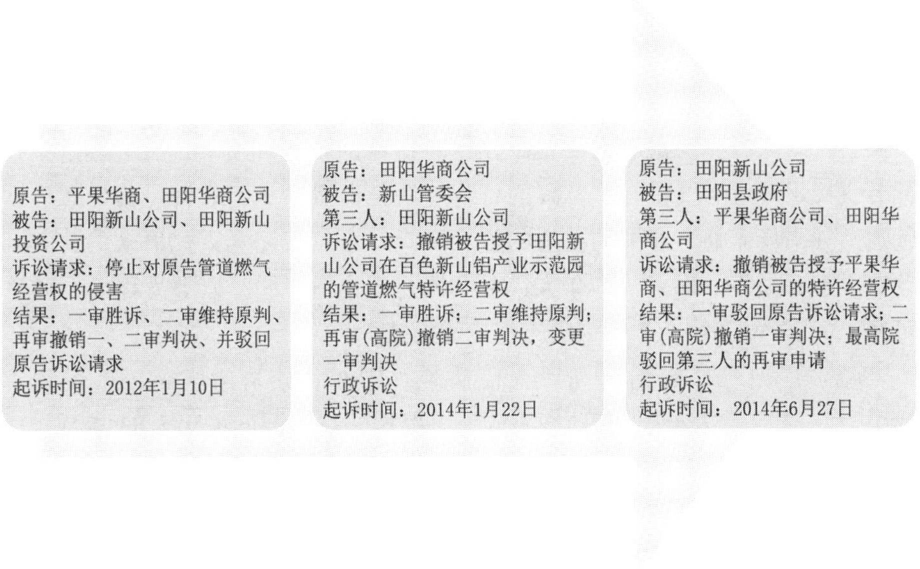

原告：平果华商、田阳华商公司
被告：田阳新山公司、田阳新山投资公司
诉讼请求：停止对原告管道燃气经营权的侵害
结果：一审胜诉、二审维持原判、再审撤销一、二审判决、并驳回原告诉讼请求
起诉时间：2012年1月10日

原告：田阳华商公司
被告：新山管委会
第三人：田阳新山公司
诉讼请求：撤销被告授予田阳新山公司在百色新山铝产业示范园的管道燃气特许经营权
结果：一审胜诉、二审维持原判；再审（高院）撤销二审判决，变更一审判决
行政诉讼
起诉时间：2014年1月22日

原告：田阳新山公司
被告：田阳县政府
第三人：平果华商公司、田阳华商公司
诉讼请求：撤销被告授予平果华商、田阳华商公司的特许经营权
结果：一审驳回原告诉讼请求；二审（高院）撤销一审判决；最高院驳回第三人的再审申请
行政诉讼
起诉时间：2014年6月27日

图 2　诉讼过程

【裁判要旨】

《中华人民共和国行政诉讼法》（以下简称《行政诉讼法》）第 69 条判决驳回原告诉讼请求的适用条件是被诉行政行为合法，行政行为程序轻微违法但对原告权利不产生实际影响的，人民法院应当依照《行政诉讼法》第 74 条第 1 款第 2 项规定，判决确认被诉行政行为违法，但不撤销，保留其法律效力。

【裁判理由与论证】

本案的核心争议焦点为田阳县政府授予平果华商公司管道燃气特许经营权的行政许可是否违法，是否属于程序轻微违法情形，是否应予撤销，不同法院的论证理由如下。

（1）百色市中级人民法院。百色市中级人民法院（2014）百中行初字第 1 号行政判决认为，田阳县政府在管道经营空缺的前提下，组织多部门对平果华商公司进行考察后，通过招商方式引进该公司经营管道燃气，签订田阳华商协议，并予以公示，平果华商公司取得田阳县管道燃气特许经营权合法。平果华商公司成立田阳华商公司，两司在田阳县行政区域进行相当数量的管道建设等工作，并于 2012 年与中石油广西天然气管网公司签订供气协议，为田阳县行政区域提供足够的供气。在当时特定的投资环境下，没有通过招投标方式授予管道燃气特许经营权的行为违法，但撤销该行政许可将导致广西管道燃气市场面临全部推倒重来的重大风险，会对田阳县人民群众的公共利益造成重大损害，根据《中华人民共和国行政许可法》（以下简称《行政许可法》）第 69 条第 3 款的规定，不应该撤销。

（2）广西壮族自治区高级人民法院。广西壮族自治区高级人民法院（2015）桂行终字第 21 号行政判决认为，根据《行政许可法》第 53 条及《市政公用事业特许经营管理办法》第 8 条规定，田阳县政府未经招投标方式选择管道燃气项目的投资者或经营者，该行政许可应确认违法，但在田阳华商公司已完成大量投资、田阳县居民已大量使用管道燃气情况下，撤销该行政许可将影响田阳县的燃气供应和使用，有损公共利益，根据《最高人民法院关于执行〈中华人民共和国行政诉讼法〉若干问题的解释》第 58 条、《行政许可法》第 69 条第 3 款，应不予撤销。

（3）最高人民法院。最高人民法院认为《行政许可法》第 12 条第 2 款、第 53 条规定，实施有限自然资源开发利用、公共资源配置以及直接关系公共利益的特定行业的市场准入等事项行政许可的，行政机关应当通过招标、拍卖等公平竞争的方式作出决定。《市政公用事业特许经营管理办法》第 8 条规定，市政公用事业特许经营项目，应当向社会公开发布招标条件，通过公开招标，择优选择特许经营权授予对象，并向社会公示中标结果。《行政诉讼法》第 74 条第 1 款第 2 项规定，行政行为程序轻微违法，但对原告权利不产生实际影响，人民法院判决确认违法，但不撤销行政行为。根据该项规定，即便被诉行政行为存在轻微程序违法，为严格监督行政机关依法行政，人民法院也要判决确认被诉行政行为违法，不能驳回原告诉讼请求。本案中，田阳县政府未经招投标程序，授予平果华商公司管道燃气特许经营权，违反法定程序。但是，由于平果华商公司取得管道燃气特许经营权在先，田阳新山公司取得在后，上述违反法定程序行为并未对田阳新山公司的合法权益造成损害，二审判决确认田阳县政府授予平果华商公司管道燃气特许经营权行为违法，符合法律规定。

【涉及的重要理论问题】

在本案中，田阳县政府未经招投标程序作出的行政许可行为明显违反《行政许可法》和《市政公用事业特许经营管理办法》的规定，属于违反法定程序。百色市中级人民法院的判决主要从当时特定的投资环境考虑。基于管道燃气不普及，广西壮族自治区大部分县、区政府均采取招商引资优惠政策方式吸引企业投资管道燃气经营项目。在与平果华商公司签订特许经营协议之前，田阳县政府原本与广州富都公司订立协议，但富都公司因故终止协议，此时，平果华商公司"接手"田阳县的管道燃气供应工程，实际上是解田阳县政府的"燃眉之急"。该行政许可行为未经招投标程序而违法，过错在于田阳县政府，但不利后果却由行政相对人承担，不符合法的安定性要求。百色市中级人民法院主要是从法理的角度作出判断，认为该行为合法，但从文义解释的角度出发，百色市中级人民法院的判决不符合法律的规定。

广西壮族自治区高级人民法院认为，田阳县政府违反法定招投标程序作出的行政许可行为违法，本应予以撤销，但考虑到撤销该行政许可会给当地的公共利益带来巨大损害，故以确认违法判决替代撤销判决。最高人民法院同样认可该行政许可行为违法的观点，但其不予撤销的理由为"程序轻微违法，但对原告权利不产生实际影响"。广西高级人民法院与最高人民法院均认可确认违法判决的适用，二者的区别在于，前者认为该行政许可本应予以撤销，后者认为该许可本不应被撤销。广西壮族自治区高级人民法院从招投标程序本身的程序价值出发，认为未经招投标程序的违法程度较为严重，属于《行政诉讼法》规定的"违反法定程序"一类；最高人民法院从该程序违法的不利后果出发，虽然田阳县政府作出许可时未经招投标程序，但该违法行为对原告权利不产生实际影响，故该程序违法性质为"轻微"，其实际上是用后半句"对原告权利不产生实际影响"来解释前半句"程序轻微违法"。

广西壮族自治区高级人民法院和最高人民法院不同的裁判逻辑实际反映了《行政诉讼法》第74条的以下适用难题：（1）法定程序与程序轻微违法之间的关系为何？（2）"程序轻微违法"与"对原告权利不产生实际影响"之间的关系为何？

一、违反法定程序

行政程序是指行政权力运行的程序，具体是指行政机关行使权力、作出行政决定所遵循的方式、步骤、时间和顺序的总和。[1]学界研究多从"方式、步骤、时间、顺序"四个要素入手来进一步明确程序的内涵，也有学者将程序的要素总结为"步骤、方式、时空"三个要素，其将"顺序"要素纳入"步骤"之中，强调步骤必须是依顺序进行。[2]总体来看，学界对行政程序内涵的界定较为一致。法定程序是行政程序中各要素法定化的结果，争议较大的是法定程序中"法"的范围。目前，法律、法规、规章属于法定程序中"法"的范围不存在争议，存在争议的是宪法、规范性文件、正当程序原则是否属于此处"法"的范畴。（1）宪法。反对将宪法作为此处"法"的渊源的理由为，法院不能在判决中直接援引宪法的规定，再加之我国的宪法解释机制并不完善，因此将宪法纳入"法"的范围不具有实效性。支持者认为，将宪法纳入，有助于提升宪法在国家权力结构中的地位。（2）规范性文件。针对规范性文件能否纳入"法"的范围，主要存在五种观点。观点一，行政规范性文件具有临时性质，稳定性不强，规定的程序规则过细，影响行政效率，并可能导致法定程序的外延过宽，在司法实践中难以把握。[3]观点二，从文义解释的角度来看，《行政诉讼法》规定法院审理行政案件时，以法律和行政法规、地方性法规为依据，参照规章，因此，规章以下规范性文件等行政规定，也不属于《行政诉讼法》意义上的"法"。观点三，我国规范性文件的数量众多，大量规定了公民的权利义务，对其有直接的约束力，因此，凡是为行政机关设定程序义务的规范性文件，均应纳入"法"的范围。[4]观点四，规范性文件中规定的对公民、法人或其他组织有利的程序规定，应当属于"法"的范围，其他程序规则，基于行政效率的考虑，则排除在外。[5]观

---

〔1〕 王万华：《行政程序法研究》，中国法制出版社 2000 年版，第 2 页。

〔2〕 章剑生："对违反法定程序的司法审查——以最高人民法院公布的典型案件（1985—2008）为例"，载《法学研究》2009 年第 2 期。

〔3〕 张显伟、孟凡麟："论具体行政行为程序违法"，载《山东社会科学》2006 年第 2 期。

〔4〕 王万华：《行政程序法研究》，中国法制出版社 2000 年版，第 250 页。

〔5〕 杨伟东："行政程序违法的法律后果及其责任"，载《政法论坛》2005 年第 4 期。

点五，规范性文件中除了外部规则以外，有些内部规则也会间接对外部人员发生影响，影响其权利义务，因此，应将某些内部规则也纳入"法"的范围。[1]（3）正当程序原则。反对理由主要是，我国是成文法国家，法律原则在未法定化的情况下，法院极少会适用法律原则作出裁判，法律原则也不宜归入"法"的范围。[2]但是，自"田永诉北京科技大学拒绝颁发毕业证、学位证案"[3]后，正当程序原则在我国的理论和实践中获得了长足发展，最高人民法院将田永案作为指导案例发布，使得"正当程序原则"进入"法"的范畴具备了实践基础。

法定程序中"法"的内涵尚处于不断的发展中，最高人民法院大法官对"法定程序"进行释义时，所作出的定位为：法定程序是指由法律、法规规章及其他合法有效的规范性文件设定的行政程序。[4]可见规范性文件的"法"的地位，逐渐被认可。也有学者通过对案例的梳理，提出法定程序中"法"的"菜单"不断被下拉，在若干案件中，即使行政机关违反的程序是由规范性文件所规定的，法院也会认定其属于违反法定程序。[5]笔者认为，违反法定程序中的"法"的内涵，并不局限于法律、法规、规章、规范性文件以及正当程序原则，换言之，只要是行政机关依法制定的，用于规范行政权力运行，保障行政相对人权益的程序规定，都属于法定程序的范围。如果行政机关违反该程序规定，就应当被认定为违反法定程序。主要基于以下四点理由：第一，实践中，规范性文件的数量远远多于法律、法规和规章的数量，其中包含大量的程序规定，是行政机关作出行政行为的主要依据之一，违反此类程序有可能减损相对人的程序利益。第二，行政机关违反法定程序的对立面是依法行政，而依法行政中"法"的含义是广义的，包括规范性文件及内部

---

〔1〕　于立深："违反行政程序司法审查中的争点问题"，载《中国法学》2010年第5期。

〔2〕　章剑生："对违反法定程序的司法审查——以最高人民法院公布的典型案件（1985—2008）为例"，载《法学研究》2009年第2期。

〔3〕　"田永诉北京科技大学拒绝颁发毕业证、学位证案"［指导案例38号］裁判要点：高等学校对因违反校规、校纪的受教育者作出影响其基本权利的决定时，应当允许其申辩并在决定作出后及时送达，否则视为违反法定程序。

〔4〕　江必新、邵长茂：《新行政诉讼法修改条文理解与适用》，中国法制出版社2015年版，第263页。

〔5〕　于立深："违反行政程序司法审查中的争点问题"，载《中国法学》2010年第5期。

规定。行政机关在作出行政行为时所要遵守的法律与不能违反的法律，是一体两面，内容应当保持一致。第三，行政机关主动制定的约束行政权力，增加自身义务的规定，应当对其具有拘束力，不得任意违反，违反后，应当承担被撤销或者确认违法等不利后果。第四，《行政诉讼法》中关于"法院作出判决时，只能以法律、法规为依据，参照规章"的规定，并不能成为规范性文件等规定作为法定程序中"法"的渊源的排除理由。法院在行政诉讼中审查的对象是被诉行政行为的合法性，其中必然包括行政行为作出时是否依法行政，是否遵守了其应当遵守的所有规定，而非限于法律、法规、规章的规定。因此，法定程序中的"法"应当作广义的解释，应不断延伸到行政机关作出行政行为的具体依据。

二、程序轻微违法

程序轻微违法是 2014 年《行政诉讼法》修改新增加的条款，是为了弥补违反法定程序一元化审查标准的不足，回应实践的需要。全国人大常委会对该条的释义为，程序轻微违法主要是指行政程序可以补正的一些情形，不影响实体决定的正确性，如告知送达不规范、超过法定期限作出行政决定等，不予撤销该类行为，主要是出于诉讼成本和诉讼经济的考量。[1]2018 年出台的《最高人民法院关于适用〈中华人民共和国行政诉讼法〉的解释》（以下简称《行诉解释》）第 96 条明确规定："有下列情形之一，且对原告依法享有的听证、陈述、申辩等重要程序性权利不产生实质损害的，属于行政诉讼法第 74 条第 1 款第 2 项规定的'程序轻微违法'：（1）处理期限轻微违法；（2）通知、送达等程序轻微违法；（3）其他程序轻微违法的情形。"

程序轻微违法是一个不确定的法律概念，关键在于"轻微"应当如何解释，理论上并不存在一个具有可操作性的概念，更多地需要法官在个案中把握。学者对于程序违法的研究，也多聚焦于其在实践中的存在样态，通过案例梳理，来总结程序轻微违法的具体类型。王珀梳理了 2014 年《行政诉讼法》实施后的 14 个行政程序轻微违法的案例，总结了八类程序轻微违法的样

---

〔1〕 全国人大常委会法制工作委员会行政法室著、沈德咏编：《行政诉讼一本通》，中国民主法制出版社 2015 年版，第 147 页。

态，分别为：超过法定期限、文书记载错误、行政程序颠倒、未履行公告程序、未履行告知义务、未正确告知处罚事实、落款日期错误、未严格审查当事人的申请材料。[1]陈振宇选取了 2014 年《行政诉讼法》实施后的 40 个涉及程序轻微违法的案例，将其总结为如下四种类型：超期作出行政行为、步骤缺失但不影响决定的有效性、相关文书留置送达错误但利害关系人已经知晓该文书、依申请的行政行为缺少提出过申请的材料。[2]有学者对此提出批评，指出其研究"不足之处是没有在学理上进一步作类型化提炼、处理，进而未能给出一个抽象化的判断标准，限制了其结论的适用范围"。[3]笔者认为，抽象定义程序轻微违法难度大且不具有实际意义，是否"轻微"的判断，往往需要结合个案情况，因此适合法官在个案中进行利益权衡。从全国人大法工委对该条款所作的释义以及最高人民法院的司法解释来看，列举式定义具有可行性和可操作性。

值得注意的是，司法实践中还存在一类"程序瑕疵"，法院既不判决撤销，也不判决确认违法，而是对瑕疵进行指正并驳回原告诉讼请求。这一类程序瑕疵行为与程序轻微违法行为之间的界限难以划分。实际上，程序瑕疵本身也是一个具有争议性的概念。广义的程序瑕疵被作为程序违法、程序不当的上位概念使用；狭义的程序瑕疵则指代在保证主要事实明确，实体基本公正基础上的次要程序违反。[4]在德国行政法上，行政瑕疵与行政违法同义，"行政行为符合全部法定要求的，构成合法；不符合现行任何法律规定的，构成违法或瑕疵（两个术语含义相同）"。[5]在这一界定的基础上，德国将行政瑕疵分为明显轻微瑕疵、重大明显瑕疵及介于二者之间的一般瑕疵，分别对应具体行政行为的补正、无效和撤销。[6]在 2014 年《行政诉讼法》修改时，二审审议草案中曾有"行政行为程序轻微瑕疵且能够补正的，判决确认

〔1〕 王玎："行政程序违法的司法审查标准"，载《华东政法大学学报》2016 年第 5 期。

〔2〕 陈振宇："行政程序轻微违法的识别与裁判"，载《法律适用》2018 年第 11 期。

〔3〕 章剑生："再论对违反法定程序的司法审查——基于最高人民法院公布的判例（2009—2018）"，载《中外法学》2019 年第 6 期。

〔4〕 陈莹莹："程序瑕疵与程序公正"，载《法学》2001 年第 7 期。

〔5〕 ［德］哈特穆特·毛雷尔：《德国行政法总论》，高家伟译，法律出版社 2000 年版，第 229 页。

〔6〕 叶必丰："行政行为的治愈——具体行政行为错误的更正和瑕疵的补正"，载《政府法制研究》2014 年第 2 期。

行政行为违法"的规定，有的委员建议对"轻微"进行解释；而有的委员提出瑕疵就是轻微违法的意思，建议删掉"轻微"，[1]最终法律中采纳了"程序轻微违法"的表述。这也从侧面反映了程序瑕疵内涵的巨大争议性。我国程序瑕疵的规定见诸地方程序立法中，常见表述为"程序存在轻微瑕疵，但是未侵害公民、法人和其他组织的合法权益的"。[2]司法实践中，法院对程序瑕疵的使用，远比立法更为复杂。在《行政诉讼法》修改之前，法律对违反法定程序规定了严格的一元化审查标准，即以撤销作为程序违法的法律后果，但实践中基于行政效率的考量，法院对程序违法程度较低的行政行为较为宽容，往往在判决中指出，此类行政行为不属于程序违法行为，而属于程序瑕疵，在判决驳回原告诉讼请求的同时予以指正。这样的做法在 2014 年《行政诉讼法》实施后仍然存在，有学者统计了 2015 年 5 月 1 日后与行政瑕疵相关的判决，总结了九种行政瑕疵指正的情形，具体如下：（1）对事实部分非关键要素认定错误的指正；（2）对告知、公告错误或不完善的指正；（3）对理由说明不完备的指正；（4）对未履行程序释明义务的指正；（5）对未就中间程序性决定出具或送达法律文书的指正；（6）对超过法定期限履行法定义务的指正；（7）对超期送达行政决定书的指正；（8）对行为方式不符合要求的指正；（9）对行政文书中技术性错误的指正。[3]可以看出，其中部分情形与前文中有关学者总结的程序轻微违法的样态存在重合，同一程序违法行为，有的法院判决确认违法，有的法院判决驳回原告诉讼请求，导致出现混乱局面。这在一定程度上启示我们：一方面，法官要及时转变原来的裁判观念，按照 2014 年《行政诉讼法》的规定进行裁判；另一方面，理论和立法上要进一步对程序瑕疵与程序轻微违法的关系作出界定，给司法裁判以技术支持。

---

[1] 章剑生："再论对违反法定程序的司法审查——基于最高人民法院公布的判例（2009—2018）"，载《中外法学》2019 年第 6 期。

[2]《湖南省行政程序规定》第 164 条第 1 款："具有下列情形之一的，行政执法行为应当予以补正或者更正：……（四）程序上存在其他轻微瑕疵或者遗漏，未侵犯公民、法人或者其他组织合法权利的。"《山东省行政程序规定》第 129 条规定："行政决定有下列情形之一的，应当以书面形式补正或者更正……（二）程序存在轻微瑕疵，但是未侵害公民、法人和其他组织合法权益的。"

[3] 杨登峰："行政行为程序瑕疵的指正"，载《法学研究》2017 年第 1 期。

三、违反法定程序与程序轻微违法的关系

厘清违反法定程序与程序轻微违法的关系，有助于更好地理解适用《行政诉讼法》第74条第1款第2项。《行政诉讼法》第70条规定，违反法定程序的，人民法院判决撤销或部分撤销，并可以判决被告重新作出行政行为。第74条第1款第2项规定，程序轻微违法，但对原告权利不产生实际影响的，可以仅确认违法而不撤销。全国人大常委会在解释该条款时，指出这里的违反法定程序包括程序轻微违法。[1]虽然前者适用撤销判决，后者适用确认违法判决，但确认违法判决是撤销判决的补充判决，其法构造为："撤销判决+法律特别规定＝确认违法判决"，[2]程序轻微违法只是此处的"法律特别规定"之一，适用的判决方式不同并不能证成二者之间不属于包含关系。同时，学界也存在另一种观点，即程序轻微违法是违反法定程序的下位概念。其将行政程序违法分为三种情形，分别为重大违法、一般违法、轻微违法，分类依据为违法程度的轻重，分别适用确认无效判决、撤销判决［符合第74条第1项时确认违法判决］、确认违法判决。[3]该学说主要存在以下三个问题：第一，《行政诉讼法》中未出现一般违法的表述，采纳该学说的前提是界定和区分重大、一般和轻微，这些不确定法律概念在实践适用时必然会带来混乱，出现同案不同判的现象。第二，《行政诉讼法》规定了程序重大违法和轻微违法的判决方式，但却未规定一般违法的判决类型，使得法官在裁判时缺乏法律依据。第三，若程序轻微违法是违反法定程序的下位概念，那么在对二者进行界分时，不仅要考虑违法程度的轻重，可能还要考虑违反的"法"的层级，即"轻微"是否要求"法"的层级较低的问题。

笔者认为，违反法定程序应当包括程序轻微违法，二者是包含关系而非上下位概念关系。在平果华商公司申请再审案中，广西壮族自治区高级人民法院的裁判逻辑为田阳县政府未经招投标程序发放特许经营权的行政许可行

---

〔1〕 全国人大常委会法制工作委员会行政法室著、沈德咏编：《行政诉讼一本通》，中国民主法制出版社2015年版，第147页。

〔2〕 章剑生："再论对违反法定程序的司法审查——基于最高人民法院公布的判例（2009—2018）"，载《中外法学》2019年第6期。

〔3〕 张敏："行政程序瑕疵'指正判决'的辨明与矫正"，武汉大学2018年硕士论文。

为违反法定程序，本应撤销，但撤销会给社会公共利益造成损害，故不予撤销，确认违法。最高人民法院的裁判逻辑为，田阳县政府的行政许可行为对原告田阳新山公司权利不产生实际影响，故可适用《行政诉讼法》第74条第1款第2项程序轻微违法的判决规定。基于前述讨论，程序轻微违法是法律作出特别规定的违反法定程序样态，特别之处在于"轻微"，对于未经招投标的特许经营权的行政许可行为，广西壮族自治区高级人民法院认定其不属于"轻微违法"，最高人民法院认为其属于"轻微违法"，二者并没有进行详细的说理。说理不充分，几乎是所有法院在适用该条款时的通病，对此，最高人民法院并没有起到一个典范作用。但是广西壮族自治区高级人民法院和最高人民法院所持的这两种不同观点，实质上代表了对"程序轻微违法，但对原告权利不产生实际影响"的两种不同理解方式。

四、"程序轻微违法"与"对原告权利不产生实际影响"的关系

"程序轻微违法"与"对原告权利不产生实际影响"是《行政诉讼法》第74条第1款第2项的核心内容，形成了确认违法判决适用的两个要件。这两个要件是彼此独立还是密切关联，是存在争议的。厘清这两个要件的关系之前，要先梳理"对原告权利不产生实际影响"这一要件的发展脉络。

（1）"对原告权利不产生实际影响"。"实际影响"最早出现在1999年《最高人民法院关于执行〈行政诉讼法〉若干问题的解释》（已失效）中，作为判断被诉行政行为是否属于行政诉讼受案范围的标准之一。这一规定，被2018年《行诉解释》保留，即"对公民、法人或者其他组织不产生实际影响的行为不属于行政诉讼的受案范围"。"不产生实际影响"是指行政机关的行为对公民、法人或其他组织的合法权益没有产生任何实在的变动，包括权利的限制、减少、增加、免除、减少义务等。[1]有学者认为，基于体系解释，对原告权利不产生实际影响中的"实际影响"，应该与受案范围中的"实际影响"含义一致，据此，凡是具有《行政诉讼法》第74条第1款第2项情形的，应当一律以不符合受案范围为由驳回诉讼请求，但这显然与第74条的立法意旨不

---

〔1〕 马怀德：《新编〈中华人民共和国行政诉讼法〉释义》，中国法制出版社2014年版，第344页。

符，故其属于立法漏洞。[1]值得注意的是，《行政诉讼法》第74条第1款第2项中的"对原告权利不产生实际影响"的修饰中心词是"程序轻微违法行为"，前提是存在一个程序违法的行政行为，对原告权利是否产生实际影响是法院受理之后审查的内容之一，并不会对案件是否受理产生影响。因此，即使两个不同条款中的"实际影响"采取同一含义，也不会出现上述立法漏洞。

　　该要件的另一争议问题是对"原告权利"的解释。2018年《行诉解释》将"对原告权利不产生实际影响"解释为"对原告依法享有的听证、陈述、申辩等重要程序性权利不产生实质损害"，将"权利"限缩为"重要程序性权利"，有限缩这一条款的适用的用意。有学者主张，把"原告权利"理解为"行政相对人的程序权利"，从而针对程序违法行为，建立起摆脱实体权利干扰的、来自于程序自身的、独立的审查标准，故该条款的适用情境为"行政行为对程序规则的违反，不影响行政程序制度功能的实现，即不影响相对人程序权利的实现且不影响行政系统内部其他主体程序上的权力实现"。[2]但不同意见认为，《行诉解释》将其解释为包括"重要程序性权利"，说明法条原文中的"原告权利"不仅仅包括程序性权利，否则存在重复定义的问题。有观点认为，此处的原告权利应既包括"实体权利"，也包括"程序权利"，具言之，对"原告权利不产生实际影响"意味着所触犯的某项程序并非基于保证实体结论的正确性而设，这类程序不是为了形成好结果，而是出于行政效率、文明执法等其他考虑。[3]实体权利或程序权利又或者二者兼而有之的争议背后体现的是程序具有工具价值还是独立价值的司法审查价值取向问题。2014年《行政诉讼法》修改后，增加程序"轻微违法"这一条款规定，立法本意是改变我国"重实体、轻程序"的观念，强调程序的独立价值，监督行政机关严格依法行政，法院在裁判中树立程序独立价值的裁判观念，长久来看，是有助于法治国家、法治政府建设的。

　　（2）"程序轻微违法"与"对原告权利不产生实际影响"的关系。"程序轻微违法"与"对原告权利不产生实际影响"这两个要件之间的区分颇有难

---

〔1〕　章剑生："再论对违反法定程序的司法审查——基于最高人民法院公布的判例（2009—2018）"，载《中外法学》2019年第6期。

〔2〕　殷玉凡："行政程序违法的司法审查标准"，中国政法大学2016年博士学位论文，第60页。

〔3〕　梁君瑜："行政程序瑕疵的三分法与司法审查"，载《法学家》2017年第3期。

度，司法解释以"对重要程序性权利不产生实质损害"来定义"轻微"，存在用后一要件来解释前一要件的问题。"轻微违法"在绝大多数情况下只是"对原告权利不产生实际影响"的表象，法官在判断一个违法程序是否属于"轻微"时，实际上还是在判断该违法程序对原告权利义务和行政行为处理结果是否产生了影响。[1]在平果华商公司再审案中，未经过招投标程序这一程序违法行为，显然超出了"轻微"的范畴，违法程度明显超过《行诉解释》规定的"处理期限轻微违法、送达通知等轻微违法"，但是最高人民法院却以该违法行为对原告田阳新山公司的权利不产生实际影响为由，适用这一条款，在一定程度上也反映了在司法实践中，前一判断要件往往被"虚置"，以及这两个判断要件之间无法割裂的关系。《行政诉讼法》第 74 条第 1 款第 2 项的立法原意是，"程序轻微违法且对原告权利不产生实际影响"，[2]两个要件之间的连接词为"且"，表明其为并列关系，是客观标准（轻微与否）与主观标准（权利影响与否）的结合。法院在适用这一条款时，应当先判断客观违法程度是否轻微，再判断是否影响原告利益，两个条件必须同时满足。反观最高人民法院的裁判逻辑，程序违法行为对原告权利不产生影响，故程序轻微违法。其判断过程中并未对行政程序违法的程度本身作出区分，而是通过对于原告的权利是否产生实际影响作出判断后，直接进入行政程序违法程度的认定阶段，在逻辑上，实际是将这两个判断要件合为一个要件使用的。这与《行诉解释》的立场相同，但背离了立法原意。最高人民法院的做法一方面反映了程序轻微违法的判断困境，以至于只能通过权利影响要件进行判断；另一方面也反映了纯粹的程序工具主义价值观的回归，忽视了程序本身的价值，[3]这是非常不可取的。鉴于"程序轻微违法"与"对原告权利不产生实际影响"两要件适用时的可操作性不强，有学者建议在该条款基础重构三要件的判断标准：要件一，行政程序违法；要件二，未对重要程序性权利产生

---

[1] 王玎："行政程序违法的司法审查标准"，载《华东政法大学学报》2016 年第 5 期。

[2] 全国人大法制工作委员会行政法室：《中华人民共和国行政诉讼法解读》，中国法制出版社2014 年版，第 205 页。

[3] 孙森森："行政程序违法的法律效果问题研究——以瑕疵治愈的法理为中心"，中国政法大学 2018 年博士学位论文。

实质损害；要件三，不可能影响行政决定的正确性。[1]在该三要件判断标准中，法官仍要把握"重要程序性权利""实质损害"的内涵，也可能出现要件二挤压其他两要件的情况，出现"未对重要程序性权利产生实质损害，即未影响行政决定的正确性"的现象，最终还是无法从根本上解决该条款存在的问题。另外，要件二直接将"重要程序性权利"代替法律条文中的"原告权利"，可能导致该条款适用范围的限缩，存在不当之处。笔者认为，在当前阶段，最高人民法院应该把握好法条原文的立法意图，在此基础上做好释法工作，尤其是在个案裁判中，按照两要件的逻辑结构进行详细的说理，做好这一条款适用的典范。

五、《行政诉讼法》第 74 条第 1 款第 2 项未竟之业

有学者指出，《行政诉讼法》第 74 条第 1 款第 2 项规定的程序轻微违法的审查标准中忽视了授益行政行为的面向，即除了上述两标准外，还应该考虑"程序违法行政行为是否有利于行政相对人"标准。[2]例如原告请求确认行政机关行政许可超期违法，法院在审理过程中，若发现该违法行为给原告权利造成实际影响，那么需要判决撤销该行政行为，这样反而不利于原告权利的保护，是立法上一大漏洞。

平果华商案中被诉行政行为也涉及行政许可程序的合法性，但原告并非行政相对人，而是受该行政行为结果影响的第三人。本案的特殊之处在于，田阳县政府授予华商公司特许经营权的行政许可对华商公司而言属于授益性行政行为，该许可行为未经招投标程序的过错在于行政主体而不在行政相对人。并且，在当地，此类特许经营权的授予均是通过招商引资形式完成的，行政相对人对其合法性、稳定性产生合理信赖。田阳新山公司后获得的行政许可与平果华商公司的许可范围在地域上发生重合，遂以该许可未经招投标程序为由，要求撤销该行政许可。就上述三方主体的过错大小来看，田阳县政府行政许可程序不当，过错最大；田阳新山公司明知自己获得的行政许可会与在先的许可内容产生重合，仍进行申请，过错次之；平果华商公司的过

---

〔1〕 陈振宇："行政程序轻微违法的识别与裁判"，载《法律适用》2018 年第 11 期。

〔2〕 王玎："行政程序违法的司法审查标准"，载《华东政法大学学报》2016 年第 5 期。

错最小。虽然广西壮族自治区高级人民法院和最高人民法院的判决结果是一样的，但最高人民法院适用程序轻微违法一款规定，显然对田阳县政府和平果华商公司的苛责程度更低，是充分考量该案实际情况的结果。从这个角度来看，"程序轻微违法，但对原告权利不产生实际影响"这一条款的适用，也并不仅仅是从法解释学的角度出发，更多的是法官在个案中进行利益衡量的结果。

【后续影响及借鉴意义】

本案是最高人民法院再审的案件，法院虽然驳回了申请人的再审申请，但是在肯定广西壮族自治区高级人民法院确认违法判决正确性的同时，表明本案属于程序轻微违法情形，广西壮族自治区高级人民法院和最高人民法院之间不同的裁判逻辑，为我们讨论《行政诉讼法》第 74 条第 1 款第 2 项的适用提供了很好的思路。本案的可取之处在于，最高人民法院充分考量了本案的实际情况，田阳县政府在特定投资环境下，未遵守招投标程序，而是通过招商引资方式授予平果华商公司管道燃气特许经营权。田阳新山公司后获得的管道燃气特许经营权与前述特许经营权范围发生重合，遂要求撤销该许可。若严格按照法条规定来裁判，则广西壮族自治区高级人民法院的裁判逻辑是正当的，即未经招投标程序，程序违法应予撤销，但撤销有损公益，故不予撤销。但显然，这样的裁判结果对平果华商公司而言是极不公平的，其与田阳县政府、田阳新山公司之间的三方关系中，是过错最小的一方，却要承担最为不利的后果。显然最高人民法院考虑到了这一点，其利用"对原告权利不产生实际影响"这一点，适用"程序轻微违法"这一条款，将该违法行政行为定性为本不应撤销的行政行为，有利于实质正义的实现。同时，这也体现了法院在裁判中不仅仅是机械地进行法律解释、法律适用，在实现正义方面，也可发挥一定的主观能动性。正如有学者所说，在现代社会，法院除了发挥传统的定分止争、形成面向未来的裁判规则的功能外，还是担负或者参与公共政策制定等国家治理活动的主体之一。[1]

---

〔1〕　章剑生："再论对违反法定程序的司法审查——基于最高人民法院公布的判例（2009—2018）"，载《中外法学》2019 年第 6 期。

本案的不足之处在于以下两点：第一，说理不够充分。从判决书来看，最高人民法院在适用"程序轻微违法"这一条款的规定时，说理内容过于简单，并未回应申请人最为关切的内容。由于确认违法判决本身是对已经违法的行政行为，不予撤销而维持其效力的判决方式，如果在说理上不够充分，将会影响司法判决的权威性和公信力，并且也不利于最终行政纠纷的实质性化解。第二，两要件的合并判断，背离立法意图。"程序轻微违法，但对原告权利不产生实际影响"这一条款的适用，是理论与实践的难题，在解决这一难题的过程中，最高人民法院应该在个案中发挥指引作用。最高人民法院在本案中对该条款的判断过程，显然不利于该条款的适用完善，还可能是一个反面典型。其未对程序违法行为的违法程度进行判断，而仅仅依赖是否对原告权利产生影响这一个要件作出判断，这样的裁判逻辑需要在以后的裁判中纠正，从这个角度来看，这也是本案值得分析探讨之处。

四 行政裁量

案例一 天津市虎威化工涂料有限公司与天津市北辰区环境保护局环境管理罚款处罚案

温 薇[*]

【案例名称】

天津市虎威化工涂料有限公司与天津市北辰区环境保护局环境管理罚款处罚案［北京市第四中级人民法院（2018）京04行终1号］

【关键词】

明显不当　裁量瑕疵　畸轻畸重

【基本案情】

天津市虎威化工涂料有限公司（以下简称涂料公司）经营范围醇酸油漆、有机硅漆、聚氨酯漆、丙烯酸漆、环氧漆、水性内外墙涂料制造、销售业务。2017年5月21日，天津市北辰区环境保护局（以下简称北辰区环保局）对其进行执法检查，发现其从事醇酸油漆加工生产，工艺为混配、研磨，过程中产生挥发性有机废气直排，但未按规定建有废气治理设施。检查时存在生产迹象，检查前一日仍在生产。北辰区环保局于2017年5月27日作出《行政

* 作者简介：温薇，中国政法大学法学院宪法与行政法专业硕士研究生，本文的指导教师为中国政法大学法学院行政法研究所教授、博士生导师赵宏。

处罚听证告知书》，告知涂料公司，依照《天津市大气污染防治条例》[1]第85条第1项规定，拟对其作出处2万元以上20万元以下罚款。同日，北辰区环保局作出《责令改正违法行为决定书》，责令其立即停止未在密闭空间或者设备中进行的产生含挥发性有机物废气的生产经营活动，限其于接到责令改正决定书之日起1日内改正违法行为。次日，北辰区环保局将《责令改正违法行为决定书》和《行政处罚听证告知书》送达涂料公司。涂料公司逾期未进行陈述、申辩，也未提出听证申请。2017年8月29日，北辰区环保局作出被诉行政处罚决定，认定涂料公司实施产生含挥发性有机物废气的生产经营活动，未在密闭空间或者设备中进行的环境违法行为，违反《天津市大气污染防治条例》第53条的规定，依据《天津市大气污染防治条例》第85条第1项的规定，罚款4万元。次日，北辰区环保局将该处罚决定送达涂料公司。涂料公司不服，向天津铁路运输法院提起行政诉讼，请求变更《行政处罚决定书》，将罚款4万元变更为罚款2万元。

天津铁路运输法院经审理认为，依据《中华人民共和国环境保护法》（以下简称《环保法》）第10条第1款规定，北辰区环保局对辖区内的环境保护工作实施监管职权，有权对辖区内的环境违法行为进行查处。涂料公司实施了产生含挥发性有机物废气的生产经营活动，未在密闭空间或者设备中进行，该行为违反了《天津市大气污染防治条例》第53条关于从事此类活动的具体规范，事实清楚，证据充分。依据《天津市大气污染防治条例》第85条第1项规定，违反本条例挥发性有机物污染防治规定，产生含挥发性有机物废气的生产经营活动，未在密闭空间、设备中进行，由环境保护行政主管部门责令停止违法行为，限期改正，并处2万元以上20万元以下罚款，北辰区环保局适用该规定对涂料公司作出罚款4万元的行政处罚决定，适用法律正确。且北辰区环保局履行了立案、调查、听证告知等程序，执法程序并无不当。本案中，涂料公司主张北辰区环保局行政处罚行为明显不当，法院认为北辰区环保局罚款数额系根据具体违法情节在法定的处罚幅度内作出的；涂料公司提交的案外企业行政处罚决定书及注册资金情况，虽然可以证明同样违法行为的处罚金额存在差异，但违法情节在行政处罚决定书中并无具体体现，

---

〔1〕 本案适用的是《天津市大气污染防治条例》（2015）。

涂料公司与案外企业的处罚金额不具有可比性。故涂料公司关于被诉行政行为明显不当的主张依据不足，对其变更处罚金额的诉讼请求不予支持。一审法院判决驳回涂料公司的诉讼请求。涂料公司不服，上诉至北京市第四中级人民法院。

北京市第四中级人民法院审理认为，北辰区环保局对于辖区内环境违法行为具有进行查处并作出处罚的法定职权，且处罚作出符合法定程序。依据《天津市大气污染防治条例》第 53 条、第 85 条第 1 项规定，结合本案中北辰区环保局提交的现场检查笔录、现场照片、调查询问笔录等证据，能够证明涂料公司行为已经构成违反《天津市大气污染防治条例》第 53 条，属于该条例第 85 条第 1 项规定的应予处罚的情形，故北辰区环保局对涂料公司进行处罚事实清楚。关于被诉处罚决定的处罚幅度是否适当问题，《中华人民共和国行政处罚法》（以下简称《行政处罚法》）规定行政处罚遵循公正、公开的原则，设定和实施行政处罚必须以事实为依据，与违法行为的事实、性质、情节以及社会危害程度相当。《天津市大气污染防治条例》第 85 条第 1 项规定的罚款幅度为"2 万元以上 20 万元以下"。本案中，北辰区环保局针对涂料公司的违法行为决定罚款 4 万元，在 2 万元以上 20 万元以下的法定罚款幅度内，属于幅度较低的处罚。针对涂料公司提出的行政处罚明显不当的主张，北辰区环保局主张涂料公司有不配合执法的情形，但在法定期限内未提供相应证据加以证明，被诉处罚决定确有不当。而北辰区环保局对涂料公司罚款 4 万元，仅比法定最低金额高 2 万元，4 万元的罚款金额与涂料公司的违法行为不存在不相称的情形，不足以认定被诉处罚决定构成明显不当。且现有证据也不能证明涂料公司与其他同类违法行为的事实、性质、情节以及社会危害程度相当，故其主张缺乏事实及法律依据，上诉理由不能成立，上诉请求不予支持。据此，北京市第四中级人民法院最终认为一审判决驳回涂料公司诉讼请求正确，判决驳回上诉，维持一审判决。

【裁判要旨】

（1）实施行政处罚应当与违法行为的事实、性质、情节以及社会危害程度相当。两个或两个以上同类违法行为的具体情节、社会危害程度等存在差异的，行政机关在确定行政处罚种类和幅度时应当考虑这种差异性。

（2）被处罚人仅以行政机关对同类违法行为作出的行政处罚更轻为由主张对其所作的行政处罚明显不当，但并无证据证明违法行为的具体情节和社会危害程度等相同或相当的，人民法院一般不予支持。

【裁判理由与论证】

涂料公司与北辰区环保局行政处罚案经历一审、二审，但焦点一直在于：涂料公司起诉北辰区环保局对其作出的津辰环罚字（2017）ZD2017052102 号行政处罚决定，是否存在明显不当，而这一问题又凝结为行政行为"明显不当"的判断标准问题。在 2014 年《中华人民共和国行政诉讼法》（以下简称《行政诉讼法》）修改后，增加了行政行为"明显不当"的相关条款，即《行政诉讼法》第 70 条："行政行为有下列情形之一的，人民法院判决撤销或者部分撤销，并可以判决被告重新作出行政行为：……（六）明显不当的"；第 77 条第 1 款："行政处罚明显不当，或者其他行政行为涉及对款额的确定、认定确有错误的，人民法院可以判决变更。"据此，行政行为是否"明显不当"成为法院审查行政行为的重要方面，并可作为判决撤销、重作与变更的法定理由。但如何认定"明显不当"，从而适用相关条款，一跃成为难点问题，而本案判决也就此问题开展了分析与论证。

一、行政处罚行为的合法要件

北辰区环保局的行政处罚行为是否合法，从一审、二审法院的审理关注点来看，包括处罚主体是否具备法定职权、处罚作出是否具有法定依据、处罚对象是否存在违法当罚事实、处罚内容是否存在明显不当、处罚程序是否符合法定程序。在处罚主体是否具备法定职权方面，"法院经审理认为，《环保法》第 10 条第 1 款规定，县级以上地方人民政府环境保护主管部门，对本行政区域环境保护工作实施统一监督管理。北辰区环保局作为辖区内的环境保护主管部门，具有对辖区内的环境保护工作实施监管的行政职权，其对辖区内的环境违法行为进行查处，是应尽的法定职责。"在处罚程序是否符合法定程序方面，在 2017 年 5 月 21 日，北辰区环保局进行执法检查后，在法定时限内作出《行政处罚听证告知书》《责令改正违法行为决定书》，并将两份文书于次日送达涂料公司。涂料公司逾期未进行陈述、申辩，也未提出听证申请。2017 年 8 月 29 日，北辰区环保局作出《行政处罚决定书》，并于次日送达。一审法院认为"北辰区环保局履行了立案、调查、听证告知等程序，执法程序并无不当"，二审法院同意一审法院认定意见，亦认为处罚行为符合法定程序。在处罚对象是否存在违法当罚事实方面，"北辰区环保局提交的现场检查笔录、现场照片、调查询问笔录能够证明涂料公司未在密闭空间或者设备中，进行产生含挥发性有机物废气的生产经营活动"。处罚作出是否具有法定依据方面，《天津市大气污染防治条例》是有权设立罚款处罚的地方性法规，其第 53 条、第 85 条规定了相关违法情形及对应何种处罚，一审法院认为处罚"适用法律正确"，二审法院指出涂料公司行为"已经构成违反《天津市大气污染防治条例》第 53 条的行为，属于该条例第 85 条第 1 项规定的应予处罚的情形"。在具备法定职权、遵循法定程序、违法事实清楚、处罚依据明确的情况下，行政处罚合法性的质疑集中至行政处罚行为是否存在明显不当，即"被诉处罚决定的处罚幅度是否适当"之上。在《天津市大气污染防治条例》第 85 条规定相关违法行为"处 2 万元以上 20 万元以下罚款"，行政机关存在裁量空间情况下，行政机关的处罚行为何为适当？

二、行政处罚幅度的适当确定

在行政机关具有行政处罚权、在处罚数额上享有裁量权的情况下，法院一方面需要尊重行政机关的首次判断权，这既是出于对专业的信赖和权力分工的要求，也是囿于司法资源的有限性；另一方面，法院也不可全然袖手旁观，致使行政裁量成为"法外之地"，故而法院必须对行政机关处罚行为是否存在明显不当，侵害到相对人的合法权益进行一定审查。而对于一项行政处罚行为是否幅度适当的判断，着眼点当与违法行为的具体情况相关联。"关于被诉处罚决定的处罚幅度是否适当问题，《行政处罚法》规定行政处罚遵循公正、公开的原则，设定和实施行政处罚必须以事实为依据，与违法行为的事实、性质、情节以及社会危害程度相当。"《天津市大气污染防治条例》中的处罚条款规定了 2 万至 20 万的罚款幅度显然也是考虑到实践中此项违法行为的情形并不全然相同，故而赋予行政机关一定裁量权，根据实际违法情况进行不同幅度的罚款，最大程度上实现个罚的公平。法院根据我国《行政处罚法》第 4 条之规定，从"违法行为的事实、性质、情节以及社会危害程度"

四个方面对行政处罚是否得当进行判断，具有法律依据，并且能够关照个案，进行有效审查。

三、未举证违法行为中的特殊情形确有不当

举证责任是诉讼当事人对自己提出的诉讼主张提交证据加以证实的一种法定责任，如举证不能，将可能承担败诉结果。当前我国行政诉讼仍围绕行政行为展开，司法机关通过对行政行为合法性的审查监督制约行政权的行使，从而保护行政相对人的合法权益，行政处罚行为是典型的负担性行政行为，故行政机关应对处罚过程中的各项合法性要件承担举证责任，尤其在具有行政裁量权的情况下，为何如此裁量更是行政机关须重点说明理由之处。行政机关在个别主张上存在举证不能情况时，却也不必然导致行政行为的无效。行政机关处理庞杂的行政事务，在遵照既定的程序框架开展行政执法的过程中，不排除存在突发情况下的留证不足甚至缺失，针对这种情形，则需要综合判断相关缺乏的证据是否是支撑行政行为作出的关键证据，其是否会对相对人的合法权益产生重要影响，否则基于行政行为的公定力和行政执法资源局限性的考量，行政行为仍将被认定为具有效力。本案中，"北辰区环保局主张涂料公司有不配合执法的情形，但在法定期限内未提供相应证据加以证明，被诉处罚决定确有不当。"法院明确北辰区环保局就涂料公司违法行为中关联处罚数额的特殊情形负有举证责任，同时认为其举证不能引发的后果为处罚决定确有不当，但默示此种不当未直接导致行政行为不合法，而仅仅作为一种瑕疵，仍然肯定了行政行为效力。

四、行政行为不当与明显不当的区别

司法机关在审查行政行为合法性的过程中，动态地适用和解释法律，阐明具体条文规范的内涵。明显不当的判定应当基于一般失当行政行为与明显不适当行政行为这一递进式的理解。"明显"不适当的意旨在于超越一般忍耐的严重不合理，应当是一种实质意义上的不合法，完全具备了侵害相对人合法权益的性质，足以影响行政行为的效力，可能引发经司法审查后被撤销或者变更的后果。但未达到"明显"程度，对违法事实认定与当事人关切权益并无直接、实质、重要影响的一般失当行为，则属不合理序列。在行政效率

与公平存在张力，行政秩序与当事人权益两者并重的情况下，一般失当行为与明显不适当行为的界分也体现出司法权与行政权边界。本案判决体现了这种递进式的思考，在认定行政机关未能在法定期限内举证行政相对人的违法行为中的特殊情形属于行政行为确有不当之后，对行政处罚的不当是否构成"明显不当"进行再判断，从罚款数额仍处于较低幅度范围着手，指出"北辰区环保局对涂料公司罚款 4 万元，仅比法定最低金额高 2 万元，4 万元的罚款金额与涂料公司的违法行为不存在不相称的情形"，得出"不足以认定被诉处罚决定构成明显不当"之判断。

五、明显不当审查和畸轻畸重标准在本案中的适用

在明显不当的判断中，行政机关长期执法实践形成的违法行为情形与处罚数额幅度存在一定对应性，发挥着参照系的功能，也体现了行政裁量的自我规制，如违法行为基本一致，出于平等原则，应当类行类罚；如个案情况存在不同，必然存在浮动的空间，这也是行政裁量灵活处理行政事务，追求个案公平的价值要义。故同类违法行为，相似的违法情节才具有可比性，并形成畸轻畸重的标准前提。本案围绕着行政处罚行为是否明显不当这一核心争点展开。

在一审和二审中，原告涂料公司皆主张行政处罚数额过多，属于明显不当，理由却并不相同，审理中法院皆予以回应。一审中涂料公司提交的案外企业行政处罚决定书及注册资金情况，欲说明类似企业的类似违法行为受到的行政处罚情况，以证明自身所受处罚数额过多。但一审法院认为，一方面"北辰区环保局对涂料公司罚款 4 万元的处罚决定系根据涂料公司的具体违法情节在法定的处罚幅度内作出"，另一方面，"涂料公司提交的案外企业行政处罚决定书及注册资金情况，虽然可以证明北辰区环保局对实施同样违法行为的案外企业处罚金额与涂料公司存在差异，但违法情节在行政处罚决定书中并无具体体现，涂料公司与案外企业的处罚金额不具有可比性。涂料公司关于被诉行政行为明显不当的主张依据不足。"法院明确了其他公司实施同样违法行为受到处罚的情况虽然说明处罚数额存在不同，但由于缺乏违法情节一致的证据，并非是明显差异化对待的例证，故即便是处罚同种违法行为，判断是否处罚明显不当的核心在于违法情节的体现。

二审中，涂料公司主张其与案外企业存在同样违法情节的违法行为，但被罚款数额多出一倍，北辰区环保局没有证据证明涂料公司违法情节比较严重，作出被诉处罚决定违反公正、公开的原则。北辰区环保局回应称处罚数额是考虑涂料公司拒不开门等拒绝配合检查的行为后作出，虽然高于对其他企业罚款，但仍属于法定罚数额，但未能就此举证。关切双方主张并指向本案中行政处罚行为明显不当之判断，法院认为"北辰区环保局针对涂料公司的违法行为决定罚款4万元，在2万元以上20万元以下的法定罚款幅度内，属于幅度较低的处罚。针对涂料公司提出北辰区环保局对于同类违法行为作出明显不当处罚的主张，北辰区环保局主张涂料公司有不配合执法的情形，但在法定期限内未提供相应证据加以证明，被诉处罚决定确有不当。但北辰区环保局对涂料公司罚款4万元，仅比法定最低金额高2万元，4万元的罚款金额与涂料公司的违法行为不存在不相称的情形，不足以认定被诉处罚决定构成明显不当。且现有证据也不能证明涂料公司与其他同类违法行为的事实、性质、情节以及社会危害程度相当，故其主张缺乏事实及法律依据。"法院首先根据双方主张进行了判断，认为环保局未举证相对人存在不配合执法情形，处罚决定确有不当。继而从处罚本身着手，认为处罚数额比最低数额略高，仍处于低幅度处罚，并非与违法行为不相称，不构成"畸重"，不足以认定明显不当。最后从涂料公司未能举证自身违法行为的"同质性"，其未能提供有效依据，也促使法院反向采信行政机关的首次判断。经由上述分析，本案最终判决驳回涂料公司"变更《行政处罚决定书》，将罚款4万元变更为罚款2万元"的诉讼请求，肯定了北辰区环保局的行政处罚行为合法性。因此，一审、二审法院判决并无任何不当。

【涉及的重要理论问题】

本案对于"明显不当"审查标准在司法实践中的适用颇有参照意义，借由个案对"明显不当"行政行为的认定在尚无具体规范的情况下具有重要作用。依据1989年《行政诉讼法》第54条规定，针对"滥用职权"行政行为，法院可以判决撤销；针对"行政处罚显失公正"的，法院可以作出变更判决。但经学界实证考察与分析，"滥用职权"审查条款或因指向行政机关主观过错，或因关联刑法上滥用职权罪名，或因对这一条款性质、内涵理解的分歧等，适用率极低，并不利于解决行政争议和保护相对人合法权益。2014 年《行政诉讼法》修改，第 70 条保留"滥用职权"条款，并增加"明显不当"审查标准；第 77 条将"行政处罚显失公正"修改为"行政处罚明显不当"的，可以作出变更判决，意在此加强对行政裁量行为的规制，以期通过客观化的路径审查行政裁量行为的合法性。这在一定程度上拓宽了行政行为评价的体系，为司法权与行政权在裁量事项的判断中提供了新场域。但是 2014 年《行政诉讼法》及后续司法解释并未就行政行为明显不当的内涵及该审查标准的具体适用进行说明，时任全国人大法制工作委员会行政法室副主任的童卫东在撰文进行《行政诉讼法》修改回顾时直陈"至于什么是'明显不当'，新法没有规定具体的判断标准。……需要留待司法实践去探索，总结经验。"[1]理论界与实务界就此开展了积极的探索，对于明显不当审查的适用范围、判断标准、裁判方式等问题各有争鸣，其涉及的行政裁量之审查更凸显行政与司法之界分与关联，司法审查的密度与强度问题于此无法回避。虽然在司法实践与理论剖析的互动中已体现了一定的步骤化、标准化判断倾向，但缺乏深入的阐释论证，也尚未形成体系化共识。本案争点集中于行政处罚行为"明显不当"之判断，两审中切入点虽不一致，但通过平等对待原则、畸轻畸重的认定，基本展现了"明显不当"司法审查的路径与核心，是该审查标准适用的典例。本案涉及的理论问题又包含以下方面。

一、行政裁量视域下"明显不当"的意涵

"明显不当"审查标准的增设初衷是为了应对日益扩张的行政裁量权，其意涵理解当置于行政裁量的视域下，在把握行政权与司法权的关系的基础上展开。行政裁量，自其产生以来，内涵不断丰富，面向逐步多元，关涉点众多，是行政法学研究的核心概念。行政裁量之理解，从与立法权关系、司法权关系、行政权内部关系角度当有不同界定。就与立法关系而言，行政裁量是以行政专业性之长济立法预见性之短，由于规范之多义性而使得行政机关在适用法律过程中享有判断权。从行政机关内部管理维度审视，行政裁量体现了上下级的权限区别与各部门具体分工，裁量基准等设定更是行政机关积

---

[1] 童卫东："进步与妥协：《行政诉讼法》修改回顾"，载《行政法学研究》2015 年第 4 期。

极自我拘束、追求裁量统一的反映。而行政裁量概念的形成实际离不开法院对特殊性质的行政行为的介入性再判断。

裁量最初是司法审查的真空领域。行政裁量发轫于19世纪欧洲绝对王权松动后行政与司法的逐步分离，最初是为避免行政措施遭到法院审查的干预。F. F. 迈耶（F. F. Mayer）曾经不受法的羁束，从而不能作为法律问题给予权利救济的领域称为"纯粹行政"，[1]从裁量不受法律严格约束的意义上说，行政裁量论成为"依法律行政原理"的例外。19世纪中后期关于裁量范畴的学理论争影响深远。贝尔纳齐克（Bernatzik）要件裁量说认为"行政的自由本质在于实现公益的国家目的，将行政裁量排除在行政法院的审查范围，是将实现公益的目的委诸行政机关"，"行政在其法律要件的认定中享有自由"。特茨纳（Tezner）的效果裁量说认为裁量作为公益的考虑，并非行政固有领域，法院有权审理公益问题，"行政裁量应存在于具体的处理内容和手段选择"。1910年奥地利学者劳恩（Laun）在总结前述两大理论的基础上，将"何为合乎公益的考量"的要件裁量说作为区分羁束行为与裁量行为的识别标准，将"行政行为对合目的性与公益性考虑"作为裁量行为再二分为"羁束裁量"与"狭义的自由裁量"的判断标准，前者对立法目的的探究不是完全独立的，司法可以对此进行审查。[2]行政裁量的二分实质上缩小了裁量不受司法审查的行政空间。此后，就如何区分羁束裁量与自由裁量，德国从规范构造出发，日本从行政行为类型出发，虽内涵并不一致，但仍旧区分为要件裁量说与效果裁量说两大阵营，此外，"二战"后日本学界占据主流地位的"法规目的说"则强调"要区分羁束与裁量，应在具体的情形下对法的目的旨趣进行合理的、合目的性的解释"。实际上，由于仅在法律概念唯一确定和法律效果不可选择的情况下，纯粹的羁束行为才存在，区分羁束行为与裁量行为的标准几乎可视为区分羁束裁量与自由裁量的标准。伴随着现代法治原则与分权原则的发展，基于司法审查与行政裁量关系，羁束行政与裁量行政的划分逐步成型。前者将面临全面的司法审查，后者则面临特定情形下有限的司法审查，行政裁量类型及其所处阶段的划分在司法审查的强度与密度问题

---

〔1〕 王贵松：《行政裁量的构造与审查》，中国人民大学出版社2016年版，第6~7页。

〔2〕 ［日］田村悦一：《自由裁量及其界限》，李哲范译，中国政法大学出版社2016年版，第1~2页，第17~18页。

上仍颇具意义。当前随着实质法治理念的发展、行政裁量界限与瑕疵理论研究的深入，虽有不确定法律概念与行政裁量二元论和一元论的论争，但裁量应受拘束已成为共识，司法审查也成为规制裁量行政不可或缺的方式。

如视"明显不当"为一个一般性评价词汇，现实中存在其被泛用于行政行为、司法裁判行为等诸多方面的状况，但作为一项新增的行政诉讼中的审查标准，它有自身特定的辐射范围，行政行为"明显不当"即指行政行为明显不适当、严重不合理，违背法律规范、法律原则、法律精神，导致实质性违法。明显不当关注着行政行为在事实、证据、法律适用、法定程序等之外，是否符合合法行政、合理行政的要求，尤其是裁量过程中采用的方式是否恰当，裁量的结果可否为大众所接受。对于现代行政体系和行政诉讼体系而言，这一审查标准的加入暗含着高权行政向服务行政的转变，蕴含了良法善治的要求，司法审查实现了从单一维度"纸面"规范性的合法性审查向立体维度的构造化的实质合法性审查跃进。

而作为我国行政诉讼审查标准之一的"明显不当"，无法脱离于整个审查标准体系而运用。结合《行政复议法》《行政诉讼法》法律规范变迁轨迹，"明显不当"的适用范围在其与"滥用职权"的比较中进一步廓清。"滥用职权"是指行政行为虽然在权限范围以内，但行政机关不合目的地或不正当地行使其职权的情形。[1]长期以来，其内涵外延讨论也层出不穷，除上述违反授权目的说，学界还存在主观故意说，滥用裁量权说等观点，但基本认为需要从主客观两个层面进行考察，应当深究行政机关行使权力的主观意图。2014 年《行政诉讼法》修改后，增设"明显不当"，在立法机关的说明中，考虑二者皆针对行政裁量权进行审查，指出"滥用职权"基于主观过错角度，"明显不当"基于客观结果角度。[2]而"明显不当"接续之前"显失公正"标准，适用范围有所扩充，将仅针对行政处罚的"显失公正"扩展至所有行政行为。

---

〔1〕　姜明安主编：《行政法与行政诉讼法》，北京大学出版社、高等教育出版社 2015 年版，第518 页。

〔2〕　全国人大常委会法制工作委员会行政法室：《〈中华人民共和国行政诉讼法〉解读与适用》，法律出版社 2015 年版，第 158 页。

二、明显不当行政行为的认定标准

"明显不当"审查标准意涵明晰后，如何认定行政行为"明显不当"是适用的关键问题，实务界和学界对此都展开了积极探索。从行政行为合理性考虑因素出发，指出"行政机关行使裁量权力是没有考虑相关因素或者考虑了相关因素，没有遵循业已形成的裁量基准、行政先例或者法律原则，以致处理结果有失公正"。[1]在认为明显不当主要是从客观方面对行政行为合法性作出要求的基础上，提出明显不当行政行为主要包括三种，"一是行政行为不符合比例原则；二是行政行为不平等地对待相对人；三是行政行为缺乏正当程序"。[2]亦有观点认为明显不当的判断标准应当客观、多元，需要结合个案情况进行具体考量，并列举了"行政行为畸轻畸重、方式不当、违法立法目的、违反基本原则、忽视相关因素、不合理的迟延"等情形。[3]

行政行为"明显不当"的认定探索，是在把握"法"的实质含义基础上展开的，既遵循具体的立法规范，也符合法律原则的要求，同时考虑政策等因素的影响，从行政过程和行为结果来全面考察其适当性与公正性。其中，比例原则与平等原则被视为重要的考量因素。比例原则的本质在于调整手段与目的的关系，在合比例性的审查中，主要从目的正当性、适当性、必要性、均衡性角度进行审查。[4]往往须达到目的明显不正当、手段明显无助于实现目的、明显还存在其他更小损害的手段、损害与收益明显不成比例等，才属于明显不符合比例原则，可认定为行政行为明显不当。平等原则要求下，应当做到同等情况同等对待，不同情况区别对待，实践惯例和具有规范意义的裁量标准具有重要的参照价值，无特殊原因应当尊重，区别对待应该说明理由，否则严重的不平等对待也将导致明显不当。

在考虑相关原则的基础上，畸轻畸重是行政处罚领域典型的明显不当情

---

〔1〕 何海波："论行政行为'明显不当'"，载《法学研究》2016年第3期。

〔2〕 史笔、曹晟："新《行政诉讼法》中行政行为'明显不当'的审查与判断"，载《法律适用》2016年第8期。

〔3〕 于洋："明显不当审查标准的内涵与适用——以《行政诉讼法》第70条第（六）项为核心"，载《交大法学》2017年第3期。

〔4〕 刘权："行政判决中比例原则的适用"，载《中国法学》2019年第3期。

形，即行政处罚虽然处于法定的范围与幅度内，但就相对人违法行为之情节而言，明显地过轻或者过重。在这一判断中，实际蕴含了两层比较，一是该项违法行为的具体情形，如参考主观恶性、违法手段、危害后果、初犯再犯等诸多因素，与针对该项违法行为的处罚程度相比较，是否过罚相当，过罚相当可以良好地实现法律设立与执行的目的；更为隐含的一层比较来源于长期执法实践形成的"惯例"甚至是具拘束性意义的"裁量基准"，在某次行政处罚中，其处罚强度明显超过或是远低于以往类似违法行为，且不存在合理的差异化处理理由，业已违背行政惯例，很大程度上将导致该项处罚明显不当。

三、明显不当行政行为与撤销判决、变更判决

在认定行政行为明显不当后，法院有两种判决方式进行权利救济，一是撤销判决，二是变更判决。由于变更判决实质上是司法机关代替行政机关进行事实判断和法律适用，在最大程度上干预了行政权的行使，是"行政诉讼中对权力分工冲击最大的判决类型"，故2014年《行政诉讼法》第77条对变更判决进行特别规定，仅在"行政处罚明显不当，或者其他行政行为涉及对款额的确定，认定确有错误的"的情况下，法院可以判决变更。本案中，原告申请进行法院变更罚款数额也是基于本条款。对该条文义中并列的两点进行分析，此时的"行政处罚明显不当"亦应更多聚焦于处罚的数额是否过少或过多，而非是否应当处罚。于前者法院在一定幅度内可以进行直接变更，以期减少诉累，实质上化解行政争议；于后者，则可以统合在《行政诉讼法》第70条第6项中，判断是否撤销该项行政处罚。

撤销判决作为形成之诉具有形成力，[1]撤销行政行为的判决作出后，行政行为自始丧失效力，行政机关与相对人关系恢复至原始状态。这亦是对被诉行政行为合法性的否认。撤销后如行政机关与当事人基础法律关系仍然存在或客观状况存续需要行政机关作为或不作为，行政机关仍需积极履责。故而"明显不当"行政行为撤销后根据案件实际情况还可接续或相应适用其他条款，如行政不作为案件中，行政机关履责方式不合理并损害当事人合法权

---

［1］ 刘欣琦："新《行政诉讼法》实施后重作判决适用探析"，载《政治与法律》2016年第5期。

益，此时可以根据《行政诉讼法》第 72 条之规定，责令行政机关履行职责。

【后续影响及借鉴意义】

正如"明显不当"审查标准纳入行政诉讼法时，立法者预期在司法实践中逐步完善其认定标准一般，本案判决结合具体案情对行政处罚是否明显不当的认定，即是在实践中探索认定考虑因素，逐步形成判断标准的过程。本案的积极意义在于，基本形成了"不当—明显不当"递进式判断阶度，明显不当的认定围绕"罚款金额与违法行为是否相称"，综合"违法行为的事实、性质、情节以及社会危害程度"等因素展开，并遵循平等对待原则，以"畸轻畸重"作为认定标准。

一、积极影响

本案判决至少在如下方面对我国的行政诉讼制度产生了积极影响。

其一，区分行政裁量行为"不当"与"明显不当"，明确司法审查着力于"明显不当"，贯彻了我国"合法性审查"原则，预留了行政一次判断与司法二次判断的张力空间，并推进了实质法治的发展。"法律约束的松动相应地引起了行政法院审查的松动，因为行政法院只审查行政活动的合法性，一旦行政机关享有裁量空间和判断余地，它就享有'最后决定'的权利"。承此学理，我国行政诉讼以行政行为为审查对象，集中关注行政行为作出对相对人或第三人权利义务产生的影响，行政行为的合法性是其审查核心。同时在行政法治的追求下，通过行政复议的制度设计，实现对行政行为较为全面的监督。由此保持了行政机关内部上下层级之间的介入性监督和司法机关对行政机关的克制性外部审查。伴随着依法治国的不断深入，社会主义市场经济的高速发展，行政裁量的扩张性活跃，司法审查机关愈加关注到行政机关行为作出的全过程，尤其是裁量过程的合法性、合理性和裁量结果的公正性、可接受性。这种关注从进一步划分裁量类型和逐步完善对相关裁量的审查着手，而"滥用职权""显失公正""明显不当"等审查标准相继出现在行政诉讼立法中，在为"合法性审查"原则注入实质内涵。"明显不当"中"明显"之措辞则体现司法权对行政权的尊让，对其专业性首次判断的尊重及对行政行为安定性的维护。

其二，违法行为与处罚程度的"相称性"判断，主要从违法行为事实、性质、情节以及社会危害程度角度着手，勾勒了"明显不当"认定的客观进路，避免落入主观化认定窠臼。"滥用职权"审查标准一度因其"主观评价式的规范设计游离于行政裁量的真实意志过程"而在实践中被"慎用"乃至束之高阁，"显失公正"审查标准也被认为"在法律适用中主观考量排斥了行政裁量的实际考虑因素"。[1]"明显不当"审查标准最初的学理证成即有赖于其将采用客观化的审查行政裁量之方式，而从立法本意上看，其的确侧重于从裁量过程与结果是否体现公正平等，一切行事是否在相关目的、考虑与原则的贯彻下产生，而不再桎梏于首先追问行政机关的真实意图与动机。在本案的判定过程中，二审法院从体系化解释的角度明确了行政诉讼中评价行政处罚行为"明显不当"的着眼点，即《行政处罚法》第4条中所明确的"实施行政处罚必须以事实为依据，与违法行为的事实、性质、情节以及社会危害程度相当"，行政机关亦主张其作出特殊行政处罚的原因在于该涂料公司的违法情节。这为在司法实践中结合个案情况进行具体判断提供了操作性强、关联度高的认定方向。

其三，遵循平等对待原则，结合类案对照下明确的"畸轻畸重"适用前提，推动"明显不当"审查规制行政裁量的标准化、尺度化。平等原则是控制行政机关处罚恣意，保护相对人合法权益的重要原则，但这一原则是在长时间的执法过程的对比中贯彻落实的，相同情况相同处理，类似情况类型化处理是执法公平和效率的共同要求。本案在一审和二审中均关注到这一问题，最终明确其他公司受到处罚的情况如要作为差异化对待的例证，核心在于违法情节相一致，即在类案对照的方法下，畸轻畸重的判断需要建立在两者违法情节相似的基础上；而如本案中所出现的注册资金情况、实施同种违法行为等并非核心要素，这紧抓了畸轻畸重在横向判断中的关键。在具体地域的具体某项行政处罚实践中，虽然会逐步形成一种"基准性"的处罚尺度，我国"裁量基准"的学理研究和实践发展也成果斐然，成为行政机关自我规制裁量的重要路径，但是在个案中，这一标准仍不可能精细化到具体数额，这一标准仍是在一定阈值内浮动，实际上过分追求某种"精确"也存在掏空裁

---

[1] 郑春燕：《现代行政中的裁量及其规制》，法律出版社2015年版，第159~161页。

量功效的嫌疑。畸轻畸重符合这种灵活且可靠要求的标准，但需在实践中把握住其客观的适用前提，使轻与重在同样的层面被比较，唯此方能真正推动"明显不当"审查逐步发展出"可视"的标准，这在本案中有所彰显。

其四，回溯至涉案行政处罚具体规范进行"明显不当"判断，勾连了行政法规范与行政诉讼审查标准，为行政裁量的自我控制与外部控制连接提供范式。行政行为"明显不当"之认定并非空中楼阁，必须在明确事实行为和法律适用的基础上展开，聚焦于争议的行政行为，其依据的法规范中实则已经蕴含行政行为目标与要求，行为是否明显不适当，应当在该规范的意旨下探究。本案中，关于4万元行政处罚数额是否畸高，回归到行政处罚依据的《天津市大气污染防治条例》第85条第1项规定进行了分析，"2万以上20万以下"是行政处罚数额的固定范围，经由法院判断4万元仍处于低段位的处罚数额，过罚并无明显不相当，由此抽象的司法审查标准与具体行政法规范产生有效连接。此外，争议行政行为涉及的立法规范的整体意旨，是否将成为明显不当之判断参酌的基础指南，也将有进一步延展的空间。

其五，于当前我国行政诉讼探索而言，以实践能动性回应了立法的有意疏漏，基于环境保护领域的鲜活案例，挖掘作为不确定法律概念的"明显不当"内涵，积极适用该审查标准推进织就司法审查强度与密度网络，逐步形成多元统一的审查体系。不可否认，行政裁量已然成为现代行政的中心命题，在一定程度上，不确定法律概念的使用并非立法者的无心之失，其真意可能恰在于"确保法律概念对事实的涵括力、法律对生活的调整力，也可能是为行政或司法预留政策空间"[1]，法院也并未在裁量进入视野后无限制地侵入行政腹地，而是在考虑法律文本的规定、权利救济的必要性、行政机关的自主性、法院的功能定位与能力范围等诸多因素后，[2]开展不同强度与密度的审查，在动态中把握权力分工，但长期以来这种类别化处理虽有迹可循，却尤显黏合，导致法院的审查思路时有杂糅，裁判说理不甚清晰，或显激进或仍犹疑，未能形成整序、统一的裁量审查观。"明显不当"审查触及行政裁量的实体内容，并在特定情况下可以作出变更判决，对行政之干预是更深入的，

---

〔1〕 王天华："行政法上的不确定法律概念"，载《中国法学》2016年第3期。

〔2〕 王贵松："论行政裁量的司法审查强度"，载《法商研究》2012年第4期。

属于最高强度的司法审查。而这一审查标准的出现与适用，使得我国司法审查体系更为丰富，且差异性进一步凸显，可为司法审查强度类型的厘清与划分提供契机，并以此为切入点，构建错落有序的审查网络。

二、消极作用

本案在行政处罚明显不当认定与处理上颇具示范借鉴意义，但在行政机关就自身关键主张举证不能的情况下对行政裁量行为合法性影响的阐释仍显匮乏，直接认定为确有不当，未能说明二者之间的强弱关联性，存在缺憾，甚至可能由此留下行政行为"明显不当"转化为"不当"的空间，从而逃脱司法审查，不利于相对人权利保护。

二审中，双方已经将争点聚焦在违法行为情节与处罚数额的相当性问题上，法院也认为"关于被诉处罚决定的处罚幅度是否适当问题，《行政处罚法》规定行政处罚遵循公正、公开的原则，设定和实施行政处罚必须以事实为依据，与违法行为的事实、性质、情节以及社会危害程度相当"。[1]北辰区环保局主张因涂料公司存在抗拒执法的情形，故而加重处罚力度，在有效举证的情况下这显然可以构成合理的裁量理由，但是在审查中北辰区环保局却又对此举证不能，法院没有完全回避这一问题，对此直接认定为"不当"，然而中间并未就无法证明存在裁量理由的情况下差异化处理与行政行为性质认定之间的关联关系进行充分说理，而是"另起炉灶"，从4万元整体上看仍处于低幅度处罚入手来判断是否"明显不当"，这一认定过程虽然更为直观，从本案整体看亦无不妥，但却是在搁置前述问题后的曲线路径。同时，法院认为涂料公司也未能举证自身违法行为与其他同类违法行为在情节上的一致性，故其主张没有事实依据。然而，在行政诉讼中，行政机关应当对行政行为的作出承担举证责任，这意味着涂料公司的未能举证并不能导致行政机关的举证责任免除，或是其主张当然成立。

相对人对此是否仍旧有请求救济的权利，法院在审查中对此是否还有相对独立的空间？德国"无瑕疵裁量请求权"的发展或可提供借鉴维度。"二

---

〔1〕 "天津市虎威化工涂料有限公司与天津市北辰区环境保护局环境管理罚款处罚二审行政判决书"北京市第四中级人民法院〔（2018）京04行终1号〕。

战"后，德国进一步强化公法中个人的权利保护，耶利内克（Walter Jellinek）提出的"行政机关在发放或拒绝许可之间自由选择，但这种自由选择不能带有瑕疵"的裁量瑕疵理论进一步发展，巴霍夫（Otto Bachof）进一步表述为"无瑕疵行使裁量"。在对瑕疵裁量进行审查的时候，也产生私人的权利，此后福斯特霍夫（Ernst Forsthoff）指出这一私人权利在规定裁量界限的规范内含对受损害者利益维护时，以及裁量瑕疵影响程序相关者时两种情况下成立。[1]这蕴含着无漏洞的权利保护理念，而将相对人的权利保护统合于无漏洞保护之下，本质上是使个人权利的保护仍旧系于实体法规范，而非任由个人权利边界无限拓展。本案中设立裁量的《天津市大气污染防治条例》相关条款属于保护公益的裁量条款，并未直接涉及私人权利；但如依平等原则作为请求权依据，又因"超出性"的罚款数额与裁量理由间具有合理关联，该权利将得以构成。

一般而言，裁量理由的缺失是一种确实的瑕疵，对于这一瑕疵性质的判断，其在何种程度上可能会发展为影响行政裁量合法性因素的论理，确有必要，这有助于从形态衍化的视角对"明显不当"行政行为进行认定，防堵其借由"不当"之形脱离司法审查，免于承担相应责任。从本案看，司法实践恪守了立法要求的审查范围，在针对裁量理由缺失问题的时候，是在结合裁量行为呈现的具体结果后，在整体上进行把握的，虽然没有割裂关联性，但缺乏对内在发展性的正视，这在一定程度上并不利于相对人权益保护。当前我国"明显不当"司法审查标准的内涵挖掘和效用发挥仍有赖于司法实践的能动性探索，作为在保护相对人合法权益和尊重行政机关裁量权的动态平衡中不断发展的实践，在具体个案中如何实现对权利的充分保护更值得期待。

---

〔1〕 参见王贵松："论无瑕疵裁量请求权"，载《学习与探索》2010 年第 5 期。

案例二　刘洪艳诉北京市海淀区人民政府、北京市海淀区城市综合行政执法监察局限期拆除决定案

李　懿*

【案例名称】

刘洪艳诉北京市海淀区人民政府、北京市海淀区城市综合行政执法监察局限期拆除决定案［北京市第一中级人民法院（2018）京01行终367号］

【关键词】

限期拆除决定　　比例原则　　明显不当

【基本案情】

北京市海淀区人民法院一审查明的事实如下：2016年12月23日，海淀城管局香山执法监察队在检查中发现，刘洪艳于2016年3月间对涉案房屋进行了翻建。当日海淀城管局进行了现场检查及勘验，对刘洪艳进行询问，告知了刘洪艳其享有的相应权利，听取了刘洪艳的陈述和申辩，并对刘洪艳建设涉案房屋的行为予以立案。2017年1月5日，北京市规划和国土资源管理委员会向海淀城管局出具了《关于北京市海淀区香山北辛村后街14号所建的一处建筑物规划审批情况的函》，称涉案建筑物未依法取得建设工程规划许可证。2017年4月28日，海淀城管局作出被诉限期拆除决定，并于当日通过留

---

*　作者简介：李懿，中国政法大学法学院宪法与行政法专业硕士研究生。本文的指导教师为中国政法大学法学院行政法研究所副教授、硕士生导师蔡乐渭。

置、现场张贴及网站公告送达上述限期拆除决定。刘洪艳不服，于 2017 年 5 月 4 日向海淀区人民政府提出行政复议申请，要求撤销被诉限期拆除决定。海淀区人民政府受理后向海淀城管局送达行政复议答复通知书，要求其提交书面答复与相关证据材料。后海淀城管局向海淀区人民政府提交了答复书与相关证据。因案件情况复杂，海淀区人民政府决定延期 30 日审理，并将延期审理通知书分别送达刘洪艳与海淀城管局。同年 7 月 31 日，海淀区人民政府作出被诉复议决定，决定维持被诉限期拆除决定。后该复议决定分别送达刘洪艳与海淀城管局。刘洪艳仍不服，遂向一审法院提起行政诉讼。

一审法院另查明，刘洪艳系麻淑琴之女，麻淑琴于 1990 年 4 月 24 日经原北京市海淀区香山街道市容监察所批准，在北京市海淀区香山北辛村后街 14 号新建房屋两间，原有房屋五间，建筑用地东西长 16.45 米，南北宽 16.45 米。刘洪艳及其子刘瑞泽一直生活在上述七间房屋中的三间房屋内。后因其所住房屋墙体开裂，刘洪艳对上述房屋进行了翻建。刘洪艳及其子刘瑞泽名下均无房屋登记信息。

一审法院认为，海淀区城管局对涉案房屋进行了检查和现场勘验，取得了北京市规划和国土资源管理委员会出具的涉案房屋未依法取得建设工程规划许可证的函件等材料，其在上述调查的基础上，作出被诉限期拆除决定，认定事实清楚，程序并无不当。海淀区人民政府在行政复议过程中，亦履行了行政复议的相应程序，复议程序亦无不当。但人民法院审理行政案件，不仅要对被诉行政行为是否合法进行审查，还要对行政行为裁量是否明显不当进行审查。

法院结合《中华人民共和国城乡规划法》（以下简称《城乡规划法》）第 64 条和《北京市城乡规划条例》[1]第 66 条第 1 款认为，针对本市范围内未取得建设工程规划许可证的城镇违建，尚可采取改正措施消除对规划实施的影响的，应限期改正；无法采取改正措施消除影响的，方可限期拆除或没收。刘洪艳所建房屋虽确属未批先建，但刘洪艳系在原有宅基地上翻建，房屋用途系自住，房屋也未超过原有面积，更未加盖。且需强调的是，该房屋系刘洪艳及其子刘瑞泽的唯一居所。如有权机关在确认该房屋为违建后直接

---

[1] 《北京市城乡规划条例》已于 2019 年修订。本案适用的是 2009 年发布的《北京市城乡规划条例》。

作出限期拆除决定并最终履行，则刘洪艳及其家人必将面临流离失所的可预见结局。法律并非仅是条文中所罗列的惩处性规定，其最终目的是维护人民的权益，保障社会的正常运行。针对刘洪艳所面临的困境，海淀城管局应先选择采取责令限期补办规划手续等改正措施后，再针对相应改正的情况酌情作出决定。现直接作出限期拆除决定必然将对刘洪艳的权益造成过度损害，应属明显不当，故对海淀城管局作出的被诉限期拆除决定依法应予撤销。因海淀区人民政府作出了维持的被诉复议决定，故应一并撤销。

上诉人海淀城管局、海淀区人民政府均不服，提起上诉，认为法律、法规及规章并未赋予城管执法机关作出限期改正或限期拆除决定方面的行政裁量权。如果当事人履行行政决定确有困难或者暂无履行能力或者行政机关认为需要中止执行的，行政机关可以根据当事人的实际情况综合考虑，在执行环节依法作出相应的裁量决定。

《城乡规划法》第 64 条规定：

"未取得建设工程规划许可证或者未按照建设工程规划许可证的规定进行建设的，由县级以上地方人民政府城乡规划主管部门责令停止建设；尚可采取改正措施消除对规划实施的影响的，限期改正，处建设工程造价百分之五以上百分之十以下的罚款；无法采取改正措施消除影响的，限期拆除，不能拆除的，没收实物或者违法收入，可以并处建设工程造价百分之十以下的罚款。"

《北京市城乡规划条例》第 66 条第 1 款规定：

"城镇建设工程未取得建设工程规划许可证或者未按照建设工程规划许可证许可内容进行建设的，由规划行政主管部门责令停止建设；尚可采取改正措施消除对规划实施的影响的，限期改正，处该建设工程总造价百分之五以上百分之十以下的罚款；无法采取改正措施消除影响的，限期拆除，不能拆除的，没收实物或者违法收入，可以并处该建设工程总造价百分之十以下的罚款。"

【裁判要旨】

行政行为是否明显不当在于行政行为是否具有合理性。首先，应当考虑限期拆除行为是否将导致相对人的生活处于危险境地。其次，行政裁量权的行使应当符合比例原则。如果行政目标的实现可能对相对人的权益造成不利影响，则这种不利影响应被限制在尽可能小的范围和限度内。行政裁量行为应充分考虑手段与后果的关系，如行政裁量行为未充分考虑行为后果以及该后果背后的法益，则不符合比例原则的要求。再次，行政行为的作出应当符合法律规范的目的。

【裁判理由与论证】

北京市第一中级人民法院经过二审，对一审法院查明的事实予以确认，认为一审法院判决结论正确，依法应予支持。

北京市第一中级人民法院认为，本案焦点问题在于海淀城管局作出被诉限期拆除决定是否具有合理性。在判决理由部分，法院分别从被诉限期拆除决定对相对人权益造成损害的程度、比例原则和法律规范的目的进行论证。

一、被诉限期拆除决定对相对人权益造成损害

（一）被诉限期拆除决定的侵益性

北京市第一中级人民法院认为，被诉限期拆除决定直接为相对人设定了自行拆除涉案房屋的义务，并告知逾期不拆除的后果即强制拆除。被诉限期拆除决定属于明显的侵益行为，会直接影响相对人的生活。

（二）侵害相对人权益的程度

北京市第一中级人民法院还认为，被诉限期拆除决定将导致相对人的生活处于危险境地。尽管行政机关主张涉案房屋是否最终强制拆除可以在执行过程中予以裁量，但显然该主张将导致刘洪艳在行使救济权时处于极度被动地位，甚至丧失提起救济的事实基础。

二、裁量权的行使是否符合比例原则

北京市第一中级人民法院认为，比例原则要求行政行为的作出应兼顾行政目的实现与相对人权益的保护。如果行政目标的实现可能对相对人的权益造成不利影响，则这种不利影响应被限制在尽可能小的范围和限度内。行政裁量行为应充分考虑手段与后果的关系，如行政裁量行为未充分考虑行为后

果以及该后果背后的法益，则不符合比例原则的要求。

（一）是否予以限期拆除决定存在裁量空间

本案中，无论是《城乡规划法》第64条，还是《北京市城乡规划条例》第66条第1款均对规划行政主管部门查处未取得建设工程规划许可证即开工建设的情形作出了明确规定。而对于何为"尚可采取改正措施消除对规划实施的影响的"，上述法律法规并无具体规定。对此，《住房和城乡建设部关于印发〈关于规范城乡规划行政处罚裁量权的指导意见〉的通知》（以下简称指导意见）第4条、第7条，《北京市禁止违法建设若干规定》（以下简称若干规定）第26条作出了进一步细化规定。应当认为，本案中海淀城管局作出被诉限期拆除决定符合上述规定。

北京市第一中级人民法院认为："但上述指导意见及若干规定中的有关规定并非绝对条款，而'尚可采取改正措施消除对规划实施的影响的'从法律法规层面仍有进一步解释的空间。"

（二）最小侵害的价值衡量：行为后果与相对人权益的考量

北京市第一中级人民法院认为："尤其是相对人在原房屋严重影响居住安全与生活质量进行翻建的情况下，违法建设的查处机关应当充分考虑其所作行政行为是否会对违法建设人的居住安全与正常生活产生过度侵害，即应在充分平衡规划秩序利益与安居利益的前提下，采取适当的处理。"鉴于此，法院认为，海淀城管局作出的被诉限期拆除决定，未充分考虑违法建设人的居住安全利益，不符合比例原则的要求。

三、被诉限拆决定是否符合法律规范的目的

北京市第一中级人民法院认为：《北京市城乡规划条例》第4条规定，本市城乡规划和建设应当贯彻科学发展观，体现"人文北京、科技北京、绿色北京"的理念；坚持以人为本，创造人居和发展的良好条件，妥善处理和协调各种利益关系，维护人民群众的根本利益。根据上述规定，城乡规划建设以及执法机关相应的执法行为均应贯彻"以人为本"的理念，保障人民群众有所居。安于所居彰显的是人的基本权利与尊严，亦是依法行政的应有之义。城市管理综合执法部门的执法活动均须以此为依归，方能体现其正当性。

综上，北京市第一中级人民法院认定一审法院判决结论正确，应予支持。

【涉及的重要理论问题】

一、责令限期拆除决定的性质

本案被诉行为为行政机关作出的限期拆除决定，在《城乡规划法》中与责令停止建设、限期改正共同构成对违反规划的建设行为的消除妨害措施。学界多将上述措施涵括为"责令改正"的内容。[1]尽管本案中法院未对该决定的性质进行讨论，回避了该问题，但以限期拆除为内容之一的"责令改正"的性质认定在理论上仍无通说，影响对该行为的设定、程序适用等问题的明确。也有学者直接对"责令限期拆除"进行法律属性的认定，在"行政处罚说"与"行政强制说"之间择其一。[2]

（一）关于责令限期拆除决定的不同学说

1. 行政处罚说

行政处罚说又分为"责令改正"概念下的行政处罚说和直接认定"责令限期拆除"的行政处罚说。认为责令改正为行政处罚的，又有两种论证思路。一是排除式论证，认为责令改正不符合行政强制等其他具体行政行为的特点。二是直接论证，如早期有学者将责令改正解释为救济罚、申诫罚。[3]

该说认为，首先，将"责令改正"认定为行政处罚具有可能性。从行政处罚的设定权来说，《行政处罚法》规定法律、行政法规能够创设除该法明确规定的六种行政处罚以外的行政处罚种类，因此，不排除有法律、行政法规将责令改正作为处罚种类的可能性。其次，"责令改正"以违法行为为前提，且具有惩罚性。惩罚有两面的功能：矫正和威慑，责令整改的惩罚性以矫正

---

〔1〕　叶晓川："'责令改正'的规范性研究"，载《河北法学》2017年第8期。

〔2〕　论证路径为：辨析行政处罚与行政强制，将"责令限期拆除"与两者的特征对应。详见谢雨、王礼成、林华东："'责令限期拆除'的法律属性研究——以《城市市容和环境卫生管理条例》第37条为例"，载《城市发展研究》2018年第2期；官强："浅析'责令限期拆除'的法律属性"，载《中国土地》2012年第10期。

〔3〕　救济罚参见江必新等：《行政程序法概论》，北京师范大学出版社1991年版，第214~215页，申诫罚参见冯军：《行政处罚法新论》，中国检察出版社2003年版，第119页。转引自李孝猛："责令改正的法律属性及其适用"，载《法学》2005年第2期。

一面为多。再次，行政法对不利行政行为的控制和救济更为充分，将责令整改纳入行政处罚范畴，从依法行政原则的适用到可审查合理性的司法监督，更能保证相对人的充分救济。[1]还有学者从立法原意进行解释，从全国人大法工委编著的《〈中华人民共和国行政处罚法〉释义》中可以看到：责令改正占当时法律法规规定的行政处罚的一半以上。[2]

直接认定"责令限期拆除"属于行政处罚。首先，责令限期拆除是规划主管部门针对相对人违反城乡规划管理的行为，以惩治违法为目的而实施的法律制裁，符合行政处罚的一般特性。其次，《中华人民共和国土地管理法》第83条明确"责令限期拆除"为行政处罚，为保持法律的同一性，应当将《城乡规划法》中的"责令限期拆除"也理解为行政处罚。[3]

2. 行政强制说

此说基于行政强制与行政处罚的辨析，认为从行政处罚的分类来看，责令限期拆除显然不属于申诫罚、能力罚、人身罚，且不符合财产罚中"行政机关（或者国家）获取相应的财产权利"的特征。责令限期拆除的目的并非为了惩处，而是将土地恢复到未被侵占的状态，体现了"非惩处性""手段性"和"可变性"的特点，应当属于行政强制行为。[4]

3. 行政命令说

此学说占据一定的通说地位，认为从概念、性质及内容、行使的角度来看，责令改正或限期改正与行政处罚不同。责令改正是"作为命令"的典型，且责令拆除违法建筑物属于责令改正内容。[5]有学者认为，行政命令是指行政机关依法要求相对人进行一定的作为或者不作为的意思表示行为，是行政限权行为的一种形式。其主要特征包括：（1）命令内容的行为主体为相对人，从而与行政强制措施相区分。（2）相对人违反行政命令的后果是行政制裁。（3）行政机关作出行政命令既可以依据具体法律条文，也可以依据其职权。

---

[1] 叶晓川："'责令改正'的规范性研究"，载《河北法学》2017年第8期。

[2] 郭林将："行政责令行为的规范分析与制度完善——基于浙江省行政权力清单的梳理"，载《法治研究》2016年第12期。

[3] 林华东、张长立、谢雨："关于《城乡规划法》第64条的若干思考"，载《城市规划》2017年第2期。

[4] 官强："浅析'责令限期拆除'的法律属性"，载《中国土地》2012年第10期。

[5] 姜明安主编：《行政法与行政诉讼法》（第六版），北京大学出版社2015年版，第260页。

因此，责令改正符合行政命令的内涵和外延特征，是行政命令的一种形式。[1]

也有学者在对责令改正持混合说的观点下，认为根据内容的不同，责令改正分为"责令停止类行为"与"责令消除状态类行为"。在责令停止类行为下，根据责令停止的行为是违法行为本身还是违法行为的延伸范畴，可区分为行政命令和行政处罚。在责令消除状态类行为下，若被消除的违法状态与相对人合法享有的资质或权利混合且无法分割，对违法状态的消除将导致相对人的权利不可复原，对于其中本就有权利瑕疵的部分，本质上是行政主体作出的命令违法行为人消除由其导致的违法状态，是补救和纠正，应属行政命令。对于其中具有完满权利的部分，其消除出于与违法状态不可分割的事实，因行为人对该部分本不具备消除的作为义务，行政主体责令其履行的决定应为行政处罚。由此，尽管违法建筑一经拆除即对相对人产生终局影响，但这是改正违法行为的必然效果，责令限期拆除本质上依然是将因违法行为产生的不法状态恢复至原先的合法状态。因此责令限期拆除属于一种行政命令。[2]

4. 单独说

该说认为，责令改正行为的一般法理特质可归纳为：是行政执法者具体化行政违法者所应承担的第一性行政法律义务的一种表示。其一，责令改正满足的是恢复的需求，违法者承担的是第一性行政法律义务，与行政处罚相区别。其二，责令改正是执法者的一种意思表示，而非物理性的链接，与行政强制相区别。责令改正与其他种类的行政执法行为的本质不同，应当是与行政处罚、行政强制等行政行为并列的一种独立的行政执法行为。在此基础上，责令限期拆除相当于恢复到违法行为实施前的理想秩序状态中，属于"责令改正"。[3]

（二）责令限期拆除的性质：行政命令

目前学界通常认为责令限期拆除是责令改正的类型之一，"责令改正"的表

---

〔1〕 李孝猛："责令改正的法律属性及其适用"，载《法学》2005年第2期。
〔2〕 刘依桐："'责令改正'及其相关行政决定的性质认定"，载《东南大学学报（哲学社会科学版）》2017年第S2期。
〔3〕 黄锴："行政执法中责令改正的法理特质与行为结构"，载《浙江学刊》2019年第2期。

述也被广泛接受。且从文义上看，"改正"指的是"将错误的改为正确"，[1]
"责令限期拆除"是责令相对人拆除违反规划法律法规的违法建筑，将错误之
现状改为符合法律规定的秩序，符合"改正"之含义。因此，责令限期拆除
的性质问题，属于"责令改正"行为的性质问题，下文就统一以"责令改
正"进行行为性质的讨论。

1. 责令改正与既存型式化行政行为

首先，笔者认为在当前的型式化行政行为框架下，责令改正既非行政处
罚，亦非行政强制。

第一，责令改正非行政处罚。无论是理论还是实践，关于责令改正是否
属于行政处罚争议颇多。在学界，认为责令改正属于行政处罚的学者并不少
见。司法实践中，就责令改正是否属于行政处罚的问题，有"王元和诉山东
省淄博市人民政府案"[2]。此案反复经历了一审肯定、二审否定，直至最高
人民法院再审的漫长过程。责令改正是否为行政处罚，焦点在于其是否符合
行政处罚的核心特性。在行政处罚的所有特性中，制裁性应当是其最本质的
特征。[3]这也与行政处罚本质上属于法律制裁相符合。法律制裁是指特定的
国家机关将违反法律义务者的法律责任施加到具体违法者身上的活动。[4]作
为法律制裁的行政处罚，应当是在存在违法行为的前提下，向违反第一性法
律义务的违法行为人施加的第二性义务。违法行为人应当履行两个义务，分
别是违法行为本身所违反的义务和国家机关施加的新的义务。前者为修补性、
恢复性的，后者为行政处罚，是剥夺性的，对行为人原有的合法权利进行剥
夺。责令改正意在将秩序恢复至遭违法行为损害前，行为人履行的内容属于
第一性义务。因此，从是否符合对行为人施加新的义务这一根本特性来说，
责令改正并非行政处罚。此外，从实证法来看，《行政处罚法》第23条规定：
"行政机关实施行政处罚时，应当责令当事人改正或者限期改正违法行为。"
明确将责令改正或责令限期改正的行为与行政处罚相区别。

责令改正并非行政处罚的观点，在实践中也逐渐为行政机关和司法机关

---

〔1〕 中国社会科学院语言研究所词典编辑室编：《现代汉语词典》，商务印书馆2006年版，第437页。

〔2〕 最高人民法院（2018）最高法行申4718号行政裁定书。

〔3〕 胡建淼："'其他行政处罚'若干问题研究"，载《法学研究》2005年第1期。

〔4〕 孙笑侠、夏立安主编：《法理学导论》，高等教育出版社2003年版，第152页。

所采纳。国务院法制办曾对"责令限期拆除"的性质表明过其所持意见，认为不应当将其理解为行政处罚。[1]该复函在司法实践中被参照适用。[2]前述王元和诉山东省淄博市人民政府一案，经再审，最高人民法院也认为行政处罚是法律制裁，是对行为人的惩戒，而责令改正本身不是制裁，只是恢复原状的命令，是行政机关在实施行政处罚过程中的一种作为命令，因此"责令改正或限期改正违法行为是与行政处罚相不同的一种行政行为。"

第二，责令改正也非行政强制。根据行政强制法，行政强制包括行政强制措施和行政强制执行。笔者在此处强调两者间的共性，也就是行政强制的物理性。行政强制措施是"行政机关……实施暂时性控制的行为"，行政强制执行是"行政机关……依法强制履行义务的行为"，行政强制是实力行为、有形行为，"直接作用于当事人人身、财产等权利，具有限制人身和改变财产物理状态效果"，而不是无形行为。[3]而责令改正是行政机关对相对人发出的一种意思表示，在发出责令改正表示的当下并未对行为人产生物理上的影响。

2. 责令改正的性质与行政命令的型式化

"即使能够否定'责令改正'的一些法律性质，也不能够推论出'责令改正'属于另一种行为"这一说法固然逻辑严密，[4]但当否定既有的类型化行政行为时，自然就须思考是否应当开拓一条新的路径。经过上文的分析，责令改正与行政处罚和行政强制的内涵都相去甚远。既然如此，是否还必须严格恪守当前常见的行政行为类型的秩序？当行政处罚、行政强制都无法准确涵括责令改正的内涵时，是否需要跳出既有的型式化行政行为的框架，将其接纳为一种全新的行政行为类型？

有学者对责令改正区别于其他行政行为的法理特质进行了探讨，明确了

---

〔1〕 国务院法制办公室对陕西省人民政府法制办公室《关于"责令限期拆除"是否属于行政处罚行为的请示》的复函："根据《中华人民共和国行政处罚法》第23条关于'行政机关实施行政处罚时，应当责令改正或者限期改正违法行为'的规定，责令改正或者限期改正违法行为与行政处罚是不同的行政行为。因此，《中华人民共和国城乡规划法》第64条规定的'限期拆除'，第68条规定的'责令限期拆除'不应当理解为行政处罚行为。"

〔2〕 如四川省凉山彝族自治州中级人民法院（2018）川34行终3号行政判决书。

〔3〕 中国法制出版社编：《中华人民共和国行政强制法配套解读与案例注释》，中国法制出版社2013年版，第2页。

〔4〕 叶晓川："'责令改正'的规范性研究"，载《河北法学》2017年第8期。

"责令改正的一般法理特质是行政执法者具体化行政违法者所应承担的第一性法律义务的一种意思表示"，并将"责令改正"作为一种与行政强制、行政处罚并列的行政行为。[1]笔者认为，尽管可以从责令改正中提取出其区别于其他行为的法理特质，却不足以支撑其成为与既有行政行为类型相并列的新的行政行为类型。相较之下，肯定"行政命令"的型式化，将责令改正纳入行政命令这一进路更为可取。

对行政命令的型式化，有学者借鉴大陆法系以内容为分类标准的分类方式，基于德国行政行为学说中行政行为与司法判决的一致性，将行政决定分为"命令性、形成性和确认性"（分别对应给付判决、形成判决、确认判决的司法判决方式），认为行政命令属于基础性行政决定中的命令性行为。在这一框架下，行政命令既作为基础性行政决定与作为保障性行政决定的行政处罚、行政强制相区别，又作为命令性行政决定与作为确认性、形成性的登记、许可行为相区别。[2]根据这种思路，回溯至与其相对应的司法判决形式，也就是给付判决，就能得到相应的行政命令的含义。司法机关作出给付判决，是向义务人发出履行义务之意思表示，相应的，命令性行政行为就是"以命令或禁止令的形式要求特定行为义务"。[3]这是德国法上的命令性行政行为概念，对应到我国行政法中行政命令的概念，也可以明显看到其影子，如有学者对行政命令作出如下定义：行政命令是指行政主体依法要求相对人进行一定的作为或者不作为的意思表示行为。[4]

由此，行政命令可以作为与既存的行政处罚、行政强制并列的一种行政行为种类。首先，作为一种意思表示行为，行政命令对相对人不产生物理上的影响。其次，作为基础性的行政决定，行政命令是对"法律中有关义务安排的直接落实"。根据前文所作与行政处罚、行政强制的辨析，责令改正同时满足以上特征。根据"单独说"中责令改正的法理特质，其作为一种要求行为人履行义务的意思表示也完全可以被行政命令的概念所包含。而且，第二

---

〔1〕 即前文介绍的"单独说"，参见黄锫："行政执法中责令改正的法理特质与行为结构"，载《浙江学刊》2019年第2期。

〔2〕 曹实："行政命令地位和功能的分析与重构"，载《学习与探索》2016年第1期。

〔3〕 ［德］哈特穆特·毛雷尔：《行政法总论》，高家伟译，法律出版社2002年版，第207页。

〔4〕 胡建淼：《行政法学》，法律出版社1997年版，第319页。

点也解决了责令改正和行政处罚之间的混淆问题。

综上所述，责令改正行为的性质问题，在面临无法纳入目前型式化行政行为的困境下，可以通过对"行政命令"的型式化，将其认定为行政命令。

二、责令限期拆除决定明显不当的判断标准

2014 年修订的《行政诉讼法》，在行政行为可撤销情形中增加"明显不当"，继而引发一系列的问题，其中，当与不当、是否明显的评判标准是最核心也是最棘手的问题。出于推动依法行政和维护司法审查自身合法性的需要，法官应当对其裁量决定说明理由。[1]首先，对于"明显不当"审查标准的内涵，主要有结果显失公正说、违反原则说、结果畸轻畸重说。[2]本案中，一审法院采取的是违反原则说，认为海淀区城管局作出被诉行政行为违反行政合理性原则，不具有合理性，从而认定被诉行政行为构成"明显不当"，二审法院对此予以肯定。具体来说，二审法院明确了被诉限期拆除决定不具有合理性的理由有三点：（1）被诉限期拆除决定将导致刘洪艳的生活处于危险境地；（2）被诉限期拆除决定不符合比例原则的要求；（3）被诉限期拆除决定不符合法律规范的目的。"明显不当"的判断标准在当前并不明确，可以说仍处在由法院在司法实践中摸索、建立的过程中，个案中法院遵循的判断标准对今后裁判的对标意义无须赘述，下面就对本案中二审法院提出的三点理由进行分析。

（一）对相对人权利的影响程度

本案中"责令限期拆除决定"对相对人的影响十分明显，要么相对人自行拆除涉案房屋，要么相对人拒绝自行拆除，逾期由行政机关强制拆除。最终结果都只有一个，即涉案违法建筑的房屋在物理上被完全消灭。相应的，相对人的居住利益受到影响。同时，相对人一直居住在该房屋内，名下无房屋登记信息，该房屋系相对人及其子的唯一居所，亦即相对人的居住权利不但受到消减，而且是完全得不到实现。因此，被诉行政行为侵害的是相对人

---

〔1〕　何海波："论行政行为'明显不当'"，载《法学研究》2016 年第 3 期。

〔2〕　于洋："明显不当审查标准的内涵与适用——以《行政诉讼法》第 70 条第（六）项为核心"，载《交大法学》2017 年第 3 期。

的居住权，而且是达到完全得不到实现的程度。

除了相对人受到影响的权利属于居住权，对救济可能的阻碍也被二审法院作为辅助的标准。二审法院认为，"涉案房屋是否最终强制拆除可以在执行过程中予以裁量"这一主张"将导致刘洪艳行使救济权时处于极度被动地位，甚至丧失提起救济的事实基础"，这补强了被诉行为影响相对人生活的严重程度。

二审法院将被诉限期拆除决定对相对人生活的严重影响单独列为理由之一，可见其认为，只要是直接、严重影响了相对人的居住权益，行政行为就有理由被认定为不合理。然而，仅以被诉行政行为将予以相对人以不利益作为理由，即使是处于危险境地的不利益，并不能证明行政行为的不合理性。如行政处罚中的行政拘留，限制了相对人的人身权，不可谓不如居住利益重要，但却并不是只要限制其人身自由的行政决定都不合理。应当与比例原则相结合，作为比例原则中应当纳入考虑的利益内容，在与其他利益进行衡量后，才能得出行政行为是否合理的结论。

（二）是否违反比例原则

比例原则又包括三个子原则：适当性、必要性和狭义比例原则。[1]本案中，海淀区城管局责令违法行为人限期消除违法建筑，能够达到维护城市规划秩序的目的，在手段与目的相一致上没有问题。必要性原则又称最小损害原则，指的是行政机关实施行政行为，必须在多种方案、多种手段中选择对行政相对人权益损害最小的方案、手段实施。[2]二审法院认为"如果行政目标的实现可能对相对人的权益造成不利影响，则这种不利影响应被限制在尽可能小的范围和限度内"，即认为被诉行为不符合必要性原则。那么，违反必要性原则在多大程度上与"明显不当"相契合？是否能够成为"明显不当"的判定标准？

1. "违反必要性原则"与"明显不当"并不完全契合

首先，在评价行为客观性的层面上，二者是契合的。若干年前，学者提出应当建立"明显不当"标准时，意在与"滥用职权"相区分，其中很重要的一点"明显不当意味着不一定追问主观上是否存在问题"，[3]是为了解决

---

[1] 姜明安主编：《行政法与行政诉讼法》，北京大学出版社 2015 年版，第 73 页。

[2] 姜明安主编：《行政法与行政诉讼法》，北京大学出版社 2015 年版，第 74 页。

[3] 沈岿："行政诉讼确立'裁量明显不当'标准之议"，载《法商研究》2004 年第 4 期。

"滥用职权"过于强调行政机关主观恶意而对行政裁量行为的审查陷入尴尬的困境。[1]而必要性原则同样是在客观层面对行政机关作出的行政决定进行评价，而不牵涉其他的主观因素如"是否考虑相关因素"。行政机关是否违背必要性原则，只考虑其最终作出的选择，而不考虑作出选择时的主观状态。多种手段的存在状态以及对相对人权益的损害大小都是客观存在的，行政机关在其中进行选择也是"非此即彼"的客观行为，因此在行为的客观性层面，行政行为违反必要性原则与认定行政行为明显不当能够契合。

其次，二者并不完全对应。必要性原则要求行政机关在多种可选择手段中选择对相对人权益损害最小的一种，"最小"强调的是选择中的唯一。若以对相对人造成损害为刻度，去度量行政机关作出的行为，必要性原则对行政机关的裁量行为倾向于缩紧，最终限定在量尺刻度最小的末端的一头。反观"明显不当"，逻辑上包含两个推理步骤，一是行政裁量不适当；二是不适当达到明显的程度。[2]第二步中，"明显"表现出的是一定限度的宽容。即使在当前何种程度之间是被容许存在不当并没有确定通说和标准，但可以肯定的是在一定范围内的不当是被允许的，只有超过这个界限，才不能够容忍，行政行为才构成"明显不当"。[3]因此，行政机关即使违反了必要性原则，没有选择唯一的对相对人权益损害最小的行政手段，也不必然超出可被容忍的限度而构成明显不当。更深层次的原因是这关系到司法权与行政权的界限，司法权不能过度干预行政权的行使，要求司法机关保持一定的尊让。二审法院认为"……则这种不利影响应被限制在尽可能小的范围和限度内"，尽管字面上使用了"范围和限度"，但"尽可能小"的要求实际上剥夺了行政机关在一定范围内"不合理"的裁量权。

两者不相契合的深层原因在于，合理性原则来自英国行政法，其中意涵更倾向于明显不当。而比例原则及其中的必要性原则起源于德国，违反比例

〔1〕 郑春燕："论'行政裁量理由明显不当'标准——走出行政裁量主观性审查的困境"，载《国家行政学院学报》2007年第4期。

〔2〕 何海波："论行政行为'明显不当'"，载《法学研究》2016年第3期。

〔3〕 更进一步的问题，如"多明显才够'明显'""谁来决定是否足够明显"，可参见何海波："论行政行为'明显不当'"，载《法学研究》2016年第3期。

原则的行为属于违法行为。[1]我国行政法学长久以来将比例原则和合理性原则混为一谈，认为行政合理性原则与比例原则完全相通，形成我国独有的"合理性原则"[2]，是造成当前行政诉讼法中"明显不当"与判断理由中适用"合理性原则"不能完全契合的根本原因。

2. 行政行为违反必要性原则构成"明显不当"的条件

可见，二审法院所持的违反必要性原则与构成"明显不当"并不完全契合，两者之间存在一定的间隙。对于一审法院的判决理由，尽管在字面上，同样在于审查行政行为的合理性，且二审法院也认可一审法院的判决结果，但深究其中，两级法院秉持的理由并不真正相同。

前述司法权对行政权应当保持尊让的态度在一审法院的裁判中得到了足够的重视："但需要注意的是，立法在规定人民法院可以对被诉行政行为进行合理性审查的同时，还强调必须行政行为'明显不当'的才可以予以撤销或变更，由此也可以看出法律对行政裁量进行司法审查的定位，即人民法院既要履行对行政裁量的审查职责，不能怠于履行，也要秉持谦抑态度行使自己的审查权力，给予行政裁量必要的尊重。"可见，一审法院注意到了司法权与行政权之间应当保持一定各司其职的界限，在此基础上认定行政行为构成明显不当，即认为本案中的被诉行政行为已经超出了可容忍的界限。

那么可容忍的界限何在？具体到本案，一审法院结合法律的最终目的"是为了维护人民的权益，保障社会的正常运行"认为，责令限期拆除决定将造成"刘洪艳及其家人必将面临流离失所的可预见局面"，"对刘洪艳的权益造成过度损害"超出了可容忍范围，"应属明显不当"。

对比二审法院的第一点理由，可以看到两者的不同。如前所述，二审法院是从"绝对值"上认定限期拆除决定对相对人权益造成的损害。而一审法院是从"相对值"上认定行政行为对相对人权益造成损害的"过度性"。相

---

[1] 张峰振："论不当行政行为的司法救济——从我国《行政诉讼法》中的'明显不当行政行为'谈起"，载《政治与法律》2016年第1期。

[2] 关于"比例原则"为"合理性原则"的内涵，可见马怀德主编：《行政法学》（第二版），北京大学出版社2012年版，第30~31页。这种学说在行政机关自身观念中也有所反映。在2004年国务院发布的《全面推进依法行政实施纲要》中，"所采取的措施和手段应当必要、适当；行政机关实施行政管理可以采用多种方式实现行政目的的，应当避免采用损害当事人权益的方式"是"合理行政"的要求。

对人流离失所的可预见结果相较于违法行为应当承受的不利后果不但是偏重，而且属于过度的程度。这既说明行政机关违反了必要性原则，也在违反必要性原则的基础上，过度损害相对人权益。从其中可以看到，一审法院用"损害过度"填补了从违反必要性原则到明显不当之间的空隙。

笔者认为，一审法院的判决理由更契合"明显不当"的主旨，既符合司法权尊重行政权的内在精神，又能达到纠正行政机关不当行为，维护相对人权益的目的。用"损害过度"进行填补，是对充实明显不当认定标准具有参考价值的因素。

至于"损害过度"如何认定，笔者认为应当根据个案情况进行判断。以本案为例，对于本案中相对人未取得规划许可证进行建设的行为，根据《城乡规划法》第 64 条，海淀城管局能够在下列措施中进行选择：（1）责令限期改正并处罚款（也就是一审法院所说"海淀城管局应先选择采取责令限期补办规划手续等改正措施后，再针对相应改正的情况酌情作出决定。"）；（2）责令限期拆除并处罚款。[1]两种措施对相对人设定的义务和对其生活的实际影响分别是：（1）补办规划手续并缴纳罚款，建筑得到保留并能够继续生活在内；（2）拆除建筑并缴纳罚款，建筑被完全消灭，相对人及其家人无处可住，"流离失所"。两者之间，缴纳罚款的部分相同，而"流离失所"和"补办规划手续"相比，显然损害过度。

（三）违背法律目的或精神

被诉责令限期拆除决定违背法律目的构成明显不当，这一点在一审和二审的判决理由中均出现，但两者又有不同之处。

一审法院认为："法律并非仅是条文中所罗列的惩处性规定，其最终目的是为了维护人民的权益，保障社会的正常运行。"相比起"维护人民利益，保障社会正常运行"的抽象和普遍，二审法院具体到《北京市城乡规划条例》第 4 条，认为"城乡规划建设以及执法机关相应的执法行为均应贯彻'以人

---

〔1〕 理论上还有第三种措施：不能拆除的，保留违法建筑，没收并可以并处罚款。但"不能拆除的"用语含糊，让人费解。见邓巍："关于违法建筑行政处罚方式的探讨——从行政比例原则看《城乡规划法》第六十四条之规定"，载《人民论坛》2013 年第 23 期。且不将此种手段纳入探讨之列也不影响对本案的分析，因此假定行政机关可在文中两种措施之间进行选择。

为本'的理念，保障人民群众有所居，安于所居彰显的是人的基本权利与尊严，亦是依法行政的应有之义。"两者在认定被诉责令限期拆除决定不符合法律目的上是一致的，区别在于二审法院明确指出了所依据的法律规范。一审法院不仅依据的不是某一具体法律规范的法律目的，甚至超脱出行政法这一部门法，依据最普遍意义上的法律的"最终目的"。

首先，违背法律目的是否适用明显不当。有学者认为，在行政诉讼法增加"明显不当"作为审查行政行为合理性的根据解决司法审查的需要后，"滥用职权"应该回归本身，限于行政机关违背法律目的、恶意行使权力的情形。[1]这与行政行为滥用职权的构成要件相对应。[2]在通说中，滥用职权的表现之一就有"行使职权不符合法律规定的目的，不是出于公共利益的需要。主要指以权谋私、中饱私囊、暗示索贿实施的行政行为"[3]。尽管予以区分，滥用职权与明显不当之间仍是有内在联系的。其一，两者皆可用于对行政行为合理性进行审查的评价。其二，在 2014 年《行政诉讼法》修改前，变更判决适用的情形包括"行政处罚显失公正"，在 2014 年该法修改后，该情形改为"行政处罚明显不当"[4]。据全国人大常委会法制工作委员会和最高人民法院法官的解释，这一改动并无实质变化，只是为了跟撤销判决中的"用语"保持一致。[5]而"显失公正"的行为是滥用职权在结果上的极端反映。[6]可见，就行政处罚而言，明显不当可以是行政机关滥用职权造成的结果。此外，违背法律目的不一定是行政机关出于主观因素，如在本案中，很难说行政机关主观上存在恶意。因此，违背法律目的并不天然只适用滥用职权，行政机

---

〔1〕 何海波："论行政行为'明显不当'"，载《法学研究》2016 年第 3 期。

〔2〕 "从滥用职权的行政行为的构成来看，一般来说，主要有以下几个要件，即：……第二，具体行政行为违背法律、法规的立法目的，与法律、法规的原则不相符合。这是滥用职权的行政行为的本质特征，也是判断自由裁量行政行为是否构成滥用职权的根本标准。"参见袁明圣："对滥用职权与显失公正行为的司法审查"，载《法律科学（西北政法学院学报）》1996 年第 6 期。

〔3〕 马怀德主编：《行政诉讼法学》，北京大学出版社 2015 年版，第 261 页。

〔4〕 《行政诉讼法》第 77 条："行政处罚明显不当，或者其他行政行为涉及对款额的确定、认定确有错误的，人民法院可以判决变更。人民法院判决变更，不得加重原告的义务或者减损原告的权益。但利害关系人同为原告，且诉讼请求相反的除外。"

〔5〕 转引自王锴："行政诉讼中变更判决的适用条件——基于理论和案例的考察"，载《政治与法律》2018 年第 9 期。

〔6〕 袁明圣："对滥用职权与显失公正行为的司法审查"，载《法律科学（西北政法学院学报）》1996 年第 6 期。

关违背法律目的作出的行政行为也可适用明显不当。

其次，从本案中一审法院和二审法院判决理由中不同的"法律目的"来看，法律目的可分为不同的层次。在"法律目的"一词中，"目的"为常量，指的是"想要得到的结果"，"法律"的含义为变量。具体来说，可以分为三个层次，首先是最为抽象和一般层次上的法律目的，接下来是部门法意义上的法律目的即行政法目的。行政法目的是指"行政法所期望达到的目标，或者说是行政法所确立的行政法制度的整体所要实现的目标。"理论上有平衡论、控权论和保权论。[1]最具体的层面是某一具体法律规范中的立法目的条款，如本案中二审法院所依据的《北京市城乡规划条例》第4条（此处暂且不论该条是否是真正的法律目的）。笔者认为，一审法院的法律目的描述过于原则，二审法院的做法更为可取，至少应当明确依据的法律规范具体条文，才能达到充分说理的要求。

再次，二审法院判决理由中依据的《北京市城乡规划条例》第4条[2]是该法律规范的目的吗？首先，从内容来看，二审法院所援引的"……应当贯彻科学发展观，体现'人文北京、科技北京、绿色北京'的理念；坚持以人为本"，其中的中心词如"科学发展观""以人为本"是执政党的执政理念及其内容，属于党的政策。尽管政策可能上升为法律，然而可以看到，本条内容不具有法的稳定性，更具有政策的灵活性。本案判决于2018年作出，其后《北京市城乡规划条例》于2019年进行修订，二审法院援引的第4条被修改为第5条，[3]其中的"科学发展观""人文北京、科技北京、绿色北京""以人为本"均被删除，修订后的条文中，直接展现保护人民利益的表述仅剩下"以人民为中心"，其他均为对行政机关进行宏观管理的要求。可见，二审法

---

　　〔1〕 薛刚凌："论行政法的目的、手段与体系"，载《政法论坛》1997年第3期。

　　〔2〕 该条款原文："本市城乡规划和建设应当贯彻科学发展观，体现'人文北京、科技北京、绿色北京'的理念；坚持以人为本，创造人居和发展的良好条件，妥善处理和协调各种利益关系，维护人民群众的根本利益；统筹城乡发展，推进城乡经济社会发展一体化，统筹区域发展，推动区域协调发展，统筹经济与社会发展，合理规划产业与社会事业发展的空间布局，统筹人与自然和谐发展，协调人口、资源和环境的规划配置，统筹国内发展和对外开放的要求，提高城市现代化、国际化水平。"

　　〔3〕《北京市城乡规划条例》（2019年修订）第5条："本市城乡规划和建设应当坚持以人民为中心，坚持首都城市战略定位，实施以疏解北京非首都功能为重点的京津冀协同发展战略；优化城市功能和空间布局，严格控制城市规模；加强城乡统筹，推进城乡一体化发展；完善城市治理体系，加强精治、共治、法治，治理"大城市病"，实现城市可持续发展，建设国际一流的和谐宜居之都。"

院所援引的该条从内容上看属于政策规定，从可适用性上看，变动所依据的法理性不强，且变动内容过多，不具有法的稳定性，并不利于今后司法判决进行参考对比。因此，尽管二审法院表明了具体的法律依据，但该法律规范并非真正的法律目的。

（四）相对人违法行为的可责难性

除了上述二审法院秉持的三点标准，一审法院与二审法院在判断标准上还存在区别，即违法行为的可责难性。

一审法院认为："刘洪艳所建房屋虽确属未批先建，但刘洪艳系在原有宅基地上翻建，房屋用途系自住，房屋也未超过原有面积，更未加盖。"言下之意，相比起商用、超出原有面积、加盖，其违法性和可责难性较小。法院对于相对人行为的可责难性的描述也可以理解为该违法行为的社会危害性，这很容易联想到行政处罚法中规定的"过罚相当"原则。[1]最后，"合议庭认为，法律并非仅是条文中所罗列的惩处性规定，其最终目的是维护人民的权益，保障社会的正常运行。"将"责令限期拆除"明确定位为"惩处性规定"。因此，可以看出一审法院意在采用前述将"责令限期拆除"作为行政处罚的倾向。但法院并未直接援引该条，也没有明确被诉行为的性质，或许也是由于前述学界对该行为性质依然各执一词的现状。

二审法院的理由中尽管也提到了相对人实施违法行为时的被动局面，但并不将其作为直接理由，而是用于补强行政机关可进一步行使裁量权。二审法院认为"……'尚可采取改正措施消除对规划实施的影响的'从法律法规层面仍有进一步解释的空间。尤其是相对人在原房屋严重影响居住安全与生活质量进行翻建的情况下……"。可见二审法院弱化甚至完全不考虑相对人违法行为的社会危害性。

其实这仍然来自两级法院对"责令限期拆除决定"性质的定位不同。如前所述，一审法院倾向于认为"责令限期拆除决定"为行政处罚，因此在已有的评价行政处罚合理性的基础上着重论证相对人违法行为的危害性。二审法院倾向于绕过行为的性质，也就没有评价基础。

---

[1]《行政处罚法》第4条，"……实施行政处罚必须……与违法行为的……社会危害程度相当"。

【后续影响及借鉴意义】

自 2014 年被列入《行政诉讼法》规定的行政行为可撤销情形后，"明显不当"在学理上和司法实践中均没有被明确具体的判断标准。有学者通过梳理司法实践的个案裁判，发现法官对此判断标准不尽相同，甚至"结果表述不全面"亦达到了"明显不当"的程度。[1]本案裁判在这种标准不清的现状下，无疑对今后司法判决中"明显不当"的判断标准产生一定的影响。

本案判决作出后，紧接着出现新的判决在判定责令限期拆除决定明显不当的标准上遵循与本案判决一致的判决思路。在"赵红英诉淮安市清江浦区综合行政执法局行政强制案"中，法院在明确行政机关的职权依据时，间接认定了责令限期拆除决定为行政强制措施，在此基础上，认为行政机关既然可以"通过实施征地补偿程序，同样能消除涉案房屋对规划实施的影响，并且可以确保原告依法获得相应的征地拆迁补偿安置，明显更有利于保护原告的合法权益"，直接作出责令限期拆除决定就"不具有必要性和适当性"。[2]

可见，行政行为是否违反比例原则，尤其是其中的必要性原则，是法院判定是否构成"明显不当"的重要标准。然而行政行为违反必要性原则与构成"明显不当"之间的不契合已在上文提及，这一点同样被清江浦区法院忽视。清江浦区法院没有论证相对人权益所受损害的过度性，仅出于行政机关在两种可选择手段中采用造成较大损害的手段就判定该行政行为明显不当。

与海淀区法院类似，清江浦区法院也提到了相对人行为的可责难性："涉案房屋系原告家庭的居住用房，建设于十几年前，当时建设并不是抢搭抢建争取更多的征拆补偿款，而是为了保障自身居住的需要。十几年来，原告积极补办证件均未能办到。"前文已经提及，海淀区法院将违法行为的可责难性作为判定标准之一，是基于行政处罚中已有的"过罚相当"的评价基础。清江浦区法院既然认定责令限期拆除决定为行政强制措施，再将相对人行为的可责难性纳入判决标准，其正当性尚需进一步论证。更进一步的问题是，在相对人实施了违法行为的情况下，除了对于行政处罚行为有明确的法律规定

---

[1] 于洋："明显不当审查标准的内涵与适用——以《行政诉讼法》第70条第（6）项为核心"，载《交大法学》2017年第3期。

[2] 淮安市清江浦区人民法院（2017）苏0812行初205号行政判决书。

了"过罚相当"，其他的负担行政行为若要构成"明显不当"，违法行为的可责难性是否应当或可能成为判定标准？

"明显不当"作为新增加的可撤销情形，需要在当前司法实践中明确一定的判定标准。其中，比例原则因为同是对裁量行为进行审查而在一定程度上可以作为标准之一。然而从1999年"比例原则适用第一案"，[1] 到2014年《行政诉讼法》增加的"明显不当"，其中的差距除了时间，更有对审查裁量行为适用我国行政法中必要性原则进行的重新审视。除了行政法原则的适用，诸如"立法目的""相对人权益损害程度"和"违法行为的可责难性"的尝试，也预示"明显不当"在深化对行政行为合理性进行审查中的重要作用。

---

〔1〕 汇丰实业发展有限公司诉哈尔滨市规划局行政处罚案［最高人民法院（1999）行终字第20号〕。

行政诉讼法

一 举证责任

案 例 许水云诉金华市婺城区人民政府房屋
行政强制及行政赔偿案

王 杰*

【案例名称】

许水云诉金华市婺城区人民政府房屋行政强制及行政赔偿案［最高人民法院（2017）最高法行再 101 号］

【关键词】

房屋征收强制拆除 举证责任 行政赔偿 行政补偿

【基本案情】

许水云拥有一套位于浙江省金华市婺城区五一路迎宾巷 8 号、9 号的房屋（以下简称案涉房屋），该房屋曾因 2001 年街区改造而被纳入拆迁范围，但取得房屋拆迁许可证的金华市城建开发有限公司（以下简称金华开发公司）因故并未实际完成拆迁。2014 年 8 月 31 日，金华市婺城区政府（以下简称婺城区政府）发布《婺城区人民政府关于二七区块旧城改造房屋征收范围的公告》（以下简称《房屋征收公告》），明确要对包括案涉房屋在内的二七区块旧城

* 作者简介：王杰，中国政法大学法学院宪法与行政法专业硕士研究生。本文的指导教师为中国政法大学法学院行政法研究所副教授、硕士生导师张力。

进行改造，并于 2014 年 10 月 25 日作出附有《征收补偿方案》的《金华市婺城区人民政府关于迎宾巷区块旧城改造建设项目房屋征收的决定》（以下简称《房屋征收决定》），确定婺城区住房和城乡建设局（以下简称婺城区住建局）为房屋征收部门，婺城区二七区块改造工程指挥部（以下简称改造工程指挥部）为房屋征收实施单位。《房屋征收决定》和《征收补偿方案》于次日一同公布，《房屋征收决定》规定签约期限为 45 天，搬迁期限为 30 天。根据《国有土地上房屋征收与补偿条例》（以下简称《征收与补偿条例》）之规定，实施房屋征收应当先补偿、后搬迁。但是，在《房屋征收决定》和《征收补偿方案》尚未公布之前，婺城区政府就于 2014 年 9 月 26 日，组织人员对案涉房屋进行了强制拆除。

许水云认为婺城区政府的强制拆除行为有违法律规定，于是向浙江省金华市中级人民法院（以下简称金华中院）提起诉讼。金华中院审查认为，在许水云未与房屋征收部门达成补偿协议，也未明确同意将案涉房屋腾空并交付拆除之情形下，婺城区政府依法应当先对许水云作出补偿决定，尔后才能通过申请人民法院强制执行的方式拆除房屋，而不能直接将案涉房屋拆除。同时，婺城区政府主张案涉房屋系案外人拆除缺乏充分的证据证明，且与查明的事实不符。因此，金华中院作出如下判决："一、确认婺城区政府强制拆除案涉房屋的行政行为违法；二、责令婺城区政府于判决生效之日起 60 日内参照《征收补偿方案》对许水云作出赔偿。"

许水云不服一审判决，向浙江省高级人民法院（以下简称浙江高院）提起上诉。浙江高院审查认为，婺城区政府组织强制拆除在前，公布《房屋征收决定》在后，不符合《征收与补偿条例》规定的"先补偿、后搬迁"原则，依法应当承担违法强制拆除案涉房屋的法律责任。而婺城区政府主张案涉房屋损毁乃案外第三人民事侵权之结果，同样缺乏相应的事实和法律依据，不予支持。然而，浙江高院同时认为案涉房屋虽被婺城区政府违法拆除，但该房屋因征收所应获得的相关权益，仍可以通过征收补偿程序获得补偿，许水云主张通过国家赔偿程序解决案涉房屋被违法拆除的损失，缺乏相应的法律依据。同理，金华中院直接责令婺城区政府参照《征收补偿方案》对许水云作出赔偿，也缺乏法律依据，且可能导致许水云对案涉房屋的补偿安置丧失救济权利。因此，作出如下判决："一、维持金华中院（2015）浙金行初字第 19 号行政判决第一项；二、撤销金华中院（2015）浙金行初字第 19 号行政判决第二项；三、驳回许水云的其他诉讼请求。"

许水云不服二审判决，又向最高人民法院（以下简称最高院）提起再审。最高院经审查，作出如下判决："一、维持浙江高院（2017）浙行终 154 号行政判决第一项与金华中院（2015）浙金行初字第 19 号行政判决第一项，即确认婺城区政府强制拆除案涉房屋的行政行为违法；二、撤销浙江高院（2017）浙行终 154 号行政判决第二项、第三项与金华中院（2015）浙金行初字第 19 号行政判决第二项；三、责令婺城区政府在本判决生效之日起九十日内按照本判决对许水云依法予以行政赔偿。"

【裁判要旨】

（1）在国有土地上房屋征收过程中，只有市、县级人民政府及其确定的房屋征收部门依法具有组织实施强制拆除被征收人合法房屋的行政职权。市、县级人民政府及房屋征收部门等不能举证证明被征收人合法房屋系其他主体拆除的，可以认定其为强制拆除的责任主体。市、县级人民政府及房屋征收部门等委托建设单位等民事主体实施强制拆除的，市、县级人民政府及房屋征收部门等对强制拆除后果承担法律责任。建设单位等民事主体以自己名义违法强拆，侵害物权的，除应承担民事责任外，违反行政管理规定的应依法承担行政责任，构成犯罪的应依法追究刑事责任。

（2）市、县级人民政府在既未作出补偿决定又未通过补偿协议解决补偿问题的情况下，违法强制拆除被征收人房屋的，应当赔偿被征收人房屋价值损失、屋内物品损失、安置补偿等损失。人民法院在确定赔偿数额时，应当坚持全面赔偿原则，合理确定房屋等的评估时点，并综合协调适用《中华人民共和国国家赔偿法》（以下简称《国家赔偿法》）规定的赔偿方式、赔偿项目、赔偿标准与《征收与补偿条例》规定的补偿方式、补偿项目、补偿标准，确保被征收人得到的赔偿不低于其依照征收补偿方案可以得到的征收补偿。〔1〕

---

〔1〕《最高人民法院公报》2018 年第 6 期（总第 260 期），第 30～38 页。

【裁判理由与论证】

最高院认为，本案的争议焦点主要包括以下内容：第一，强制拆除主体如何认定；第二，强制拆除行为是否违法；第三，通过行政赔偿还是行政补偿程序进行救济；第四，赔偿方式、赔偿项目、赔偿标准与赔偿数额如何确定。

一、强制拆除主体的认定

依照《征收与补偿条例》之规定，在国有土地上房屋征收过程中，有且仅有市、县级人民政府及其确定的房屋征收部门才具有组织实施强制拆除合法建筑的职权，建设单位、施工单位等民事主体并无实施强制拆除他人合法房屋的权力。因而，除非市、县级人民政府能举证证明房屋确系在其不知情的情况下由相关民事主体违法强拆，否则应推定强制拆除系市、县级人民政府委托实施，人民法院可以认定市、县级人民政府为实施强制拆除的行政主体，并判令其承担相应的赔偿责任。

二、强制拆除行为是否违法

案涉房屋已经被认定为合法建筑，许水云通过继承和购买方式成为房屋所有权人，其对案涉房屋拥有所有权，任何单位和个人均不得侵犯。国家因公共利益确需征收的，应当根据《征收与补偿条例》之规定，给予房屋所有权人公平补偿，并遵循"先补偿、后搬迁"的原则。在未与许水云就房屋征收达成补偿协议的情形下，婺城区政府即以所谓"民事误拆"的方式违法拆除被征收人之房屋，违反了征收补偿程序，应该被确认为违法行为。

三、通过行政赔偿还是行政补偿程序进行救济

一般情况下，强制拆除被征收人房屋应当依据生效的补偿决定，而补偿决定往往已经解决了房屋本身的补偿问题。因此，即使强制拆除行为被认定为违法行为，也仅是涉及房屋内物品损失的赔偿问题，而不应涉及房屋本身的补偿或者赔偿问题。但是，案涉房屋被强制拆除前，既无征收决定亦无补偿决定，许水云也未同意先行拆除房屋，且双方至今仍未达成补偿安置协议，许水云也没有得到任何形式的补偿，婺城区政府的强制拆除行为已经构成重

大且明显违法，依法应当予以赔偿。

四、赔偿方式、赔偿项目、赔偿标准与赔偿数额的确定

就本案而言，许水云主张的损失主要包括以下三个部分：其一是房屋损失，其二是停产停业损失，其三则是房屋内物品的损失。

（一）房屋损失的赔偿方式与赔偿标准

案涉房屋已被违法强制拆除，许水云要求恢复原状的诉求便不能成就。根据《国家赔偿法》之规定，其还可以选择产权置换或者货币补偿两种赔偿方式。同时，为了惩戒违法强拆行为，并有效维护许水云的合法权益，对案涉房屋的赔偿不应低于因合法征收得到的补偿，而且需要遵循疑点利益归产权人的原则。

（二）停产停业损失的赔偿标准

在案涉房屋已经被认定为合法建筑之前提下，如果许水云提供的证据能够证明其符合经营用房之条件，则婺城区政府应当合理确定停产停业损失的金额并予以赔偿。但征收过程中的停产停业损失，往往只具有过渡费用之性质，同时房屋所有权人也不能将因自身原因未开展经营所生损失全部归结于行政机关，因此不予支持。

（三）屋内物品损失的赔偿金额确定方式

在本案中，由于被告婺城区政府的违法强拆行为，使得原本应当由原告许水云承担的损害证明责任发生倒置。在许水云已经初步证明存在损害之情况下，婺城区政府可以根据市场行情，结合许水云经营的实际情况以及所提供的现场照片、物品损失清单等，按照有利于许水云的原则酌情确定赔偿数额。

综上，最高院认为，"一、二审判决事实认定清楚，确认婺城区政府强制拆除案涉房屋的行政行为违法之判项正确，应予维持。但是，一审判决责令婺城区政府参照《征收补偿方案》对许水云进行赔偿，并无法让许水云有关房屋赔偿的诉讼请求得到支持。同时，二审判决认为应当通过征收补偿程序解决赔偿问题，亦未考虑强制拆除案涉房屋的行政行为之违法性。故一审判决第二项与二审判决第二项、第三项均属于适用法律错误，应予纠正。"

【涉及的重要理论问题】

随着我国城镇化建设进程的加快，因为强制拆迁引发的行政争议也不断涌现。此类争议不仅数量大，而且涉及利益广，能否妥善处理往往成为检验行政法官审判业务能力的试金石。而这其中又以违法强拆案件最为棘手，因为在此类案件的审理过程中存在诸多难点需要法官逐个突破。举证责任如何分配？救济程序如何选择？往往成为审理违法强拆案件的核心问题，需要行政法官予以认真检视。同时，这也构成了本案应该重点关注的两个理论问题。

一、违法强拆案件中的举证责任

按照学理通说，举证责任一方面是指当事人对自己提出的主张有提供证据进行证明的责任，另一方面则是指负有证明责任的当事人在待证事实真伪不明时承担不利后果的责任。前者通常被称为行为意义上的举证责任，后者则被称为结果意义上的举证责任。举证责任如何分配在任何案件审理中都十分重要，其可谓是诉讼之脊梁。[1]具体到本案中，既存在违法强拆主体是谁的诉权事实举证责任，亦存在着违法强拆所生赔偿的损害事实举证责任。

（一）被告适格的诉权事实举证责任

所谓诉权事实，是指能够证明起诉是否符合法定条件的事实。诉权事实的举证责任通常由作为诉讼提起人的原告承担。例如，《中华人民共和国行政诉讼法》（以下简称《行政诉讼法》）第49条[2]就具体规定了相对人提起行政诉讼必须具备的四项诉权事实。其中，"有明确的被告"作为行政诉讼诉权事实之一赫然在列。而在违法强拆案件中，如何认定"有明确的被告"或者如何判断被告是否适格，往往成为诉讼各方当事人的诉辩焦点。本案中的婺城区政府就主张其"没有组织人员对案涉房屋进行强制拆除，由于案涉房屋年代久远且与其他待拆除房屋毗邻，改造工程指挥部委托金华市婺城建筑

---

〔1〕［德］普维庭：《现代证明责任问题》，吴越译，法律出版社2006年版，第29页。

〔2〕《行政诉讼法》第49条规定："提起诉讼应当符合下列条件：（一）原告是符合本法第25条规定的公民、法人或者其他组织；（二）有明确的被告；（三）有具体的诉讼请求和事实根据；（四）属于人民法院受案范围和受诉人民法院管辖。"

工程有限公司（以下简称婺城建筑公司）对已达成补偿安置协议的案外人的房屋进行拆除时，由于施工不当导致案涉房屋坍塌，此属于婺城建筑公司民事侵权引发的民事纠纷，对此不应承担法律责任。"那么，此类案件的审理法官究竟应该怎样分配当事人的诉权事实举证责任，才能准确认定违法强拆的责任主体，维护当事人的合法权益呢？

首先，作为诉讼提起者的行政相对人需要承担初步的诉权事实举证责任，即提出证据证明违法强拆乃行政机关所为，推动诉讼程序的前进，此乃谓证据的推进责任。所谓证据的推进责任，又可称为证据的提出责任或者证据的程序责任，与证据的说服责任相对，是指当事人提供证据证明其诉讼主张构成法律争端从而值得或者应当由法院加以审判的举证责任，是一种推动程序前进的责任承担。〔1〕本案中，作为行政相对人的许水云竭尽所能地提供诸如改造工程指挥部工作人员发送的短信记录〔2〕、行政执法人员在拆除现场的照片、当地的有关新闻报道等证据，意在证明婺城区政府才是违法强拆的真正责任主体，可以视为其已经践行了证据的推进责任。因为承担证据推进责任的当事人无需证明自己的主张成立或者证明对方当事人的主张不成立，相反只需提供证据证明自己的主张有成立的可能性或者对方的主张有不成立的可能性即可。〔3〕在行政诉讼中，原告既有提起诉讼的权利，也有证明起诉符合起诉条件的义务，但是这种义务毕竟不同于《最高人民法院关于行政诉讼证据若干问题的规定》（以下简称《证据规定》）第5条所规定的说服性义务。〔4〕能否做好初步证明责任和严格证明责任的区分，能否把握好初步证明责任的度，决定着行政诉讼程序推进顺利与否。因此，尽管违法强拆案件中原告承担证明行政行为存在的举证责任，但该诉权事实举证责任并非严格的说服性证明责任，原告只需要举证证明被告有实施强制行为的可能性即可，如果对方没有有力的证据予以反驳，无法合理地否定这种可能性时，人民法

---

〔1〕 姜明安主编：《行政法与行政诉讼法》，北京大学出版社2013年版，第463页。

〔2〕 短信内容为："我是金华市婺城区二七新村区块改造工程指挥部工作人员、将对房子进行公证检查、如不配合将破门进行安全检查及公证。"

〔3〕 王琨："拆迁案件中一类诉权事实举证责任的转乘——兼谈新《行政诉讼法》第38条第2款的适用"，载《山东审判》2016年第6期。

〔4〕 《证据规定》第5条："在行政赔偿诉讼中，原告应当对被诉具体行政行为造成损害的事实提供证据。"

院不宜简单认定原告对诉权事实举证不能。[1]

其次，在相对人初步证明责任践行完毕之后，案涉房屋被谁强制拆除的事实仍然真伪不明。此时如果按照"谁主张，谁举证"的规则分配举证责任，规定由行政相对人承担举证不能的法律后果，其合法权益就得不到应有的保护，这显然也不符合公平正义的法治精神。为此，有法学者通过考察域外证据法制度后指出，此时应该采用"容易证明的要件事实或法律上的推定"代替"谁主张，谁举证"的举证责任分配规则。[2]所谓法律上的推定，就是指通过寻找"容易证明的要件事实"代替"难以证明的要件事实"，以期达到类似的证明效果。例如，《中华人民共和国婚姻法》（以下简称《婚姻法》）第32条[3]就规定，因感情不和分居满两年的可以推定夫妻之间感情确已破裂，调解无效的应当准予离婚。同理，在违法强拆主体无法确定之时，也可以推定强制拆除的受益人就是违法强拆的实施主体。因为强制拆除的受益人相对更加容易认定，同时也只有受益人才最具违法强拆的动机。具体到本案，婺城区政府、婺城区住建局、改造工程指挥部、婺城建筑公司都是强制拆除的受益人。但是，根据《征收与补偿条例》第4条[4]、第5条[5]、第28条[6]

────────────

　　〔1〕　王琨："拆迁案件中一类诉权事实举证责任的转乘——兼谈新《行政诉讼法》第38条第2款的适用"，载《山东审判》2016年第6期。

　　〔2〕　陈刚：《证明责任法研究》，中国人民大学出版社2000年版，第278页。

　　〔3〕　《婚姻法》第32条规定："男女一方要求离婚的，可由有关部门进行调解或直接向人民法院提出离婚诉讼。人民法院审理离婚案件，应当进行调解；如感情确已破裂，调解无效，应准予离婚。有下列情形之一，调解无效的，应准予离婚：（一）重婚或有配偶者与他人同居的；（二）实施家庭暴力或虐待、遗弃家庭成员的；（三）有赌博、吸毒等恶习屡教不改的；（四）因感情不和分居满二年的；（五）其他导致夫妻感情破裂的情形。一方被宣告失踪，另一方提出离婚诉讼的，应准予离婚。"

　　〔4〕　《征收与补偿条例》第4条："市、县级人民政府负责本行政区域的房屋征收与补偿工作。市、县级人民政府确定的房屋征收部门（以下称房屋征收部门）组织实施本行政区域的房屋征收与补偿工作。市、县级人民政府有关部门应当依照本条例的规定和本级人民政府规定的职责分工，互相配合，保障房屋征收与补偿工作的顺利进行。"

　　〔5〕　《征收与补偿条例》第5条："房屋征收部门可以委托房屋征收实施单位，承担房屋征收与补偿的具体工作。房屋征收实施单位不得以营利为目的。房屋征收部门对房屋征收实施单位在委托范围内实施的房屋征收与补偿行为负责监督，并对其行为后果承担法律责任。"

　　〔6〕　《征收与补偿条例》第28条："被征收人在法定期限内不申请行政复议或者不提起行政诉讼，在补偿决定规定的期限内又不搬迁的，由作出房屋征收决定的市、县级人民政府依法申请人民法院强制执行。强制执行申请书应当附具补偿金额和专户存储账号、产权调换房屋和周转用房的地点和面积等材料。"

之规定，在国有土地上房屋征收过程中，有且仅有市、县级人民政府及其确定的房屋征收部门才有组织实施强制拆除合法建筑的职权，任何建设单位或者施工单位等民事主体都无实施强制拆除他人合法房屋的权力，民事主体自行违法强制拆除他人合法房屋，涉嫌构成故意毁坏财物罪的，依法应当追究刑事责任。因此，作为民事主体的婺城建筑公司根本没有理由冒着被追究刑事责任的风险违法强拆案涉房屋，唯一可能的解释就是其受到了具有强制拆除权之行政机关的授权和支持。诚然，婺城区政府作为法律推定的不利方有权进一步提出证据对推定事实进行反驳。因为任何法律推定都只是一种盖然性较高的事实假定，既为事实假定，就存在错误空间，故需要给予推定不利方必要的救济机会。[1]"反驳的目标可以是适用该推定规则的基础事实不能成立，也可以是该基础事实不符合该推定规则的条件，还可以是该推定结果不符合本案的具体情况。反驳的方式可以是举出证据，也可以是进行说明和论辩。"[2]根据美国著名的"气泡爆裂"理论，推定将提供否定推定事实证据的责任转移给了反对推定的当事人，一旦当事人提供了相反的证据，"气泡"就爆裂，推定将不复存在。但是，反对推定的当事人对推定事实提出异议，也必须提出充分的反驳理由，遵循"谁主张，谁举证"的举证责任分配规则。当理由不足以否定推定事实之时，反驳无效，人民法院可以径直认定推定事实成立。本案中，婺城区政府主张案涉房屋系婺城建筑公司误拆而非自己所为，可以视作其发表了反驳意见，但其不能进一步提出证据证明反驳意见的合理性，故人民法院推定违法强拆由其委托实施，判令其承担相应的赔偿责任也就无可厚非。

（二）行政赔偿的损害事实举证责任

在明确行政机关作为违法强拆实施主体，完成被告适格的诉权事实举证责任之后，需要进一步探讨的就是行政赔偿程序中损害事实举证责任如何分配的问题。根据《行政诉讼法》第 38 条第 2 款[3]之规定，行政赔偿与行政

---

[1] 唐明："运用事实推定化解证据难题——以三个国家赔偿案件为例"，载《法律适用》2009年第6期。

[2] 何家弘："论推定规则的适用"，载《人民司法》2008年第15期。

[3] 《行政诉讼法》第38条第2款："在行政赔偿、补偿的案件中，原告应当对行政行为造成的损害提供证据。因被告的原因导致原告无法举证的，由被告承担举证责任。"

补偿案件中的损害事实举证责任原则上由原告承担，但如果因被告之原因导致原告无法举证，则由被告承担举证责任。类似的规定还有《最高人民法院关于人民法院赔偿委员会适用质证程序审理国家赔偿案件的规定》（以下简称《质证程序规定》）第 6 条第 1 款第 3 项[1]、《最高人民法院关于适用〈中华人民共和国行政诉讼法〉的解释》（以下简称《行诉解释》）第 47 条第 1 款[2]。不同于传统诉讼法意义上"谁主张，谁举证"的举证规则，此处的举证责任发生了重新分配，以至于产生了"我主张，你举证"的法律效果。那么，为什么会产生举证责任的重新分配？这种重新分配指的是举证责任的转移还是举证责任的倒置？举证责任重新分配后，原告是否仍然需要承担一定的证明义务？

首先，之所以会产生举证责任的重新分配，是因为诉讼程序中出现了证明妨碍情形。所谓证明妨碍，是指如果无证明负担的当事人实施了有责行为，并因而导致有证明负担的当事人举证困难或者举证不能，那么证明负担就在双方当事人之间发生转移。[3]认定存在证明妨碍情形往往需要具备以下四个要件：第一，当事人主观上具有故意或者过失的心态；第二，发生了证明妨碍行为；第三，造成了他方举证困难或者举证不能；第四，证明妨碍行为与待证事实证明困难或者不能证明之间具有因果关系。回到本案中，婺城区政府作为强制拆除的受益人，毫无疑问其具有拆除案涉房屋的主观动机。同时，也正是在婺城区政府的授权和支持下，婺城建筑公司才实施了违法强拆行为，以至于造成案涉房屋及屋内物品的损害，并进而导致原告对于损害事实的举证不能。由此可见，基于被告实施的妨碍行为，在原本负有举证责任之原告的举证负担践行完毕之前提下，举证责任自然需要重新分配至被告，这是证明妨碍理论的客观要求。

其次，此处的重新分配指的是举证责任的倒置而非举证责任的转移。倒置和转移都是指举证责任的配置在双方当事人之间发生了变化，似乎并没有

---

〔1〕《质证程序规定》第 6 条第 1 款："下列事实需要证明的，由赔偿义务机关负举证责任：……（三）因赔偿义务机关过错致使赔偿请求人不能证明的待证事实；……"

〔2〕《行诉解释》第 47 条第 1 款："根据行政诉讼法第三十八条第二款的规定，在行政赔偿、补偿案件中，因被告的原因导致原告无法就损害情况举证的，应当由被告就该损害情况承担举证责任。"

〔3〕陈界融：《证据法：证明负担原理与法则研究》，中国人民大学出版社 2004 年版，第 210 页。

区分的必要。然而，二者却是不同法系的产物，概念意涵亦是大相径庭，故不可混为一谈。"举证责任的倒置属于联邦德国法上的概念，它是为修正法律要件分类说而提出的，是指法律出于维护法律政策或法秩序的需要，没有遵循证明责任分配的基本规则而特别设置一些让相对方承担证明责任的例外规定。"〔1〕与隶属于大陆法系的德国法不同，英美证据法学中并没有举证责任倒置的概念，一般只使用举证责任转移的说法。其基本含义是指"诉讼中提供证据证明某一事实的责任从当事人一方转移至另一方。在一方当事人通过出示证据，完成了初步证明之后，即要求另一方当事人提出相反证据予以反驳。"〔2〕举证责任转移的着眼点主要在于满足诉讼活动中的证明需要和举证便利，即哪一方先行举证更有利于诉讼证明程序的推进，其仍然符合"谁主张，谁举证"的举证责任分配一般规则；而举证责任倒置除满足证明需要及便利举证之外，还反映出一定的司法价值取向，其实现了对举证责任分配一般规则的背反，遵循"我主张，你举证"的举证责任分配特殊规则。〔3〕在违法强拆行政赔偿案件中，法律之所以规定"损害事实因被告之原因导致原告无法举证的，由被告承担举证责任"，主要就是为了传达有效规训行政权的司法价值取向。因为行政机关违法行使强制拆除权，损害了相对人的合法权益，故有必要通过加重举证责任的方式惩戒违法行政行为。由此可见，违法强拆行政赔偿案件中的损害事实举证责任重新分配指的是举证责任的倒置而非举证责任的转移。

最后，举证责任倒置只是将损害事实这一特定证明事项的说服责任倒置给被告，而并不是将所有的诉讼证明事项都交由被告独自领受。原告在此也或多或少地承担一些举证责任，主要包括提出有关损害事实的初步证据，合理说明和证明争议财物存在等证据提出责任。之所以在举证责任倒置的情形下还让原告承担证据提出责任，一方面是为了诉讼程序的推进，另一方面则是为了公共利益的维护。〔4〕具体而言，违法强拆案件中的相对人作为案涉房

---

〔1〕 卞建林主编：《刑事证明理论》，中国人民公安大学出版社 2004 年版，第 177 页。

〔2〕 薛波主编：《元照英美法词典》，法律出版社 2003 年版，第 1254 页。

〔3〕 何家弘："论推定规则适用中的证明责任和证明标准"，载《中外法学》2008 年第 6 期。

〔4〕 杨杰："行政强拆赔偿案件中的原告举证责任分析——基于《行政诉讼法》第 38 条第 2 款'举证责任倒置'引发的思考"，载《行政与法》2018 年第 12 期。

屋及室内物品的所有权人，其更加清楚被损害财物的数量与价值，让其承担初步的证据提出责任，符合诉讼经济与效率原则，也有利于人民法院明确行政争议，从而推动诉讼程序的开启。同时，违法强拆案件中能够证明被损害财物数量与价值的证据可能已经灭失，行政机关因此会陷入举证不能的困境之中。此种情况下，人民法院往往只能根据公平原则进行裁判。此时，如果不要求相对人对损害事实承担一定的证据提出责任，相对人就有可能借机虚构财产损失，甚至漫天要价，以致公共利益遭受损害风险。至于原告提供证据的证明程度则依据财物性质差异而有所不同。针对日常生活用品之类的普通财物，原告对其主张的损害事实所负担的证据提出责任几乎不需加以证明，举证责任即可发生转移。例如在指导案例 91 号[1]中，人民法院就认为"物品均系日常必需品，符合一般家庭实际情况，且被上诉人亦未提供证据证明物品不存在，故对该物品应予认定。"而针对珠宝首饰、经营性物品之类的特殊财物，原告对其主张的损害事实所负担的证据提出责任必须由原告承担，例如在本案中，最高人民法院就认为"许水云向一审法院提供的相关照片与清单，可以判断案涉房屋内有鸟笼等物品，与其实际经营花鸟生意的情形相符；在许水云已经初步证明存在损失的情况下，其合情合理的赔偿请求应当得到支持。"

二、违法强拆案件中的救济程序

在城镇化浪潮助推下，各地普遍出现了行政机关违法强拆房屋的现象，随之而来的救济程序如何选择，往往关乎着相对人合法权益能否得到回复与救济，重要性不言而喻。违法强拆所生损害之救济是一个比较复杂的问题，其中既有因违法强拆造成权利人物权损失的行政赔偿问题，也有因未依据《征收与补偿条例》第 17 条[2]及当地征收补偿政策对权利人利益进行回复的

---

[1] 指导案例 91 号：沙明保等诉马鞍山市花山区人民政府房屋强制拆除行政赔偿案［安徽省高级人民法院（2015）皖行赔终字第 00011 号］。

[2]《征收与补偿条例》第 17 条："作出房屋征收决定的市、县级人民政府对被征收人给予的补偿包括：（一）被征收房屋价值的补偿；（二）因征收房屋造成的搬迁、临时安置的补偿；（三）因征收房屋造成的停产停业损失的补偿。市、县级人民政府应当制定补助和奖励办法，对被征收人给予补助和奖励。"

行政补偿问题。为了确保相对人合法权益得到公平合理的救济，人民法院应该加强对于行政赔偿与行政补偿两种救济程序的理解，综合协调二者的关系，以便确定科学完善的救济方案。

（一）界限分明的行政赔偿与行政补偿

通说认为，行政赔偿是指行政机关实施违法的行政行为，侵犯行政相对人合法权益，由国家依法予以赔偿的制度；行政补偿则是指行政机关实施合法的行政行为，给行政相对人合法权益造成损失，由国家依法予以补偿的制度。二者以行政行为合法与否作为制度的界分点，并且拥有截然不同的理论基础。之所以会有行政补偿制度，是因为行政机关的合法侵害行为超过了相对人应当承受的社会义务，以致于构成了一种特别牺牲，故有必要由国家运用国库财产加以公平合理之补偿。相反，如果行政机关基于公共利益依法行使公权力，造成人民生命、身体或者财产之损失，只要该损失尚属社会义务之范围，人民自应承受，不生补偿之问题。[1]故通过补偿填补少数人牺牲、大多数人获益的不平等状态，重新恢复受损失人之平等地位，构成了行政补偿制度的理论基础。换言之，行政补偿就是平等原则在国家责任层面上的宪法表现。相较于起源较早的行政补偿制度[2]，行政赔偿制度无疑属于法治后发事物。起初，基于"国王不会为非"之原理，国家行为并不会违法或者侵权，国家自然也就不用担负任何责任，此时奉行的可谓是国家无责任论。然而，随着国家主权理论的衰落，国家无责任论也逐渐走向消亡，取而代之的是更加民主的国家代位责任论和国家无过失责任论。[3]所谓国家代位责任论，是指由国家"代位"国家工作人员负担损害赔偿义务，尔后再向有过错的国家工作人员行使追偿权。所谓国家无过失责任论，则是指只要损害是因执行职务所生，国家就应该无条件承担赔偿责任，而不论该国家公务人员是否存在过错。但无论是国家代位责任论，抑或是国家无过失责任论，其成立的前

---

〔1〕 李建良："损失补偿"，载翁岳生编《行政法》（下册），中国法制出版社 2002 年版，第1669 页。

〔2〕 行政补偿制度起源于 18 世纪的开明专制主义，当时的君主出于恩泽大众的考量，对人民的财产损失进行补偿。参见王锴："从赔偿与补偿的界限看我国《国家赔偿法》的修改方向"，载《河南省政法管理干部学院学报》2005 年第 4 期。

〔3〕 陈新民：《中国行政法学原理》，中国政法大学出版社 2002 年版，第 248 页。

提都必须是国家工作人员有违法行使职权以致侵害相对人合法权益之事实，同时这也就构成了行政赔偿制度的理论基础。由此观之，行政赔偿与行政补偿可谓是界限分明的两种救济程序。尤其是在因违法强拆所生之行政赔偿诉讼中，人民法院应当结合违法行为类型与违法情节轻重，综合协调适用《国家赔偿法》规定的赔偿方式、赔偿项目、赔偿标准与《征收与补偿条例》规定的补偿方式、补偿项目、补偿标准，依法、科学地确定赔偿项目和赔偿数额，让被征收人得到的赔偿不低于其依照征收补偿方案可以获得的征收补偿，确保产权人得到公平合理的补偿。

具体到本案中，案涉房屋强制拆除前，婺城区政府既未作出征收决定和补偿决定，亦未与许水云达成补偿安置协议，且相对人至今没有得到任何形式的补偿，强制拆除案涉房屋的行为已经构成重大且明显违法，应当依法履行行政赔偿义务。同时最高人民法院还认为，"对于许水云房屋损失的赔偿，不应再依据《征收与补偿条例》第 19 条〔1〕所规定的《房屋征收决定》公告之日被征收房屋类似房地产的市场价格，即 2014 年 10 月 26 日的市场价格，为基准确定，而应按照有利于保障许水云房屋产权得到充分赔偿的原则，以婺城区政府在本判决生效后作出赔偿决定时点的案涉房屋类似房地产的市场价格为基准确定。此外，根据《国家赔偿法》第 36 条第 1 款第 8 项〔2〕有关对财产权造成其他损害的，按照直接损失给予赔偿的规定，许水云在正常征收补偿程序中依法和依据当地征收补偿政策应当得到的利益损失，属于其所受到的直接损失，也应由婺城区政府参照补偿方案依法予以赔偿"。

综上，人民法院在确定赔偿义务机关和赔偿数额时，应当坚持有权必有责、违法须担责、侵权要赔偿、赔偿应全面的法治理念，对行政机关违法强制拆除被征收人房屋，侵犯房屋所有权人产权的，应当依法责令行政机关承担行政赔偿责任，而不能让产权人因侵权所得到的赔偿低于依法征收所应得

---

〔1〕《征收与补偿条例》第 19 条规定："对被征收房屋价值的补偿，不得低于房屋征收决定公告之日被征收房屋类似房地产的市场价格。被征收房屋的价值，由具有相应资质的房地产价格评估机构按照房屋征收评估办法评估确定。对评估确定的被征收房屋价值有异议的，可以向房地产价格评估机构申请复核评估。对复核结果有异议的，可以向房地产价格评估专家委员会申请鉴定。房屋征收评估办法由国务院住房城乡建设主管部门制定，制定过程中，应当向社会公开征求意见。"

〔2〕《国家赔偿法》第 36 条第 1 款规定："侵犯公民、法人和其他组织的财产权造成损害的，按照下列规定处理：……（八）对财产权造成其他损害的，按照直接损失给予赔偿。"

到的补偿。在本案存在行政赔偿项目及标准与行政补偿项目及标准相互融合的情形下，金华中院责令婺城区政府参照《征收补偿方案》对许水云进行赔偿，浙江高院判决则认为应当通过后续的征收补偿程序获得救济，并据此驳回许水云的行政赔偿请求，均属于对《国家赔偿法》《征收与补偿条例》等相关规定的错误理解，最高院对其予以纠正合理正确。

（二）复归统一的行政赔偿与行政补偿

诚然，以行政行为合法与否作为区分行政赔偿与行政补偿的标准，不仅是我国行政法学界的通说，也是域外行政法理论的主流观点。但是，随着人权保障理念的彰显，行政赔偿与行政补偿的范围和程度都在逐步扩大和加深，二者的界限也不再泾渭分明，而是呈现出消弭与统一之势。

首先，传统理论对于"违法性"的认识往往都局限于"行为违法性"，对于"结果违法性"则鲜有关注。这从我国《国家赔偿法》第 3 条[1]、第 4 条[2]对于行政机关违法行使职权情形的列举便可窥见一斑，条文所有内容最后均指向行为违法。但是，随着行政救济范围的不断扩大，"行为违法说"的一些缺陷也逐渐显露出来，主要表现就是其容易将一些实定法上未予规范的，但给公民、法人或其他组织的合法权益造成损害的作为或者不作为排除在国家赔偿范围之外。[3]例如，行政指导与行政计划等不具有权力性且强制性较弱的行政行为。同时，相较于着重考察行为合法性的行政诉讼，行政赔偿则更加关注如何填补因国家工作人员职务行为所生之损害结果，并且不问致害

---

[1]《国家赔偿法》第 3 条："行政机关及其工作人员在行使行政职权时有下列侵犯人身权情形之一的，受害人有取得赔偿的权利：（一）违法拘留或者违法采取限制公民人身自由的行政强制措施的；（二）非法拘禁或者以其他方法非法剥夺公民人身自由的；（三）以殴打、虐待等行为或者唆使、放纵他人以殴打、虐待等行为造成公民身体伤害或者死亡的；（四）违法使用武器、警械造成公民身体伤害或者死亡的；（五）造成公民身体伤害或者死亡的其他违法行为。"

[2]《国家赔偿法》第 4 条："行政机关及其工作人员在行使行政职权时有下列侵犯财产权情形之一的，受害人有取得赔偿的权利：（一）违法实施罚款、吊销许可证和执照、责令停产停业、没收财物等行政处罚的；（二）违法对财产采取查封、扣押、冻结等行政强制措施的；（三）违法征收、征用财产的；（四）造成财产损害的其他违法行为。"

[3] 王锴："从赔偿与补偿的界限看我国《国家赔偿法》的修改方向"，载《河南省政法管理干部学院学报》2005 年第 4 期。

行为究竟是违法还是不当。[1]正是由于"行为违法说"存在上述缺陷，学界开始发展出了"结果违法说"的新标准，即认为只要公权力行为所生之结果系法规所不容许者，即不问该行为本身是否有法规之依据，均属违法。[2]其次，传统理论将"行为合法"作为认定行政补偿责任必不可少的要件，主要目的就是凸显国家行使公权力的公共利益性质，从而使全体社会成员公平负担个别人所受之特别牺牲具有了正当化理由。但是，随着社会法治国思潮的兴起，负担"生存照顾义务"的国家必须采取积极手段提高全体公民的生活水平，以致于对公民所遭受的任何不公正损害，国家都有责任提供救济途径予以填补，这就使得国家承担的补偿责任不一定都要以"合法性"作为理由，而毋宁说是公平和公正。[3]

由此可见，不仅行政赔偿中的违法性判断越来越不重要，即使是在行政补偿中，合法性判断也越来越难以发挥关键作用。对行政赔偿与行政补偿的关注点都转移至识别公民所受之损害结果是否公平，或者说是否属于特别牺牲上，二者的适用范围也愈发走向重合，这在采"国家无过失责任论"的行政赔偿制度下表现得最为明显。此时，国家必须对其公务活动所带来的危险性自负其责，以致于将公务活动所生损害之责任承担模式由个人转至社会，实现了责任的社会化。这种责任社会化思想与行政补偿制度秉持的公平负担理论并无二致，行政赔偿与行政补偿也由界限分明逐渐复归统一，行政赔偿不再以国家工作人员行为违法为前提，行政补偿也不再以国家工作人员行为合法为要件，二者的责任本质皆是补偿因达成公益之行为所生之损害。在这种情况下，国家承担责任之理论基础在于保障公民因受特别牺牲而导致的不公平状态之恢复。由此，法院判断国家承担责任的标准也就转变为行政机关或者公务人员行使职权是否导致了公民、法人或其他组织的特别牺牲。如果存在特别牺牲则承担填补责任，反之则不承担任何责任。具体到违法强拆案

---

〔1〕 叶百修："国家赔偿法"，载翁岳生编《行政法》（下册），中国法制出版社 2002 年版，第 1600 页。

〔2〕 ［德］哈特穆特·毛雷尔：《行政法学总论》，高家伟译，法律出版社 2000 年版，第 628～629 页。

〔3〕 王锴："从赔偿与补偿的界限看我国《国家赔偿法》的修改方向"，载《河南省政法管理干部学院学报》2005 年第 4 期。

件中，人民法院也就不用再对复杂的行政赔偿与行政补偿项目及标准进行划分，减轻法官工作负担的同时，也有利于相对人权利得到充分救济。但是，值得注意的是行政赔偿与行政补偿复归统一的前提在于"结果违法说"替代"行为违法说"。相较于"行为违法说"的救济范围狭窄，"结果违法说"更加注重救济范围的扩展，其最终目的无疑还是实现权利的圆满回复。因此，当两种救济程序走向复归统一后，国家责任的项目就只剩一个，这个项目应该是补偿标准较高的行政赔偿而非补偿标准较低的行政补偿。

【后续影响及借鉴意义】

从金华中院的一审到最高院的再审，历时数年的"许水云诉金华市婺城区人民政府房屋行政强制及行政赔偿案"终于落下帷幕。该案也因其具有的标杆性意义，成功入选"2018年度人民法院十大民事行政案件"，并同时获评"2018年推动法治进程十大案件"。该案对违法强拆导致行政赔偿的相关问题进行了全面的论述，确立了许多先进性的裁判理念与原则，为今后各级人民法院审理类似案件树立了标尺，其借鉴意义可以总结如下。

首先，该案明确了市、县级人民政府实施违法强制拆除行为的主体责任，有利于更好地监督行政机关依法行政，真正做到"法无授权不可为，法定职责必须为"。在国有土地上房屋征收过程中，有且仅有市、县级人民政府及其确定的房屋征收部门才具有组织实施强制拆除合法建筑的职权，其既不能超越职权违法实施行政强制权，也不能将依法应当由其行使的行政强制权委托给建筑公司等民事主体行使。

其次，该案彰显了行政程序的规范价值，有利于规训行政机关回归实体正义与程序正义相结合的权力行使轨道。行政效率固然是行政权存在的一大目的，但过分追求行政效率，忽视行政程序的规范作用，不仅个人利益得不到有效保障，连带产生的行政赔偿还可能进一步损害社会公共利益。

最后，该案确认了违法强拆行政赔偿案件中的全面赔偿原则，有利于确保产权人的损失得到更加公平合理的弥补。"有权必有责、违法须担责、侵权要赔偿、赔偿应全面"是各级人民法院审理违法强拆行政赔偿案件都应当坚持的法治理念。对于任何行政机关的违法强拆行为，都必须责令其承担行政赔偿责任，不能让产权人因侵权所得到的赔偿低于依法征收所应得到的补偿。

最高院通过"许水云案"释放出"人民法院在是非面前必须求真相、讲公道不和稀泥、不玩暧昧"的法治信号。也希望这次标杆性审判能够收获立木起信的效果，真正指导各级人民法院独立行使审判权，通过诉讼和赔偿程序倒逼行政机关依法行政，去除违法强拆这一久治不愈的社会"顽疾"。

二 法律适用

案例 鲁潍（福建）盐业进出口有限公司苏州分公司诉江苏省苏州市盐务管理局盐业行政处罚案

王培霖*

【案例名称】

鲁潍（福建）盐业进出口有限公司苏州分公司诉江苏省苏州市盐务管理局盐业行政处罚案［江苏省苏州市金阊区人民法院（2009）金行初字第0027号判决］

【关键词】

行政许可　行政处罚　规章参照　盐业管理

【基本案情】

原告鲁潍（福建）盐业进出口有限公司苏州分公司（以下简称鲁潍公司）诉称：被告江苏省苏州市盐务管理局（以下简称苏州市盐务局）根据《江苏省〈盐业管理条例〉实施办法》的规定，认定鲁潍公司未经批准购买、运输工业盐违法，并对鲁潍公司作出行政处罚，其具体行政行为执法主体错误、适用法律错误。苏州市盐务局无权管理工业盐，也无相应执法权。根据

　　* 作者简介：王培霖，中国政法大学宪法与行政法专业硕士研究生。本文的指导教师为中国政法大学法学院行政法研究所副教授、硕士生导师蔡乐渭。

原国家计委、原国家经贸委《关于改进工业盐供销和价格管理办法的通知》等规定，国家取消了工业盐准运证和准运章制度，工业盐也不属于国家限制买卖的物品。《江苏省〈盐业管理条例〉实施办法》（以下简称《实施办法》，它失效）的相关规定与上述规定精神不符，不仅违反了国务院《关于禁止在市场经济活动中实行地区封锁的规定》，而且违反了《中华人民共和国行政许可法》（以下简称《行政许可法》）和《中华人民共和国行政处罚法》（以下简称《行政处罚法》）的规定，属于违反上位法设定行政许可和处罚，故请求法院判决撤销苏州市盐务局作出的（苏）盐政一般［2009］第001-B号处罚决定。

被告苏州市盐务局辩称：根据国务院《盐业管理条例》（已失效）第4条和《实施办法》第4条的规定，苏州市盐务局有作出盐务行政处罚的相应职权。《实施办法》是根据《盐业管理条例》的授权制定的，属于法规授权制定，整体合法有效。苏州市盐务局根据《实施办法》设立准运证制度的规定作出行政处罚并无不当。《行政许可法》《行政处罚法》均在《实施办法》之后实施，根据《中华人民共和国立法法》（以下简称《立法法》）法不溯及既往的规定，《实施办法》仍然应当适用。鲁潍公司未经省盐业公司或盐业行政主管部门批准而购买工业盐的行为，违反了《实施办法》的相关规定，苏州市盐务局作出的处罚决定，认定事实清楚，证据确凿，适用法规、规范性文件正确，程序合法，请求法院驳回鲁潍公司的诉讼请求。

法院经审理查明：2007年11月12日，鲁潍公司从江西等地购进360吨工业盐。苏州市盐务局认为鲁潍公司进行工业盐购销和运输时，应当按照《实施办法》的规定办理工业盐准运证，鲁潍公司未办理工业盐准运证即从省外购进工业盐涉嫌违法。2009年2月26日，苏州市盐务局经听证、集体讨论后认为，鲁潍公司未经江苏省盐业公司调拨或盐业行政主管部门批准从省外购进盐产品的行为，违反了《盐业管理条例》第20条、《实施办法》第23条、第32条第2项的规定，并根据《实施办法》第42条的规定，对鲁潍公司作出了（苏）盐政一般［2009］第001-B号处罚决定书，决定没收鲁潍公司违法购进的精制工业盐121.7吨、粉盐93.1吨，并处罚款122363元。鲁潍公司不服该决定，于2009年2月27日向苏州市人民政府申请行政复议。苏州市人民政府于4月24日作出了［2009］苏行复第8号复议决定书，维持了苏州市盐务局作出的处罚决定。鲁潍公司不服，遂在法定期限内向苏州市金阊区人民法院提起诉讼，请求法院判决撤销苏州市盐务局作出的上述行政处罚决定书。

本案涉及的法律条款有：

《立法法》（2000年）第73条规定：

"省、自治区、直辖市和较大的市的人民政府，可以根据法律、行政法规和本省、自治区、直辖市的地方性法规，制定规章。

地方政府规章可以就下列事项作出规定：

（1）为执行法律、行政法规、地方性法规的规定需要制定规章的事项；

（2）属于本行政区域的具体行政管理事项。"

《立法法》（2000年）第79条规定：

"法律的效力高于行政法规、地方性法规、规章。

行政法规的效力高于地方性法规、规章。"

《行政许可法》第15条第1款规定：

"本法第十二条所列事项，尚未制定法律、行政法规的，地方性法规可以设定行政许可；尚未制定法律、行政法规和地方性法规的，因行政管理的需要，确需立即实施行政许可的，省、自治区、直辖市人民政府规章可以设定临时性的行政许可。临时性的行政许可实施满一年需要继续实施的，应当提请本级人民代表大会及其常务委员会制定地方性法规。"

《行政处罚法》第13条规定：

"省、自治区、直辖市人民政府和省、自治区人民政府所在地的市人民政府以及经国务院批准的较大的市人民政府制定的规章可以在法律、法规规定的给予行政处罚的行为、种类和幅度的范围内作出具体规定。尚未制定法律、法规的，前款规定的人民政府制定的规章对违反行政管理秩序的行为，可以设定警告或者一定数量罚款的行政处罚。罚款的限额由省、自治区、直辖市人民代表大会常务委员会规定。"

《盐业管理条例》第20条规定：

"盐的批发业务，由各级盐业公司统一经营。未设盐业公司的地方，由县级以上人民政府授权的单位统一组织经营。"

《盐业管理条例》第32条规定：

"省、自治区、直辖市人民政府可以根据本条例制定实施办法。"

【裁判要旨】

（1）盐业管理的法律、行政法规没有设定工业盐准运证的行政许可，地方性法规或者地方政府规章不能设定工业盐准运证这一新的行政许可。

（2）盐业管理的法律、行政法规对盐业公司之外的其他企业经营盐的批发业务没有设定行政处罚，地方政府规章不能对该行为设定行政处罚。

（3）地方政府规章违反法律规定设定许可、处罚的，人民法院在行政审判中不予适用。

【裁判理由与论证】

金阊区人民法院经审查认为，本案当事人争议的焦点在于苏州市盐务局是否有执法主体资格及苏州盐务局行政处罚适用法律是否正确。行政处罚适用法律是否正确具体到本案中又涉及《实施办法》能否设定工业盐准运证这一新的行政许可、《实施办法》能否对其他企业经营盐的批发业务设定行政处罚，以及苏州市盐务局适用上述规章实施行政处罚是否正确这三个问题。在判决理由部分，法院对这些争议焦点进行一一回应。

一、苏州市盐务局是否有执法主体资格

行政机关是否具有执法主体资格是判断行政行为是否具有效力的必要条件，行政执法主体的权力必须有法律的规定或法规的授权，行政行为才依法具有效力。

本案中鲁潍公司诉称，"被告作出的行政处罚具体行政行为执法主体错误"，因为"最高人民法院在 2003 年公布的一起上海第二中级人民法院审理的案件中明确了盐务局无权管理工业盐，本案被告也应无相应执法权"。苏州市盐务局辩称："《实施办法》第 4 条规定各市、县人民政府盐业行政主管部门主管本行政区域内的盐业工作，第 6 条规定市、县盐业行政主管部门的职责包括查处本行政区域内私产、私运、私购、倾销、倒买倒卖盐产品的盐业违法案件，被告在苏州市行政区域内具备盐务行政执法主体资格"。

对于苏州市盐务局是否具有执法主体资格问题，金阊区人民法院经审理认为，"被告系苏州市人民政府盐业行政主管部门，根据国务院《盐业管理条例》第 4 条和《实施办法》第 4 条、第 6 条的规定，有权对本市范围内包括工业盐在内的盐业经营活动进行行政管理"，从苏州市盐务局的性质和法律法规的具体规定两方面肯定了苏州市盐务局是适格的执法主体。国务院《盐业管理条例》第 4 条第 2 款规定："省及省级以下人民政府盐业行政主管部门，由省、自治区、直辖市人民政府确定，主管本行政区域的盐业工作。"该行政法规明确授权各省、自治区、直辖市人民政府确定本省及省级以下人民政府的盐业行政主管部门。《实施办法》便是在其授权下制定的，第 4 条规定："省盐务管理局是省人民政府盐业行政主管部门，主管全省盐业工作。各市、县人民政府盐业行政主管部门主管本行政区域内的盐业工作。"该条明确了苏州市盐务局是苏州市的盐业行政主管部门，主管苏州市的盐业工作。《实施办法》第 6 条对苏州市盐务局的职权范围作出了具体规定，第 (4) 项规定："市、县盐业行政主管部门的职责：……(4) 查处本行政区域内私产、私运、私销、私购、倾销、倒买倒卖盐产品的盐业违法案件，会同有关部门对盐业市场进行管理。"

二、《实施办法》能否设定工业盐准运证这一新的行政许可

《实施办法》第 24 条规定：盐的运销站发运盐产品实行准用证制度。在途及运输期间必须货、单、证同行。无单无证的，运输部门不得承运，购盐单位不得入库。这一规定实质上创设了工业盐准用证这一新的行政许可。对于《实施办法》能否设定工业盐准用证这一新的行政许可，也是本案争议的焦点问题之一。

对此，金阊区人民法院认为："根据《行政许可法》第 15 条第 1 款、第 16 条第 3 款的规定，在已经制定法律、行政法规的情况下，地方政府规章只能在法律、行政法规设定的行政许可事项范围内对实施该行政许可作出具体规定，不能设定新的行政许可。法律及国务院《盐业管理条例》没有设定工业盐准运证这一行政许可，地方政府规章不能再设定工业盐准运证制度。"也就是说，法院认为国务院《盐业管理条例》这一行政法规没有设定工业盐准用证行政许可，已经是就盐业管理领域不需要设定工业盐准用证这一行政许可作出了明确的表态，此时作为下位法的《实施办法》在盐业管理领域已经制定行政法规的情况下，只能在《盐业管理条例》设定的行政许可事项范围

内对实施该行政许可作出具体规定，不能超出上位法设定行政许可事项的范围，设定新工业盐准用证这一新的行政许可。"在盐业管理领域，《盐业管理条例》这一行政法规并没有设定工业盐准用证之类的行政许可，这已经说明国务院并不认为需要设定类似的行政许可。因此，地方性法规、地方政府规章不能在行政法规没有规定的情况下，创设新的行政许可。"[1]

三、《实施办法》能否对其他企业经营盐的批发业务设定行政处罚

《实施办法》第 42 条规定：违反本实施办法第 23 条、第 24 条和第 26 条的规定，或属第 32 条规定之情形，擅自在省内和省际调进调出盐产品，或私运、私销、私购、倾销、倒买倒卖盐产品，或以盐换物的，盐业行政主管部门有权就地封存，没收其盐产品和非法所得，并可处以不超过其盐产品总价值 3 倍以下的罚款。情节严重的，构成犯罪的，依法追究刑事责任。该条对其他企业经营盐的批发业务设定了没收违法所得、没收非法财务和罚款的行政处罚，对于《实施办法》能否对其他企业经营盐的批发业务设定行政处罚，也是本案的争议焦点问题之一。

对此，金阊区人民法院认为："根据《行政处罚法》第 13 条的规定，在已经制定行政法规的情况下，地方政府规章只能在行政法规规定的给予行政处罚的行为、种类和幅度内作出具体规定，国务院《盐业管理条例》对盐业公司之外的其他企业经营盐的批发业务没有规定行政处罚，地方政府规章不能对该行为规定行政处罚。"也就是说，法院认为国务院《盐业管理条例》这一行政法规没有对盐业公司之外的其他企业经营盐的批发业务规定行政处罚，就是已经对盐业管理领域对盐业公司之外的其他企业经营盐的批发业务不需要进行行政处罚作出了明确的表态。此时，作为下位法的《实施办法》在盐业管理领域已经制定行政法规的情况下，只能在国务院《盐业管理条例》规定的给予行政处罚的行为、种类和幅度的范围内作出具体规定，其对盐业公司之外的其他企业经营盐的批发业务进行处罚的规定已经超出了作为上位法的国务院《盐业管理条例》规定的范围，是违法的。"由于国务院《盐业管

---

[1] 最高人民法院案例指导工作办公室："指导案例 5 号《鲁潍（福建）盐业进出口有限公司苏州分公司诉江苏省苏州市盐务管理局盐业行政处罚案》的理解与参照"，载《人民司法》2012 年第 15 期。

理条例》对盐业公司之外的其他企业经营盐的批发业务没有规定行政处罚，也没有规定对未办理工业盐准用证的单位从事工业盐经营要给予行政处罚，故地方政府规章不能对盐业公司之外的其他企业经营盐的批发业务的行为和未办理工业盐准用证的单位从事工业盐经营规定行政处罚。"〔1〕

四、苏州市盐务局适用法律是否正确

苏州市盐务局具有行政主体资格，进行行政管理活动必须依据法律、法规的规定，正确适用法律、法规。在对盐业违法案件进行查处时，应适用合法有效的法律规范。

本案中鲁潍公司诉称，"被告作出的行政处罚具体行政行为适用法律错误"，苏州市盐务局辩称，"《实施办法》是根据《盐业管理条例》的授权制定的，属于法规授权制定，整体合法有效"，且提出了法不溯及既往原则，认为"《行政许可法》《行政处罚法》均在《实施办法》之后实施，根据我国《立法法》法不溯及既往的规定，在《实施办法》未废止前，仍然有效"。

对此，金阊区人民法院认为，"《立法法》第 79 条规定，法律的效力高于行政法规、地方性法规、规章；行政法规的效力高于地方性法规、规章。苏州市盐务局的具体行政行为涉及行政许可、行政处罚，应依照《行政许可法》《行政处罚法》的规定实施。"具体来说，根据我国法律位阶规则，《行政许可法》《行政处罚法》属于法律，《盐业管理条例》属于行政法规，《实施办法》属于地方政府规章，《行政许可法》和《行政处罚法》同处于法律的位阶上，效力高于《盐业管理条例》和《实施办法》。在本案中应当适用效力等级更高的《行政许可法》和《行政处罚法》，而不是适用效力等级低的《实施办法》，苏州市盐务局对鲁潍公司工业盐运输和购买的行政管理活动中适用了效力更低的《实施办法》，违反了我国《立法法》关于法律位阶的具体规定，因此认定苏州市盐务局适用法律错误。

对于苏州市盐务局提出的法不溯及既往抗辩，法院认为，"法不溯及既往是指法律的规定仅适用于法律生效以后的事件和行为，对于法律生效以前的

---

〔1〕 最高人民法院案例指导工作办公室："指导案例 5 号《鲁潍（福建）盐业进出口有限公司苏州分公司诉江苏省苏州市盐务管理局盐业行政处罚案》的理解与参照"，载《人民司法》2012 年第 15 期。

事件和行为不适用。《行政许可法》第 83 条第 2 款规定，本法施行前有关行政许可的规定，制定机关应当依照本法规定予以清理；不符合本法规定的，自本法施行之日起停止执行。《行政处罚法》第 64 条第 2 款规定，本法公布前制定的法规和规章关于行政处罚的规定与本法不符合的，应当自本法公布之日起，依照本法规定予以修订，在 1997 年 12 月 31 日前修订完毕"，因此法不溯及既往原则不能在本案中适用，苏州市盐务局错误认识了法不溯及既往原则的具体内容和发生条件，有关该原则的抗辩理由不成立。

综上，苏州市盐务局在本案中具有执法主体资格，能够对苏州市行政区域内的盐业行业进行行政管理。在适用法律方面，苏州市盐务局违反了法律位阶原则，错误地把法不溯及既往原则作为适用法律的根据，将《实施办法》作为其执法依据。《实施办法》违反法律的规定设定了行政许可和行政处罚，在本案中不能适用，因此苏州市盐务局作出的处罚决定是违法的。法院认为："被告在依职权对原告作出行政处罚时虽然适用了相关法律规范，但未遵循《立法法》第 79 条关于法律层级规定的适用原则，未依据《行政许可法》和《行政处罚法》的相关规定作出，属适用法律错误，依法应予撤销。"遂于 2011 年 4 月 29 日作出（2009）金行初字第 0027 号行政一审判决书，撤销苏州市盐务局 2009 年 2 月 26 日作出的（苏）盐政一般［2009］第 001-B 号处罚决定书。

【涉及的重要理论问题】

本案裁判理由与论证中虽然涉及苏州市盐务局是否有执法主体资格及法不溯及既往原则的适用，但这两个问题并非本案的核心。真正的核心在于《实施办法》这一地方政府规章，能否在本案中适用。具体包括《实施办法》能否设定工业盐准运证这一新的行政许可、《实施办法》能否对其他企业经营盐的批发业务设定行政处罚、人民法院在行政审判中对于违反法律规定的地方政府规章如何处理这三个问题。

一、地方政府规章的行政许可设定权

有关《实施办法》能否设定工业盐准运证这一行政许可，首先要考虑的就是其制定者是否是享有行政许可设定权的层级主体。若是，则需进一步考

虑《实施办法》第 24 条设定工业盐准用证这一行政许可的行为是否符合法律对地方政府规章设定行政许可的限制条件。若符合，则《实施办法》设定工业盐准用证这一行政许可的行为是合法的，反之则不合法。

（一）行政许可设定权概述

"设定"这一法律概念，最早出现在 1996 年颁布的《行政处罚法》里，2003 年颁布的《行政许可法》、2011 年颁布的《行政强制法》沿用了这一概念。虽然三部法律都没有对"设定"的涵义作出明确界定，但是可以通过法律规范之间的上下文关系进行把握。

综合《行政处罚法》第 9、10、11、12、13、14 条，《行政许可法》第 15、16、17 条，《行政强制法》第 10、11、13 条的规定，可以看出，"设定"是与"规定"相区别的范畴。所谓"设定权"，是指某个立法主体所享有的制定原创性法律规范的权力。而所谓"规定权"，则是指将上位法的原则性规定或比较概括性的规定加以具体化的权力。[1]"设定权"是创制性立法权，"规定权"是执行性立法权，区别主要在于是否创设了新的权利义务关系。"设定"使法律规则从无到有，创设了新的权利义务关系，是不以其他上位法律的规定作为权利义务关系的依据的；"规定"并没有创设新的权利义务关系，是以上位法的规定作为其制定依据的，它的作用是使法律规则从抽象到具体、由粗疏变详细。

行政许可的设定权，就是在没有"上位"法律规范作为依据的情形下，以某种法律规范创设规定行政许可规则的权力，即创设规定公民、法人或者其他组织从事某些特定活动需要事先经过行政机关批准的权力。[2]

（二）授予地方政府规章行政许可设定权的争议

享有行政许可设定权的有权机关设定的行政许可规则是调整许可权与公民权利义务的直接依据，因此对行政许可设定权的配置必须慎重。毫无疑问，法律、法规可以设定行政许可，而对于规章能否设定行政许可，存在着两种对立的意见。

---

〔1〕 林秋萍："行政法领域的'设定权'与'规定权'"，载《河北法学》2014 年第 11 期。

〔2〕 李卫华："论行政许可设定制度"，载《山东师范大学学报（人文社会科学版）》2006 年第 3 期。

"否定说"从行政许可法的立法目的着眼，以保障公民权利和自由为出发点，从规章自身的缺陷以及行政处罚法的相关法律规定为依据，反对地方政府规章设定行政许可。具体理由如下：第一，制定行政许可法的首要目的就是规范行政许可的设定与实施，因此必须严格控制行政许可设定权的主体。提高行政许可设定权的主体层级，能从很大程度上控制行政许可的数量。[1]第二，行政许可本身是对公民权利和自由的限制，因此必须由民意代表机关或者民意代表机关授权的高级行政机关行使才能保证行政许可设定的公正性，减少因滥设行政许可不当限制公民权利自由的情形发生，保障公民的权利和自由。[2]第三，规章在我国法律体系中存在诸多缺陷，允许规章设定许可将有可能导致国务院各部委以及各地方政府借助手中的许可设定权争相扩张本部门或地方政府的权力，越权设定、重复设定现象将会泛滥。[3]第四，《行政处罚法》规定规章只能设定警告和一定数额罚款这两种行政处罚，没有吊销许可证的处罚设定权，如果规章有行政许可设定权，就会造成一旦相对人违法，地方政府可以规定发放许可证，却不能规定收回许可证的尴尬局面，显然是矛盾的。[4]第五，地方政府是法律法规的实施机关，赋予地方政府规章行政许可设定权，就会造成地方政府自我授权，设定权与实施权不分，这是违背现代法治精神的。[5]

"肯定说"认为应当赋予地方政府规章一定的行政许可设定权。第一，法律、法规无法涵盖地区性的事项，地方政府在管理地方事务中遇到特殊情况时，应有一定的自主决定权，由于地方政府制定规章所需时间短、成本低、针对性强，符合行政管理自身的需要。[6]第二，"法律永远落后于行政"，立法的审慎注定慢于行政的高效，一概否定规章的许可设定权，只会增加法律与行政之间的距离。相对而言，规章制定主体更贴近生活实际，与社会现实的联系更加紧密，由其在法律、法规的授权情况下，享有一定范围的许可设

〔1〕 杨敏："省级政府规章行政许可设定研究"，华东政法大学 2011 年硕士学位论文。
〔2〕 杨敏："省级政府规章行政许可设定研究"，华东政法大学 2011 年硕士学位论文。
〔3〕 潘荣伟："规章的行政许可设定权"，载《行政法学研究》1998 年第 1 期。
〔4〕 禹政敏、马超："论严格限制行政许可的行政"，载《辽宁行政学院学报》2004 年第 1 期。
〔5〕 杨敏："省级政府规章行政许可设定研究"，华东政法大学 2011 年硕士学位论文。
〔6〕 邱瑞虹、王东风："论行政许可设定权"，载《法制与社会发展》2000 年第 6 期。

定权，一方面会使其在行政管理活动中执法有据，另一方面，也为法律、法规的制定积累经验，再由统一之立法规定取代分散之规章，这也是委任立法迅速发展之理由。[1]

（三）行政许可法对地方政府规章行政许可设定权的规定

我国《行政许可法》对地方政府规章行政许可设定权的规定体现在第15条第1款："对于可以制定行政许可的事项，尚未制定法律、行政法规和地方性法规的，因行政管理活动的需要，确需立即实施行政许可的，省、自治区、直辖市人民政府规章可以设定临时性的行政许可。"可见，《行政许可法》虽然赋予了地方政府规章行政许可设定权，但对其作出了严格的限定。对于地方政府规章来说，其设定的行政许可应当符合以下要求：

就设定主体而言，地方政府规章行政许可设定权的主体限定在省级政府。在地方各级政府中，只有省级政府制定的地方政府规章可以设定行政许可，省级以下的地方各级政府均无权设定行政许可。

就设定事项而言，地方政府规章设定的行政许可事项，必须包括在《行政许可法》第12条规定的可以设定行政许可的范围之内，且不在《行政许可法》第13条设定许可事项的排除范围。同时，必须满足《行政许可法》第15条第2款对省级政府规章设定行政许可的特别要求，即"不得设定应当由国家统一确定的公民、法人或者其他组织的资格、资质的行政许可；不得设定企业或者其他组织的设立登记及其前置性行政许可。其设定的行政许可，不得限制其他地区的个人或者企业到本地区从事生产经营和提供服务，不得限制其他地区的商品进入本地区市场。"

就设定前提而言，地方政府规章设定行政许可应当满足必要性要求。只有在尚未制定法律、行政法规、地方性法规，其设定的许可确实是出于行政管理活动的需要，具有必要性时，才可以设定。

就设定期限而言，地方政府规章只能设定临时性的行政许可，不能设定永久性行政许可。规章设定的行政许可事项满一年，需要继续实施的，应当提请本级人民代表大会及其常务委员会制定地方性法规。

---

[1] 邱瑞虹："规章行政许可设定权废除之管见"，载《长春大学学报》2012年第11期。

《行政许可法》将地方政府规章设定行政许可的条件限定得如此严格，正是吸取了《行政许可法》制定之前地方各级行政机关滥设行政许可，随意增设许可事项、许可条件等，扰乱社会经济秩序的教训。同时，考虑到地方政府面对出现的地方性特殊问题时对设定行政许可的需要，赋予了地方政府规章有限的行政许可设定权。

（四）《实施办法》工业盐准运证设定行为的合法性

法院的裁判文书中并未提及地方政府规章设定行政许可的设定主体限制、设定事项限制、设定期限限制，只是集中于设定前提限制，即"上位法是否已经作出了规定"。《实施办法》作为省级政府规章，是享有行政许可设定权的层级主体，要判定其第24条设定工业盐准用证这一行为的合法性，其实可以逐一分析设定事项、设定前提、设定期限是否符合法律规定。

1. 工业盐准运是否属于地方政府规章可以设定的行政许可事项

工业盐也叫"氯化钠"，在工业上的用途很广，是化学工业的最基本原料之一，被称为"化学工业之母"。基本化学工业主要产品中的盐酸、烧碱、纯碱、氯化铵、氯气等主要都是用工业盐为原料生产的。

《盐业管理条例》第24条规定："运输部门应当将盐列为重要运输物资，对食用盐和指令性计划的纯碱、烧碱用盐的运输应重点保证。"这里指令性计划的纯碱、烧碱指的就是工业盐。《实施办法》是为了贯彻执行国家有关盐业管理的法律、法规、规章和政策，根据《盐业管理条例》和国家有关法律、法规的规定，结合江苏省实际情况，制定的省级政府规章。其第24条规定工业盐准用证，正是为了保障《盐业管理条例》规定的"工业盐"这种"重要运输物资"的运输。《实施办法》最早制定于改革开放早期，工业盐这一物资在当时是重要的物资，所以工业盐运输行业也可以被看成是直接关系公共利益的特定行业。[1]工业盐准用证制度在当时就起到一种准入证的作用，实际上是一种专营权利。专营权利的赋予，即特定行业的市场准入，主要涉及公用事业服务等行业，如自来水、煤气、电力、电信、邮政等与人民群众日常

---

[1] 李文海："地方政府规章设定行政许可的'上位'法限制——以最高人民法院发布的指导案例5号裁判要点1为分析对象"，载《政治与法律》2013年第2期。

生活密切相关的行业。[1]即使当时还谈不上市场，但至少可以把工业盐准运这一事项归入《行政许可法》第12条第2项"有限自然资源开发利用、公共资源配置以及直接关系公共利益的特定行业的市场准入等，需要赋予特定权利的事项"之中。

2. 法律、行政法规、地方性法规是否就工业盐准运作出规定

对于行政许可法对地方政府规章设定行政许可的前提限制，即对"法律、行政法规、地方性法规尚未作出规定"的判断，有"整体领域说"和"具体事项说"两种不同的观点。

"整体领域说"认为就《行政许可法》第12条列举的相关领域制定的法律法规，无论其中是否设定具体的行政许可事项，都认为已经制定了法律、行政法规、地方性法规，地方政府规章都不能设定任何行政许可。根据此种观点，《盐业管理条例》作为行政法规，已经就盐业管理整个领域作出了规定，可以认为已经制定了法律、行政法规、地方性法规，因此《实施办法》作为地方政府规章不得再设定任何行政许可，其设定工业盐准运这一行政许可是不合法的，违反了《行政许可法》和《盐业管理条例》。

可以看出，"整体领域说"对地方政府规章的行政许可设定权持的是一种严格限缩态度，比较符合传统的法律保留原则，也吻合我国《行政许可法》"从严规定"行政许可设定权，"做到相对集中"，以改变行政许可"过多、过滥"的立法原意。[2]显然，这也是本案中法院的立场。对"整体领域说"主要的争议来自两个方面：第一，很多领域，往往已经制定法律、行政法规，但这些上位法因为立法年代久远，或者因为立法者的疏忽没有考虑到需要在该领域内就某些具体事项设定许可项目。如果这时还恪守"该领域已有上位立法，地方性法规不得增设许可"的严格立场，就有无视社会发展、任由法律滞后之嫌；[3]第二，"整体领域说"过分地限制了地方立法的空间，很容易导

---

[1] 许安标等：《〈中华人民共和国行政许可法〉释义及实用指南》，中国民主法制出版社2003年版，第101页。

[2] 杨景宇："关于《中华人民共和国行政许可法（草案）》的说明"，载中国人大网，http://www.npc.gov.cn/wxzl/gongbao/2003-10/30/content_5323224.htm，最后访问时间：2019年7月12日。

[3] 唐明良、卢群星："论地方性法规的行政许可设定权——对《行政许可法》第十五条第一款的解读及其他"，载《重庆大学学报（社会科学版）》2005年第7期。

致地方政府规章的行政许可设定权成为"一纸空文"，不利于地方发挥自主性和积极性。

"具体事项说"认为就《行政许可法》第 12 条列举的相关领域制定的法律法规，其中设定了具体的行政许可事项，才能被认为已经制定了法律、行政法规、地方性法规，地方政府规章不得设定新的行政许可。根据此种观点，就工业盐准运，并没有法律、行政法规、地方性法规规定这一具体的行政许可事项，因此《实施办法》作为地方政府规章，可以对这一事项进行设定，是合法的，并不违反法律规定。

可以看出，"具体事项说"倾向于适度扩大地方立法的许可设定权，给地方结合本地实际情况根据需要创设行政许可留下了一定空间，而且《行政许可法》第 12 条列举可以设定行政许可的范围时所采用的"事项"这个表述也是对"具体事项说"的有力支持。对"具体事项说"主要的争议在于具体事项究竟要具体到什么程度。这点是模糊的，并不存在明确且固定的界限。就本案而言，苏州市盐务局可以辩称"虽然《盐业管理条例》就盐业管理领域作出了规定，但就工业盐准运这一具体事项，并没有法律、行政法规、地方性法规作出规定"，但是即使行政法规或是地方性法规就工业盐运输作出了规定，苏州市盐务局仍然可以辩称"虽然就工业盐运输作出了规定，但没有就外地工业盐运入本地这一具体的事项作出规定"。因为就这一内容，存在着可以不断进行细化的空间。如果这样进行下去，那么地方立法权则过于庞大，这与行政许可法"从严规定"行政许可设定权，"做到相对集中"，以改变行政许可"过多、过滥"的立法原意是相背离的。

3. 《实施办法》设定的工业盐准运证的期限

行政许可法规定地方政府规章设定的只能是临时性的行政许可，期限不能超过 1 年，《实施办法》于 1991 年 10 月 4 日由江苏省人民政府发布，之后长期有效，设定的工业盐准运证的期限远超 1 年，在《行政许可法》生效以后，它明显不符合《行政许可法》对地方政府规章设定行政许可的期限限制条件。

综上，虽然《实施办法》作为省级政府规章具有行政许可设定权，且工业盐准运属于《行政许可法》规定的地方政府规章可以设定的行政许可事项，但是设定的工业盐准用证并不符合地方政府规章设定行政许可的 1 年的临时性条件，即使对于"法律、行政法规、地方性法规尚未作出规定"的判断存在争议，设定工业盐准运证这一行政许可的行为也违反了《行政许可法》的规定，是不合法的。

二、地方政府规章的行政处罚设定权

本案同时涉及地方政府规章的行政许可设定权和行政处罚设定权。事实上，就本案而言，对于行政许可是否合法问题的判断一定程度上已经决定了对行政处罚的合法性判断。当地方政府规章设定行政许可本身是违法的，那么因为行政相对人违反这一许可而给予其处罚必然也是违法的。经过前述分析，已经可以充分判定《实施办法》作为省级政府规章设定工业盐准运证这一许可的行为是违法的，从而苏州市盐务局认为鲁潍公司从省外购进盐产品的行为违反《实施办法》，进而作出的（苏）盐政一般［2009］第001–b号处罚决定也是不合法的。

对于苏州市盐务局作出的（苏）盐政一般［2009］第001–b号处罚决定的合法性，亦可以从地方政府规章的行政处罚设定权这个角度进行分析。我国《行政处罚法》对地方政府规章行政处罚的设定权和规定权的规定体现在该法第13条："省、自治区、直辖市人民政府和省、自治区人民政府所在地的市人民政府以及经国务院批准的较大的市人民政府制定的规章可以在法律、法规规定的给予行政处罚的行为、种类和幅度的范围内作出具体规定。尚未制定法律、法规的，前款规定的人民政府制定的规章对违反行政管理秩序的行为，可以设定警告或者一定数量罚款的行政处罚。罚款的限额由省、自治区、直辖市人民代表大会常务委员会规定。"对"尚未制定法律、法规"，同样有"整体领域说"和"具体事项说"两种不同的观点。如果按照"整体领域说"，《盐业管理条例》作为行政法规，已经就盐业管理这一领域作出了规定，此时《实施办法》只能在《盐业管理条例》"规定的给予行政处罚的行为、种类和幅度的范围内作出具体规定"，《盐业管理条例》并没有对盐业公司之外其他企业经营盐的批发业务设定行政处罚，因此《实施办法》作出的该规定明显超出了上位法规定的给予行政处罚的行为范围，违反了上位法的规定，是不合法的。很明显，法院在这个问题的判断上，与对行政许可设定权的判断一脉相承，坚持"整体领域说"的立场。如果按照"具体事项说"，尽管已有行政法规《盐业管理条例》就盐业管理这一整体领域作出规定，但是就盐业公司之外其他企业经营盐的批发业务这一具体事项并没有法律、行政法规设定行政处罚，因此《实施办法》作为省级政府规章，可以就该行为"设定警告或者一定数量罚款的行政处罚"，然而，《实施办法》设定的行政处罚的种类是"就地封存，没收其盐产品和非法所得，并可处以不超过其盐产品总价值3倍以下的罚款"，这一规定明显超出了《行政处罚法》规定的规章可以设定行政处罚的种类，是违法的。可见，无论采用"整体领域说"还是"具体事项说"，《实施办法》第42条对其他企业经营盐的批发业务进行行政处罚的规定都是不合法的。

三、规章的参照适用

规章在行政诉讼法律适用体系中处于参照地位。但对于参照规章的含义以及具体做法，从《行政诉讼法》1989年公布到2014年、2017年两次修正，均未作出明确规定。司法实践中，人民法院对规章的参照适用经历了发展演变的过程。

1986年最高人民法院《关于人民法院制作法律文书如何引用法律规范性文件的批复》第一次明确，可以在行政审判中对规章参照执行，但不能引用。同时，初步明确了可以参照的规章的范围，将"与宪法、法律、行政法规不相抵触"作为判断规章合法性的审查标准。批复规定："国务院各部委发布的命令、指示和规章，各县、市人民代表大会通过和发布的决定、决议，地方各级人民政府发布的决定、命令和规章，凡与宪法、法律、行政法规不相抵触的，可在办案时参照执行，但不要引用。最高人民法院提出的贯彻执行各种法律的意见以及批复等，应当贯彻执行，但也不宜直接引用。""不要引用"意味着对于与宪法、法律、行政法规不相抵触的规章，虽然在办案时可以参照执行，但不能在裁判文书中明确表示其为法律依据，将其显示在裁判文书之中。

1989年《行政诉讼法》在法律层面第一次对"参照规章"进行规定，由此，规章在法院适用法律中正式具备了"参照"地位。其第53条第1款规定："人民法院审理行政案件，参照国务院部、委根据法律和国务院的行政法规、决定、命令制定、发布的规章以及省、自治区、直辖市和省、自治区的人民政府所在地的市和经国务院批准的较大的市的人民政府根据法律和国务院的行政法规制定、发布的规章。"

2000 年《最高人民法院关于执行〈中华人民共和国行政诉讼法〉若干问题的解释》明确法院对于合法有效的规章可以"引用",这一规定就暗含着法院在审理案件时可以对参照的规章进行合法、有效的判断。其第 62 条第 2 款规定:"人民法院审理行政案件,可以在裁判文书中引用合法有效的规章及其他规范性文件。"由 1986 年最高人民法院《关于人民法院制作法律文书如何引用法律规范性文件的批复》"不要引用"到此时"可以引用"的转变,一方面意味着参照规章的过程可以公开,即法院审查规章是否合法的过程可以出现在裁判文书中;另一方面意味着参照规章的结果如何也可以在裁判文书中公开。若经审查认为规章合法有效,在裁判文书中对规章条文可以引用。

2004 年《最高人民法院关于审理行政案件适用法律规范问题的座谈会纪要》明确了在参照规章时,人民法院应当对规章的规定是否合法有效进行司法判断。关于行政案件的审判依据,该纪要规定:"根据行政诉讼法和立法法有关规定,人民法院审理行政案件,依据法律、行政法规、地方性法规、自治条例和单行条例,参照规章。在参照规章时,应当对规章的规定是否合法有效进行判断,对于合法有效的规章应当适用。根据立法法、行政法规制定程序条例和规章制定程序条例关于法律、行政法规和规章的解释的规定,全国人大常委会的法律解释,国务院或者国务院授权的部门公布的行政法规解释,人民法院作为审理行政案件的法律依据;规章制定机关作出的与规章具有同等效力的规章解释,人民法院审理行政案件时参照适用。"对比 2000 年《最高人民法院关于执行〈中华人民共和国行政诉讼法〉若干问题的解释》"可以引用合法有效的规章","应当对规章的规定是否合法进行判断"这一表述表现出法院在规章的参照适用方面更加明确的态度。

2009 年《最高人民法院关于裁判文书引用法律、法规等规范性法律文件的规定》明确法院对于应当适用的行政规章可以直接适用。其第 5 条规定:"行政裁判文书应当引用法律、法律解释、行政法规或者司法解释。对于应当适用的地方性法规、自治条例和单行条例、国务院或者国务院授权的部门公布的行政法规解释或者行政规章,可以直接引用。"

通过对上述有关法律规范、司法解释的梳理,可以看出对于参照规章的具体做法，法院在不断地进行探索和调整，但总体上持着一种保守克制的立场，只是选择适用合法有效的规章，对于违法的规章如何处理的问题并没有明确地表明态度。

法院在审理本案的过程中，首先对被诉行政行为即苏州市盐务局作出的（苏）盐政一般［2009］第 001 -b 号处罚决定的合法性进行了审查，重申了行政诉讼案件的法律适用，"人民法院审理行政案件，依据法律、行政法规、地方性法规、自治条例和单行条例，参照规章"。由于苏州市盐务局作出的行政处罚决定适用了地方政府规章《实施办法》，而地方政府规章只有在合法的前提下才能成为法院认定据以作出的被诉行政行为合法的依据，因此法院要先对《实施办法》进行合法性审查而后决定适用与否。基于"整体领域说"的立场，法院认为《盐业管理条例》已经就盐业管理这个领域作出了规定，《实施办法》作为地方政府规章在法律、法规已有规定的情况下，不得另行设定行政许可，因此其设定工业盐准运证的行为是违法的；同理，《实施办法》对盐业公司之外其他企业经营盐的批发业务设定行政处罚的行为亦是违法的。《立法法》规定："法律的效力高于行政法规、地方性法规、规章。行政法规的效力高于地方性法规、规章。"《行政许可法》《行政处罚法》作为法律，效力高于作为地方政府规章的《实施办法》，《盐业管理条例》作为行政法规，效力高于作为地方政府规章的《实施办法》，《实施办法》与《行政许可法》《行政处罚法》《盐业管理条例》相抵触，因此法院在审理时不予适用。基于此，被诉行政行为即苏州市盐务局作出的（苏）盐政一般［2009］第001 -b 号处罚决定不具有合法性，法院依法将其撤销。

可以看出，在本案中，法院的基本思路是首先判断《实施办法》这一地方政府规章的合法性，然后在此基础上判断被诉的行政处罚是否合法。从法院的裁判思路中可以看出法院在审判本案时对参照适用规章的具体做法，即"人民法院在适用规章时，首先应当对规章的相关规定是否合法有效、是否与上位法一致进行审查判断；只有那些符合上位法规定、合法有效的规章人民法院才可以参照适用。"[1] 而违反上位法或不符合法律、法规相关规定的规

---

[1] 最高人民法院案例指导工作办公室："指导案例 5 号《鲁潍（福建）盐业进出口有限公司苏州分公司诉江苏省苏州市盐务管理局盐业行政处罚案》的理解与参照"，载《人民司法》2012 年第 15 期。

章，法院则不予适用。

指导案例 5 号公布的裁判要点第三点对本案中法院适用规章的态度作出了总结："地方政府规章违反法律规定设定许可、处罚的，人民法院在行政审判中不予适用。"在该裁判要点中，法院明确使用了"不予适用"的表述，相较之前保守克制的立场，法院不再只是选择适用合法有效的规章，对于违法的规章如何处理的问题以一种积极的姿态明确表示出了拒绝适用的立场。

关于法院能否直接宣告地方政府规章无效的问题，学界存在两种观点。"本案拒绝适用说"认为规章被认定为不合法时，法效果只及于本案，对于他案并不必然产生和本案相同的效力，只要行政机关不撤销、变更、废止被法院认定为不合法的规章，那么该规章在现行法律体系中仍然是合法、有效的。"普遍拒绝适用说"则认为规章被认定为不合法时，法效果不仅及于本案，对于他案产生和本案相同的效力，即使行政机关没有撤销、变更、废止被法院认定为不合法的规章，该规章仍是无效的，不合法。虽有学者认为，指导案例 5 号的裁判要点"不予适用"标志着参照规章中的"本案拒绝适用说"向"普遍拒绝适用说"的转向，[1]但是通过最高人民法院案例指导工作办公室发布的指导案例 5 号的理解与参照可以看出法院对此的态度："现行法律制度下，人民法院无权撤销、改变甚至是宣布规章无效，只有在个案裁判中才具有法律规范的选择适用权。因此，法院一般不宜直接在判决书中宣告违反上位法的规章无效，而应直接依据合法的上位法对被诉具体行政行为是否合法作出认定。而对于那些被人民法院生效裁判认定为违反上位法进而不予适用的规章，制定机关或者其他有权机关也应当及时对相关条款予以修改或废止。"

【后续影响及借鉴意义】

鲁潍案作为指导案例自发布之日起便受到广泛关注，对学界和实务界都产生了重大影响。

---

[1] 章剑生："行政诉讼中规章的'不予适用'——基于最高人民法院第 5 号指导案例所作的分析"，载《浙江社会科学》2013 年第 2 期。

一、进一步明确了对违反上位法的规章"不予适用"规则

通过对鲁潍案发布之前相关参照规章的法律规范、司法解释的梳理，可以看出法院总体上持一种较为保守克制的立场，只是选择适用合法有效的规章，对于违法的规章如何处理的问题并没有明确地表明态度。在鲁潍案公布的裁判要点中，法院使用了"不予适用"的表述，以一种积极的姿态明确表示出了拒绝适用的立场，在此前参照规章的法律规范、司法解释中从未出现过"不予适用"的表述，这是一种参照规章的新形式新做法，由此正式确立了对违反上位法的规章"不予适用"。

二、"不予适用"由政府规章向地方性法规的延伸

鲁潍案涉及的是作为地方政府规章的《实施办法》。最高人民法院在裁判要点第一点中，超越了原判内容，将裁判要点延伸到地方性法规："盐业管理的法律、行政法规没有设定工业盐准运证的行政许可，地方性法规或者地方政府规章不能设定工业盐准运证这一新的行政许可。"考虑到最高人民法院遴选、审查、发布指导案例的慎重性和周密性，以及指导案例本身所具有的对类似案件裁判的指导、启示的重要作用，[1]这一延伸当是最高人民法院的有心之举。虽然行政许可法框架下地方性法规与地方政府规章的许可设定权存在一定差异，但是，地方性法规和地方政府规章都只能在上位法没有规定行政许可的情况下，行使行政许可设定权；若上位法已有规定，地方性法规、地方政府规章只能在上位法设定的行政许可事项范围内行使行政许可规定权，具体规定行政许可的实施，不得增设行政许可。从这一方面来看，地方性法规与地方政府规章并不存在实质性差异。《最高人民法院关于案例指导工作的规定》第 7 条规定："最高人民法院发布的指导性案例，各级人民法院审判类似案例时应当参照。"因此，如果鲁潍案与待决案件的基本案情具有相似性，只是在被诉行政行为的依据上存在地方性法规和地方政府规章的差异，鲁潍案的判决思路就可以在待决案件中得到参照适用。

---

〔1〕《最高人民法院研究室关于印发〈关于编写报送指导性案例体例的意见〉、〈指导性案例样式〉的通知》，法研〔2012〕2 号。

由此进一步引发的问题是，对于违法设定行政许可的地方性法规应该如何处理？对此一直以来有两种观点。一种观点认为法院审理行政案件，依据法律法规，参照规章，这就意味着法院可以审查规章是否符合上位法，不符合的规章不予适用，但对于行政法规和地方性法规，法院没有审查和选择适用权，若认为行政法规、地方性法规与上位法相抵触，可以向全国人大常委会提出审查的要求或建议。[1]另一种观点认为，法院有权对法规范的冲突进行评判并且选择适用合法有效的法规范，这种权力的正当性主要源于两种相互勾连的需求：其一，维护法制的统一；其二，及时有效解决法规范之间的冲突以及相关的案件纠纷。[2]有学者认为，裁判要点第一点的宣告，就是法院有权对地方性法规审查并选择适用的一种申明。[3]因此，根据公布的裁判要点第三点，"地方政府规章违反法律规定设定许可、处罚的，人民法院在行政审判中不予适用"，该裁判要点也延伸适用到地方性法规，在类似待决案件中出现了地方性法规违法设定工业盐准运证的情形，法院也应当拒绝适用该地方性法规。

三、对推动盐业垄断体制改革发挥着积极作用

需要强调的是，公布的裁判要点第二点"盐业管理的法律、行政法规对盐业公司之外的其他企业经营盐的批发业务没有设定行政处罚，地方政府规章不能对该行为设定行政处罚"中，最高人民法院在此处使用的词语表述是"盐"，没有对食盐与工业盐作出区分，这与裁判要点第一点中明确指出"工业盐"存在显著区别，但并不能因此认为这一条同时适用于食盐和工业盐，简单地将其解读为所有盐的经营业务都是被允许的，因为《食盐专营办法》（2013年修订）第21条规定："违反本办法第10条规定，未取得食盐批发许可证经营食盐批发业务的，由盐业主管机构责令停止批发活动，没收违法经营的食盐和违法所得，可以并处违法经营的食盐价值3倍以下的罚款"，该规定已经对未经许可批发食盐的行为设定了行政处罚。因此，虽然本裁判要点

---

〔1〕 江必新："《行政诉讼法》与抽象行政行为"，载《行政法学研究》2009年第3期。

〔2〕 周永坤："论法官查找法律的权力"，载《法学》2004年第4期。

〔3〕 沈岿："指导案例助推垄断改革——以指导案例5号为分析对象"，载《行政法学研究》2014年第2期。

使用的是"盐"的表述，但应将其作限缩解释，范围指向的是食盐之外的盐，也可以说就是工业盐。

工业盐能否自由经营，是实践中引起广泛争论的问题。我国长期实行盐业专卖制度，以政企不分、计划管理、垄断经营为典型特征，本质上就是一种盐业行政垄断。这种盐业垄断体制导致我国盐产业效率低、规模小、产业集中度和产品技术含量低，缺乏国际竞争力；同时引发权力寻租，损害社会整体福利和消费者福利，阻碍盐业市场的健康发展。[1]随着改革开放的不断深入，这种盐业垄断体制和市场经济的不相适应性愈加明显，引发了一系列问题和争议，亟待改革。早在1995年，国家计委、经贸委在《关于改进工业盐供销和价格管理办法的通知》中，就明确取消了工业盐准运证和准运章制度，这标志着工业盐市场已经放开经营。2010年，《最高人民法院关于经营工业用盐是否需要办理工业盐准运证等请示的答复》明确规定，工业盐已不再属于国家限制买卖的物品，经营工业盐的行为不构成非法经营犯罪。但是，在各地出台的地方盐业条例和盐业管理实施办法中，很多仍然规定两碱用盐运输实行准运制度，为工业盐运输设定了行政许可，如果未经许可经营的，行为人将面临行政处罚。这种状况很多且持续到现在。可见，破除盐业垄断困难重重。而无论是鲁潍案所持的"整体领域说"立场，还是指导案例裁判要点超越原判，实现由地方政府规章向地方性法规的延伸，都表明了最高人民法院助推盐业垄断体制改革的态度。自鲁潍案作为指导案例公布以后，浙江、天津、辽宁、云南、河北等省市先后修改了本地的相关规定，将其对于工业盐运输或经营的行政处罚规定部分删除。其中，《浙江省盐业管理条例》和《天津市盐业管理条例》的修改和鲁潍案存在着十分紧密的联系，在其关于修法的说明或官方文件中，都承认了鲁潍案的影响。[2]

---

〔1〕 李晓鸿："我国盐业专卖制度改革研究"，华南理工大学2016年硕士学位论文。
〔2〕 戴杕："盐业垄断的司法破除与局限——从指导案例5号鲁潍案的影响与发展后续谈起"，载《政治与法律》2017年第4期。

三 诉讼类型

案例一　张刚与湖北省武汉市武昌区人民政府再审行政裁定案

张学府*

【案例名称】

张刚与湖北省武汉市武昌区人民政府再审行政裁定案［最高人民法院（2017）最高法行申 411 号］

【关键词】

标准诉讼　既判力　诉讼标的　群体性诉讼

【基本案情】

张刚对武汉市武昌区人民政府 2015 年 1 月 20 日作出的武昌征决字〔2015〕1 号房屋征收决定不服，向湖北省武汉市中级人民法院提起诉讼，请求确认房屋征收决定违法并予以撤销。2015 年 11 月 9 日，湖北省武汉市中级人民法院裁定本案中止诉讼，理由为：因本案需以（2015）鄂武汉中行初字第 00185 号奚小弟等 420 人诉武汉市武昌区人民政府城建行政征收案（以下简称"奚小弟案"）的审理结果为依据，"奚小弟案"尚未审结。

* 作者简介：张学府，中国政法大学法学院宪法与行政法专业博士研究生，本文的指导教师为中国政法大学法学院行政法研究所教授、博士生导师罗智敏。

对于"奚小弟案"，湖北省武汉市中级人民法院在一审中查明：奚小弟等人因不服湖北省武汉市武昌区人民政府于 2015 年 1 月 20 日作出的武昌征决字〔2015〕1 号《房屋征收决定》，提起诉讼，请求判决确认上述决定违法并予以撤销，该院于同年 9 月 8 日作出（2015）鄂武汉中行初字第 00185 号行政判决，驳回了奚小弟等人的诉讼请求。奚小弟等人不服，向湖北省高级人民法院提起上诉，该院于 2015 年 12 月 29 日作出（2015）鄂行终字第 00134 号行政判决，驳回上诉，维持原判。

湖北省武汉市中级人民法院在一审中认为：生效裁判具有法律效力，对当事人和人民法院均具有约束力，人民法院不能再对同一诉讼标的进行审理。张刚所诉的行政行为已为一审、二审法院生效判决［即针对"奚小弟案"所作的（2015）鄂武汉中行初字第 00185 号行政判决和（2015）鄂行终字第 00134 号行政判决］所羁束，因此湖北省武汉市中级人民法院不能再就该行为进行审理，该起诉不符合起诉条件。

据此，一审法院湖北省武汉市中级人民法院根据《最高人民法院关于适用〈中华人民共和国行政诉讼法〉若干问题的解释》（已失效）第 3 条第 1 款第 9 项、第 2 款之规定，于 2016 年 1 月 22 日作出（2015）鄂武汉中行初字第 00380 号行政裁定书，驳回张刚的起诉。

张刚不服，向湖北省高级人民法院提起上诉。湖北省高级人民法院于 2016 年 6 月 20 日作出（2016）鄂行终 378 号行政裁定，驳回上诉，维持原裁定。

《最高人民法院关于适用〈中华人民共和国行政诉讼法〉若干问题的解释》（已失效）第 3 条：

"有下列情形之一，已经立案的，应当裁定驳回起诉：

（一）不符合行政诉讼法第四十九条规定的；

（二）超过法定起诉期限且无正当理由的；

（三）错列被告且拒绝变更的；

（四）未按照法律规定由法定代理人、指定代理人、代表人为诉讼行为的；

（五）未按照法律、法规规定先向行政机关申请复议的；

（六）重复起诉的；

（七）撤回起诉后无正当理由再行起诉的；

（八）行政行为对其合法权益明显不产生实际影响的；

（九）诉讼标的已为生效裁判所羁束的；

（十）不符合其他法定起诉条件的。

人民法院经过阅卷、调查和询问当事人，认为不需要开庭审理的，可以迳行裁定驳回起诉。"

【裁判要旨】

所谓既判力，是指已经发生法律效力的判决、裁定对后诉的羁束力。其作用体现在消极和积极两个方面。既判力的消极作用是指，基于国家司法权的威信以及诉讼经济，在人民法院作出生效判决、裁定后，不准对同一事件再次进行诉讼。既判力的积极作用是指，人民法院不得在其后的诉讼中作出与该判决、裁定内容相抵触的新的判决、裁定。

将"行政行为"等同于"诉讼标的"，这种观点是长期流行的主流观点，并且比较适应行政诉讼以审查行政行为的合法性为主要任务的特点。但《中华人民共和国行政诉讼法》（以下简称《行政诉讼法》）于 2014 年和 2017 年修改后，在撤销诉讼之外新增了履行诉讼、给付诉讼、确认诉讼等诉讼类型，而在这些类型的诉讼中，常常并没有一个行政行为存在，因此将行政行为统一地确定为行政诉讼的诉讼标的，难以起到统领各种诉讼类型的作用。即使在撤销诉讼中，行政行为的合法性也只属于人民法院的审查对象，而审理对象则还包括该行政行为是否对原告合法权益构成侵犯等因行政行为而引起的行政法律关系。如果将审查对象等同于审理对象，就不能揭示诉讼的本质，不会着眼于案件的全部事实。因此，撤销诉讼的诉讼标的应当是"行政行为违法并损害原告权利这样一个原告的权利主张"。

在当事人一方人数众多、针对同一个行政行为分别提起撤销诉讼的情况下，比较恰当的做法是采用标准诉讼，即，首先审理其中一个或数个有代表性的诉讼，并中止其他诉讼。在对首先审理的诉讼作出的裁判发生法律效力的情况下，如果其他诉讼的当事人认为其案件与首先审理的案件之间并无事实上或法律上的重要区别且案件事实清楚，人民法院可以参照《中华人民共和国民事诉讼法》（以下简称《民事诉讼法》）第 54 条第 4 款的规定，裁定对中止的诉讼适用已经生效的判决裁定。

【裁判理由与论证】

最高人民法院的论证主要涉及两个问题：一是最高人民法院对该案的核心争议——"诉讼标的是否为生效裁判所羁束"的判断，其先由既判力的消极效果分析，结合对行政诉讼标的的讨论，得出本案并非是重复起诉，一审法院不经审理直接驳回原告起诉的做法错误；后由既判力的积极效果分析，本案裁判应避免与"奚小弟案"的判决、裁定相冲突，故可适用"标准诉讼"。二是最高人民法院借助本案判决阐明了"标准诉讼"的适用理由与具体程序。

一、本案是否被"奚小弟案"的生效判决、裁定所羁束

最高人民法院指出，判断该案是否被前案的判决所羁束的理论基础是既判力。"所谓既判力，是指已经发生法律效力的判决、裁定对后诉的羁束力。其作用体现在消极和积极两个方面。"因此，最高人民法院分别就既判力的积极效果和消极效果展开论证。

（一）既判力的消极效果分析——本案是否是重复起诉

最高人民法院指出，"消极作用是指，基于国家司法权的威信以及诉讼经济，在人民法院作出生效判决、裁定后，不准对同一事件再次进行诉讼。既判力的消极作用体现的是'一事不再理'，就此而言，与禁止重复起诉属于同一原理。"

最高人民法院从两个方面判断得出本案并非重复起诉：

1. 本案不符合重复起诉的法定要件

《行政诉讼法》第 101 条的规定："人民法院审理行政案件，关于期间、送达、财产保全、开庭审理、调解、中止诉讼、终结诉讼、简易程序、执行等，以及人民检察院对行政案件受理、审理、裁判、执行的监督，本法没有规定的，适用《中华人民共和国民事诉讼法》的相关规定。"因此，最高人民法院首先借助《民事诉讼法》的相关规定，从形式上判断得出本案与"奚小弟案"并非同一案件。"关于重复起诉，《最高人民法院关于适用〈中华人民

共和国民事诉讼法〉的解释》第 247 条第 1 款规定：'当事人就已经提起诉讼的事项在诉讼过程中或者裁判生效后再次起诉，同时符合下列条件的，构成重复起诉：（一）后诉与前诉的当事人相同；（二）后诉与前诉的诉讼标的相同；（三）后诉与前诉的诉讼请求相同，或者后诉的诉讼请求实质上否定前诉裁判结果。'依此规定，所谓重复起诉，必须是当事人、诉讼标的、诉讼请求这三者同时具备'相同性'。就本案而言，生效裁判的原告是奚小弟等人，本案的原告则是张刚，显然不具备'后诉与前诉的当事人相同'这一主体要件。而判决作为解决特定当事人之间具体争议的意思宣言，其既判力显然不应及于别的事件或者没有关系的第三者。"

2. 本案与"奚小弟案"诉讼标的不同

判断后诉与前诉是否是同一个诉，关键在于两诉的诉讼标的是否相同，问题在于如何界定行政诉讼的诉讼标的。本案中，最高人民法院否定了"行政诉讼的诉讼标的是被诉行政行为"，指出撤销诉讼的诉讼标的应当是"行政行为违法并损害原告权利这样一个原告的权利主张"，从而否定了一审法院的判断。

首先，最高人民法院指出，正是因为一审法院认为"行政诉讼的诉讼标的是被诉的行政行为"，才将本案与"奚小弟案"视为同一案件。"无可否认，与民事诉讼相比，行政诉讼有其自身特点，以本案而论，尽管生效裁判与本案诉讼的原告不同，但起诉的却是同一个行政行为。正因如此，一审裁定认为，'生效裁判具有法律效力，对当事人和人民法院均具有约束力，人民法院不能再对同一诉讼标的进行审理。张刚所诉的行政行为已为一审、二审法院生效判决所羁束，本院不能再就该行为进行审理'。很显然，一审法院是将'行政行为'等同于'诉讼标的'。这种观点也是长期流行的主流观点，并且比较适应行政诉讼以审查行政行为的合法性为主要任务的特点。"

其次，最高人民法院指出一审法院所采的观点具有局限性，应被抛弃："但是，审查行政行为的合法性，更突出地表现为撤销诉讼的主要任务，2014年和 2017 年修改后的《行政诉讼法》在撤销诉讼之外新增了履行诉讼、给付诉讼、确认诉讼等诉讼类型，而在这些类型的诉讼中，常常并没有一个行政行为存在，因此将行政行为统一地确定为行政诉讼的诉讼标的，难以起到统领各种诉讼类型的作用。即使在撤销诉讼中，行政行为的合法性也只属于人民法院的审查对象，而审理对象则还包括该行政行为是否对原告合法权益构成侵犯等因行政行为而引起的行政法律关系。如果将审查对象等同于审理对象，就不能揭示诉讼的本质，不会着眼于案件的全部事实。"

最后，最高人民法院得出结论："因此，撤销诉讼的诉讼标的应当是'行政行为违法并损害原告权利这样一个原告的权利主张'。本案中，后诉与前诉起诉的虽然是同一个行政行为，但因原告不同，权利损害的主张亦有可能不同，因此不能简单地认定'后诉与前诉的诉讼标的相同'。"

（二）既判力的积极效果分析——本案判决是否与前案相冲突

最高人民法院从两个方面应用既判力的积极效果进行了分析：

一方面，最高人民法院肯定了基于既判力的积极效果，应避免本案的裁判与"奚小弟案"的判决、裁定相冲突。"既判力的积极作用是指，人民法院不得在其后的诉讼中作出与该判决、裁定内容相抵触的新的判决、裁定。这是法的安定性所决定的。"《民事诉讼法》第 54 条第 1 款规定："诉讼标的是同一种类、当事人一方人数众多在起诉时尚未确定的，人民法院可以发出公告，说明案件情况和诉讼请求，通知权利人在一定期间向人民法院登记。"《民事诉讼法》第 54 条第 4 款规定："人民法院作出的判决、裁定，对参加登记的全体权利人发生效力。未参加登记的权利人在诉讼时效期间提起诉讼的，适用该判决裁定。"

另一方面，最高人民法院强调既判力的积极作用不会产生剥夺第三者的诉权的效果，本案一审法院拒绝审理的做法不符合法律规定："但既判力只对与生效裁判当事人相同的后诉产生诉权的遮断效果，对于第三者而言，只是禁止作出与生效裁判内容相抵触的新的判决、裁定，而不是就此剥夺其诉权。"由此，最高人民法院指出《民事诉讼法》第 54 条中的"适用该判决、裁定"是指"适用该判决、裁定中人民法院认定的事实和理由以及所确定的原则，再结合后诉的具体情况作出相应裁判，而不是对于后诉不予审理和裁判。"通过上述分析，最高人民法院否定了一审法院的做法："本案中，一审法院认为，'张刚所诉的行政行为已为一审、二审法院生效判决所羁束，本院不能再就该行为进行审理'，并进而驳回再审申请人的起诉，就与前述相关法律的规定不甚相符。"

二、标准诉讼的程序

武昌征决字〔2015〕1 号《房屋征收决定》作出后，本案再审申请人与"奚小弟案"中原告，共计有数百名行政相对人认为该行政行为侵害了自身权利，先后提起诉讼，构成了共同诉讼。为应对共同诉讼，我国设置有"诉讼代表人"制度，但制度运行并不尽如人意。因此在本案中，最高人民法院提出了"标准诉讼"这一方案。

最高人民法院认为适用标准诉讼具有现实需要。"在当事人一方人数众多、针对同一个行政行为分别提起撤销诉讼的情况下，分别对每一个起诉进行审理，确实不符合诉讼经济原则；人民法院对被诉行政行为的合法性进行全面审查，也决定了不可能在不同的案件中对同一个行政行为的合法性作出相反的认定。"

之后，最高人民法院给出了适用标准诉讼的程序。"首先审理其中一个或数个有代表性的诉讼，并中止其他诉讼。在对首先审理的诉讼中作出的裁判发生法律效力的情况下，如果其他诉讼的当事人认为其案件与首先审理的案件之间并无事实上或法律上的重要区别且案件事实清楚，人民法院可以参照《民事诉讼法》第 54 条第 4 款的规定，裁定对中止的诉讼适用已经生效的判决裁定。"

与上述适用标准诉讼的具体方法相比较，一审法院的操作存在错误："但在前诉裁判发生法律效力后，（一审法院）不是在听取本案当事人意见之后裁定本案适用生效的前诉裁判，而是以'诉讼标的已为生效裁判所羁束'为由裁定驳回再审申请人的起诉。再审申请人认为这其实是刻意构建诉讼标的已为生效裁判所羁束的情形，不无道理。"

故此，最高人民法院认可了再审申请人的申请理由，否定了一审法院的裁定。但是，"虽然再审申请人的再审理由有其道理，但对于案件而言并无提起再审的必要"，"依照《行政诉讼法》第 101 条、《民事诉讼法》第 204 条第 1 款之规定，裁定如下：驳回再审申请人张刚的再审申请。"

【涉及的重要理论问题】

一、行政判决的既判力

在本案裁判文书中，最高人民法院指出"既判力"，是指"已经发生法律效力的判决、裁定对后诉的羁束力。"

既判力是行政判决的效力之一，具有积极、消极两个方面的效果。其中，既判力的消极效果，"是指基于国家司法权的威信以及诉讼经济，在人民法院作出生效判决、裁定后，不准对同一事件再次进行诉讼。既判力的消极作用体现的是'一事不再理'，就此而言，与禁止重复起诉属于同一原理。"亦有学者总结既判力的消极效果不仅是"一事不再理"，还包括以下方面：一是确认效，判决对被诉行政行为的合法性和原告的权益因被诉行政行为受损害的情况予以确认的效力；二是一事不再理，具体效力如上文所述；三是禁止重复行政行为，主要是针对撤销判决中的行政机关，在判决生效后，不能再根据相同的事实和理由作出与被撤销行为类似的行为。四是"遮蔽效"，此处的"遮蔽效"不同于既判力的积极效果的"遮蔽效"，[1]主要是指在诉讼过程中，行政相对人可以采用不同理由对行政行为进行攻击，但是，在判决作出后，即便相对人有新的理由，也不得重新提起诉讼攻击已经过裁判的行政行为。[2]既判力还具有积极效果，"是指人民法院不得在其后的诉讼中作出与该判决、裁定内容相抵触的新的判决、裁定。这是法的安定性所决定的。"既判力的积极效果表现在前诉中认定的事实和理由对于后诉具有遮蔽效，在后诉中不得再对这些事实和理由进行攻击。

既判力的效力不是无限延伸的，其受到主观范围、客观范围两方面的限制。既判力的主观范围主要关注判决对于"哪些人"产生羁束力，通常既判力仅对参与案件判决的当事人产生效力，在我国，此处的当事人除了原告、

---

〔1〕 国内亦有学者用"遮蔽效"指代"既判力的积极效果"，其与作为既判力消极效果之一的"遮蔽效"是根本不同的两个概念，只是采用了相同的名称，该现象大概是因理论体系不完善、学术研究中概念不统一导致，本文亦无更好的方式指代这两种不同的概念，故沿袭学界通说均采用"遮蔽效"一词。文中根据上下文无法辨明含义之处，本文会特别说明。

〔2〕 田勇军：《行政判决既判力扩张问题研究：兼与民事判决既判力相关问题比较》，中国政法大学出版社 2015 年版，第 30~37 页。

被告之外，还包括共同诉讼人、参与诉讼的第三人。[1]既判力的客观范围主要指判决对于"哪些事"产生羁束力，包括两点：一是事项的范围，指诉讼标的；二是事项的时间点，即哪个时间点前的事项受到既判力的约束，这关系到诉讼基准时的确定。[2]

既判力的范围不是绝对的，判决可能超出上述范围发生效果，即既判力的扩张。既判力主观范围的扩张，指案件当事人之外的人受到了本案判决的约束，如诉讼权利的承继人，又如民事诉讼诉讼担当中的被担当人、标的物的占有人等；既判力客观范围的扩张指判决确定的事实在本判决之外产生效果。

需要注意的是，就本文搜集到的资料来看，既判力扩张是一个比较模糊的概念，对于一些常作为既判力扩张的例子，实际上究竟是既判力的扩张，还是既判力本身的效果，抑或与既判力无关，争议颇大。如在主观扩张方面，争议在于集团诉讼、群体诉讼中的被代表人，[3]标准诉讼中非标准案件的当事人等；客观方面，争议事项有已决事实的预决效力、[4]争点效理论[5]等。限于篇幅，本文不再一一讨论。

---

〔1〕 田勇军：《行政判决既判力扩张问题研究：兼与民事判决既判力相关问题比较》，中国政法大学出版社 2015 年版，第 54 页。

〔2〕 田勇军：《行政判决既判力扩张问题研究：兼与民事判决既判力相关问题比较》，中国政法大学出版社 2015 年版，第 53~56 页。还有学者将既判力的时间范围单列，即认为既判力具有主观范围、客观范围、时间范围，本质上两种观点并无不同，可参见翁晓斌："我国民事判决既判力的范围研究"，载《现代法学》2004 年第 6 期。

〔3〕 争议在于所谓"被代表人"是应被认定为案件的当事人，还是既判力扩张的对象，参见田勇军：《行政判决既判力扩张问题研究：兼与民事判决既判力相关问题比较》，中国大学出版社 2015 年 8 月版，第 54 页，第 151~152 页。另外，正如有学者指出，"集团诉讼、群体诉讼"的概念本不准确，可能指代不同制度，而不同制度下被代表人身份可能不同，需具体分析，可参见吴泽勇："建构中国的群体诉讼程序：评论与展望"，载《当代法学》2012 年第 3 期。

〔4〕 对于已决事实的预决效力，争议颇多，观点包括认为其为既判力本身的效力、为既判力的扩张、为某种证据效力等。可参见吴英姿："预决事实无需证明的法理基础与适用规则"，载《法律科学（西北政法大学学报）》2017 年第 2 期。

〔5〕 对于日本的争点效理论，以及英美的间接禁反言制度，有观点认为其本属于既判力之一种，亦有观点认为其属既判力的扩张。本文认为根据美国法中间接禁反言制度的设置，以及日本学者将争点效理论作为既判力理论的补充，不宜将争点效视为既判力的扩张，其本身便是既判力的体现。可参见田勇军：《行政判决既判力扩张问题研究：兼与民事判决既判力相关问题比较》，中国政法大学出版社 2015 年版，第 216~218 页；Steven L. Emanuel, Civil Procedure, Wolters Kluwer, 2018, p. 460。

二、行政诉讼的诉讼标的

（一）行政诉讼标的的概念和功能

确定既判力的客观范围需要以诉讼标的为依据。如本案中，因为一审法院是将"行政行为"等同于"诉讼标的"，故而认为本案的诉讼标的与"奚小弟案"的诉讼标的相同，从而认定本案为重复起诉；而最高人民法院认为撤销诉讼的诉讼标的应当是"行政行为违法并损害原告权利这样一个原告的权利主张"，故"因原告不同，权利损害的主张亦有可能不同"，不认为本案是重复起诉。可见诉讼标的对于既判力的判断具有重要影响。

行政诉讼标的是一个大陆法系的概念，系指原告以诉所特定，请求法院于作成本案判决时，应于主文中作成判断事项之最小基本单位。[1]亦有学者采用功能定义的方法，认为行政诉讼标的是界定法院审理和判决的对象及其范围，同时界定法院的裁判对当事人的效力范围的技术性概念。[2]在英美法系中，采用"诉因"制度来实现诉讼标的的功能。行政诉讼标的除了关系到既判力范围的确定，还对原告资格的确定、诉的合并、诉的变更、重复处理行为的禁止等具有影响。[3]

（二）行政诉讼标的的理论争议

由上可见，界定行政诉讼标的对行政诉讼具有重要意义。但与此同时，行政诉讼标的又是一个极富争议的概念，涉及十余种学说。对于行政诉讼标的争议主要集中在"行政诉讼标的是什么"的问题上，如其是行政行为，还是原告要求法院裁判之请求，抑或是其他？在行政诉讼发展较为成熟的国家和地区，对该问题的讨论是在行政诉讼类型化的基础上进行的，这是因为不同类型的行政诉讼的诉讼标的不同，如确认公法上的行政法律关系存在与否

---

〔1〕 翁岳生主编：《行政法》，中国法制出版社2009年版，第1411页。

〔2〕 马立群：《行政诉讼标的研究——以实体与程序连接为中心》，中国政法大学出版社2013年版，第1页。

〔3〕 马立群：《行政诉讼标的研究——以实体与程序连接为中心》，中国政法大学出版社2013年版，第3~4页。

的确认之诉，其诉讼标的自然是需确认的行政法律关系，[1]对此几乎无争议。但是对其他类型的确认之诉、给付之诉、撤销之诉，其诉讼标的的界定争议颇多。当前讨论中，因撤销诉讼作为行政诉讼的基础诉种，其发展更为成熟，且对其诉讼标的的争议更集中，故对行政诉讼标的的问题的探讨多以撤销之诉为对象，本文亦如此。

目前，学界大致形成了实体法说、诉讼法说和行政诉讼标的的相对说三类不同的学说。实体法说包括行政行为说、行政行为违法性说、行政法律关系说等，而诉讼法说认为诉讼标的是纯粹诉讼法上的概念，其以原告请求法院为特定内容之裁判的请求为核心，构建了不同学说。诉讼标的的相对说则认为没有统一的诉讼标的的概念，需要根据具体适用情形来判断。[2]

考虑到篇幅及大家学习的需要，本文仅就本案涉及并对我国有重要影响的学说进行介绍：

1. 行政行为说

本案裁判文书中，最高人民法院指出："一审裁定认为，'……张刚所诉的行政行为已为一审、二审法院生效判决所羁束，本院不能再就该行为进行审理'。很显然，一审法院是将'行政行为'等同于'诉讼标的'。"这种"将行政行为视作诉讼标的"的做法便是行政行为说。

行政行为说源于德国诉讼标的的理论发展早期，但现在几乎已经被抛弃。[3]在我国，"这种观点也是长期流行的主流观点，并且比较适应行政诉讼以审查行政行为的合法性为主要任务的特点。"早期该说在我国近乎通说，[4]现在还具有相当的影响，如姜明安教授主编的教科书中指出："行政诉讼标的也称为诉讼客体，即行政行为。"[5]将行政行为作为行政诉讼标的，主要原因在于经

〔1〕 翁岳生主编：《行政法》，中国法制出版社2009年版，第1415页。

〔2〕 田勇军：《行政判决既判力扩张问题研究：兼与民事判决既判力相关问题比较》，中国政法大学出版社2015年版，第85~93页。

〔3〕 马立群：《行政诉讼标的研究——以实体与程序连接为中心》，中国政法大学出版社2013年版，第112页。

〔4〕 应松年主编：《行政诉讼法学》，中国政法大学出版社2002年版，第150~151页；薛刚凌：《行政诉权研究》，华文出版社1999年版，第197~203页。

〔5〕 姜明安主编：《行政法与行政诉讼法》，北京大学出版社、高等教育出版社2015年版，第479页。

典的行政法理论以行政行为为核心，并以此构造了以审查行政行为合法性为核心、以撤销违法行为为救济的行政诉讼制度。但是，该学说存在诸多问题，因此被淘汰。

一是以行政行为作诉讼标的不能适应行政诉讼类型化的发展。如本案裁判文书中指出："审查行政行为的合法性，更突出地表现为撤销诉讼的主要任务，修改后的行政诉讼法在撤销诉讼之外新增了履行诉讼、给付诉讼、确认诉讼等诉讼类型，而在这些类型的诉讼中，常常并没有一个行政行为存在，因此将行政行为统一地确定为行政诉讼的诉讼标的，难以起到统领各种诉讼类型的作用。"

二是该说无法限制行政机关的重复行为。我国《行政诉讼法》第71条禁止重复行为规定的理论基础在于既判力。但是采"行政行为说"时，行政机关的重复行为与被判决撤销的行为是两个不同的行为，因此不受既有判决的限制，无法约束行政机关重复行为。

三是该说无法有效区分此诉与彼诉。如本案中，一审法院采行政行为说，故误将本案与"奚小弟案"视为同一案件。

2. 行为违法并侵害权利主张说

本案裁判文书中提及，"因此，撤销诉讼的诉讼标的应当是'行政行为违法并损害原告权利这样一个原告的权利主张'"，这实际上采纳了行政诉讼标的"行为违法并侵害权利主张说"。根据该说，撤销诉讼的诉讼标的应当同时具备两个要素：一是行政行为违法，二是违法行为侵害原告权利。判决完成时，既判力同时及于上述两个方面。

该说是德国的通说，并且在我国台湾地区有很大的影响。[1]在大陆地区，该学说亦得到了较为广泛的支持。有观点认为该学说更符合我国立法、司法实践，根据我国《行政诉讼法》第49条第3项之规定，提起诉讼应当"有明确的诉讼请求和事实根据"，其认为，此处的诉讼请求是指行为违法并侵害权利主张，从而将其视为"行为违法并侵害权利主张说"的法律依据。[2]在司法实践中，最高人民法院在本案中表明支持该说，考虑到案例指导制度以及

---

〔1〕 翁岳生主编：《行政法》，中国法制出版社2009年版，第1415页。

〔2〕 马立群：《行政诉讼标的研究——以实体与程序连接为中心》，中国政法大学出版社2013年版，第154页。

法院层级关系的影响，该说必然会在可预见的时间内对司法实践产生重大影响。

3. 行政法律关系说

最高人民法院在本案中认为："在撤销诉讼中……审理对象则还包括该行政行为是否对原告合法权益构成侵犯等因行政行为而引起的行政法律关系。"其将行政法律关系认定为审理对象，否定了行政法律关系作为撤销诉讼的诉讼标的。但是，认为行政诉讼标的为行政法律关系的"行政法律关系说"在我国颇有影响，值得关注。此处的行政法律关系是"私人主体和行政事务承担者之间的关联关系"，基本构成是"参与者之间的权利义务"。[1]

我国一直有"关系之诉取代行为之诉"的讨论，该说的盛行是基于"法律关系取代法律行为作为行政法核心概念"这一观点影响力的扩大。该说的优势在于适应"新行政法"发展的需要。

首先，行政法的发展使得行政活动的样态和评价标准更加多元，[2]从而使行政诉讼需审查的内容超出了传统"行政行为说"的范围；法律关系说以双方权利义务关系为审查对象，而导致双方权利义务变化的原因不仅是行政行为，还可包含其他方式，从而拓展了法院的审查范围。

其次，随着行政法的发展，行政法律关系愈加复杂，出现了第三人参与的"多边模式"。在传统"行政行为说"下，难以判断多边模式中的第三人是否与被诉行为有直接利害关系，从而难以认定其原告资格，而以行政法律关系作为诉讼标的，可将第三人纳入到该法律关系的诉讼中。因此，采用该说有助于确定原告资格。

同时，"行政法律关系说"亦有其不足。行政法律关系的一大优势在于其动态反映行政运行的全过程，但是作为诉讼标的，这种动态性可能成为劣势，如若引起法律关系的行为消灭，则法律关系消灭，此时，即便相对人还可能与已经消灭的行政行为具有法律上的利益，但是会因为法律关系已不存在而无法提起诉讼。[3]

---

〔1〕 赵宏："法律关系取代行政行为的可能与困局"，载《法学家》2015 年第 3 期。

〔2〕 赵宏："法律关系取代行政行为的可能与困局"，载《法学家》2015 年第 3 期。

〔3〕 马立群：《行政诉讼标的研究——以实体与程序连接为中心》，中国政法大学出版社 2013 年版，第 150 页。

三、标准诉讼

（一）标准诉讼概述

1. 标准诉讼是什么

标准诉讼，又称为"示范诉讼"，通俗解释，其指存在共同原告或共同被告且主要事实与证据相同、所要解决的法律问题亦相同的数个案件被诉至法院时，在满足一定条件的情况下，当事人约定或法院依职权选定一个案件作为标准案件，对该案件首先进行审理并作出裁决，全体当事人均受该裁决约束的诉讼制度。[1]

根据程序启动及标准案件确定方式的差异，标准诉讼可被分为契约型标准诉讼和职权型标准诉讼。[2]其中，契约型标准诉讼是由复数当事人签订诉讼契约，约定启动标准诉讼，共同协商选定标准案件，并同意受标准案件的约束。职权型标准诉讼则是由法院依职权根据一定条件启动标准诉讼，依职权选定标准案件并进行审理，并对非标准案件裁定适用标准案件的审理结果。

2. 标准诉讼解决的问题

通说认为"标准诉讼"与团体诉讼、集团诉讼相同，是解决"群体性诉讼"的手段之一，[3]但确切说，标准诉讼只适用于特定的群体性诉讼。"群体性诉讼"并非一个严格的法律概念，通常指因"超个人利益"而提起的诉讼。超个人利益可以被划分为分散利益、集体利益和同类个体权利。[4]受一国行政诉讼制度的影响，就不同利益而提起诉讼的原告资格可能被赋予不同的群体，也可能限制相对人就特定利益而提起诉讼，这影响着标准诉讼的适用。经分析，标准诉讼主要适用于以下情形。

一是因同类个体利益提起的诉讼。同类个体利益是指个人之间不同的相互区别的权利，只是因为存在一个共同事实或法律问题，因此能够产生一个

---

　〔1〕　杨瑞："示范诉讼制度探析——兼论我国代表人诉讼制度之完善"，载《现代法学》2007年第5期。

　〔2〕　肖建国、谢俊："示范性诉讼及其类型化研究——以美国、英国、德国为对象的比较法考察"，载《法学杂志》2008年第1期。

　〔3〕　郭雪慧："群体纠纷解决机制的最新发展研究"，载《河北经贸大学学报》2015年第2期。

　〔4〕　罗智敏：《伊比利亚美洲国家集体诉讼法典范本》评析"，载《比较法研究》2009年第4期。

具有统一内容的司法措施进行集体性的保护。[1]如我国行政诉讼中的普通共同诉讼。

二是作为因分散利益、集体利益而提起的集团诉讼的补充。分散利益、集体利益近乎我国的"公共利益"，具有不可分性，区别在于前者由多个不特定个体享有，后者由单一社会群体集体享有。[2]就该类利益的诉讼，有的国家只将原告资格赋予法律预先规定、授权的团体，由该团体作为独立的原告起诉（即团体诉讼），这时并无标准诉讼的适用空间。而只有在承认可对上述利益提起集团诉讼时，由复数的利益享有者作为实际的起诉主体，才可能出现复数案件，从而应用一些标准诉讼的规则。

在我国行政诉讼中，受原告资格的限制，对于集体利益和分散利益的救济主要是通过行政检察公益诉讼完成，对于同类个体利益的救济，我国主要是采用拆分立案制度和诉讼代表人制度。

诉讼代表人制度规定于《行政诉讼法》第 28 条："当事人一方人数众多的共同诉讼，可以由当事人推选代表人进行诉讼。代表人的诉讼行为对其所代表的当事人发生效力，但代表人变更、放弃诉讼请求或者承认对方当事人的诉讼请求，应当经被代表的当事人同意。"这是我国法定的群体性诉讼解决方式，但是适用存在障碍：一是法院出于降低群体性风险的考虑，[3]并基于内部考核的压力，倾向于采用拆分立案、逐案审查的方式，降低了代表人诉讼适用的可能性；二是代表人诉讼要求群体具有较高的统一性和自治性，现实难以满足，因此实践中存在代表产生困难、代表人和被代表人意见不一等诸多问题，影响效率，并导致公众对于审判的不信任。[4]

基于代表人诉讼的种种问题，法院在实践中更多适用拆分立案、逐案审理的方式。逐案审理在一定程度上更能保护原告权利，但是，首先这会浪费

---

〔1〕 罗智敏："意大利最新集团诉讼立法探究——兼议对我国的立法启示"，载《比较法研究》2012 年第 1 期。

〔2〕 罗智敏："《伊比利亚美洲国家集体诉讼法典范本》评析"，载《比较法研究》2009 年第 4 期。

〔3〕 王兰旭、刘雅倩："从代表人诉讼到职权型示范诉讼——化解行政群体性纠纷的基层思考"，载《山东审判》2017 年第 2 期。

〔4〕 于是："'示范诉讼'张力困局辨析及程序性破解——以司法公开为建构路径"，载《上海政法学院学报（法治论丛）》2013 年第 4 期。

司法资源，给法院造成案件数量的压力；其次，逐案审理可能导致个案间事实认定、法律适用的冲突，降低一致性；最后，逐案审理的过程中，可能存在有的案件还在一审阶段而有的案件已进入再审的情况，造成程序混乱。

基于现有制度的不足，我国探索新的群体性诉讼解决方案，由此引发了对标准诉讼的关注。

（二）标准诉讼的程序

职权型标准诉讼与契约型标准诉讼的程序具有一定的差异，因我国实践中采用的是职权型标准诉讼，故仅对其进行介绍。在本案中，最高人民法院简述了标准诉讼的适用程序："首先审理其中一个或数个有代表性的诉讼，并中止其他诉讼。在首先审理的诉讼中作出的裁判发生法律效力的情况下，如果其他诉讼的当事人认为其案件与首先审理的案件之间并无事实上或法律上的重要区别且案件事实清楚，人民法院可以参照《民事诉讼法》第 54 条第 4 款的规定，裁定对中止的诉讼适用已经生效的判决裁定。"由此，可以归纳出如下程序：

1. 标准诉讼的启动

在职权型标准诉讼中，程序的启动由法院主导。但实践中，构成标准诉讼的复数案件可能并不是一起诉至法院，甚至可能不是诉至同一家法院，这使法院面临两个问题：一是确定启动标准诉讼的案件的数量标准，二是建立标准诉讼案件的收集整合机制。

对于第一个问题，我国立法及实践中未形成相应规定。参考《德国行政法院法》第 93a 条的规定，[1]将 20 件案件作为启动标准诉讼的标准。还有一种可行思路是沿用我国《民事诉讼法》中对当事人人数较多的规定，将 10 人认定为启动案件的标准。[2]这一数量的确定不是单纯的法律问题，会受到法院审理案件的能力、案件的性质、社会对于群体性案件的敏感度等多重因素的影响。

---

[1] 《德国行政法院法》第 93a 条第 1 款规定："如果行政法院的某项措施的合法性成为超过 20 个诉讼的标的，法院可审理其中一个或数个诉讼（标准诉讼）并中止其他诉讼。"参见刘飞译：《德国行政法院法》，载何海波编：《中外行政诉讼法汇编》，商务印书馆 2018 年版，第 703 页。
[2] 王兰旭、刘雅倩："从代表人诉讼到职权型示范诉讼——化解行政群体性纠纷的基层思考"，载《山东审判》2017 年第 2 期。

第二个问题又涉及两个方面：首先，对于已经诉至法院的案件，法院应当对其是否可能构成群体性诉讼进行预判，并利用信息技术保证各法院之间的交流，保证因为管辖而诉到不同法院的复数案件也可以被识别。[1] 考虑到标准诉讼中管辖权移转的问题以及案件审理的复杂性，可以提高标准诉讼的审级。其次，对于还未诉到法院的案件，需要特定程序对潜在当事人进行告知，若是将《民事诉讼法》第 54 条作为标准诉讼之程序模板，可以采用其规定的公告登记程序。比较法上，学者介绍《德国私人投资者示范诉讼法》亦是采用了公告登记的方法。[2]

采用登记公告的方法存在一个问题：若是有相对人未进行登记，或者主动不进行登记，则是否将其加入到标准诉讼之中？这涉及标准诉讼的加入和退出机制。有学者认为，标准诉讼应当采用默示加入、明示退出，只有相对人明示表示退出，才对其案件单独审理，且其案件不受标准案件裁判的约束。[3] 但是，实践中可能采用的是更为严格强制加入制，不赋予当事人退出权，如本案援引的我国《民事诉讼法》第 54 条第 4 款规定有 "未参加登记的权利人在诉讼时效期间提起诉讼的，适用该判决、裁定"，类比该规定，则可认为没有参与标准诉讼的当事人也要受标准案件裁判的约束。学者介绍《德国私人投资者示范诉讼法》中规定的标准诉讼，也是要求强制加入而不允许当事人退出的。[4] 是否设定退出机制，本质在于对相对人权利保护和诉讼经济的平衡：一方面退出案件过多会影响标准诉讼提高诉讼经济目标的实现，另一方面强制加入有减损当事人诉讼权利之嫌，这一价值竞合处理需标准诉讼理论基础的指引。

2. 示范案件的确定

职权型标准诉讼中，需要法院确定标准案件。既有实践中，标准案件的

---

〔1〕 于是："'示范诉讼'张力困局辨析及程序性破解——以司法公开为建构路径"，载《上海政法学院学报》2013 年第 4 期。

〔2〕 陈慰星："群体性纠纷的示范诉讼解决机理与构造"，载《华侨大学学报（哲学社会科学版）》2015 年第 2 期。

〔3〕 王兰旭、刘雅倩："从代表人诉讼到职权型示范诉讼——化解行政群体性纠纷的基层思考"，载《山东审判》2017 年第 2 期。

〔4〕 陈慰星："群体性纠纷的示范诉讼解决机理与构造"，载《华侨大学学报（哲学社会科学版）》2015 年第 2 期。

选择可能引发较大的争议，这一方面因为当事人对于标准诉讼存在误解，认为自己的案件不作为标准案件审理就得不到公正裁判；另一方面在于法院的择案标准不成熟，如有法院将当事人情绪反应是否强烈作为择案标准，[1]忽视了案件的典型性。实际上，要切实发挥标准案件对于其他案件裁判的示范作用，案件的代表性是择案最主要的因素；当然择案也要充分听取当事人的意见，并向当事人充分说明择案的标准、理由，保证纠纷的实质解决。

3. 标准案件的审理

在标准案件的审理中，关键在于如何保证非标准案件当事人的诉讼权利，现有做法多是采用允许非标准案件当事人旁听庭审的方式，[2]但是，旁听并没有法定表达意见的机会，"经历"庭审并不等于"参与"庭审，而若赋予旁听人发言机会又可能影响现有庭审模式的运行。有学者介绍《德国私人投资者示范诉讼法》的经验，赋予其他当事人提交书面意见的机会，[3]值得参考。

4. 非标准案件的审理

对标准案件进行裁判后，后续问题是如何在非标准案件的审理中适用标准案件的判决。在本案中，最高人民法院指出裁定适用生效判决的前提是"如果其他诉讼的当事人认为其案件与首先审理的案件之间并无事实上或法律上的重要区别且案件事实清楚"。对此，我们可以进行如下解读：

首先，该表述表明非标准案件也是要经过实质审理的，并非当然适用既有的判决。

其次，此处的"且"字可有不同理解：一是认为"且"链接"其案件与首先审理的案件之间并无事实上或法律上的重要区别"和"案件事实清楚"，该两者都是当事人"认为"的内容，采该解释时，当事人对于自身案件是否受标准案件的拘束具有较大的决定权；另一种解释为，"且"链接"当事人认为……"和"案件事实清楚"，采这种解释，在适用标准案件时，除了听取当

---

〔1〕 于是："'示范诉讼'张力困局辨析及程序性破解——以司法公开为建构路径"，载《上海政法学院学报》2013 年第 4 期。

〔2〕 于是："'示范诉讼'张力困局辨析及程序性破解——以司法公开为建构路径"，载《上海政法学院学报》2013 年第 4 期。

〔3〕 陈慰星："群体性纠纷的示范诉讼解决机理与构造"，载《华侨大学学报（哲学社会科学版）》2015 年第 2 期。

事人的意见，还需要法院查明案件事实是否清楚，当事人的意见和法院的判断共同决定了标准案件的适用；上述两者的差别在于审判中法院权力的强弱。对此，《德国行政法院法》第93a条[1]中除规定听取当事人的意见外，还规定了法院在非标准案件审理中具有命令重新作证、重新鉴定等一系列权力，肯定了法院能在当事人意见之外独立判断。

本文认为，在非标准案件的审理中，听取当事人的意见是保护其权利的应有之意，同时，考虑到我国行政诉讼除了保护公民权利这一主要目的外，还具有维护法律秩序的追求，加之考虑我国法院职权主义的传统，应当赋予法院审查并决定是否适用标准案件的权力。

（三）标准诉讼的正当性基础

标准诉讼必然会引发这样的质疑：为什么非标准案件的当事人应当受到标准案件裁判结果的羁束？最直接的理由是基于诉讼经济的考虑。但是，当涉及如何平衡当事人权利保护和诉讼经济之间的关系、如何构建标准诉讼的程序等问题时，需要一套完备理论的指引，仅凭"诉讼经济"这个实用主义的理由是不够的，因此需要探索标准诉讼的理论基础。

通说认为，契约型标准诉讼的合理性来自于当事人对自身诉讼权利的处分，[2]对此争议不大。但是，对于我国实践中采用的职权型标准诉讼，探究其理论基础并非易事，以至于早期有学者明确表示职权型标准诉讼的理论基础问题还需留待日后解决。[3]但如上文所述，标准诉讼的理论基础直接影响了其制度构建，也会影响公众对于标准诉讼的认可，在积极推进标准诉讼实施的今天，当初留待日后解决的问题变成了一个亟须回答的问题。

---

[1]《德国行政法院法》第93a条第2款规定："在首先审理的诉讼中作出的裁判已经发生法律效力的情况下，在听取当事人意见之后，如果所有当事人一致认为其案件与首先审理的案件之间并无事实上或法律上的重要区别且案件事实清楚，法院以裁定对中止的诉讼作出裁判、法院可采用在标准诉讼中取得的证据；法院可以依裁量命令1名证人重新作证，或允许同一或另一鉴定人作出新的鉴定。如果法院依其自由心证认为其不会证明对裁判有重要影响的事实且可能会推迟法律争议的解决的话，法院可以拒绝对已在标准诉讼中取证的事实予以举证，拒绝可以在根据第1句作出的裁判中作出。"参见刘飞译："德国行政法院法"，载何海波编：《中外行政诉讼法汇编》，商务印书馆2018年版，第703~704页。

[2] 洪冬英："代表人诉讼制度的完善——以职权型示范诉讼为补充"，载《华东政法大学学报》2011年第3期。

[3] 俞惠斌："示范诉讼的价值再塑与实践考察"，载《北方法学》2009年第6期。

1. "既判力主观范围扩张"并非根本原因

较为普遍的观点采"既判力主观范围扩张"论，认为标准案件裁判的既判力之主观范围扩张至非标准案件的当事人，使其受该裁判的约束。[1]这一论证核心在于权利保护，"既然，既判力主观范围具有相对性的原因在于参与诉讼的双方享有平等的处分权和程序性权利，且在诉讼中充分行使了上述权利，那么，只要为非标准案件的当事人提供足够的权利保护，使其能参与标准案件的审理，则可认为其应当受到标准案件裁判的约束"。[2]

按照该思路，学者从正反两方面进一步论证：一方面，通过旁听、提交书面意见等方式，非标准案件的当事人已经参与了标准案件的审理，其诉讼权利已经得到保证；[3]另一方面，基于行政诉讼是客观诉讼，相较于对相对人权利的保护，更应强调对客观法秩序的维护，乃至在满足后一目的时，可以适当减损相对人的权利。[4]

本文认为，上述正反两方面的理由虽在一定程度上支持标准诉讼的合理性，但都有值得商榷之处：对于第一点，所谓的非标准案件当事人的参与仅是单方表达意见，无法和在两造相对的诉讼中行使辩论权相提并论，而后者才是当事人被既判力拘束的主要依据；对于第二点，我国行政诉讼是主观诉讼还是客观诉讼本就具有争议，且一般认为以主观诉讼为主，故其论证基础值得怀疑。根本上，从非标准案件当事人诉讼权利满足的角度出发论证标准诉讼的合理性，本就会陷入两难处境：权利保护的增加必然会削减诉讼经济，两者平衡难以达成，况且不论如何增加权利保护措施也不可能达到"两造相对"的程度。[5]

采用"既判力主观扩张"的观点，以非标准案件当事人诉讼权利亦得到

〔1〕 田勇军：《行政判决既判力扩张问题研究：兼与民事判决既判力相关问题比较》，中国政法大学出版社 2015 年版，第 144~146 页。

〔2〕 熊则凯、涂明珠："论行政示范诉讼之构建——化解行政群体性纠纷的第三条道路"，载《全国法院第 25 届学术讨论会获奖论文集：公正司法与行政法实施问题研究（下册）》，人民法院出版社 2014 年版，第 1251~1252 页。

〔3〕 洪冬英："代表人诉讼制度的完善——以职权型示范诉讼为补充"，载《华东政法大学学报》2011 年第 3 期。

〔4〕 熊则凯、涂明珠："论行政示范诉讼之构建——化解行政群体性纠纷的第三条道路"，载《全国法院第 25 届学术讨论会获奖论文集：公正司法与行政法实施问题研究（下册）》，人民法院出版社 2014 年版，第 1251~1252 页。

〔5〕 吴泽勇："建构中国的群体诉讼程序：评论与展望"，载《当代法学》2012 年第 3 期。

了满足证明其应受到标准案件判决的约束，虽在一定程度上支持了标准诉讼的合理性，但是不能作为一项根本原因。

2. 基于"既判力积极效果"的解释

对非标准案件裁定适用标准案件的判决结果，看似是非标准案件的当事人亦受到标准案件的约束，但这仅是表象，其本质是，标准案件中法院对特定事实问题、法律问题的认定，对非标准案件的审理产生了拘束力。那么，问题便被转化成：为什么在非标准案件的审理中，不能再对标准案件裁判中已经确定的事实问题和法律问题进行争议？

在后案中适用前案认定的事实，在我国现行立法中，已决事实的预决效力制度最为类似。那么，是否可以将在标准案件裁判中认定的内容视为已决事实，从而在后案中产生效力？对此，本文认为预决效力制度的运行与标准诉讼具有较大的差异：一是范围上，标准案件对后案的约束既包括事实问题也包括法律问题，而已决事实的预决效力主要针对事实问题。[1]二是效力上，预决力理论中法院认定的事实具有的是某种程度的证据效力，是可以被新的证据推翻的，[2]而标准诉讼中，标准案件认定的法律和事实问题的效力受到具体规定的影响，但是，由普遍观点及我国司法实践看，其在后诉中可免受攻击，这类似既判力。三是在适用主体范围上，相当一部分学者认为预决力的应用要求前后当事人都相同，[3]这也无法适应标准诉讼的需要。

如上文提及，标准案件中认定的内容对后案具有类似既判力的效力，那么其究竟是否是既判力？在本案中，最高人民法院采用了既判力的积极效果解释标准诉讼的合理性，并且援引了《民事诉讼法》第 54 条第 4 款作为依据。[4]本文赞同采用既判力的积极效力理论，但是，还有几个问题需要处理：

---

〔1〕 江伟、常廷彬："论已确认事实的预决力"，载《中国法学》2008 年第 3 期。

〔2〕 王亚新、陈晓彤："前诉裁判对后诉的影响——《民诉法解释》第 93 条和第 247 条解析"，载《华东政法大学学报》2015 年第 6 期；江伟、常廷彬："论已确认事实的预决力"，载《中国法学》2008 年第 3 期。

〔3〕 吴英姿："预决事实无需证明的法理基础与适用规则"，载《法律科学（西北政法大学学报）》2017 年第 2 期；江伟、常廷彬："论已确认事实的预决力"，载《中国法学》2008 年第 3 期。

〔4〕 对于最高人民法院援引的该法条，其效力性质本就具有争议，援引其作为标准诉讼的理论依据是否合理还需讨论。参见翁晓斌："我国民事判决既判力的范围研究"，载《现代法学》2004 年第 6 期。

一是根据既判力理论，仅判决的主文具有既判力，[1]而在标准诉讼中，标准判决对事实问题、法律问题的认定在说理部分；二是适用既判力理论，必然还是要考虑前后诉相对人是否一致的问题。

要回应上述问题，既判力的积极效果理论似乎稍显粗糙僵硬。因此，我们可借鉴英美法系中与既判力积极效果类似的"间接禁反言"制度作为补充。间接禁反言是英美法既判力理论中的一部分，指"一旦法院对于作出判决的必要的法律和事实争点作出决定，这个决定将排除涉及该案一方当事人在后一个诉因不同的案件中就该争点重新争论"。[2]间接禁反言中的争点，不仅包括事实问题，也包括法律问题，并且不限于裁判的主文，而只需要是对裁判具有重要价值的争点，[3]随着美国司法实践的发展，在民事诉讼中，间接禁反言的适用开始不再限于前后案双方当事人都相同，而仅需后诉中一方当事人为前诉当事人，[4]并且可援引间接禁反言者也不再限于被告一方（即所谓间接禁反言的防御适用和间接禁反言的进攻适用都被允许）。[5]

但是，借鉴间接禁反言制度存在一个障碍：在该制度成熟的美国，当因单方行政行为对行政机关提起诉讼时，不能适用该规则，其理由在于"若是允许在此类案件中对政府适用非互惠的间接禁反言规则，将会因为冻结了对特定法律问题所作的第一次判决而阻碍了重要法律问题的发展"，[6]并且，即便不采用间接禁反言规则，也可以通过其他方法保证法院对于行政法律问题裁判的一致性。[7]但是，在标准诉讼中，上述两点理由均可反驳。行政标准诉讼中涉及的案件范围集中，案件高度同质化，在这种情况下，并不需要过分考虑通过法院对同一争点作出不同裁判来发展法律的问题；另外，也是基于标准诉讼中系列案件的高度一致性，对于裁判结果一致性的需求更为强烈，这构成了对间接禁反言规则的需要。实际上，拒绝在单方行为中对行政机关

〔1〕 翁晓斌："我国民事判决既判力的范围研究"，载《现代法学》2004 年第 6 期。

〔2〕 See Restatement（second）of Judgment, 1982, p. 27.

〔3〕 See Steven L. Emanuel, Civil Procedure, Wolters Kluwer, 2018, p. 460.

〔4〕 See Steven L. Emanuel, Civil Procedure, Wolters Kluwer, 2018, p. 465.

〔5〕 See Steven L. Emanuel, Civil Procedure, Wolters Kluwer, 2018, p. 468.

〔6〕 464 U. S. 154（1984）.

〔7〕 ［美］查理德·J. 皮尔斯：《行政法》，苏苗罕译，中国人民大学出版社 2016 年版，第888~889 页。

适用间接禁反言规则，是担心将来行政机关的行为均可能受到此判决的限制，但是，我们只是借鉴间接禁反言规则解释标准诉讼之合理性，仅构成对标准诉讼系列案件内部的限制，而不是在标准诉讼之外全面引进这一制度。

综上，简单说标准诉讼的理论基础在于既判力的积极作用，进一步说，是在于标准案件裁判中确定的争点对后案中相关的争点的遮蔽作用。标准诉讼理论依据的完善有利于制度的构建，比如，对于应在标准案件的审理中赋予非标准案件的当事人何种程度的保护、法院是否可以依职权对非标准案件重新审查、审查的内容有哪些等问题，采用不同理论可能会得到不同结论。

【后续影响及借鉴意义】

本案最直接的影响在于推进了标准诉讼在行政诉讼中的应用。虽然2016年实施的《最高人民法院关于进一步推进案件繁简分流优化司法资源配置的若干意见》提出了要尝试建立示范诉讼制度，且如浙江省三门法院等也有零星的尝试，[1]但未受到足够关注。最高人民法院在本案中明确提出标准诉讼制度之后，各级各地法院也有相关尝试，经检索，自本案裁定作出之日（2017年3月31日）起，到2019年5月31日止，涉及标准诉讼的行政裁判文书共107份，涉及重庆、安徽、吉林三地，而在本案判决作出之前，涉及标准诉讼的行政裁判文仅不足50份，仅涉及十堰市一地。[2]标准诉讼的推行，是法院在面对群体性诉讼的压力和既有制度运行不畅的弊端时，作出的有益尝试，通过发挥司法能动性，在实践中发展法律。

司法实践的发展也促进了学术研究的深入。本案裁判文书中对于标准诉讼的理论依据、程序等进行了有益的阐释，亦为学界研究标准诉讼制度提供了实践素材。标准诉讼制度的实施需要平衡好追求诉讼经济和保护当事人诉讼权利的关系，单纯由法院推进该制度，难免会因部门局限而顾此失彼，因此也需要学界对标准诉讼制度进行论证乃至批判。

此外，在该案裁判文书中，最高人民法院大胆而明确地表明了自身对于

---

〔1〕 毛林飞、张兴军："三门示范诉讼疏解涉众型纠纷"，载《人民法院报》2016年9月26日，第7版。

〔2〕 检索中国裁判文书网，以"标准诉讼""示范诉讼"为关键词，限定"行政"案由，进行检索。

行政诉讼标的、行政裁判既判力等争议问题的态度，对于司法裁判的一致性有促进作用，在后案"杨风仙、郑州市管城回族区人民政府再审审查与审判监督行政裁定案"[1]中，在说理部分最高人民法院还明确援用了本裁判文书中对于既判力的阐释。司法裁判中的意见也会对学界产生冲击，引发学者对相关问题的进一步关注。

---

〔1〕 最高人民法院（2018）最高法行申 2956 号行政裁定书。

案例二 王某诉北京市丰台区人民政府、北京市人民政府要求履行村务公布监督职权及行政复议案

熊尉宁[*]

【案例名称】

王某诉北京市丰台区人民政府、北京市人民政府要求履行村务公布监督职权及行政复议案［（2018）京04行初1067号］

【关键词】

行政不作为 不履职法定职责 履行判决

【基本案情】

2017年10月12日，原告王某向纪家庙村村委会邮寄《村务公开申请书》，要求公开纪家庙村村集体土地征用情况等57项村务信息。纪家庙村村委会接收后不予回复。同年10月23日原告向被告北京市丰台区人民政府邮寄《要求丰台区政府责令村务公开申请书》，要求其责令纪家庙村村委会公开纪家庙村自1984年1月1日至2017年10月1日期间村集体土地征用情况、征地补偿费的使用和分配方案等57项信息。丰台区人民政府经过调查核实，于2017年12月21日作出《关于责令纪家庙村村民委员会村务公开的决定》，认为纪家庙村在村集体土地征收征用情况等村务信息方面存在不及时履行村

---

* 作者简介：熊尉宁，中国政法大学法学院宪法与行政法专业硕士研究生，本文的指导教师为中国政法大学法学院行政法研究所教授、博士生导师赵宏。

务公开义务的情形，依据《中华人民共和国村民委员会组织法》（以下简称《村民委员会组织法》）第 31 条之规定，同时考虑到原告申请的事项内容较为繁复、时间跨度长，故责令纪家庙村自接到该决定之日起 30 日内，依据《村民委员会组织法》的相关规定履行村务公开义务；同时与原告直接取得联系，告知原告如需了解更详细的村务信息，可直接到纪家庙村的村务公开地点查阅。丰台区人民政府将该决定向纪家庙村村委会送达。同日，丰台区人民政府作出《关于申请人王鹏〈要求丰台区政府责令村务公开申请书〉的回复》，告知原告已作出《丰台区人民政府关于责令纪家庙村村民委员会村务公开的决定》并向纪家庙村村委会送达，为了方便原告了解情况，告知原告纪家庙村负责人的联系方式。

2018 年 3 月 14 日，原告王某向丰台区人民政府邮寄《再次要求丰台区政府责令村务公开申请书》，申请再次责令纪家庙村村委会依据《村民委员会组织法》等相关法律法规的规定向原告公开纪家庙村村集体土地征用情况等 57 项村务信息。2018 年 5 月 17 日，丰台区人民政府作出被诉答复，该答复称"经过调查核实，2017 年 12 月 21 日，丰台区人民政府依据《村民委员会组织法》第 31 条之规定作出《丰台区人民政府关于责令纪家庙村村民委员会村务公开的决定》，要求纪家庙村依据《村民委员会组织法》的有关规定履行村务公开义务，并将该决定向纪家庙村村委会有效送达。同时，丰台区人民政府派出工作小组至纪家庙村，就村务公开情况进行督促检查；纪家庙村按丰台区人民政府决定书要求履行村务公开义务，与原告多次联系对接，接受原告的问询，提供村务公开相关材料，并在村务公开栏对村集体土地征收情况进行了公开。若原告还需了解相关村务信息，可以直接向纪家庙村提出申请，并查阅相关村务信息。"原告不服被诉答复，于 2018 年 5 月 25 日向被告北京市人民政府提出行政复议申请，2018 年 8 月 9 日，北京市人民政府作出被诉复议决定，决定维持被诉答复。原告王某不服，提起行政诉讼。

法院经审理认为，丰台区人民政府具有依原告的申请对其反映的事项进行调查核实以及在查明纪家庙村村委会存在不及时公布应当公布的事项或者公布的事项不真实的情况下，依法责令纪家庙村村委会公布相关村务的法定职责。北京市人民政府作为丰台区人民政府的上一级人民政府，依法具有受理原告的行政复议申请、作出行政复议决定的法定职权。根据《村民委员会组织法》第 31 条的规定，县级人民政府在接到村民反映村民委员会不及时进行村务公开后，应对村民委员会是否存在不及时公布的事项进行调查、核实，并根据其调查结果作出相应的处理。该条款已明确规定接到村民反映的县级人民政府负有调查核实的法定职责，调查核实的范围包括村民委员会是否及时公布应当公布的事项以及公布的事项是否真实。本案中，被告丰台区人民政府虽于 2017 年 12 月 21 日对纪家庙村村委会作出了《丰台区人民政府关于责令纪家庙村村民委员会村务公开的决定》，责令纪家庙村自接到决定之日起30 日内依据《村民委员会组织法》的相关规定履行村务公开义务，但丰台区人民政府提交的工作笔录显示，其委托花乡人民政府成立的工作小组直至原告王鹏邮寄《再次要求丰台区政府责令村务公开申请书》后方到纪家庙村村委会对其村务公开一事进行调查核实，工作小组听取了纪家庙村村委会的情况介绍，并到公开栏现场进行了查看，但在案证据不能证明工作小组针对纪家庙村村委会对原告王鹏提出的 57 项申请是否属于公布范围及已公布情况进行了全面的调查、核实，亦不能证明丰台区人民政府对花乡人民政府的调查情况是否准确全面进行了进一步的核实。且纪家庙村村委会向原告王鹏公开村务信息的现场录像也无法证明纪家庙村村委会已根据丰台区人民政府作出的《丰台区人民政府关于责令纪家庙村村民委员会村务公开的决定》，向原告王鹏公开了相关村务信息。故被告丰台区人民政府虽已向纪家庙村村委会作出责令公开村务信息的决定，但未对公布范围、方式作出限定，亦未对纪家庙村村委会执行决定情况进行有效核实，被告丰台区人民政府的履职行为未达到法律规定的"责令"程度，缺乏约束力和执行力。原告再次向被告丰台区人民政府提出本案申请，其实质是要求被告丰台区人民政府继续履行法定职责。被告丰台区人民政府作出的答复仅是概述了其收到原告申请后开展工作的情况，不能证明其已依法履行相应职责。同时，因被告丰台区人民政府在收到原告的再次申请后已经开展部分工作，故由被告丰台区人民政府依法对原告关于纪家庙村村务公开事项的再次申请继续进行调查核实并作出进一步处理，更有利于实现原告诉讼目的，也更有利于对村务公开事项依法进行实质性监督。据此，判决撤销被告丰台区人民政府作出的被诉答复和被告北京市人民政府作出的被诉复议决定；责令被告北京市丰台区人民政府在本判决生效之日起 60 日内对原告王鹏关于北京市丰台区花乡纪家庙村村民委员会村务公开事项的申请继续进行调查核实并作出处理。一审宣判后，双方当事人均未提起上诉。

【裁判要旨】

（1）村民向区县人民政府反映村民委员会不及时公布应当公布的事项或者公布的事项不真实的，区县人民政府应当负责调查核实。区县人民政府经调查核实认定村民委员会未及时公布应当公布的事项或者公布的事项不真实的，应当责令村民委员会依法公布，并应当为村民委员会共相关事项限定合理期限。

（2）行政机关对公民、法人或者其他组织提出的申请事项负有法定职责的，应当及时、全面、充分地履行。

【裁判理由与论证】

本案中法院的审理遵循以下步骤：被告是否具有相应的法定职责—被告是否已经履行了法定职责—如何在判决中确定被告的履职内容。其中审理的重点在于被告是否已经履行了法定职责。

一、被告是否具有相应的法定职责

法院首先在实体法中找到了被告履职的法定依据，并在判决中援引了具体规定。"本院认为，依据《村民委员会组织法》第31条之规定，村民委员会不及时公布应当公布的事项或者公布的事项不真实的，村民有权向乡、民族乡、镇的人民政府或者县级人民政府及其有关主管部门反映，有关人民政府或者主管部门应当负责调查核实，责令依法公布；经查证确有违法行为的，有关人员应当依法承担责任。因此，丰台区人民政府具有依原告的申请对其反映的事项进行调查核实以及在查明纪家庙村村委会存在不及时公布应当公布的事项或者公布的事项不真实的情况下，依法责令纪家庙村村委会公布相关村务的法定职责。"随后，法院也通过对该规范的解释提炼了被告履职的内容。"本院认为，根据《村民委员会组织法》第31条的规定，县级人民政府在接到村民反映村民委员会不及时进行村务公开后，应对村民委员会是否存在不及时公布的事项进行调查、核实，并根据其调查结果作出相应的处理。该条款已明确规定接到村民反映的县级人民政府负有调查核实的法定职责，调查核实的范围包括村民委员会是否及时公布应当公布的事项以及公布的事项是否真实。"法院明确了被告所具有的三项职责：其一是对村民委员会是否及时公布应公布事项的调查核实；其二是对公布的事项是否真实的调查核实。其三是在查明村委会存在不及时公布应当公布事项或者公布事项不真实的情况下，依法责令其公布相关村务。

二、被告是否已经履行了法定职责

明确被告的职责内容后，到了本案审理的重点也是法院裁判中的最大亮点，即如何确定被告已经履行了法定职责。根据《中华人民共和国行政诉讼法》（以下简称《行政诉讼法》）第 72 条、第 74 条及 2018 年《最高人民法院关于适用〈中华人民共和国行政诉讼法〉的解释》（以下简称 2018 年司法解释）第 91 条的相关规定，"不履职法定职责"的法定情形包括违法拒绝履行、预期不予答复、拖延履行等。当行政主体的行为构成上述情形之一时，即可认定其属于"不履行法定职责"的情形。本案被告认为，其已委托乡政府对该村村务公开情况进行调查核实，且乡政府于 2018 年 4 月派出工作小组至该村就村务公开情况进行督促检查，后乡政府向其口头反馈调查核实情况，已属履行了相应职责，被诉答复内容合法、证据确凿。被告在收到原告的申请后进行调查，根据调查结果作出处理并将处理结果送达原告，履行了调查、答复、送达的行政程序。从形式上看来不具有明显程序及实体瑕疵。但法院基于对《村民委员会组织法》第 31 条的目的解释，认为该规范所保护的法益是村民的知情权与监督权，被告履职的方式也应当有利于上述权利的实现，从而进一步提炼出被告的履职标准。认为被告虽然在 2017 年 12 月就对村委会作出了责令限期履行村务公开义务的决定，但其委托的工作小组直至 2018 年 3 月原告邮寄《再次要求丰台区政府责令村务公开申请书》后才到村委会进行调查核实，"但在案证据不能证明工作小组针对纪家庙村村委会对原告王鹏提出的 57 项申请是否属于公布范围及已公布情况进行了全面的调查、核实，亦不能证明丰台人民区政府对花乡人民政府的调查情况是否准确全面进行了进一步的核实。"也即被告履行调查核实职责应当全面。同时因在案证据无法证明村委会已根据被告对其作出的责令村务公开决定履行了公开义务，所以法院认为"被告丰台区人民政府虽已向纪家庙村村委会作出责令公开村务信息的决定，但未对公布范围、方式作出限定，亦未对纪家庙村村委会执行决定情况进行有效核实，被告丰台区人民政府的履职行为未达到法律规定的'责令'程度，缺乏约束力和执行力。"被告未对村务公开的范围、方式作出限定，也未实质对村委会的执行结果予以有效核实，其履职行为实际缺乏约束力与执行力，未能实现《村民委员会组织法》第31条保护公民知情权与监督权的立法目的。最终法院认为"原告再次向被告丰台区人民政府提出本案申请，其实质是要求被告丰台区人民政府继续履行法定职责。被告丰台区人民政府作出的答复仅是概述了其收到原告申请后开展工作的情况，不能证明其已依法履行相应职责。"

三、如何在判决中确定被告的履职内容

尽管被诉答复是被告行政机关实际作出并存在的行政行为，但法院在上述论证的基础上认为"原告再次向被告丰台区人民政府提出本案申请，其实质是要求被告丰台区人民政府继续履行法定职责。被告丰台区人民政府作出的答复仅是概述了其收到原告申请后开展工作的情况，不能证明其已依法履行相应职责。""因被告在收到原告的再次申请后已经开展部分工作，由其依法对原告的再次申请继续进行调查核实并作出进一步处理更有利于实现原告诉讼目的，也更有利于对村务公开事项依法进行实质性监督。"法院已认定被告实质上未履行法定职责，考虑到适用履行判决更有利于原告诉讼目的和实体法规范目的的实现，法院在裁判文书中首先判决撤销了被诉答复，以免导致被告再次履职后先后存在两个意思表示相矛盾的行政行为。同时因村务公开事项尚需被告继续进行调查核实，法院实际上适用了2018年司法解释第91条第2款之规定，即尚需被告调查或者裁量的判决被告针对原告的请求重新作出处理。"判令被告北京市丰台区人民政府在本判决生效之日起60日内对原告王鹏关于北京市丰台区花乡纪家庙村村民委员会村务公开事项的申请继续进行调查核实并作出处理"；同时一并依法判决撤销了被诉行政复议决定。

【涉及的重要理论问题】

《行政诉讼法》第72条规定："人民法院经过审理，查明被告不履行法定职责的，判决被告在一定期限内履行。"第74条第2款规定："行政行为有下列情形之一，不需要撤销或者判决履行的，人民法院判决确认违法：……

（三）被告不履行或者拖延履行法定职责，判决履行没有意义的。"2018 年司法解释第 91 条规定：原告请求被告履行法定职责的理由成立，被告违法拒绝履行或者无正当理由逾期不予答复的，人民法院可以根据《行政诉讼法》第72 条的规定，判决被告在一定期限内依法履行原告请求的法定职责；尚需被告调查或者裁量的，应当判决被告针对原告的请求重新作出处理。上述规范构成了履职之诉的主要裁判依据。据此，一般认为履行判决的适用条件如下：第一，行政机关负有法定职责；第二，行政机关不履行法定职责或拖延履行；第三，行政机关不履行或拖延履行没有正当理由；第四，行政机关履行职责仍有意义。[1] 理论研究也集中于探寻法定职责的来源、不履职的界定及履行判决的裁判方式等问题。

一、法定职责的来源

如何确定法定职责的来源，也即如何理解法定职责中的"法"，基于对《行政诉讼法》第 72 条的文义解释，法定之"法"应当限定于实体法。但在行政不作为案类的司法实践中，法院对法定职责来源的总结远远超越了实在法的范畴，而具体包括法律规范、行政规范、行政行为、行政契约及先前行为。[2] 尽管传统行政行为类型化的研究进路一度导致"不履行法定职责"与"行政不作为"概念的混战，但这种突破诉讼法规范的司法能动主义立场的出现，并非是由单纯的概念混同所引起的，实际是因我国履行判决构造缺陷而导致的无奈之举。

（一）"行政不作为"概念的出场

行政行为类型化是我国行政法理论及立法的主要研究进路，《行政诉讼法》的受案范围即以行政行为的类型划分，如何界定行政不作为或不履行法定职责也成为不履行法定职责之诉的核心问题。[3] 但因此首先带来了"行政不作为"与"不履行法定职责"概念的混战。尽管"行政不作为"并非严格意义上的法律概念，在大陆地区最早被作为行政行为的一种分类，出现于张

---

〔1〕 马怀德主编：《行政诉讼法原理》，法律出版社 2003 年版，第 422 页。
〔2〕 章志远："司法判决中的行政不作为"，载《法学研究》2010 年第 5 期。
〔3〕 龙非："中德履责之诉适当性研究进路之比较"，载《行政法学研究》2011 年第 3 期。

焕光、胡建淼两位学者合著的《行政法学原理》一书中。[1]学界研究触及行政不作为的概念内涵、构成要件及表现形式、司法审查及救济等内容。[2]但其已经独立且广泛地存在于理论研究和司法实践的话语体系中。

"行政不作为"在司法领域首次出现于 2000 年《最高人民法院关于执行〈中华人民共和国行政诉讼法〉若干问题的解释》（以下简称《若干问题的解释》）第 27 条、第 50 条、第 56 条中，[3]同时该解释第 57 条又使用了"不履行法定职责"的概念。我们应当可以认为《若干问题的解释》将之视为不同的概念，此种立场推定在 2004 年最高人民法院发布的《关于规范行政案件案由的通知》中也得到佐证，该规定将行政案件的案由分为：作为类案件、不作为类案件、行政赔偿类案件。并将"不履行特定行政职责或义务"作为不作为案件案由的构成要素。不作为类案件实际上包括不履行特定行政职责，同时也容纳了不履行义务的情形。一份基于对最高人民法院公布的 80 个行政不作为典型案例的实证分析总结了司法判决中认定作为义务的主要来源，包括法律规范、行政规范、行政行为、行政契约及先前行为。[4]学界虽也有主张认同"行政不作为"与"不履行法定职责"是不同的两个概念，[5]但有学

---

〔1〕 张焕光、胡建淼：《行政法学原理》，劳动人事出版社 1989 年版，第 228 页。

〔2〕 朱新力："论行政不作为违法"，载《法学研究》1998 年第 3 期；周佑勇："行政不作为构成要件的展开"，载《中国法学》2001 年第 5 期；杨小军："怠于履行行政义务及其赔偿责任"，载《中国法学》2003 年第 6 期。

〔3〕 2000 年《最高人民法院关于执行〈中华人民共和国行政诉讼法〉若干问题的解释》第 27 条规定："原告对下列事项承担举证责任：……（二）在起诉被告不作为的案件中，证明其提出申请的事实；"第 50 条规定"……原告起诉被告不作为，在诉讼中被告作出具体行政行为，原告不撤诉的，参照上述规定处理。"第 56 条规定："有下列情形之一的，人民法院应当判决驳回原告的诉讼请求：（一）起诉被告不作为理由不能成立的；……"

〔4〕 章志远："司法判决中的行政不作为"，载《法学研究》2010 年第 5 期。

〔5〕 如有学者主张行政不作为不同于行政不作为违法，行政不作为违法也不等同于履行判决，履行判决的确必须以行政不作为违法成立为前提，但不能据此得出结论：对构成行政不作为违法的具体行政行为，法院只能作出履行判决。判决种类的确定和选择完全是一国根据可能和需要作出的立法选择。参见朱新力："论行政不作为违法"，载《法学研究》1998 年第 2 期。还有观点认为是否存在行政行为是行政作为与行政不作为的区分标准，而行政主体是否具有履行特性职责的法定义务是法定职责履行与否的区分标准，行政不作为是行政主体负有某种作为的法定义务、具有作为可能性而在程序上逾期不为的行为。参见刘宏博："行政不作为诉讼研究"，吉林大学 2015 年博士学位论文。但同时也有学者将不作为与不履行法定职责等同。参见罗豪才：《中国司法审查制度》，北京大学出版社 1993 年版，第 168 页；石佑启、曾鹏："论对行政不作为行政的司法审查"，载《中南民族大学学报（人文社会科学版）》2004 年第 5 期；姜明安主编：《行政法与行政诉讼法》，法律出版社 2005 年版，第 125 页。

者认为行政不作为的作为义务既可以来源于法定职责，也可以是行政义务；不履行法定职责则应限于法定职责。当行政机关不兑现行政承诺，构成行政不作为但不宜划入不履行法定职责。[1]有观点进一步提出法院对"法定职责"的扩充理解虽然可以缓解规范解释限制和实践需要的紧张，但其外延的不确定性将导致司法实践中履行判决与给付判决的混用。[2]

（二）履行判决与给付判决的构造失衡

实际上，"行政不作为"与"不履行法定职责"的纠缠可能并非是因为技术原因而导致的概念混同。如上所述司法实务是区分两者的，却同时基于"现实需要"突破了《行政诉讼法》第72条对"法定职责"的文义解释限制，将行政承诺、先前行为等也视为法定职责来源。这种现实需求正反映了我国判决制度的缺陷所在。

上文提及有观点认为"法定职责"外延的不确定性将导致司法实践中履行判决与给付判决的混用。但我国的履行判决也被认为是给付判决与课以义务判决的混合体。[3]2014年《行政诉讼法》新增第73条，给付判决才真正出现在我国行政诉讼中。根据2015年《最高人民法院关于适用〈中华人民共和国行政诉讼法〉若干问题的解释》（已失效，以下简称2015年司法解释）第23条规定，给付判决仅适用于被告支付抚恤金、最低生活保障待遇或者社会保险待遇等金钱给付行为。但1989年《行政诉讼法》受案范围已包括支付抚恤金的情形，同时通过兜底条款，实践中进入诉讼的给付行为在修法前后是一样的。[4]这也意味给付类案件此前一般也适用履行判决，新增的给付判决也仅将金钱给付类案件划入麾下。《行政诉讼法》第12条确定的履职之诉受案范围包括：申请行政许可类与申请保护人身权、财产权等合法权益类。第二种类型中法院实际受理了申请行政机关查处违法医疗广告、撤销虚

〔1〕 章剑生："行政诉讼履行法定职责判决论——基于《行政诉讼法》第54条第3项规定之展开"，载《中国法学》2011年第1期。

〔2〕 周楚韩："履责之诉、请求权及其规则——基于张月仙案展开分析"，浙江大学2019年硕士学位论文。

〔3〕 梁凤云：《行政诉讼判决之选择适用》，人民法院出版社2007年版，第145页。

〔4〕 黄锴："论给付判决的适用范围——以《行政诉讼法》第73条为分析对象"，载《浙江学刊》2017年第4期。

假婚姻登记、甄别企业性质等案件，远超"保护人身权、财产权"的范围。[1]在新类型案件不断涌现，而《行政诉讼法》不仅仍然严控履职之诉的受案范围，同时还限缩给付判决的适用空间的情况下，司法实践对"不履行法定职责"作出突破规范文义的理解与适用成为必然。[2]我们也能理解为何有学者对此给予了高度评价，认为法院在行政不作为案件审理上体现了罕见的能动主义立场，并未受限于现行规范和理论学说的束缚，而是在有限的制度空间内通过个案累积能动地拓展了行政不作为案件的受案范围和判断基础。[3]

值得一提的是，德国的课以义务诉讼常被作为我国履行判决的比较研究对象，但中德两国履职类诉讼的构造实际相差甚远。在德国履职类诉讼称为给付之诉实际上更为恰当，分为课以义务诉讼与一般给付之诉两类。课以义务诉讼是指就行政机关的拒绝作为或停止作为，原告可申请法院判令其作出特定、具体的行政行为的诉讼类型，而请求非行政行为的其他给付则属于一般给付诉讼的范畴。[4]

二、未履行法定职责的界定

在何种情形下可以认定行政机关未履行法定职责，从而适用履行判决？1989年《行政诉讼法》第54条第3款的答案是"不履行"或"拖延履行"，2014年《行政诉讼法》虽然仅将之概括规定为"不履行法定职责"，但74条仍保留了"不履行"或"拖延履行"的表述。为回应针对"拒绝履行"的争论，2015年司法解释第22条将不履行法定职责的形态表表述为"违法拒绝履行"或"无正当理由逾期不予答复"。除拒绝履行、不予答复这样具有显性行为样态的情形外，随着实质法治意义下的依法行政的要求不断加深，隐藏于形式或程序上的作为之下，实质却未达到履职要求的情形也被实际纳入司法审查的范围之中。最高人民法院将"不履行法定职责"的情形总结为：

---

[1] 章志远："司法判决中的行政不作为"，载《法学研究》2010年第5期。

[2] 给付判决在司法实践中也突破了《行政诉讼法》及其司法解释限定的情形，参见周楚韩："履责之诉、请求权及其规则——基于张月仙案展开分析"，浙江大学2019年硕士学位论文。

[3] 黄锴："论给付判决的适用范围——以《行政诉讼法》第73条为分析对象"，载《浙江学刊》2017年第4期。

[4] 马怀德主编：《行政诉讼法原理》，法律出版社2003年版，第422页。

（1）拒绝履行；（2）不予答复；（3）拖延履行；（4）不完全履行；（5）不适当履行[1]。

（一）拒绝履行

一方面，由于1989年《行政诉讼法》第11条在表述不履行法定职责之诉的受案范围时，将"拒绝履行"与"不予答复"并列，导致在法律解释中就是否应将"拒绝履行"纳入"不履行"范畴产生了分歧。另一方面，在行政不作为的理论研究体系中，"拒绝履行"是否属于构成要件也是传统话题。因此，在履行判决适用的探讨中"拒绝履行"也是学界早期关注的热点。选择程序进路抑或实体进路使学者们分立于不同立场。

从程序角度出发，学者们将行政机关表现出积极动作视为行政作为，"拒绝履行"因作出了明确的意思表示也被纳入其中。认为作为与不作为主要是从行为的外在表现形式和存在状态来界分，只要行政主体作出了实质性的程序行为，即表现出积极的作为行为状态，而无论其实体结果是"为"还是"不为"。[2]将"拒绝履行"划归于一种行为作为方式，其当然不适用履行判决。从实体角度分析的学者认为作为与不作为的划分应当以是否改变法律状态判断标准，无论程序上是否"作为"，只要内容上表现为"未为"就构成行政不作为，因此"拒绝履行"被视为"不履行"的一种形式[3]。除以上两种研究进路外，有学者基于对《行政诉讼法》的体系解释，提出规范意义上的"拒绝履行"分为：行政机关未作出处分的消极拒绝履行和作出处分的积极拒绝履行。1989年《行政诉讼法》第11条中的"拒绝履行"应限缩为积极拒绝履行，否则内容会与"不予答复"产生重叠。1989年《行政诉讼法》第54条第3项中的"不履行"应收缩为"不予答复"，从而把积极拒绝

---

[1] 最高人民法院行政审判庭编著：《最高人民法院行政诉讼法司法解释理解与适用（上）》，人民法院出版社2018年版，第424页。

[2] 周佑勇："行政不作为构成要件的展开"，载《中国法学》2001年第5期。相同观点参见罗豪才主编：《行政法论丛（第二卷）》，法律出版社1999年版，第250页。熊菁华："论行政不作为的救济"，中国政法大学2001年博士学位论文。黄学贤："形式作为而实质不作为行政行为探讨——行政不作为的新视角"，载《中国法学》2009年第5期。

[3] 叶必丰："行政不作为略论"，载《法制与社会发展》1996年第5期。罗豪才主编：《行政法学》，中国政法大学出版社1996年版，第128~143页。马怀德主编：《行政法与行政诉讼法》，中国法制出版社2000年版，第179页。

履行排除在履行判决的适用范围外〔1〕。

但最终 2015 年司法解释第 22 条将不履行法定职责的形态表表述为"违法拒绝履行"或"无正当理由逾期不予答复"，正式将"拒绝履行"纳入了履行判决的适用范畴中。

（二）拖延履行

"拖延履行"也并非一个面目清晰的概念。有学者认为拖延履行指行政主体无法定理由且在法定自由裁量时限内应履行而未履行的行政行为，属于滥用职权性的行政不作为违法。〔2〕此观点将拖延履行界定为法定期限内未产生实体结果的行政行为。笔者将尝试从以下几种情形分别展开讨论。

（1）行政机关在法定期限内作出意思表示但并未最终产生法律效果的。首先，从文义解释的角度理解"拖延"指向的应当是程序时效，其不同于明确拒绝履行也不同于逾期不予答复，前者直接终结了行政程序，而后者的行政程序尚未开启，拖延履行下行政机关应当作出了一定的意思表示开启了行政程序。其次，拖延履行在实体上未产生法律效果。包括行政机关未进行实质处分，也包括虽作出一系列行为但不能成立具体的行政行为。因为行政机关的程序性行为对相对人没有法律效力，其请求权的基础性权利在法律上仍处不稳定状态。〔3〕行政机关在法定期限内作出意思表示但并未最终产生法律效果的属于典型的拖延履行。

（2）行政机关超过法定期限但作出实体结论的情形。这不同于当事人起诉后行政机关在诉讼期间作出行政行为的情形，而是行政机关在法定时限后作出行政行为并送达相对人，此类行政行为又被称为迟到的行政行为。〔4〕一般而言，超过法定时限的行政行为属于违反法定程序，应当根据《行政诉讼法》第 70 条之规定适用撤销判决并可以责令重作，且此情形下客观上确实存在一个行政行为，基于行政行为的效力理论，将原行政行为撤销并责令重作

〔1〕 章剑生："行政诉讼履行法定职责判决论——基于《行政诉讼法》第 54 条第 3 项规定之展开"，载《中国法学》2011 年第 1 期。

〔2〕 朱新力："论行政不作为违法"，载《法学研究》1998 年第 2 期。

〔3〕 潘建明、褚锦龙、刘海燕："规划管理局构成不履行法定职责吗"，载《行政法学研究》2006 年第 2 期。

〔4〕 龙春媛："'迟到之具体行政行为'的法律责任和救济"，载《河北法学》2000 年第 1 期。

在逻辑上也更为顺畅。进一步分析，在行政行为未对当事人权益产生实际影响的情况下，根据 2014 年《行政诉讼法》第 74 条适用确认违法判决并不无当（当事人的请求权已实现）。但在行政行为实际损害了当事人权益的情形下，则有必要在撤销并责令重作判决与履行判决中进行衡量，何者更有利于当事人请求权的最终落实及诉讼经济的考量。

（3）行政机关在法定情形内拖延的情形。这是指行政机关在法定期限内虽然作出了行政行为，但存在不及时或拖延处理的情形。法定履行期限即是规范对行政机关履职的程序时效限制，在法定期限内行政机关享有自由裁量权。法定时效内的拖延虽然不符合高效便民原则，但不应视为拖延履行。若当事人认为行政机关最终作出的行政行为侵犯了自身合法权益，应当按一般违法行政行为处理。但值得注意的是《行政诉讼法》第 47 条第 2 款规定："公民、法人或者其他组织在紧急情况下请求行政机关履行保护其人身权、财产权等合法权益的法定职责，行政机关不履行的，提起诉讼不受前款规定期限的限制。"在上述紧急情况下，应认为当事人申请行政机关履行职责不受法定履行期限的限制，行政机关拖延的可参照上文讨论的第二种情况处理。

（三）不完全履行

在不作为的理论探讨中，学界很早便提出了形式作为而实质不作为的概念。认为行政作为与行政不作为是行为方式和内容的双重问题。方式不为，既是形式上的不为也是实质上的未为，是不作为。方式有"为"但内容不为，则是形式上有为而实质上不为，也是不作为。[1]有学者提出这是指行政主体虽启动了行政程序但是并未实质性地履行法定义务的行为。其构成要件包括以下三个方面：第一，行政主体负有法定义务；第二，行政主体在形式上已有作为表现；第三，行政主体因其主观原因实质上未达成法定目标。[2]当然这是在不作为理论体系下的一个相对宽泛的概念，不完全履行与拖延履行都属于形式作为而实质不作为情形。结合上文对拖延履行的讨论，笔者认为不

---

[1] 陈小君、方世荣："具体行政行为几个疑难问题的识别研析"，载《中国法学》1996 年第 1 期。

[2] 黄学贤："形式作为而实质不作为行政行为探讨——行政不作为的新视角"，载《中国法学》2009 年第 5 期。

完全履行是指行政机关在形式上终结了行政程序但其履职行为未实现法定目标的情形。

现代行政本质是积极主动的国家作用，行政的运行在于形成社会生活、实现国家目的[1]。自由法治国时期基于对自由价值的追求，国家的职能被限制于秩序维持。但随着工业革命和第二次世界大战的到来，复杂的社会需要国家承担更多的任务，维持国民最大限度的生活保障、确保社会的稳定发展都成为国家的使命，现代国家转向了福利国家或社会国家。传统行政法以侵害性权力行政为主要研究对象，各种制度是以保护国民的自由权免受违法行政活动侵害并为其提供救济制度为主要任务而设立的[2]。在社会国理念的影响下，给付行政逐步兴起，与秩序行政一同成为行政法学上的重要概念。有学者将给付行政定义为"是行政主体为确保私人在生活和事业上发展的可能性，而对其提供精神或物质的便利和利益的活动。"[3]我国行政诉讼中履职之诉包括申请行政许可类及申请保护财产权、人身权等合法权益类，当事人的履职请求权所指向的行政行为也都属于给付行政的范畴。[4]作为国家承担积极职能的活动方式，给付行政要求行政主体不仅是形式上积极作为，在实体上也应当实现某项行政职能所指向的法规范目的。

因而，在"不履行法定职责"的判断中，不完全履行的情形也应当予以考量。因为此情形下行政机关虽然终结了行政程序并作出了在形式上具有法律效果的行政行为，但当事人的请求权并未得到实现，该项职责所追求的法规范目的也实际落空。但因不完全履行在程序和实体上都不具有明显瑕疵，在实务中难以界定。王鹏案中，法院在作为被告履职依据的规范中提取了行政机关的履职要求，即"调查核实，责令（村委会）依法公布"，通过目的解释进一步明确行政机关履职的目的在于保障公民的知情权与监督权，并以是否能够实现该目的为标准认为被告的"调查核实"应当全面，"责令"应

---

〔1〕　翁岳生编：《行政法（上册）》，中国法制出版社 2009 年版，第 16 页。

〔2〕　原田尚彦：《诉的利益》，石龙潭译，中国政法大学出版社 2014 年版，第 32 页。

〔3〕　杨建顺主编：《比较行政法——给付行政的法原理及实证性研究》，中国人民大学出版社 2008 年版，第 7 页。

〔4〕　给付行政与行政给付不同，我国学者提出的行政给付是指以物质帮助权为宪法基础的行政物质帮助，在行政诉讼中限于《行政诉讼法》第 12 条规定的支付抚恤金、最低生活保障待遇或者社会保险待遇的情形。参见胡敏洁："给付行政范畴的中国生成"，载《中国法学》2013 年第 2 期。

当具有执行力和约束力。从而在本案中提炼了行政机关履行法定职责应当"及时、全面、充分"的标准。"及时、全面、充分"的履职标准对其他履职类案件具有借鉴意义，但应当在个案中结合行政机关履职所欲实现的规范目的细化把握。

三、履行判决的裁判方式

在行政诉讼中，法院的裁判不受原告诉讼请求的限制。但基于行政诉讼实质上是司法权对行政权的监督，司法权不能代替行政权的行使，因而法院在判决中可以在何种程度上明确行政机关履行法定职责的范围，受制于司法权对行政权的尊重。学理将不同的裁判方式总结为程序性裁判与实体性裁判。程序性裁判是指法院判令被告在一定期限内履行法定职责，但履行法定职责的具体内容由行政机关依法决定，法院对此不作指定或者限定。实体性裁判是指法院在判决中添加除履职期限外的具体"指示"或者限制。[1]我国《行政诉讼法》第72条确定的裁判方式即属于前者，2018年司法解释第91条则尝试引入了实体性裁判。

（一）《行政诉讼法》第72条

《行政诉讼法》第72条规定："人民法院经过审理，查明被告不履行法定职责的，判决被告在一定期限内履行。"据此履行判决的裁判内容对行政机关履职的具体内容不作期限以外的限制。程序性裁判基于一种保守把持司法权对行政权尊重的理论，该理论在学理上被称为尊重行政首次判断权。行政首次判断权是日本行政法中的理论，是指"行政机关具有以行政行为对某种法律关系进行调整的权限，意味着这种行政法律关系的形成与确认，一般而言应当首先由行政机关以行政行为来进行，而非法院的判断。"[2]在该理论的构建下，司法权实际上是一种事后的二次审查。其在当下日本行政诉讼中被适用于诉讼允许性和胜诉要件构造，以限制课予义务诉讼和预防性不作为诉讼。[3]

---

〔1〕 章剑生："行政诉讼履行法定职责判决论——基于《行政诉讼法》第54条第3项规定之展开"，载《中国法学》2011年第1期。

〔2〕 王天华：《行政诉讼的构造：日本行政诉讼法研究》，法律出版社2011年版，第195页。

〔3〕 黄先雄："行政首次判断权理论及其适用"，载《行政法学研究》2017年第5期。

该理论在我国的司法实践中尽管极为罕见但仍有可供借鉴的案例。在最高人民法院公布的 2013 年度"信息公开"十大案例中，最高人民法院点评"余穗珠诉海南省三亚市国土环境资源局案"的典型意义在于："第三，行政机关先行判断。考虑到行政机关获取的企业环境信息可能存在涉及第三方商业秘密的情形，应当首先由行政机关在行政程序中作出判断，法院并未越俎代庖直接判决公开，而是责令行政机关重新作出是否公开的答复，体现了对行政机关首次判断权的尊重"。"彭志林诉湖南省长沙县国土资源局案"中点评："法院考虑到涉案政府信息是否应当提供，尚需被告调查和裁量，因此判决其重新答复，亦属对行政机关首次判断权的尊重。"〔1〕

　　基于权力分立、司法权的特性及行政权基于专业和经验的优越性，行政首次判断权理论的确具有一定的正当性。但这种正当性或妥适性并不能随之移植到履行判决的程序性裁判中。尤其是在拒绝履行和不完全履行的情形下，判令限期履行法定职责在实际效果上与撤销并责令重作判决没有实质差异。以至于有学者提出"对于行政机关拒绝相对人请求的，法院认定拒绝违法，则可撤销行政机关的决定，并判决被告重新作出行政行为。由于行政机关不能根据同一事实和理由作出同一决定，因此，行政机关事实上将会作出满足相对人请求的决定。所以，不必由法院代替行政机关在判决中作出决定。〔2〕"首先，根据 2018 年司法解释第 90 条规定，重作的行政行为依据的主要事实或者主要理由有改变的、原行政行为因违反法定程序被撤销的，不受"不得以同一事实和理由作出相同行政行为"条款的限制。判决责令重作对行政机关可能并不具有学者想象的强劲约束力。同时将履行判决未能解决问题推给撤销并责令重作判决，其能否更有利于实现原告的履职请求权在所不提，这种选择只能是基于现实需要的"妥协"，但若在学理研究及法规范完善中也予以认可，将最终导致履行判决的作用空间被逐步压缩。其次，撤销判决与履行判决的根本区别在于，撤销判决是对侵害性行政行为违法后果的消除，履

---

〔1〕　全国法院政府信息公开十大案例之一：余穗珠诉海南省三亚市国土环境资源局案，人民法院报，2014（03）。全国法院政府信息公开十大案例之七：彭志林诉湖南省长沙县国土资源局案，人民法院报，2014（03）。

〔2〕　张步洪、王万华：《行政诉讼法律解释与判例述评》，中国法制出版社 2000 年版，第 433 页。

行判决是对当事人给付请求权的保障与回复。撤销判决与履行判决的裁判方式在制度构建上应当使这种差异得以体现。对于积极给付请求予以消极应对的行政主体，法院的裁判也不应固守对行政权的过度谦抑，而是在现行法规范的框架体系内发挥能动作用。

（二）2018 年司法解释第 91 条

2018 年司法解释第 91 条规定："原告请求被告履行法定职责的理由成立，被告违法拒绝履行或者无正当理由逾期不予答复的，人民法院可以根据《行政诉讼法》第 72 条的规定，判决被告在一定期限内依法履行原告请求的法定职责；尚需被告调查或者裁量的，应当判决被告针对原告的请求重新作出处理。"有学者认为该解释实际上规定了实体性裁判和程序性裁判两种形式，第一款借鉴了我国台湾地区的课以诉讼判决的立法例，[1]规定了可以适用实体性裁判的情形；第二款实质上体现了行政首次判断权的要旨，属于程序性裁判。[2]

1. 特定情况下必须适用的程序性裁判

首先，该解释第 2 款规定尚需被告调查或者裁量的，应当判决被告针对原告的请求重新作出处理。判决被告针对原告请求重新作出处理属于程序性裁判无疑，并附加了"尚需被告调查或者裁量"的适用条件。那么如何进一步界定何种情况属于"尚需原告调查或者裁量"的情形？尚需被告调查较为容易理解，笔者将之理解为行政主体作出行政行为的事实要件尚不清楚的情形。对于裁量，行政首次判断权理论认为："除了法定的其他要件外，原告只有在其诉请的行政机关应为的行为于法律上具有单义明确性和羁束性，亦即没有必要让行政机关再行使首次判断权时，或者行政机关逾越裁量、滥用裁量时，法院才会命令行政机关作出相应的处分或裁决。"[3]我们可以借此将尚需行政主体裁量界定为法规范赋予行政机关裁量权的情形，将羁束行政行为排除在外。当然对于区分行政机关具有不同程度裁量权的情形，应当进一步

---

〔1〕 我国台湾地区"行政诉讼法"第 200 条第 3 项规定："当原告之诉有理由，且案件事证明确，应判命行政机关作成原告所申请内容的行政处分。"

〔2〕 李傲、胡煜："我国行政履行判决的省思及完善"，载《河北法学》2018 年第 5 期。

〔3〕 王天华：《行政诉讼的构造：日本行政诉讼法研究》，法律出版社 2011 年版，第 195 页。

细化。

课以义务判决的内容是责令被告作出原告申请的行政行为，或者依法院的法律见解作出某一行政行为，其也属于实质性判决，并产生了以司法判决代替行政行为的实际效果。课以义务判决的适用要件中有一项被称为"裁判时机成熟"，代指法院能够通过审理作出终局判决的时机。作为决定性因素之一的行政裁量划分为决定性裁量和择优性裁量。决定性裁量是指行政机关应当作出某种公权力行为；择优性裁量是指应当根据实际情况决定采取何种公权力行为。对于决定性裁量，法院可以判决行政机关作出相应的公权力行为；而择优性裁量，由于最终的判断权还在行政机关手中，所以还未达到法院作出裁判的程度。[1]

笔者将程序性裁判的适用情形总结如下：（1）行政主体借以作出履职决定的事实要件尚未清晰的；（2）行政主体的履职方式不唯一且行政主体具有法定裁量权的。

2. 可以适用实体性裁判

该解释第 1 款规定原告请求被告履行法定职责的理由成立，被告违法拒绝履行或者无正当理由逾期不予答复的，人民法院可以判决被告在一定期限内依法履行原告请求的法定职责。我国台湾地区"行政诉讼法"第 200 条第 3 项规定："当原告之诉有理由，且案件事证明确，应判命行政机关作成原告所申请内容的行政处分。""依法履行原告请求的法定职责"与"行政机关作成原告所申请内容的行政处分"存在一定的差异，笔者认为可以作出以下两种解释：

第一，行政机关应当作出原告申请的公权力行为。那么该形式的履职判决实际上与课以义务判决仅有履行标的的不同，后者仅限于具体行政行为。但从现实角度而言，这种解释在一个"强行政，弱司法"的国家中无疑增加了法院的裁判压力，尤其在规范条文将实体性裁判表述为"可以"适用，程序性裁判表述为特定情况下的"应当"适用且未规定禁止适用情形，因而我们不能将第 91 条理解为原则上适用实体上裁判，例外下适用程序性裁判。现实裁判压力可能会导致司法判决向程序性裁决逃逸，并且这种理解也有突破

---

〔1〕　梁凤云：《行政诉讼判决之选择适用》，人民法院出版社 2007 年版，第 156 页。

《行政诉讼法》第72条规定之虞。

第二，行政机关应当对原告的请求依法作出处理。为了与程序性裁判相区别，法院应当在对行政主体履职的方向和程度加以指引，或是提出相对具体的标准和要求。如在公报案例"彭学纯诉上海市工商局不履行法定职责纠纷案"中，一审法院判决："被告上海市工商行政管理局应于本判决生效之日起三个月内，履行对上海有线电视台戏剧频道2000年8月16日20时播出的专题报道节目是否构成违法医疗广告进行调查处理的法定职责，并将结果告知原告彭学纯"。[1]"汤晋诉当涂县劳动局不履行保护人身权、财产权法定职责案"中法院判决："责成被告当涂县劳动局依法对当涂县建材公司遵守劳动法律、法规的情况进行监督检查，并在两个月内对原告汤晋本人作出书面答复。"[2]此外，比例原则同样适用于给付行政领域，并派生出"过度禁止"和"不足禁止"两项原则。"过度禁止"原则禁止超过给付目的的"过多给付"和"恣意给付"。"不足禁止"原则禁止无法充分实现申请人相应权利的行政给付。[3]在实体裁判使用中涉及裁量问题时，法院可从以上两方面入手。

综上，笔者将履行判决的裁判方式总结如下：行政主体借以作出履职决定的事实要件尚未清晰的，或行政主体的履职方式不唯一且行政主体具有法定裁量权的，应当使用程序性裁判。除此以外的情形法院可以适用实体性裁判，在内容上暂且不宜直接判令行政主体作出具体的履职行为或对履职的步骤作出过于细致的规定，自应当对行政主体履职的方向和程度加以指引，或是提出相对具体的标准和要求。第91条司法解释对实体判决程序性判决的适用作出了弹性规定，我们不能当然理解为实体性判决的适用是原则，程序性裁判的适用是例外。这种做法基于现实裁判压力和对《行政诉讼法》的尊重具有一定的必要性，但制度的弹性使得其实施效果将极大的仰仗于司法的能动性。

---

〔1〕 "彭学纯诉上海市工商局不履行法定职责纠纷案"，载《最高人民法院公报》2003年第5期。

〔2〕 "汤晋诉当涂县劳动局不履行保护人身权、财产权法定职责案"，载《最高人民法院公报》1996年第4期。

〔3〕 杨东升、黄学贤："论给付行政的基本原则"，载《天府新论》2015年第3期。

【后续影响及借鉴意义】

本案不属于常见的不履行法定职责案件，拒绝履行、逾期不予答复、拖延履行等传统类型因行政机关作出了明确拒绝的意思表示或存在违反法定时效的明显程序瑕疵，加之在以往的案件审判中积累了一定的审判经验，在司法实践中认定较为容易。本案被告启动了履责程序，并作出了责令村委会公布村务信息的决定。程序上，被告履行了调查、答复、送达的行政程序。实体上，被告作出了责令公布决定，从形式上看其已经具备了履行法定职责得到所有要求。但法院以被告的履职方式是否有利于实现《村民卫委员会组织法》第 31 条的立法目的作为认定其是否履职的标准，即被告的履职行为是否保障了原告的知情权与监督权，是否有利于对村务公开事项依法进行实质性监督，认为被告未对村务公开的实施情况进行全面的调查、核实，其对村委会作出的责令公布决定未对公布范围、方式作出限定，其履职行为缺乏约束力和执行力，足以认定被告尚未完全履行法定职责。本案裁判所提炼的行政机关履行法定职责应当及时、全面、充分的标准，对此后人民法院审理村务公开监督案件、其他履职类案件具有借鉴意义。对于同类型的不完全履职案件而言，本案的裁判思路更具有参考价值。

本案同样遵循了履行判决中"明确被告是否具有法定职责——被告是否履行了法定职责——确定裁判方式及内容"的审理流程。在第一步"明确被告是否具有法定职责"时，法院在裁判中援引了《村民委员会组织法》第 31 条的规定，并通过规范解释明确了被告所具有的三项法定职责：其一是对村民委员会是否及时公布应公布事项的调查核实；其二是对公布的事项是否真实的调查核实。其三是在查明村委会存在不及时公布应当公布事项或者公布事项不真实的情况下，依法责令其公布相关村务。在第二步中明晰了法院的审理内容和方向。第二步"被告是否履行了法定职责"的审理中，法院同样对上述规范进行了目的解释，并以被告的履职行为是否有利于实现该目的作为被告是否充分履职的标准。第三步"确定裁判方式"，鉴于仍需被告对相关事项进行调查，法院最终判决责令被告对原告的申请重新作出处理。这看似是一个程序性裁判，但因法院在认定被告尚未充分履职的论证中对其履职方式作出了否定性评价，实际上也在很大程度上指明了被告未来履职的方向和程度。通过上述梳理，我们可以发现法院对上述履职之诉审理的三个问题并未进行截段式的单独处理，而是通过对实体法规范的解释将其串联，在实体法规范中明确了履职依据和履职目的，随后从履职目的中提取了履职要求，履职要求又能实际对行政机关未来的履职方向和程度提供指引，以弥补程序性裁判的不足。法院通过诉诸行政实体法，经由法律解释将具体案件事实涵摄于实体法规范的构成，在诉讼法与实体法之间建立了有效衔接。